Emil Zimmermann

Der Liebeszauber

La fattura d'amore

Emil Zimmermann

Der Liebeszauber

La fattura d'amore

Die Geschichte eines sizilianischen Gastarbeiters in Heidelberg

PALMYRA

Bibliografische Information der Deutschen Bibliothek
Die Deutsche Bibliothek verzeichnet diese Publikation in der Deutschen Nationalbibliografie. Detaillierte bibliografische Daten sind im Internet über http://dnb.ddb.de abrufbar.

Die auf der Umschlagvorderseite dargestellte Abbildung zeigt die rot-gelbe Flagge Siziliens. Die Triskele in der Flaggenmitte zeigt in Form eines Dreiecks drei laufende Beine – Symbol für die Sonne oder den Lebensweg. Zusammen mit dem Kopf in der Mitte wird das Symbol *Trinacria* genannt. Dieser Begriff ist gleichzeitig der frühere Name Siziliens, der Insel mit den drei Eckpunkten.

Originalausgabe

Palmyra Verlag, Hauptstraße 64, 69117 Heidelberg
Telefon 06221/165409, Telefax 06221/167310
E-Mail: palmyra-verlag@t-online.de
www.palmyra-verlag.de

Lektorat und Satz: Sebastian Bröhm und Constanze Erhard
Umschlaggestaltung: Georg Stein und Jan Walla
Umschlagfoto: www.v-like-vintage.com
Fotograf: Hans Rudolf Uthoff
Druck und Bindung:
CPI books GmbH
ISBN 978-3-930378-93-7

Inhalt

Für Margret und Usha

Editorische Notiz

Die in dem Buch vorkommenden Schauplätze hat der Autor selbst besucht; sie entsprechen also der Wirklichkeit. *Der Liebeszauber* ist aus den Aufzeichnungen des Autors entstanden, die er im Rahmen einer mehrjährigen medizinsoziologischen Feldforschung in Sizilien und in seiner Zeit als Assistent im »Sizilien-Team« des Instituts für Soziologie und Ethnologie der Universität Heidelberg gemacht hat. Der hier dargestellte Fall eines sizilianischen Gastarbeiters beruht daher auf einer wahren Begebenheit, steht jedoch stellvertretend für viele Gastarbeiter und ihre Schicksale in Deutschland. Bei der Schilderung handelt es sich um eine Episode zu Beginn der südeuropäischen Migration, also um eine historische Darstellung. Zum gegenwärtigen Zeitpunkt, das heißt nach fünfzig Jahren, haben sich auch auf Sizilien die Lebensverhältnisse grundlegend verändert.

Teil 1

Aufbruch und Verhängnis

Heimat Sizilien

Schon seit vielen Jahren trug er sich mit dem Gedanken, sein Dorf auf Sizilien zu verlassen, um irgendwo im Norden Italiens oder im Ausland das Glück zu suchen, von dem er schon so lange träumte, das er zu Hause jedoch nicht finden konnte.

Es waren sehr bescheidene Träume: das ganze Jahr über Arbeit zu haben – nicht nur dann und wann, wenn man ihn gerade brauchte –, etwas Neues zum Anziehen kaufen zu können, vielleicht ein Paar Schuhe, wenn die alten nicht mehr zu reparieren waren, beim Dorffest nicht jede Lira fünfmal umdrehen zu müssen, um sie dann schließlich doch nicht auszugeben, und vielleicht ein kleines Sümmchen auf die hohe Kante zu bringen, um später einmal heiraten und ein wenig für sein Alter vorsorgen zu können.

So bescheiden diese Träume auch waren, in seinem Dorf waren sie nicht zu verwirklichen. Zuerst hatte er noch die Hoffnung gehabt, dass er sicher leichter Arbeit finden könnte, wenn die anderen gingen, wenn diese Kräftigen, die sich überall durchsetzten, keine Konkurrenten mehr wären. Aber nach jenen gingen dann auch die wenigen, die Arbeit zu vergeben hatten. So blieben im Dorf nur noch die Alten, die Kranken, die Behinderten und die vielen, vielen Kinder, die von ihren emigrierten Eltern zurückgelassen oder zurückgebracht worden waren, weil im Norden kein Platz für sie war oder man sich nicht um sie kümmern konnte, da beide Eltern arbeiteten.

Wann immer ein weiterer seiner Freunde und Bekannten gegangen war, hatte er jeweils beschlossen, ebenfalls zu gehen – doch im letzten Moment hatte er stets seine Abreise verschoben. Schließlich konnten nicht alle gehen. Er fühlte sich wie jemand, der sich verzweifelt gegen eine Flut stemmt, ohne sie aufhalten zu können. Doch schlussendlich gab er auf.

Was sollte er hier noch machen? Das ewig gleiche, stumpfe Einerlei, mal hier, mal dort auszuhelfen, wodurch man kaum genug verdienen konnte, um in dem einzigen noch verbliebenen Dorf-Café das ewig gleiche Bier zu trinken, den dünnen Kaffee, oder, wenn der Tag gut lief und man am Abend auch wirklich seinen Lohn erhielt, vielleicht sogar einen Wermut als Aperitif vor dem ewig gleichen Abendessen. Und an besonders ertragreichen Tagen wagte man ein Spielchen um ein paar Lire mit den ewig gleichen Alten, die tagein, tagaus im Café herumhängen konnten, weil sie eine bescheidene Rente bezogen oder von ihren Kindern unterstützt wurden, die im Ausland arbeiteten. Man konnte nicht viel gewinnen und nicht viel verlieren, aber man konnte doch wenigstens ein bisschen plaudern, um nicht der Angst zu erliegen, seine Stimme verloren zu haben.

Und wenn man sich auch diese kleinen Vergnügen versagen musste – was eher die Regel als die Ausnahme war –, blieb einem nur, sich zu den *uccelli*, den »Vögeln«, zu gesellen. So wurden die Alten genannt, die sich keinen Besuch im Café leisten konnten und den langen Tag über fast bewegungslos nebeneinander auf der niederen Dorfmauer saßen, wie die Schwalben im Sommer oder die Stare im Herbst aufgereiht auf den Stromleitungen. Sprechen konnte man mit ihnen kaum, da sie von der *chiacchierata*, dem Geschwätz der jungen Leute, nichts hielten, da es, wie sie fanden, nur auf besserwisserische, respektlose und schlecht erzogene Weise all den geistlosen Blödsinn aus den amerikanischen Filmen im Fernsehen nachäffte. Auch sonst konnte man kaum etwas von den *uccelli* erfahren, da sie untereinander nur dann den Mund aufmachten, wenn etwas ganz Besonderes im Dorf geschah, wenn einer ihrer alten Genossen starb, sich irgendwo ein Autounfall ereignete oder der Dorfheilige sich nicht bemüßigte, es regnen zu lassen, bevor auch der letzte Acker zu Staub zerfallen und das letzte bisschen Gras versengt war, bevor die Trauben an den Reben verdorrt und selbst die Oliven frühzeitig von den Bäumen gefallen waren.

Auch wenn es mit den *uccelli* fast nie zu einem Gespräch kam und man noch seltener etwas Interessantes von ihnen erfuhr, so war man doch unter Männern oder wenigstens in ihrer Nähe. Mit Frauen hatte man nichts zu tun. Die saßen beieinander auf der Straße mit dem Gesicht zum Hauseingang, ohne nach links oder rechts zu sehen, mit einer Handarbeit beschäftigt oder nur vor sich hin dösend. Die jüngeren Frauen und Mädchen hatten im Hause zu arbeiten und vor ihnen hatte man sich in Acht zu nehmen, wenn man nicht gerade daran dachte, sich schnell zu verheiraten.

Früher, bei der *passeggiata*, dem allabendlichen Flanieren von Jung und Alt auf dem *corso*, der Hauptstraße des Dorfes, hatte man die jungen Schönen noch unbefangener begutachten und mit ihnen – wenn auch nicht zu offen – ein wenig flirten können. Nun, nachdem fast alle jungen Männer das Dorf verlassen hatten, galt jeder, der nicht gerade als ein *cane zeppo*, ein »krummer Hund«, gesehen wurde, als attraktiver Ehekandidat für die vielen Mädchen, die jetzt im Dorf kaum noch Heiratschancen hatten. Sogar der früher übliche *sguardo*, das Liebesspiel mit den Augen, mit dem sich ein Mädchen und ein Junge auf der *passeggiata* oder sonntags in der Kirche über Monate, ja, oft Jahre hinweg ihre Zuneigung und Leidenschaft füreinander zeigen konnten, erhielt nun eine ganz andere Bedeutung. Jede Mutter, die zuvor mit einer Mischung aus Stolz und Besorgnis die Leidenschaft ihrer Tochter verfolgt hatte, um zu sehen, ob sich daraus eine Verlobung ergeben oder ob sich eine noch größere Leidenschaft zu einem anderen entwickeln würde, versuchte nun, ihre Tochter bereits bei den ersten Anzeichen unter die Haube zu bringen. Sich dieser Kuppelei als Mann entziehen zu wollen, artete fast immer in die *diceria*, in Gerede oder sogar üble Nachrede, aus.

Doch dieses Gerede, so empfand er es, gehörte – ebenso wie das kleinliche Gezänke um alles und nichts, der Neid und die Missgunst – genauso zu ihrem Leben wie die Sonne, die alles versengte, die Wassernot, die Missernten, die Armut und das Elend, die nie ganz verschwindende Hoffnung und die immerwährende Enttäuschung, die vielen, vielen Krankheiten und der frühe Tod, der so manchen ereilte. Nur jetzt wurde, wie er feststellen musste, die *diceria* immer stärker.

Genauso, und das hatte er schon von Kindesbeinen an gelernt, gehörten zu ihrem *mondo della miseria*, zur »Welt des Elends«, wie alle ihre verzweifelte Lebenslage nannten, auch jene magischen Dinge, die halfen, die Welt zu verstehen, mit Hilfe derer man sich selbst und jeden anderen manipulieren konnte – im Guten wie im Bösen. Die Praktiken zur gegenseitigen Bindung oder zur Schadensstiftung – wie der *malocchio*, der böse Blick, und die *fatture*, wie die *fattura d'amore* oder die *fattura a morte,* der »Liebes-« oder der »Todeszauber« – konnten jeden treffen. Das war schon immer so gewesen und daran hatte sich kaum je etwas geändert. Aber nachdem nun die meisten gegangen waren und die Armut immer größer wurde, verschlimmerte sich auch dies. Noch nie zuvor hatte er so viel von magischen Beeinflussungen gehört. Vor allem die Frauen waren es, die Liebeszauber in den vielfältigsten Formen durchführten, um ihre Männer in der Fremde nicht an eine andere zu verlieren, oder um sie wieder zurückzugewinnen, wenn es bereits geschehen war. Aber auch im Kampf um die wenigen noch verbliebenen Männer waren alle Mittel recht. Da offenes Werben das Privileg der Huren war, wurden die magischen Mittel zur Unterstützung des heimlichen Werbens eingesetzt. Noch nie hatten die *fattucchieri* und *controfattucchieri*, die *maghi* und die *jettatori*, all die Hexer und Magier im Dorf, eine solche Konjunktur gehabt. Und neben ihnen wirkten noch die traditionellen Magier, die Herren in den Kirchen, die nicht nur Brot in Fleisch und Wein in Blut zu verwandeln verstanden, sondern vor allem im Besitz des sechsten und siebten Buches Moses waren. Sie setzten die Mittel ihrer Macht – okkulte Beschwörungen, Praktiken und Zauberelixiere –, wo immer nötig, rigoros ein. Zumindest schien jeder im Dorf – offenbar aus eigener Erfahrung – hiervon überzeugt. Was genau an diesen Geschichten dran war, sollte er später am eigenen Leib erfahren.

Dass sein Pfarrer, dem er mitteilte, dass er nun auch den Ort verlassen würde, um im Norden sein Glück zu versuchen, ihm nicht einmal Glück für die Zukunft wünschte, sondern ihn mit den Worten verabschiedete: »Du wirst schon sehen, was dir da oben im Norden noch alles blüht«, erschien ihm wie ein unheilbringendes Omen.

Trotzdem wollte er gehen, denn er konnte sein Leben nicht auf die bisherige Weise fortführen. Wozu hatte er sich jahrelang zum Maler und Tüncher ausbilden lassen und auch als Restaurator alter Gebäude und Kirchen reichlich Erfahrung gesammelt, wenn er seine Fähigkeiten hier nur selten einsetzen konnte? Ans Alter durfte man schon gar nicht denken, nicht einmal an die nähere Zukunft.

Als er schließlich den Entschluss zur Abreise gefasst hatte, fühlte er sich tagelang wie gelähmt. Einerseits war er froh, endlich eine Entscheidung getroffen zu haben, andererseits verursachte ihm der Gedanke, seine alten Eltern zu verlassen, ein so schlechtes Gewissen, dass er es kaum zu ertragen vermochte. Nachdem alle seine Geschwister bereits seit Jahren in Nordeuropa lebten und arbeiteten, waren sie auf seine Unterstützung angewiesen und hatten darauf vertraut, dass er sie ihnen gewährleisten würde. Das Gefühl, lieblos zu sein, egoistisch und pflichtvergessen, ließ ihn Tag und Nacht nicht zur Ruhe kommen.

Wie sollte er diesen Konflikt zwischen seiner Liebe zu ihnen, seiner Pflicht als Sohn und seinem Wunsch, diesem Elend zu entfliehen, um sich und ihnen eine bessere Zukunft zu ermöglichen, lösen? Er hatte seinen Vater in den vergangenen Jahren so oft sagen hören, wie sehr er sich danach sehnte, sich einmal ausruhen zu können. Alle hatten nur zu gut gewusst, was er damit gemeint hatte: nicht etwa ausruhen von harter Arbeit – denn die war er von Kind auf gewohnt –, sondern vom Kampf, überhaupt Arbeit zu finden, ein paar Lire nach Hause bringen zu können und nicht mehr das elende und entwürdigende Leben führen zu müssen, das ihn Tag für Tag vor Sonnenaufgang auf die Kirchenstufen des Marktfleckens trieb, bis die *gabellotti*, die Großpächter der umliegenden Landgüter, kamen und die Landarbeiter für den Tag aussuchten. Was sein Vater damals gemeint hatte, war ihm heute aus eigener, leidvoller Erfahrung bewusst.

Jeden Morgen saßen sie dort, die *cafoni*, die Bauern aus den umliegenden Dörfern. Wer schon ein wenig älter und wessen Haut welk war von der schweren Arbeit in der glühenden Sonne und den vielen Malariaanfällen; wessen Muskeln schon langsam erschlafften, weil die einseitige Ernährung den Kräfteverlust nicht auszugleichen vermochte, der hatte kaum je eine Chance, gleich am ersten Tag angenommen zu werden. Denn in einem solchen Falle vor dem scharfen Blick des *gabellotto* Gnade zu finden – vor allem vor seinen Händen, die so spielerisch über Arme und Rücken strichen, auf Bauch und Hintern klopften, wie dies eigentlich nur unter Freunden üblich ist, die dabei aber ohne jede Freundlichkeit die Festigkeit der Muskeln prüften –, glich dann schon beinahe einem Wunder.

Natürlich wollte keiner dieser Sklavenhalter das Risiko eingehen, einen Schwächlichen oder gar einen Kranken anzuheuern, der ihm womöglich inmitten der Arbeit schlapp machen würde. Das Tagewerk auf den Feldern war so schwer, dass nur wirklich kräftige und ausdauernde Arbeiter es durchstanden. Wer aber kaum Muskeln, einen eingefallenen Bauch oder einen schlaffen Hintern in der Hose hatte, der hielt den Rhythmus bei der Arbeit nicht durch, fiel mehr und mehr zurück und veranlasste damit die anderen in der Reihe, langsamer zu arbeiten, um dem Schwachen beizustehen. Wie gebannt schauten sie dem *gabellotto* in die Augen, wenn er ihren Körper musterte. Wenn sein Blick sich nicht gleich verfinsterte, diesen ironisch abweisenden Ausdruck annahm oder ein kurzes spöttisches Zucken um die Mundwinkel spielte, so schien dies den *cafoni* schon wie ein Hoffnungsschimmer, der die gedrückte Stimmung aufhellte. Die Scham und das Bangen während dieser erniedrigenden Prozedur, die Entrüstung, ja, zuweilen auch der Hass gegen diejenigen, die sich dies erlauben konnten, waren dann für einen Augenblick verdrängt. Das prüfende Tasten der fremden Finger schien dann sogar fast wie eine Liebkosung.

Gab der zuvor verhasste Peiniger daraufhin durch ein knappes Kopfnicken zu verstehen, dass man angenommen war, so erschien er als ein fürsorglicher väterlicher Patron, dem der eine oder andere, vor allem die Alten, sogar die Hände küsste und ihm unterwürfig, mit einem leise gestammelten: *vasamu lu manu, sa benedica*, »ich küsse Ihre Hand, seien Sie gesegnet«, seine große Dankbarkeit versicherte.

Und den anderen, die nach der Musterung durch ein ruckartiges, knappes Auffahren des Kopfes, begleitet von einem Anheben der Augenbrauen und einem kurzen scharfen Zischlaut, zurückgewiesen wurden, blieb nichts anderes übrig, als sich wieder auf die schäbigen, ausgetretenen Kirchenstufen zu setzen und zu warten. Manchmal wurde auch noch während des Tages der eine oder andere Tagelöhner gesucht, dies jedoch bei einem noch geringeren Lohn und meist auch ohne das sonst übliche Essen.

Die Unglücklichen, die auch dann noch nicht angenommen worden waren, sicherten sich sofort einen der freien Plätze auf den ersten Treppenstufen, um am nächsten Tag gleich vorne zu sein, wenn die *gabellotti* erneut ihre Auswahl treffen würden. Wer nur auf den hinteren Treppenstufen Platz fand, hatte am nächsten Tag meist noch weniger Glück, denn er hatte dann mit den neu Eingetroffenen des frühen Morgens zu konkurrieren; unter diesen waren viele junge, kräftige Kerle, die am Abend zuvor ein Essen gehabt und die Nacht in ihren Betten verbracht hatten, die morgens noch hatten frühstücken können, rasiert waren und frisch aussahen. Wenigstens war der Besitz eines vorderen Platzes doch mit dem Glück verbunden, sich auch zu einer früheren Uhrzeit der Musterung stellen zu können, denn die sonst im Süden verbreitete Norm, sich, wo immer möglich, rücksichtslos vorzudrängen, galt hier nicht. Den *gabellotti* durfte man sich nur respektvoll und mit gebührendem Abstand nähern, und einem der Mitbewerber um Arbeit und Brot sein Vorrecht zu nehmen, konnte tödlich enden.

Aber eher an die Reihe zu kommen garantierte auch am zweiten Tag nicht, angenommen zu werden. Es bedurfte nicht einmal des ausgezeichneten Erinnerungsvermögens der *gabellotti*, um zu wissen, wer am Tag zuvor abgewiesen worden war. Zu deutlich sah man es jedem Einzelnen an. Die Bauern mussten oft einen ganzen Tag auf den Treppenstufen sitzen, um ihren Platz zu behaupten und konnten sich nur kurz entfernen, um Wasser aus dem Brunnen zu trinken oder im Schatten eines Baumes ein wenig der sengenden Sonne zu entgehen. Da die meisten kaum mehr im Magen hatten als ein paar *fave*, die täglich verzehrten weißen Bohnen, eine Zwiebel oder eine Tomate, und die Nacht noch durchstehen mussten, die nach dem glutheißen Tag erst schwül und dann kalt war, sahen sie am nächsten Morgen erbarmenswert aus, selbst wenn sie sich mehrmals am Brunnen gewaschen und ihre zerknautschte Kleidung, so gut es ging, zurechtgezogen hatten.

Mit beklemmender Klarheit erinnerte er sich an jene bedrückenden Tage und die nicht enden wollenden, zermürbenden Nächte. Und genauso deutlich erinnerte er sich auch, wie es zu dem für ihn so einschneidenden Erlebnis gekommen war: Als sein Vater älter und schwächer geworden und immer öfter ohne eine einzige Lira heimgekehrt war, beschloss der Sohn, ihn als *giornaliero*, als Tagelöhner, zu begleiten. Er wusste, dass die Alten oder Schwachen häufig ihr Schicksal wenden konnten, wenn sie die fehlende Kraft durch das Hinzuziehen eines Jungen ausglichen. Dieser bekam keinen Lohn und auch kein Essen, sondern hatte als Teil des anderen auch anteilig von dessen Lohn zu leben. Er war für den Patron eine billige Kraft, denn er musste nicht nur Teil des Schwachen und dessen ausgleichende Ergänzung sein, sondern hatte im Grunde dasselbe zu leisten wie dieser.

Natürlich blieb der wahre Grund, warum er seinem Vater Gefolgschaft leisten wollte, immer unausgesprochen. Seine Bitte, als Tagelöhner mitarbeiten zu dürfen, suchte er damals vor seinem Vater damit zu rechtfertigen, dass er bereits zwölf Jahre alt sei und dass alles, worin er sich bisher versucht hatte, um zum Unterhalt der Familie beizutragen – ob als Altmetallsammler, Austräger und Marktschreier, als Parkplatzwächter, Putzhilfe, Getränkeverkäufer, Straßenkehrer oder als Helfer in den Gärten der anderen – als Gelegenheitsarbeit doch nur von den Kleinen verrichtet würde und er sich jetzt an die Arbeit der Erwachsenen gewöhnen müsste.

Sein Vater hatte ihn mit seinen großen, dunklen Augen lange angesehen, ohne ein Wort zu sagen. Auf eine Antwort zu drängen hatte dem Sohn nicht zugestanden. Antworten wurden meist nicht gegeben, man musste sie erkennen, und oft brauchten sie Zeit, manchmal sogar viel Zeit. Diese hatte sein Vater auch gebraucht, um damit fertig zu werden, dass er auf die Hilfe des Sohnes bei der Arbeitssuche angewiesen war. Natürlich durfte das niemals und von niemandem ausgesprochen werden, so offensichtlich es auch war, denn nicht alles, was wirklich war, durfte auch wahr sein. Und viel, viel wichtiger als die Wahrheit war es, sein Gesicht nicht zu verlieren. Seine Achtung einzubüßen und den Respekt zu verlieren, bedeutete für einen *gentiluomo*, einen Ehrenmann, nichts weniger als den sozialen Tod. Und diese Vorstellung stand dem Gedanken an das unabwendbare Schicksal des physischen Sterbens an Schrecklichkeit in nichts nach.

Es dauerte recht lange, bis sein Vater ihn eines Tages aufforderte, am nächsten Morgen zur Arbeitssuche mitzukommen. Sicher war es ihm sehr schwer gefallen, sich zu diesem Entschluss durchzuringen. Und so stapften sie am nächsten Tag wortlos hintereinander auf den schmalen Pfaden, die den Weg abkürzten, dem Marktflecken entgegen. Es war dunkel, frostig kalt und taufeucht, als sie aufbrachen, und die Sterne standen nur noch blass am langsam heller werdenden Morgenhimmel. Das Gehen auf den steinigen Pfaden war beschwerlich und fiel ihnen erst leichter, als die Sonne langsam am Horizont aufging und die Erde in einen rotgoldenen Schein tauchte.

Als sie nach Stunden endlich ankamen, erschöpft und mit schmerzenden Beinen vom ständigen Stolpern und Umknicken auf dem losen Geröll der Trampelpfade, waren schon viele andere da. Die ersten Stufen waren bereits besetzt. »Wir sind zu langsam gegangen«, murmelte sein Vater, ohne ihn anzusehen, »viel zu langsam.« Es war kein Vorwurf in seiner Stimme, kein Ärger, sondern vielmehr Enttäuschung, ja, Resignation.

So erfuhr der Sohn zum ersten Mal am eigenen Leibe, was es bedeutete, auf den harten, ausgetretenen Kirchenstufen zu hocken, die voller Risse und Löcher waren und auf denen das Sitzen selbst dann noch eine Qual war, wenn man alles, was man an Kleidungsstücken entbehren konnte, unter sich schob. Er erlebte auch, was es bedeutete, sich zur Arbeit anzubieten und nicht genommen zu werden. Stunden dafür zu laufen, es hinnehmen zu müssen, ohne Lohn und Essen einfach übergangen zu werden, ohne ein Wort der Erklärung nicht eines Blickes gewürdigt, mit einer knappen, kaum merkbaren Bewegung zur Seite gewiesen zu werden, als verscheuchte man eine lästige Fliege.

Und diese Erfahrung war ihm zugleich auch Erkenntnis dessen, dass die Solidarität, die Zusammengehörigkeit, das Miteinander eigentlich nur für die Mitglieder der eigenen Familie galt. Darüber hinaus mochte dies – vorausgesetzt, man kam sich nicht in die Quere – in gewissem Maße auch noch für all die Elenden gelten, die nicht mehr oder sogar weniger hatten als man selbst. Die Schmerzlichkeit dieser Erkenntnis lag darin, dass die *gabellotti*, die es geschafft hatten, sich aus dem Elend zu befreien, von heute auf morgen vergessen hatten, woher sie kamen und dass auch sie einstmals nur armselige Tagelöhner gewesen waren, die alle Arbeiten, auch die verwerflichsten, übernommen hatten, damit ihr Patron stets eine blütenweiße Weste behalten konnte. Vergessen hatten sie genauso schnell, dass sie zur Belohnung zum *mezzadro*, zum »Unterpächter«, auf einem der großen Latifundien ihres Patrons hatten aufsteigen können und somit heute in der Lage waren, auf einem Stück Land eigenständig zu wirtschaften.

Und wie schlecht erinnerten sich die *gabellotti* daran, dass das von alters her von *mezzadro* und Patron festgelegte Teilungsverhältnis des Ertrages nie stimmte, dass sich die Waage immer zu ihren Gunsten neigte und dass eigenartigerweise selbst beim gleichen Produkt, seien es Hartweizen oder Kartoffeln, Artischocken oder Oliven, *fave* oder Linsen, immer die bessere Qualität auf ihre Seite geriet, ja, dass selbst vom gleichen Weinberg immer nur die schönsten Trauben *ihre* Bottiche und später der Most daraus *ihre* Weinfässer füllte, wo er zu edlem Wein vergor.

Niemand wagte es, dies zu bemerken oder gar darüber zu reden. Vergessen und verdrängt war auch, dass die armen *mezzadri* dadurch reicher und reicher wurden und mehr Land in *mezzadria* nehmen konnten, schließlich zu Großpächtern aufstiegen und ihr Land ihrerseits an kleine Unterpächter vergeben konnten. Es verstand sich von selbst, dass dabei nur diejenigen berücksichtigt wurden, die bereit waren, den Herren Gefolgschaft zu leisten, denn Land war rar und Pachtwillige gab es wie Sand am Meer. So konnten nur diejenigen Klienten werden, die sich mit einem viel ungünstigeren Teilungsverhältnis einverstanden erklärten, und die es nicht wagten, bei der Ablieferung des Ernteertrages etwa, die bessere Qualität für sich beiseitezuschaffen. Abgesehen davon, dass das Pachtverhältnis umgehend aufgekündigt worden wäre, konnten die dann folgenden Repressalien existenzgefährdend, wenn nicht tödlich sein. Und jeder wusste, dass gerade diese Methode der *gabellotti* ihnen den Aufstieg vom armseligen *mezzadro* zum Großpächter und schließlich zum Landeigner ermöglicht hatte.

Gleichzeitig aber hegte er neben jenen Reflexionen, die der Erniedrigung und Verzweiflung, der Wut und Resignation entwuchsen, noch ein ganz sonderbares Gefühl, das ihn fast beglückte und daher völlig verwirrte: ein Gefühl der Dankbarkeit gegenüber seinen Peinigern. Dieses widerliche Gabellottigesindel, das er einerseits abgrundtief hasste, weckte in ihm andererseits ein wunderbares, neues Lebensgefühl. Der Grund war ihm nicht unverständlich: Man hatte ihn zwar erniedrigt, seine Ehre mit Füßen getreten; gleichzeitig hatte sich dadurch aber eine tiefe emotionale Beziehung zu seinem Vater entwickelt.

Bisher war dieser für ihn der *capofamiglia* gewesen, das »Familienoberhaupt«, das alle Dinge regelte, das fast alle Entscheidungen traf, aber auch alle Verantwortung für die Familie zu übernehmen hatte – insbesondere die wirtschaftliche, aber auch die moralische –, das seine ganze Kraft für das Wohlergehen seiner Familie einzusetzen hatte und dem daher Achtung, Verehrung und Respekt von seiner Frau, besonders aber von seinen Kindern gebührte.

Als Autoritätsperson hatte sein Vater immer ein wenig abseits gestanden. Aufgrund seiner Zurückgezogenheit hatte sich zwischen ihm und seinem Sohn nie eine so enge Beziehung entwickelt, wie sie zwischen der Mutter, dem Sohn und seinen Geschwistern bestand. Der Vater war der absolut verlässliche Pol, von dem Sicherheit und Schutz ausgingen. Die tiefen, ihn völlig durchdringenden Gefühle für seine Familie konnte man nur bei ganz seltenen Gelegenheiten bemerken. Sie waren fest in ihm verschlossen, und es schien, dass er ängstlich bemüht war, sie nicht zu zeigen. Sein Vater, so erinnerte sich der Sohn, hatte ihn bis zu dem Zeitpunkt, an dem sie gemeinsam auf Arbeitssuche waren, nur ein einziges Mal umarmt und geküsst, und dies auch nur, weil es damals wohl alle getan hatten, nämlich als er zum ersten Mal stolz zur Schule gegangen war und alle seine Geschwister, Freunde und Verwandten, die Nachbarn und ganz besonders seine Mutter ihm Glück- und Segenswünsche für den neuen Lebensabschnitt mit auf den ersten Schulweg gegeben hatten.

Umso erstaunter war er darüber – nun, da sie auf den Kirchenstufen saßen –, mit welch herzlicher Zuwendung sein Vater um ihn besorgt war. Die nicht enden wollenden Nächte, die anfänglich fast noch so heiß wie die Tage, dann schwül und feucht und gegen Morgen empfindlich kalt waren, machten ihm schwer zu schaffen. Sie saßen nebeneinander, dicht beisammen, aber doch mit gebührendem Abstand, wie es sich für einen gut erzogenen Sohn gehörte. Doch das überwältigende Schlafbedürfnis war stärker als jede Erziehung. Wenn man verzweifelt gegen den Schlaf kämpfte, dem Wunsch widerstand, in sich zusammenzusacken und sich mit durchgedrücktem Kreuz aufrecht hielt, wenn man versuchte, sich auf alles, was ringsum vor sich ging, zu konzentrieren, und selbst die Schmerzen zuließ, die durch das lange, bewegungslose Sitzen auf den unebenen Steinstufen entstanden – wenn trotz aller Willenskraft der Körper von krampfartigen Zuckungen durchzogen wurde, wusste man, dass der Kampf ums Wachbleiben bald verloren war. Und in einem solchen eigenartigen Übergangszustand des Halbschlafs bemerkte er, dass sein Kopf an die Schulter seines Vaters fiel. Zwar war ihm auf unbestimmte Weise bewusst, dass dies ungebührlich war, doch hatte er keine Kraft, es zu verhindern. Ja, wenn es seine Mutter gewesen wäre, so kam es ihm noch wie im Traum in den Sinn – an sie hätte er sich anschmiegen können. Aber sich an seinen Vater anzulehnen... was würde sich dieser dabei denken? Vollständig eingeschlafen, merkte er nicht mehr, dass sein Vater ihm schließlich sogar die Arme um die Schultern legte und ihn an sich zog, und auch nicht, dass er seinen Kopf und Schulter auf seinen Schoß bettete und ihn – beinahe zärtlich – festhielt, damit er nicht herunterrutschte.

Nachts wachte er auf und fand sich auf dem Schoß seines Vaters liegend. Das versetzte ihn derart in Schrecken, dass er sich nicht zu rühren wagte, obwohl sein Mund trocken wie eine verdorrte, dornige Artischocke war. Es konnte doch nicht sein, dass er sich einfach hingelegt hatte! Doch als er die Hände des Vaters spürte, die ihn stützten und nicht wie üblich zupackend festhielten, sondern trotz ihrer Größe und Schwielen fast liebevoll auf ihm ruhten, war er sich sicher, dass sein Vater ihn so auf seine Knie gebettet hatte. Das verwirrte ihn noch mehr. Noch nie war er seinem Vater körperlich so nahe gewesen. Nie, von einer förmlichen Umarmung abgesehen, hatte er ihn berührt – und nun spürte er seine Schenkel, die dünn und knochig waren und in spitze, harte Knie ausliefen; ganz anders, als er sie sich vorgestellt hatte. Da sein Vater so ausdauernd und stark war, hatte er stets geglaubt, er sei mit starken Muskeln bepackt. Er bemerkte auch, dass er fast gar keinen Bauch hatte. Dem Zwölfjährigen war es noch nie so klar geworden, wie groß der Unterschied zwischen seinem abgemagerten Vater und den wohlhabenden, vollgefressenen, rotgesichtigen *gabellotti* war, den Honoratioren des Ortes, dieser »Kohorte unterwürfiger Herrschaftsdiener« oder »Crème der Polstersessel«, wie sie zu Recht von den kommunistischen Rednern auf der Piazza genannt wurden. Sie waren für das moralische Leben des Ortes nicht besser als Malaria für den Körper. Diese Tagediebe, die den lieben langen Tag vor ihrem Stammcafé in der Sonne oder vor dem Parteilokal der *Democristiano* ununterbrochen über die großen politischen Ereignisse in der Welt debattierten, die huldvoll die Grüße der Bauern, die sie verachteten, entgegennahmen und sich unterwürfig erhoben, wenn einmal der Baron vorüberkam, dem die größten Ländereien gehörten, und dem sie dann in ihrem wohleinstudierten, untertänigen Lächeln ein *vasamu lu manu*, »wir küssen Ihre Hand«, zuflüsterten – sie stellten ihren Wohlstand offen zur Schau.

Welcher Kontrast zum eingefallenen Körper seines Vaters, der auf den Rippen kaum mehr als Haut hatte! Langsam verstand er, warum die *gabellotti* ihn kaum anheuerten, wenn sie ihn abtasteten.

Wer ihn nie beim Arbeiten erlebt und gesehen hatte, wie kräftig und ausdauernd er sein konnte, musste annehmen, dass er kaum ein paar Stunden durchhielt. Der Sohn schwor sich, dass es am nächsten Morgen mit der Arbeit klappen würde – und wenn er sich auf den Boden werfen musste, um die Füße dieser widerlichen *gabellotti* zu küssen.

Wenn die nur erst sahen, was sein Vater zu leisten imstande war, würden sie ihn nicht mehr nach Hause gehen lassen. Und wenn nun auch er all seine Kraft einsetzen würde, dann wären sie ein unschlagbares Team, zwei, die zusammengehörten, fast wie eine einzige Person – das hatte er sich nie vorstellen können. Die körperliche Berührung, die ihn anfänglich verwirrt hatte, beglückte ihn mit einem Male so, dass er sich behutsam und schüchtern noch ein wenig fester an seinen Vater schmiegte. Ein solches Gefühl körperlicher Nähe kannte er bisher nur aus der Beziehung zur Mutter.

Plötzlich wurde ihm noch etwas anderes bewusst. Sein Vater hatte einen ganz eigenartigen Duft, den er nie zuvor gerochen hatte. Den

Geruch seiner Mutter war er gewohnt; sie roch immer ein wenig nach der weißen, harten Seife, die sie täglich mehrmals benutzte und die überall im Hause zu finden war: im Badezimmer, in der Küche und an allen anderen Waschbecken. Sonntags, wenn sie in die Kirche oder zu einem sonstigen besonderen Anlass ging, tupfte sie sich immer ein paar Tropfen von ihrem Parfüm, das sie sich selbst herstellte aus Rosenblättern und verschiedenen *zagare*, den Blüten der Orangen- und Zitronenbäume, an Hals, Achseln und Hände. An diesen Gerüchen hätte er sie selbst mit verbundenen Augen unter Hunderten anderer Frauen erkannt.

Sein Vater roch nach Schweiß, und dies verstärkte sich noch, wenn sie Holz spalteten oder ein Feld in der prallen Sonne mit den großen, schweren Hacken umgraben mussten – es rochen alle nach schwerster Arbeit. Der ganze eigene Geruch seines Vaters aber machte ihn noch mehr zu seinem Vater. Er mochte diesen Geruch. Und in diesen eingehüllt, schlief er friedlich wieder ein.

Vom Lärm ringsum wachte er auf. Die meisten der *cafoni*, die die Nacht ausgeharrt hatten, waren schon am Brunnen und wuschen sich; einige rasierten sich in der Hoffnung, dass man ihnen nicht ansähe, dass sie die Abgewiesenen des Vortages waren. Auch sein Vater und er gingen zum Brunnen, ohne jedoch ein einziges Wort zu wechseln.

Zweifel kamen über ihn, ob ihr Verhalten eine aus der Not geborene und daher erlaubte Abweichung gewesen war, die nun, am hellen Tag, ihre Gültigkeit verloren und wieder dem normalen Umgang zwischen Vater und Sohn zu weichen hatte, oder ob es wirklich ein Indiz für eine sich neu entwickelnde Beziehung war.

Von seinem Vater ging keine Regung aus, die erkennen ließ, ob sein Verhalten der Situation geschuldet blieb, oder ob es vielleicht doch Ausdruck einer tiefen Verbindung war, die sich nie hatte äußern können, weil die Konventionen das Verhältnis zwischen Vater und Sohn so stark regelten.

Als sie ihre Hemden auszogen, um die Köpfe unter das eiskalte Brunnenwasser zu halten und ihre Oberkörper zu waschen, blickte er verschämt zwischen den Fingern hindurch und sah nun mit eigenen Augen, wie mager und verhärmt der Körper seines Vaters war. Durch die nächtliche Berührung wusste er nun bereits, dass sein Vater kein muskulöser Mann war, doch er hatte ihn nie unbekleidet gesehen. Er sah, wie sich das Brustbein auf der mageren Brust abzeichnete und wie weit die Schlüsselbeine hervortraten. Was ihn jedoch am meisten entsetzte, war die schwielige, narbige Haut, die vor allem an den Schultern aussah, als wäre er gegeißelt worden. Und beim Gedanken daran, was dieser hagere Körper alles auszuhalten hatte, um das bisschen Brot für seine Familie zu erarbeiten, musste er sich mit aller Kraft zusammennehmen, um nicht in Schluchzen auszubrechen. Wieder und wieder tauchte er sein Gesicht ins Wasser, bis er sicher war, dass man seine Tränen nicht mehr sah und seine Augen nicht gerötet waren.

Sie streiften das Wasser mit den Händen von Gesicht und Körper, kämmten ihre nassen Haare, so gut es ohne Spiegel ging, und ließen sich im Morgenwind trocknen. Dann zogen sie die Hemden wieder an und gingen zurück auf ihren Platz auf den Kirchenstufen. Gesprochen hatten sie bis dahin noch kein Wort miteinander. Erst als die *gabellotti* eintrafen, brachen sie das Schweigen. Sein Vater erklärte ihm, wie er sich zu benehmen hatte – nicht aufdringlich, aber doch so, dass der andere sah, wie stark er trotz seiner Jugend war, wie er lächeln und wie er antworten sollte, wenn ihn ein *gabellotto* etwas fragen würde.

Und schon der erste – es war einer der dünneren, feineren – nahm sie an, ja, er lächelte ihm sogar zu und fuhr ihm mit der Hand über den Kopf, und auch für seinen Vater hatte er ein freundliches Lächeln übrig, als er ihn mit einer Kopfbewegung nach rechts wies, wo die Angenommenen standen.

Ob es nun die Erfüllung all seiner Stoßgebete war, die er an die Santa Rosalia, an den Heiligen Rocco, an die beiden Schutzpatrone ihres Ortes, Cosmas und Damian, und an andere Heilige gerichtet hatte, ob sie zusammen einen so guten Eindruck gemacht hatten oder ob es ganz einfach Glück, Zufall oder ein Wunder gewesen war – nun standen sie auf der richtigen Seite. Sie sahen sich an und nickten sich zu wie zwei Verschworene, beide unfähig, ein Wort zu sagen. Aber als er ganz sachte, wie unbeabsichtigt, die Hand seines Vaters berührte, hoffend, dass er sie ihm nicht entziehen würde, erhielt er einen festen, langen Händedruck und als er zu ihm aufschaute, sah er ihn zum ersten Male an diesem Morgen lächeln. Da fühlte er, dass jene vertrauensvolle Nähe keine Einbildung gewesen war. Ganz sicher war er sich jedoch erst, als sie später zusammengepfercht und eng aneinandergedrückt auf dem Lastwagen standen, der sie auf die Felder bringen sollte, und sein Vater den Arm um seine Schultern legte, um ihn noch näher an sich heranzuziehen, als wollte er verhindern, dass er umfiel, obwohl sie so eingekeilt waren, dass sie sich kaum mehr als ein paar Zentimeter bewegen konnten.

Das anfängliche Glück verließ sie auch weiterhin nicht. Sie waren ein gutes Gespann, das genauso schnell wie die anderen – manchmal noch schneller – arbeitete. Auch wenn er keinen Anspruch auf Essen hatte, so blieb von der Verköstigung der vielen anderen genug für ihn übrig, ohne dass sein Vater mit ihm teilen musste. Ein wahres Festessen war jedoch die *pasta a scannaturi.* Auf lange Tische wurden riesige Mengen *pasta già condita*, Pasta mit viel Sauce, Gemüse und oft auch etwas Fleischragout geschüttet und der Länge nach in der Tischmitte verteilt. Die rings um den Tisch platzierten Landarbeiter zogen mit kleinen Schilfrohr- oder Holzstücken, die vorne eingeschnitten und gespreizt waren, portionsweise die Pasta zu sich, legten den Kopf auf den Tisch und schoben sie sich direkt in den Mund. Da sich mit diesen primitiven zweizinkigen Gabeln natürlich nicht sauber abräumen ließ, blieb immer noch genügend auf dem Tisch hängen, was der Junge dann mit einem Holzbrettchen zusammenkratzte. Auf diese Weise brachte er ganz ansehnliche Portionen zusammen, oft sogar mehr, als er überhaupt essen konnte. Die Arbeit auf den Feldern war hart, oft unerträglich schwer, aber da sie ihr Pensum sehr gut schafften, wurden sie fast die ganze Erntezeit hindurch abends bereits wieder für den nächsten Tag angeworben.

Als wäre es gestern gewesen, so gut erinnerte er sich, wie stolz sie am ersten Tag nach Hause gekommen waren und seiner Mutter den Verdienst auf den Tisch gelegt hatten. Obwohl der Heimweg bei bereits eintretender Dunkelheit oft sehr beschwerlich war, weil er vor Müdigkeit fast im Gehen einschlief und auf den steinigen Pfaden immer wieder fehltrat und umknickte, manchmal sogar stürzte, so waren das Lob seines Vaters und die vielen Umarmungen seiner Mutter etwas Wunderbares für ihn, und es erfüllte ihn mit Stolz, dass er nun ein Mann war und mithelfen konnte, die Familie zu ernähren.

So arbeiteten sie lange Jahre miteinander, bis der alte Vater nur noch ihr eigenes kleines Stück Land bewirtschaften konnte. Er war verbraucht. Der Rücken, die Gelenke, seine gichtigen Finger schmerzten ihn schon bei leichter Arbeit und es schien, als wären alle seine Knochen im Leibe wund. Er konnte sich kaum mehr bewegen, insbesondere im späten Herbst und im Winter, wenn es feucht und kalt wurde und das glimmende Holzkohlebecken unterm Tisch die einzige Heizung im Haus war. So musste er allein, ohne seinen Vater arbeiten. Nichts war ihm zu anstrengend, nichts zu schwer, denn er tat es ja für ihn und für seine Mutter, vor allem nachdem alle seine Geschwister weggegangen waren.

Doch nun, nach all der Zeit, wollte auch er seine Eltern verlassen, jetzt, wo sie alt waren und ihre Kinder brauchten. Wie sollte er diesen Konflikt lösen? Zu dem Zwiespalt, seine Eltern zu verlassen, gesellte sich die Angst vor dem, was ihn im Ausland erwarten würde. Zu viel hatte er gehört; es war nicht immer Positives. Das Wetter dort war schlecht, es gab kaum sonnige Tage und selbst im Sommer nur Regen und im Winter Eiseskälte und Schnee. Vor allem aber die Arbeit schien unmenschlich zu sein – zwar nicht so schwer wie hier, wo alles ohne Maschinen bearbeitet werden musste. Es war wohl vielmehr der unmenschliche Rhythmus, der sich so unerträglich nach Takt, Zeit und den Maschinen richtete und nicht nach der körperlichen Verfassung. Die Arbeitszeiten schienen viel kürzer zu sein, nur acht oder höchstens zwölf Stunden, je nachdem, ob man in Schichten arbeitete, aber niemals so lange wie hier, wo man vom Morgengrauen bis in die Dämmerung hinein arbeiten musste. Viel schlimmer aber war, wie er vernahm, dass man kaum wusste, was aus dem wurde, woran man arbeitete. Realität war dort für viele offenbar die stundenlange, eintönige Arbeit am Fließband – und dies tagaus und tagein.

Am schlimmsten stellte er sich vor, dass er sich womöglich monatelang kaum würde unterhalten können, bis er die fremde Sprache gelernt hätte, und dass er vollkommen auf sich selbst gestellt sein würde. Und wie die Menschen und die Städte dort sein mochten? Hier kannte er jeden, der im Dorf wohnte, und jeden noch so kleinen Winkel des Ortes. Aber bereits in den umliegenden Dörfern war er nur selten und in den Städten sogar nie gewesen. Als Kind hatte man ihn einmal in die nahe Kreisstadt zum Arzt gebracht, aber daran erinnerte er sich nur schwach. Was sollte er auch in der Stadt? In seinem Dorf gab es alles und hier war sein Zuhause. Arbeit würde er in der Stadt noch weniger finden und Geld zum Ausgehen hatte er ohnehin nicht.

Der Gedanke, bald in ein fremdes Land, in eine so große Stadt gehen zu müssen und ganz allein unter so vielen fremden Menschen zu leben, die er weder kannte noch verstand, und dass er dazu fast ohne Geld, ohne Bleibe und vielleicht ohne erfüllende Arbeit sein würde, machte ihn so bange, als hätte man ihm die Brust zugeschnürt. Manchmal überliefen ihn kalte und heiße Schauer, als ob er fieberte. In solchen Augenblicken – und sie kamen mehrmals am Tage – zweifelte er, ob er es wirklich wagen könnte. Doch da er gesehen hatte, dass es vielen anderen vor ihrer Abreise ähnlich schlecht gegangen war, dass auch sie sich vor dem bevorstehenden Unbekannten fürchteten, blieb er bei seinem Entschluss.

Das Schlimmste stand ihm aber noch bevor: Er musste endlich seinen Eltern mitteilen, dass er nun auch gehen würde – dass er im Nachbardorf bei einer Arbeitsvermittlung einen Vertrag für eine Arbeit in Deutschland unterschrieben hatte. Es waren die schlimmsten Augenblicke, die er durchlebte. Er wusste, dass es nicht leicht werden würde, aber so schrecklich hatte er es sich nicht vorgestellt. Er war auf

Fragen vorbereitet, doch als er es ihnen mitteilte, sagten sie nichts, kein einziges Wort. Sein Vater sah ihn nur an mit großen, dunklen Augen, die stets den Eindruck vermittelten, als hätten sie alle Höhen und Tiefen dieser Erde gesehen und wären durch nichts mehr zu überraschen. Diese so lebhaften Augen in dem alten zerfurchten Gesicht blickten ihn an, als sähen sie durch ihn hindurch, ganz ruhig, unbewegt, stolz. Nur an den Händen seines Vaters, an den abgearbeiteten, schwieligen Händen, die vor ihm auf dem Tisch lagen, konnte er sehen, was in ihm vorging. Sie ballten sich zu Fäusten, ganz langsam, fast unbeweglich, bis die Fingerknöchel ganz weiß aus der sonnengegerbten Haut hervorstachen, um sich dann ebenso langsam wieder zu entspannen und sich gleich darauf wieder zu Fäusten zu ballen. Wie viel Kraft es ihn kostete, nicht die Beherrschung zu verlieren! Keine Träne, nicht einmal ein Seufzer, zeigten seine Bewegtheit, nur die Hände verrieten, wie schwer es ihn traf.

Auch seine Mutter schwieg. Sie, die eigentlich immer die passenden Worte fand, sagte nichts, gar nichts. Sie blickte nicht einmal zu ihm auf. Zusammengesunken, den Kopf tief in die Schultern gezogen, als drücke eine zentnerschwere Last sie nieder, verharrte sie unbeweglich. Nur seufzte sie einige Male leise, fast tonlos, untröstlich.

Er wollte ihnen erklären, warum auch er zu gehen beabsichtigte, dass er ja schreiben und sie bald besuchen würde, dass er doch nicht allzu lange fortbleiben wollte und immer für sie da sein würde, dass er ihnen mehr von seinem Verdienst würde beisteuern können als bisher, und noch vieles mehr, was ihn bewegte. Aber durch ihr Schweigen war er wie gelähmt. Stumm und unbeweglich saß er ihnen gegenüber, unfähig, auch nur ein Wort herauszubringen. Sein Mund wurde immer trockener und seine Kehle war wie zugeschnürt. Er glaubte, weinen zu müssen, aber seine Augen blieben trocken. Ein Gefühl völliger Leere überkam ihn. Eine Schwäche, die vom Herzen auszugehen schien, durchzog seinen ganzen Körper, seine Muskeln schienen völlig erschlafft und alles an ihm war wie erstorben.

Mit letzter Kraft stand er auf und wankte in sein Zimmer, wo er völlig erschöpft auf sein Bett sank. Ein ganz eigenartiges Unwohlsein überfiel ihn, sein Magen rebellierte und er fror, trotz der Decke, die er über sich zog. Er zitterte am ganzen Körper und konnte sich nicht beruhigen. Erst viel später sank er in einen unruhigen Schlaf.

Als er erwachte, war es schon heller Morgen. Der übliche Lärm des Dorfes hatte ihn geweckt. Auf seinem Nachttisch stand sein Abendessen, das ihm seine Mutter hingestellt hatte, während er schlief. Ein Stück Brot, ein paar Scheiben Tomaten, gedünstete und gebratene *fave*,

Oliven und Zwiebelringe – das übliche Abendessen. Er aß einen Bissen Brot, ein paar *fave* und einige Tomatenscheiben, doch er konnte es kaum schlucken. Er wusch sich und ging in die Küche. Niemand war im Haus. Es stand auch kein Kaffee auf dem Herd. So ging er zur Bar und trank einen Espresso. Er kaufte sich zwei Zigaretten, von denen er eine rauchte. Sie schmeckte ihm nicht. Er drückte sie aus und steckte den Rest mit der anderen zusammen in die obere Brusttasche seiner Jacke. Dann setzte er sich zu den *uccelli* auf die Dorfmauer und blickte, stumm wie sie, seinen Gedanken nachhängend ins Tal.

Auch während des Mittagessens sprach die Familie nicht miteinander. Die Atmosphäre war gespannt.

Während der nächsten Tage gingen sie sich aus dem Weg. Sein Vater ging früher als sonst aufs Feld und kam später nach Hause. Seine Mutter war unermüdlich damit beschäftigt zu waschen, zu flicken, zu stopfen und zu bügeln. Sie richtete ihm seine wenigen Habseligkeiten, die er mitnehmen würde, und sie schien ihm noch kleiner und gebeugter als sonst. Er saß oft auf der Mauer bei den Alten, manchmal auch im Café. Die meiste Zeit aber lag er angezogen und unbeweglich auf seinem Bett, die Arme unter dem Kopf verschränkt, und starrte an die Decke. Als er eines Abends nach Hause kam, standen zwei Koffer in seinem Zimmer. Er hob sie an. Sie waren gepackt. Er schaute nicht einmal hinein. Der größere war schäbig, an den Kanten ausgebeult und auch sonst abgewetzt. Es war der alte Koffer, den sein Bruder mitgenommen hatte, als er damals abgereist war, und den er dann, als er zu Besuch gekommen war, wieder zurückgebracht hatte. Den kleinen kannte er nicht. Sicher hatte seine Mutter ihn irgendwo geliehen oder billig erstanden. Er war gebraucht, aber noch recht gut erhalten. Dies war nun sein ganzer Reichtum, alles, womit er in der Fremde neu beginnen musste, um sein Glück zu machen – und dies wollte er, dessen war er gewiss.

Beim Abendessen teilte er ihnen mit, dass er am nächsten Morgen abreisen würde. Er wollte mit dem ersten Bus nach Palermo fahren, wo er einen Zug nach Mailand nehmen könnte. Von dort aus wollte er dann einen Zug nach Deutschland finden. So machten es alle. Mailand war gewissermaßen das letzte Stück Heimat. Wenn man aus *Milano Centrale* hinausfuhr, war man endgültig *migrante*. Ein Zurück gab es dann nicht mehr. Viele der *cafoni* aus dem Süden verließ vor dieser letzten Entscheidung der Mut und sie blieben in Mailand hängen.

Milano Centrale war Treffpunkt und Informationszentrum. Hier traf man alle: sowohl diejenigen, die hier hängen geblieben waren, als auch diejenigen, die ausreisen wollten, gerade schon wieder zurückkamen oder nur im Urlaub gewesen waren. Hier erfuhr man alles; Gutes und Schlechtes, Nützliches und Belangloses, hier tauschte man Adressen aus, übermittelte Botschaften oder plauderte mit diesem oder jenem, denn hier strömten die Erlebnisse und Erfahrungen aus allen Ecken Europas zusammen. Das hatte er oftmals gehört. Nun sollte er es bald selbst kennenlernen.

Es war noch dunkel, als ihn seine Mutter weckte. Obwohl sie ihn nur leicht an der Schulter berührte, schreckte er hoch. Er hatte die ganze Nacht unruhig geschlafen und war von schrecklichen Träumen geplagt worden. Erleichtert, dass die Nacht vorüber war, ging er in die Küche, wo seine Mutter ihm das Frühstück gerichtet hatte. Doch sein Mund war trocken und sein Magen wie verschlossen, sodass er nur wenige Schlucke Kaffee trinken konnte, um damit ein paar von den *biscotti* hinunterzuwürgen. Seine Mutter stand am Herd und sah ihm unentwegt zu. Sein Vater war nicht da.

Obwohl es noch viel zu früh war, um zum Bus zu gehen, nahm er seine Koffer und trug sie vor die Tür. Er konnte die Anspannung nicht mehr ertragen. Als er draußen seinen Mantel vom Haken nahm, kam auch sein Vater, bereits angezogen, aus dem Schlafzimmer. Er umarmte und küsste ihn, viel länger und viel fester, als er dies sonst tat. Auch ohne viele Worte wusste er, was alles mit dieser Umarmung ausgedrückt werden sollte. Er begleitete ihn bis zur Treppe, wo er ihm nochmals mit seinen großen, harten, abgearbeiteten Händen fast zärtlich übers Gesicht strich und mit belegter Stimme leise sagte: »Bleibe gesund und komme wieder. Gott schütze dich.«

Er konnte nur ein »Danke, Vater« hervorbringen – es war mehr ein Krächzen als klare Worte. Dann ging er die Treppe hinunter. Seine Mutter war bereits vorausgegangen und hatte ihm das große Tor aufgeschlossen. Sie stand da im fahlen Schein des Morgens, klein, fast zierlich, gebeugt und zitternd. Sie weinte. Man hörte es kaum. Es war so traurig, so trostlos, wie das verzweifelte Weinen eines Kindes. Sie umarmte ihn und drückte ihn an sich, küsste ihn wieder und wieder und stammelte mit tränenerstickter Stimme: *Oh miu figghiu*, »oh mein Sohn«, *miu figghiuzzu, miu picciriddu,* »mein Söhnchen, mein kleiner Junge«, während er ihr so vieles sagen wollte und nur zärtlich *mammina, oh mia mammina*, »mein Mütterchen, oh mein Mütterchen« herausbrachte.

Dann nahm er seine Koffer und ging die Straße hinunter zur Bushaltestelle, immer wieder zurückblickend, bis die schwache Silhouette seiner Mutter im Dunkeln verschwand. An der Haltestelle setzte er seine Koffer ab und schlug den Kragen seines Mantels hoch, denn es war schon spät im Jahr und es wehte ein eisiger Wind von den Bergen herab. Der Boden war gefroren und die dünnen Eisschichten knirschten unter seinen Schuhen.

Obwohl die Sterne am blauschwarzen Himmel erst langsam zu verblassen begannen und der schwache, fahle Schein der Sonne nur zögernd hinter den Hügeln heraufzog, war das Dorf schon erwacht. Aus den meisten Häusern drang durch die Ritzen der Fensterläden und Türen matter Lichtschein. Die trüben Straßenlaternen beleuchteten kaum mehr als ein paar Meter der Straße. In der Luft hing der Geruch von brennendem Holz, denn man hatte in den offenen Kochstellen der Küchen schon Feuer gemacht. Hin und wieder wurde die Stille vom heiseren Bellen eines Hundes zerrissen. Hoftore knarrten in ihren Angeln. Dann kamen schon die ersten Bauern, die zu den am weitesten vom Dorf entfernt liegenden Feldern wollten. Schon von Weitem hörte man das helle Klappern der Hufe ihrer Maultiere. Dann trabten sie vorbei, dunkle Gestalten, nach vorne geneigt, die Kragen ihrer Jacken hochgeschlagen, einen groben Schal um den Hals gewickelt und die *coppula*, die von morgens bis abends getragene Schirmmütze, tief ins Gesicht gezogen. An der Seite der Maultiere hatten sie ihre Hacke befestigt, das einzige Gerät, mit dem man die steinigen Felder bearbeiten konnte. Die meisten beachteten ihn nicht, andere murmelten einen Gruß, den er ebenso monoton und lustlos erwiderte. Zwischen den Reitern tollten Hunde, langbeinige, dünnschwänzige, abgemagerte Geschöpfe, die in den Höfen herumzulungern pflegten, immer darauf bedacht, irgendwo einen Happen zu erhaschen. Meist erhielten sie aber mehr Fußtritte als Liebkosungen, denn niemand fürchtete sich vor ihnen. Vielleicht brauchte man sie auch nur, um eine Kreatur unter sich zu haben, die noch miserabler dran war als man selbst, gewissermaßen als negatives Bezugsobjekt in diesem *mondo della miseria*, dieser »Welt des Elends«.

Als er von weiter Ferne, von den Bergen her, das Holpern und Rattern des klapprigen Busses hörte, trat er ein paar Schritte in die Straße hinein, in der sich nun im Licht der Morgendämmerung die einzelnen Häuser deutlich voneinander unterscheiden ließen. Sein Blick streifte sie alle, an denen er hundert-, ja, tausendmal vorbeigegangen war, die er kannte – auch die Alten und Jungen, die darin wohnten. Und er blickte hinunter ins Tal, über die Gärten, die sich an die letzten Häuser anschlossen, und über die noch im Morgendunst liegenden Felder. Aus dem Nebel ragten die Kronen der Olivenbäume heraus, die so alt waren wie das Dorf selbst – verkrüppelt und blauschwarz. Drüben, an den weniger geschützten Hängen, wo der Morgenwind die Dunstschwaden schon fast vertrieben hatte, sah er die knorrigen Reben der Weinberge, die ihre nun unbelaubten Ästchen wie gichtig verkrüppelte Finger aus dem letzten Dunst herausstreckten.

Wie oft hatte er schon als kleiner Junge, noch bevor er mit seinem Vater zur Arbeit gegangen war, in diesen Gärten graben, Unkraut jäten, Beete anlegen und Tausende kleiner Löcher stechen und schließlich in jedes Loch eine Bohne stecken müssen, aus denen die endlosen Reihen der *fave* emporwuchsen. Unzählige Löcher hatte er für die Saatkartoffeln gestochen. Wer hätte die vielen Körbe kleiner Gemüsesetzlinge zählen können, die er auf Knien unter der heißen Sonne mit bloßen Händen eingepflanzt hatte, bis die Fingerkuppen bluteten? Welch eine Schinderei, dachte er nun, nur um bei der Ernte einen Korb *fave* zu bekommen, ein paar Bund Zwiebeln, einen Sack Kartoffeln, und, wenn es dem Patron genehm war, ein paar Köpfe Salat, eine Handvoll Suppenkräuter oder von den Tomaten die ganz kleinen, die großen, fleckigen oder die mit den Rissen, die man nicht verkaufen konnte. Und wie schwer war erst die Arbeit in den Weinbergen gewesen, die er später verrichtet hatte, wenn es sonst keine Arbeit für ihn gab. Das ganze Jahr über hatte er immer wieder Unkraut zwischen den Rebzeilen gejätet und bei der Ernte die Trauben in schweren Hotten zu den Bottichen vor dem Weingut getragen. Da jede der Frauen, die die Trauben abschnitten, die Schnellste sein wollte, hatten sie die Körbe immer so schnell gefüllt und in die Hotten geleert, dass man kaum Verschnaufpausen hatte einlegen können. Und was war der Lohn gewesen? Zwei bescheidene Mahlzeiten am Tag, abends ein Körbchen Trauben – die später, zu Hause auf dem Dach ausgebreitet, zu Rosinen trockneten – und schließlich das Versprechen, nach dem Keltern noch eine Korbflasche Wein zu bekommen. Ging es bei der Weinlese trotz der schweren Arbeit noch heiter zu, so war die Olivenernte eher eine traurige Arbeit. Dort, wo keine Zitrusfrüchte wuchsen, war es die letzte Ernte im Jahr. Meist war es dann schon sehr kalt, nicht selten frostig, und man fror oft erbärmlich. Waren die Bäume klein, konnte man einen Großteil der Oliven auf die Planen, die unter den Bäumen ausgebreitet waren, einfach herunterschütteln. Von den hohen Bäumen jedoch mussten die Oliven mit langen Stöcken heruntergeschlagen werden. Das war keine leichte Arbeit, weil man keine Olive vergessen, aber auch nicht einfach drauflosschlagen durfte, um den Baum nicht zu sehr zu schädigen. Durch das andauernde Schlagen schmerzten Hände, Arme und Schultern unerträglich. Die Oliven mussten zusammengelesen, in Säcke gefüllt und auf die Rücken der Maulesel geladen werden, um sie zur Ölmühle zu bringen. Lohn für die wochenlange Arbeit waren ein paar

Liter Öl und die fettigen Kernabfälle, die man zu Hause zum Feuern verwendete. Das waren harte, sehr harte Zeiten für ihn gewesen, an die er sich gar nicht gerne erinnerte, die ihm aber den Entschluss, zu gehen, erleichterten.

Von der Kirchturmuhr schlug es viermal. Jetzt hatte er noch zehn Minuten Zeit, von seinem Dorf Abschied zu nehmen.

Er sah den Hügel hinauf zur Kirche. Die Uhr konnte er nicht erkennen, aber der Turm hob sich schemenhaft gegen das nun etwas heller werdende, fahle Graublau des Morgenhimmels ab. Deutlicher schon war das goldfarbene Kreuz auf der Kirchturmspitze zu sehen, das, so weit er sich zurückerinnern konnte, immer schief gewesen war. Im Dorf sagte man, dies spiegele den Zustand der Kirche symbolisch wider, und damit war nicht der verwahrloste Zustand des Gebäudes gemeint, an dem kaum je etwas renoviert worden war. Wer hätte die Kirche auch instand halten sollen? Die Gemeinde hatte kein Geld und ganz abgesehen davon gehörte die Kirche ja auch nicht dem Dorf. Aus Rom war nie Geld geschickt worden, obwohl sie dort unendlich reich sein mussten. Nicht einmal den Pfarrer bezahlten sie jeden Monat, sodass er auf Spenden der Gemeinde angewiesen war. Denn von dem bisschen, was die wenigen Kirchgänger sonntags ins Kollektekörbchen warfen, konnte er nicht leben. Ohne seine Haushälterin, mit der er Tisch und Bett in dem armseligen Pfarrhaus teilte, die zusätzlich verschiedenste Lohnarbeiten verrichtete, um etwas zu verdienen, und die sich außer dem Haushalt auch um den Garten und die Hühner kümmerte, wäre er längst verkommen. An der Tatsache, dass sie sich nicht nur den Tisch teilten, störte sich niemand im Dorf. So wusste man, dass er ein richtiger Mann war und man brauchte keine Angst zu haben, seine Jungen zu ihm in den Religionsunterricht oder in den Beichtstuhl zu schicken. Sonst aber war das Verhältnis zwischen der Gemeinde und ihrem Seelsorger eher belastet. Man betrachtete sich gegenseitig als notwendiges Übel. Obwohl er so ärmlich wie das Volk selbst lebte, war der Priester doch Vertreter einer Institution, die sich traditionell auf der Seite der Mächtigen befand und diesen, was Unterdrückung und Ausbeutung anbelangte, in nichts nachstand. Andererseits aber war er der Einzige, der helfen konnte, die hoffentlich bessere Welt im Jenseits zu erreichen, denn er taufte die Kinder, führte sie zur Erstkommunion, bereitete sie zur Firmung vor, segnete den Bund der Ehe, spendete die letzte Ölung und beerdigte die Toten. Dafür bekam er, wenn schon keine besondere Ehrerbietung, eine gewisse materielle Unterstützung. Die aber hatte er nötiger als die Anerkennung von den heidnischen und ungebildeten Mitgliedern seiner Gemeinde, die das

Mysterium des Opfertodes Jesu Christi offenbar als Schwäche verstanden, nicht als Erlösung von allem Übel; und die in der Verwandlung von Brot und Wein nichts als schiere Magie sahen, weil für sie ohnehin alles – Menschen-, Tier- und Pflanzenwelt – von magischen Einflüssen durchsetzt und verwoben war.

So stand er in der kalten Morgenluft, frierend und traurig. Wo immer er hinsah, an was er sich auch erinnerte – alles verdichtete sich zu Bildern. Es waren keine heiteren Bilder, sondern Bilder, die bedrückten und aufwühlten. Und in allen, die nun in diesen letzten Minuten an ihm vorbeizogen, sah er auch sich selbst. Wie oft hatte er sich gewünscht, aus diesen Staffagen hinaustreten zu können. Und nun, da er im Begriff war, diesen Schritt zu tun, musste er feststellen, dass er die Bilder gar nicht so einfach verlassen konnte, dass es gar nicht möglich war, herauszutreten und alles andere zurückzulassen, wie es war. Vielmehr bemerkte er zu seinem Entsetzen, dass immer, ganz gleich wie weit er hinaustrat, das Bild nicht zurück-, sondern unlösbar mit ihm verbunden blieb. Es musste doch möglich sein, sagte er sich, dass, ebenso, wie man aus einem gemalten Bild eine menschliche Figur herausschneiden und wegnehmen konnte, das Bild aber an seinem Platz blieb, auch er aus den jeweiligen Bildern heraustreten könnte, ohne sie hinter sich herzuziehen. Doch wie sollte er sich in Deutschland, einem neuen Bild, überhaupt zurechtfinden? Zwar wollte er sich aus diesen trostlosen Umständen befreien, aber konnte er es denn? Würden ihn die Bilder jemals loslassen? Vielleicht musste er erst einmal weit fort, dann würden sie schon verblassen, die Bilder, sagte er sich.

Die Reise

Ganz verwirrt von diesen Gedanken hatte er kaum bemerkt, dass das Rattern und Klappern, das auf ihn zukam, der Bus war, auf den er wartete. Als die Scheinwerfer nahe genug waren, tat er einen weiteren Schritt auf die Straße hinaus und gab dem Fahrer ein Zeichen, dass er zusteigen wolle. Und in den wenigen Augenblicken bis zum Quietschen der Bremsen überfielen ihn plötzlich die Zweifel. Waren es wirklich die Bilder, die ihn nicht loslassen wollten, die ihn daran hinderten, hinauszutreten? Oder war es nicht gerade umgekehrt? War es nicht vielmehr so, dass er aus diesen Bildern, der Umgebung und den Zusammenhängen gar nicht hinaustreten wollte? Hatte er überhaupt die Kraft und den Mut? Noch konnte er wieder zurückfallen in den *dolce sogno*, in den »süßen Traum«, der die brutale Wirklichkeit erträglich machte. Plötzlich fühlte er, dass er fieberte. Es war wie einer der Malariaanfälle, die er als Kind so oft erlitten hatte. Der Schweiß rann ihm am ganzen Körper herab, in seinen Ohren rauschte und brauste es und der Kopf schien ihm zu zerspringen. So stand er da, unbeweglich, erstarrt. Sollte es ihm gehen wie den vielen anderen, die immer fortgewollt hatten und es doch immer wieder aufschoben? Jetzt erst verstand er, wie es jenen gehen musste und wie falsch es war, ihre Unentschlossenheit zu belächeln. Jetzt erst fühlte er die Bande, die Fesseln, und er verstand, was es bedeutete, sie zu zerreißen. *Partire è sempre un pò morire*, »Abreisen ist immer ein bisschen sterben«. Wie oft hatte er diesen Satz gedankenlos gehört und selbst ausgesprochen. Verstehen aber konnte er es erst in diesen Sekunden.

»Wollen Sie denn nicht mitkommen?«

Die Worte des Busfahrers hörte er wie von ferne; sie rissen ihn aus seiner Erstarrung. Er hörte sich, noch immer wie von Weitem, antworten: »Ja, gerne!«

Ganz mechanisch sagte er dies. Aber wollte er denn gerne mitfahren? Er stand schon auf dem ersten Trittbrett, als ihn der Fahrer erstaunt fragte: »Und Ihre Koffer, wollen Sie die nicht mitnehmen?«

»Die Koffer, natürlich«, sagte er und ging nochmals zurück. Schwer wie Blei kamen sie ihm vor. Mit Mühe schob er sie in den Bus und stieg dann ein.

»Wohin wollen Sie?«, fragte ihn der Busfahrer und ließ den Motor wieder an.

»Nach Mailand«, antwortete er.

»Wir fahren aber nur bis Palermo«, sagte der Fahrer schmunzelnd, »bis dahin kann ich Sie gerne mitnehmen; aber um das letzte Stückchen müssen Sie sich schon selbst kümmern.«

Da er nichts entgegnete, weil er gar nicht begriffen hatte, dass dies ein Scherz sein sollte, sah der Busfahrer erstaunt zu ihm hoch und bemerkte trotz der gedämpften Beleuchtung, wie fiebrig und zittrig er war.

Besorgt fragte der Fahrer: »Geht es Ihnen nicht gut, sind Sie krank?«

»Ja, ich glaube ja«, antwortete er, »aber es wird, hoffe ich, bald vorübergehen.«

»Sind Sie sicher? Wenn es unterwegs schlimmer wird, sagen Sie es mir, ich halte gerne an, auch bei einem Arzt.«

»Nein, nein, bitte nicht anhalten, fahren Sie nur schnell, ich muss weg, ich muss nur schnell weg«, antwortete er und versuchte in dem recht vollen Bus einen Platz zu finden.

»Setzen Sie sich nicht zu weit nach hinten, damit ich Sie höre, wenn Sie mich brauchen«, sagte der Fahrer noch, als er sich bereits umwandte und auf eine leere Sitzreihe zuging.

Wie schön, dachte er, zwei freie Plätze nebeneinander. So konnte er wenigstens seine Koffer auf den einen stellen. Sie ins Gepäcknetz zu heben, dazu wäre er sicher nicht imstande gewesen, so schwach und elend fühlte er sich. Als er sich dann setzen wollte, sah er das Schild am Sitz. Es war die Nummer dreizehn. Darum also hatte man die beiden Sitze freigelassen. Niemand wollte sich auf die Dreizehn setzen. Oh Gott, sagte er sich, auch das noch! Aber was sollte ihm heute noch Schlimmeres zustoßen? War es nicht schon genug? Mit einem tiefen, resignierenden Seufzer ließ er sich erschöpft auf den Sitz fallen. Nur die Leute ganz vorne in den ersten Sitzreihen hatten aufgeschaut, als sie gehört hatten, wie sich der Busfahrer nach seinem Befinden erkundigte. Als sie aber sahen, dass er keine Hilfe brauchte, hatten sie sich wieder zurückgelehnt und versuchten nun, wieder zu schlafen. Nur die Frau auf dem Sitz gegenüber schaute besorgt zu ihm herüber.

Niemand sprach während der langen Fahrt. Nur manchmal hörte er das Stöhnen eines unruhig Träumenden oder das Schnarchen eines Mannes von weit hinten im Bus. Diejenigen, die er sehen konnte, lagen entweder aneinandergelehnt in der Mitte ihrer Sitze oder stützten sich gegen die Fenster. Andere versuchten es sich seitlich bequem zu machen, indem sie ein Bein auf dem Sitz anzogen und sich mit dem anderen abstützten.

Da sich der Bus nun langsam die Serpentinen in die Berge hinauf quälte und sich in jeder Kurve bedrohlich nach links oder rechts neigte, versuchte er, sich so tief wie möglich ins Polster zu drücken und sich mit beiden Beinen unter dem Vordersitz abzustützen. Die erste Zeit nach dem Einsteigen war er in eine bleierne Müdigkeit verfallen. Er bemerkte, wie ihm die Tränen die Wangen hinabliefen, sich am Kinn sammelten und in seinen offenen Hemdkragen tropften, ohne dass er etwas dagegen tun konnte. Er fühlte sich zu schwach, um nach seinem Taschentuch zu suchen und so weinte er, lautlos, nur ab und zu von einem ruckartigen Seufzer unterbrochen.

Danach fühlte er sich etwas erleichtert, aber dennoch leer und ausgelaugt. Schließlich schlief er ein und erwachte erst wieder vom Vor- und Zurückfallen seines Kopfes. Die Serpentinen wurden immer enger und der Fahrer musste vor jeder Kurve herunterschalten und aus der Kurve heraus wieder beschleunigen und hochschalten, was der alte Wagen nur mit heftigem Rucken mitmachte.

Nach einer Weile fühlte er sich besser. Zögernd wagte er aus dem Fenster zu schauen, um noch einmal einen Blick zurück auf sein Dorf werfen zu können. Er sah nicht sehr viel. Im wächsernen Licht der Morgendämmerung war kaum ein Haus vom anderen zu unterscheiden. Nur Dächer sah er. Sie waren so eng aneinandergereiht, dass es aussah, als gäbe es keine Straßen, die die Häuser voneinander trennten. Mal waren die Dächer etwas höher, mal tiefer, mal ebener, mal steiler, bis an den stark abfallenden Berg, wo sie den Hang entlang gereiht standen. Nur die Kirchtürme drängten sich aus diesem Dächergewoge hervor – weniger der hintere, der kein gedecktes Dach hatte, sondern wie alles hier bis an die Spitze aus gelblichen Tuffsteinen gebaut war und aussah wie eine kleine, getreppte Pyramide. Der vordere war höher und fiel vor allem durch sein spitzes Dach auf, das in Zickzackreihen mit grünen und weißen Ziegeln gedeckt war. In der fahlen Morgendämmerung zeichnete er sich wie ein glänzendes Dreieck vom graublauen Himmel ab. Ein einziger, eigenartiger Farbfleck nur, den er aber noch Jahre später, wenn er an sein Dorf denken sollte, mit geschlossenen Augen ganz deutlich sehen konnte. Zwischen den Dächern funkelten die trüben Lichter der Straßenlaternen wie Girlanden herauf, die erkennen ließen, dass es da unten zwischen dem welligen Dächermeer doch Straßen gab – Straßen mit Häusern und Menschen.

Als sich der Bus die engen Serpentinen nach oben kämpfte, erschien zur Linken, drüben am Hang, geschützt unterhalb der beidseitigen Bergflanken liegend, Montelepre. Fast wie ein Teigfladen, den man dort hingeklatscht hatte, hob sich die helle Fläche des Ortes von der dunklen, kahlen Bergkette ab. Nur der klotzartige Turm des *castieddu*, des »Kastells«, ragte drohend aus der Masse heraus.

Viel wusste er von diesem am Hang liegenden Dorf nicht, doch er hatte von der traurigen Berühmtheit des Ortes gehört. Es war der Geburtsort und die Heimat von *Turiddu*, von Salvatore Giuliano, dem berüchtigtsten Banditen Siziliens. Wegen der antiken römischen Zollgesetze, die im Mittelalter in Italien den Warenverkehr von Ort zu Ort regelten, und die nichts, aber auch gar nichts mit jenen in Sizilien zu tun hatten, wurde er zu einem Schmuggler, der lange Zeit den Behörden entkam, bis er, nachdem er einen Zöllner tödlich getroffen hatte, als Mörder verfolgt und schließlich verraten und getötet wurde. Wie dies genau geschehen war, hatte man nie erfahren. Jeder behauptete, es zu wissen und kannte eine Version, aber jene, die es genau wussten, schwiegen beharrlich. Es konnte gefährlich sein, in Sizilien zu viel zu wissen und zu reden. Besser beherzigte man die Regel: *Cu è surdu, orbu e taci, campa cent'anni 'n paci.* »Wer taub ist, stumm und blind, kann hundert Jahre in Frieden leben.« Die *omertà*, die »Schweigepflicht«, gehörte ebenso zu seinem Volk wie das Land und das Meer, die es ernährten und die Luft, die es atmete. So war es hier immer gewesen. Ob sich das je ändern würde? In *cent'anni*, in »hundert Jahren« vielleicht. Aber was waren schon hundert Jahre in diesem uralten Land?

Es erstaunte ihn, welche Bilder ein einziger Blick auf ein einziges Dorf in wenigen Sekunden vor seinem inneren Auge entstehen lassen konnte. Man musste sie nicht suchen, nicht herbeirufen oder sich zwingen, sie zu evozieren. Sie kamen ganz von selbst, ohne dass man es wollte. Und immer waren es belastende Bilder, die Schweres, Trauriges, Verlustreiches und fast immer Gewalttätiges enthielten. Warum, fragte er sich seufzend, musste er sich mit diesen dunklen Gedanken von seinem Dorf, seiner kleinen Welt verabschieden? Warum gab es nichts Heiteres auf dieser Insel? Warum nur die dumpfen Leiden aller Kreaturen in diesem *mondo della miseria*?

Langsam war es hell geworden, aber er sah kaum etwas von der Landschaft ringsherum. Je höher sie kamen, desto dichter wurde der Nebel. Sie fuhren wie durch Wolken. Nur kahle, feuchte und glattgewaschene Felsen, dorniges Gestrüpp und hin und wieder ein aus rohen Findlingssteinen gemauertes Häuschen tauchten schemenhaft aus dem Nebel auf, daneben verkrüppelte, vom Wind zerzauste Bäume. Alles glänzte grau und nass. Nie zuvor hatte er so etwas gesehen. Eine tiefe Unruhe beschlich ihn. Zwar konnte er nicht sagen, wovor er sich fürchtete, aber dieses Gefühl schien ihm die Brust zuzuschnüren. Es fiel ihm schwer, tief durchzuatmen. Und gerade war die Straße hier oben auf der Ebene auch nicht. Der Bus schaukelte sich hupend von einer Kurve zur anderen. Erst als sie den Berg überwunden hatten und langsam aus dem Hochtal heraus und wieder abwärts fuhren, fühlte er sich besser, denn nun, so hoffte er, würden sie bald Palermo erreichen. Wolkenlos erstrahlte der blaue Morgenhimmel. Das Schild am Ortseingang des nächsten Dorfes war von Schüssen durchlöchert. Bis hierher war er noch nie gekommen. Das Dorf schien nur aus einer einzigen Straße zu bestehen, die in die Flanke des abfallenden Berges geschnitten war, auf der einen Seite steil hochging und auf der anderen Seite genauso steil abfiel. Niedrige Häuser drängten sich dicht entlang des schier endlosen Weges. Alles schien ihm leblos – er war froh, als sie es hinter sich ließen.

Bald darauf konnte er in die vor ihnen liegende, weite Ebene hinuntersehen, die in der Morgensonne wie ein grüner Teppich leuchtete. Sie war mit unendlich vielen goldenen Punkten übersät, die mit den weißen Häuschen ein unregelmäßiges Muster bildeten. Es waren unzählige Orangen- und Zitronenbäume, die voller Früchte standen und gleichzeitig blühten, wie er beim Näherkommen mit Freude feststellte. Natürlich kannte er Orangen- und Zitronenbäume, die gleichzeitig blühten und Früchte trugen, bereits von zu Hause, aber so unendlich viele beisammen, solch ein golden leuchtendes Meer hatte er sich nie ausgemalt. Das war also die *Conca d'oro*, die »Goldene Muschel«, in der Palermo lag. Wie schön, wie unglaublich schön dieses Bild war im Vergleich zu den trüben, nasskalten und nebligen, baum- und strauchlosen Bergen, die sie hinter sich gelassen hatten!

Und nun waren am Horizont auch die ersten, für seine Begriffe gewaltig hohen Häuser von Palermo zu sehen, dahinter das dunkelblaue Meer.

Die freudige Erregung, die ihn ergriff, steigerte sich zu einem kaum zu beherrschenden Gefühlsüberschwang, als sie aus einer langgezogenen Kurve herauskommend plötzlich Monreale vor sich sahen. Wie oft hatte er von dem weltberühmten romanischen Dom von Monreale gehört, wie viele Bilder davon gesehen! Jetzt erblickte er ihn vor sich, wie er in seiner gewaltigen Größe über den Ort hinausragte. Er war völlig überwältigt. Man hatte ihm erzählt, dass dieser Dom fast tausend Jahre alt sein musste und dass er – innen ganz aus Gold – einer der schönsten Dome der Christenheit wäre. Je länger sich der Bus durch die engen und steilen Gassen zum Zentrum wand, desto unerträglicher wurde seine freudige Unruhe. Er hoffte darauf, dass eine Haltestelle am Dom sein mochte, damit er ihn aus der Nähe betrachten konnte.

Als der Bus wirklich an der *Piazza del Duomo*, am »Domplatz«, hielt, konnte er sich nicht mehr beherrschen. Mit einigen, die ausstiegen, drängte er sich zum Fahrer vor und fragte ihn, ob er einen Augenblick, eine Minute nur, in den Dom laufen könnte.

»Wir halten nur zwei bis drei Minuten. Wenn Sie es in dieser Zeit schaffen, soll es mir recht sein«, erhielt er zur Antwort und Sekunden später stand er schon im Inneren der Kirche.

Überwältigt von den immensen Ausmaßen des Gebäudes stand er wie versteinert und schaute und schaute. Die erhabene, zurückhaltende Schönheit, die er hier antraf, war so ganz anders als der barocke Überschwang in den Kirchen seines Dorfes, und diese Pracht, die in ihren klaren Linien so einfach und einprägsam war, erfüllte ihn mit einem tiefen Glücksgefühl. Ja, es war alles aus Gold. Tausende, ja, Millionen goldene Mosaiksteinchen, die mit anderen Farbsteinen in unzähligen Bildern die Wände bedeckten, erstrahlten im einfallenden Sonnenlicht in betörendem Glanz.

Erst das Mehrklanghorn des Omnibusses riss ihn aus der verzauberten Welt in die Wirklichkeit zurück und erinnerte ihn an die Weiterfahrt. Noch ganz benommen lief er zum Bus, entschuldigte sich beim

Fahrer und nahm wieder seinen Platz am Fenster ein. Als sie kurz darauf die *Calatafimi,* eine Straße von gewaltiger Breite, hinunterfuhren und er Palermo vor sich sah, wurde ihm bewusst, dass er nun in einer anderen Welt war. Solch eine riesige Stadt hatte er sich bislang nicht einmal vorstellen können. Er hatte von vielen großen Städten gehört und auch Bilder davon gesehen, aber die Wirklichkeit, die er nun erlebte, war doch ganz anders. Die Hand an den Mund gepresst und die Stirn an die Scheibe des Busfensters gedrückt, saß er, ohne sich zu rühren, nur sein Kopf und seine Augen blieben ständig in Bewegung.

Von den hohen Häusern, von denen die meisten größer waren als die Kirchen in seinem Heimatort und den riesigen breiten Straßen voller Leben, Menschen, Autos und Pferdefuhrwerken, auf denen ein heilloses Durcheinander herrschte, wurde ihm ganz schwindelig. Manchmal schloss er die Augen, um sich wenigstens für ein paar Sekunden zu erholen. Aber selbst mit geschlossenen Augen bewegte sich alles, schemenhaft und dunkel zwar, aber anzuhalten waren diese Bilder nicht.

Hier fuhr alles kreuz und quer; in Zweier- und Dreierreihen schlängelte man sich durch, wo immer Platz war. Da fuhren große, hoch beladene Lastzüge, die beängstigend hin- und herschwankten, aber auch kleine Lastwagen, die nicht weniger überladen waren mit Kisten, Säcken und allen nur denkbaren Dingen, geradezu kunstvoll übereinander gestapelt und oft doppelt so hoch wie das Fahrzeug selbst. In jede freie Lücke schoben sich rücksichtslos die Personenwagen mit einem bewundernswerten Geschick, jeden freien Meter auszunutzen. Anders war in diesem Blechknäuel nicht vorwärtszukommen. Und wo einer beim Aufschließen auch nur einen Herzschlag lang zögerte, sei es, dass er von der Sonne geblendet oder von dem dauernden Anfahren und Abbremsen ermüdet war, so schob sich sofort ein Motorrad, eine Vespa oder ein Mofa in die Lücke.

Die Außenflanken der Fahrbahnen waren fest in der Hand der *lapi.* Diese dreirädrigen Gefährte, diese »Vespalaster«, die wegen ihres gleichbleibend in einer Tonlage surrenden Motorengeräusches auf Sizilianisch nach der Biene, *la lapa*, benannt worden waren, vermittelten ihm in diesem Blechchaos ein heimatliches Gefühl. Viel fantasievoller als zu Hause allerdings waren hier die Aufbauten der *lapi.* Zwar war ihm bekannt, dass man die »nackte« *lapa*, deren Hinterteil aus einem zweirädrigen Blechkasten bestand, zu allem umbauen konnte, wozu die Fantasie ihres Besitzers fähig war, doch hier sah er Exemplare, die so außergewöhnlich waren, dass ihm vor Staunen der Mund offen stehen blieb. Dass man die Kästen nach allen Seiten verbreiterte und Bordwände erhöhte, war offenbar der erste Schritt der *lapa*-Umgestaltung. Je nachdem, welche Dienste diese fleißige Biene ihrem Herrn zu leisten hatte, konnte sie in den folgenden Schritten so weit, so breit, so hoch wie man mochte, offen, halb oder ganz geschlossen aufgebaut werden. So wurde aus der gewöhnlichen *lapa* eine individuelle *lapa*.

Er sah sie, entsprechend ihres Verwendungszweckes als sizilianische *carretta* gestaltet, farbenfroh bemalt mit traditionellen folkloristischen oder mythologischen Szenen, erblüht in einem Blumenmeer oder kündend vom Handwerk oder Geschäft ihres Besitzers. Und was wäre geeigneter gewesen, großflächig und farbintensiv die segnende Santa Rosalia, die Schutzpatronin der Insel, oder sonst einen Heiligen am harten arbeitsreichen Alltag teilhaben zu lassen als *la lapa*? Nach all diesen außergewöhnlichen Exemplaren, die er hier gesehen hatte, rollenden Obst- und Gemüseständen, einer ganzen *lapa*-Eisdiele, einem Rikscha-Taxi und den bizarrsten *lapa*-Lastern, die man sich vorstellen konnte, zweifelte er auch nicht mehr daran, dass man die Feuerwehr angeblich schon mit *lapa*-Gefährten hatte anrücken sehen, ja, selbst *lapa*-Hochzeitskutschen, weiß gestrichen und mit vielen Goldapplikationen verziert, und sogar *lapi* als Leichenwagen. Nein, sagte er sich, mit der *lapa* konnte eigentlich kein anderes Fahrzeug konkurrieren. Was war schon ein Fiat, ein Lancia, ein Alfa Romeo, ja, selbst ein Ferrari gegen die Wandlungsfähigkeit einer *lapa*? Und doch fiel ein Schatten auf das zärtliche Hochgefühl, das ihn beim Anblick all dieser *lapi* überkam: Noch nie hat sich ein Papst eine *lapa* umbauen lassen, dachte er. Wie einfach wäre dies doch: Nur ein Glasaufbau, damit ihn alle sehen könnten, mit einem befestigten Sessel und fertig wäre eine echte *papalapa*.

Auch wenn dieser Traum vieler Italiener wohl kaum Wirklichkeit werden sollte, eines wusste er sicher: Sollte er einmal wohlhabend und selbstständig in seinem Beruf sein, sein erster »Firmenwagen« würde eine *lapa* sein.

Während ihm der Verkehr wie eine Akrobatennummer verwegener Artisten vorkam, war ihm der Lärm geradezu unerträglich. Es schien ihm, als ob sich jeder – so kraftvoll er nur konnte – an diesem schauerlichen Konzert beteiligte. Vor allem die Lastwagen und Autobusse mit ihren Mehrklanghörnern hupten nicht nur, sondern vollführten regelrechte Lärmschlachten. Sogar der Fahrer ihres Busses stimmte nun in das allgemeine Lärmen ein, obwohl er auf der bisherigen Reise nur, wie dies Vorschrift war, vor jeder unübersichtlichen Kurve kurz gehupt hatte, um entgegenkommende Fahrzeuge rechtzeitig zu warnen. Scheinbar aber gehörte hier das Hupen einfach dazu, denn weder sah er gefährliche Situationen, derentwegen man hätte hupen müssen, noch kam dadurch auch nur ein Wagen schneller voran. So stellte er sich den Lärm der Fanfaren von Jericho vor, als sie die Mauern der Stadt zum Einsturz gebracht hatten. Dazu mischte sich das Hupen der Personenwagen, Mopeds und *lapi* und jenes Hupen der ganz alten, kleinen Lastwagen, die klangen, als bliese man in den Hals einer Gießkanne, wie er es als Kind immer getan hatte. Untermalt wurde dieses Konzert vom Geklapper der Pferdehufe und dem dauernden Peitschenknallen der Fuhrknechte und Droschkenkutscher. Im Gegensatz zu diesem sinnlosen Getöse war ihm das menschliche Lärmen, wenn auch nicht derart vielfältig und laut, doch von zu Hause vertraut und daher nicht so belastend. Ihm gefiel die geistvolle und amüsante Art, auf die die ambulanten Händler und Marktschreier ihre Waren in den höchsten Tönen anpriesen und so laut wie möglich jedem versicherten, dass es nirgendwo bessere, billigere und frischere Waren gäbe. Die Ausrufer kündigten die tollsten Sensationen an, sei es im Theater, in einem Kaufhaus oder in irgendeinem kleinen Laden um die Ecke.

So quälte sich der Bus bis zum Bahnhofsplatz durch, wo auch die letzten Mitreisenden ausstiegen. Der Fahrer half ihm, seine Koffer hervorzuholen und sagte dann: »Wenn Sie jetzt noch bezahlen, dann kann ich mich von Ihnen verabschieden und Ihnen viel Glück für die Weiterreise wünschen.«

»Was soll ich denn noch bezahlen?«, antwortete er.

»Nun, den Fahrpreis, Ihren Fahrschein bis hierher nach Palermo.«

Da fiel ihm ein, dass er ja gar nicht bezahlt hatte. »Mein Gott«, stammelte er erschrocken, »das habe ich ja völlig vergessen, oh Gott, entschuldigen Sie, das war wirklich nicht meine Absicht. Sie hätten mir doch beim Einsteigen den Fahrschein geben können.«

»Es ging Ihnen so schlecht«, erwiderte der Fahrer, »Sie sahen so krank aus, dass ich Angst hatte, dass Sie mir umfallen. Ich dachte mir, es sei besser, dass Sie sich erst einmal hinsetzen. Kassieren kann ich ja später, und ich wusste ja, dass Sie nicht an der nächsten Haltestelle ausreißen würden, Sie wollen doch nach Mailand, *vero*?«

Wieso wusste er, dass ich nach Mailand will, dachte er, als er seinen Geldbeutel herauszog, den Fahrschein entgegennahm und ihn bezahlte. Ganz verwirrt bedankte er sich, gab dem Fahrer die Hand und entschuldigte sich nochmals für das Versehen.

Als der Bus schon lange weggefahren war, stand er in dieser lärmenden, hektischen, fremden Welt noch immer am selben Fleck, seinen Fahrschein in der Hand, und schaute hinüber zu dem gewaltigen Bahnhof. Er war sich nicht mehr ganz sicher, ob er jetzt angekommen war oder abreisen wollte. Immer wieder sah er die Straße entlang, in welcher der Bus verschwunden war und dann wieder hinüber zum Bahnhof und konnte sich nicht von der Stelle rühren.

Endlich raffte er sich auf, überquerte die Straße und flüchtete sich auf die grüne Parkinsel inmitten des Bahnhofsplatzes. Auf einem heckenumsäumten Weg ging er auf das gewaltige Reiterstandbild zu, das alles ringsum weit überragte, denn er war neugierig, wer das sein mochte. Der Platz vor dem Bahnhof hieß *Piazza Giulio Cesare*, »Julius-Cäsar-Platz«, wie er vorher an der Hausecke gegenüber gelesen hatte. Ob das Cäsar sein konnte? Aber Cäsar in Palermo? Der war doch in Rom gewesen! Als er näher kam, las er auf dem Sockel: »Vittorio Emanuele II«. Das also war der berühmte König Italiens. Nie hatte er ein Bild von ihm gesehen, jetzt sah er ihn in voller Lebensgröße.

Er setzte sich auf eine der Steinbänke, die zahlreich an den verschiedenen sternförmig auf das Standbild zulaufenden Wege standen und war froh, eine kleine Pause einlegen zu können, um all die wirren Gedanken zu ordnen, die ihn quälten. Sollte er wirklich hinübergehen in diesen Bahnhof? Sollte er eine Fahrkarte kaufen und abfahren? Immer wieder betrachtete er das riesige, etwas düstere Gebäude, das aussah wie ein alter Palazzo oder ein Regierungssitz. Hinter den Rundbögen der hohen Fenster und Fenstertüren, sechsundfünfzig zählte er, waren offenbar Zimmer. Brauchte man denn Zimmer in einem Bahnhof?

Er sah wieder hinauf zum König auf dem Pferd. Auch der saß dem Bahnhof abgewandt und schaute in die Stadt. In der Linken hielt er die Zügel des Pferdes, aber deutete sein rechter Arm nicht etwa stadtwärts, genau in die Richtung, aus der er vorhin gekommen war? War das ein Zeichen? Sollte dieser so freundlich blickende alte Herr, der ja ein König war, nicht wissen, was für seine Untertanen richtig war? Aber was sollte er denn allen sagen, wenn er wieder zurückkäme? Sollte er ihnen erzählen, dass ihm der König in Palermo ein Zeichen gegeben und ihn nach Hause geschickt hatte? Würde man ihm glauben?

Obwohl er, wann immer er hinüber zum Bahnhof blickte, auch die Uhr oben auf dem Treppengiebel sah, die sich weiter bewegte, nahm er doch nicht wirklich wahr, dass die Zeit verging.

Wie lange er so gesessen hatte, war ihm kaum bewusst. Erst ein junger Mann, der auf ihn zutrat, riss ihn abrupt aus seinen Gedanken, die immer nur um die Entscheidung kreisten, ob er weiterfahren oder wieder umkehren sollte.

Der junge Mann, der ihn schon geraume Zeit beobachtet hatte, setzte seine Uniformmütze auf und fragte ihn nach seinem Reiseziel. Ihm berichtete er, dass er nach Deutschland wolle, da er in Heidelberg einen Arbeitsvertrag habe. Außerdem lebe sein Bruder in der Schweiz.

Das sei aber sehr kompliziert, eine solche Fahrkarte hier in Palermo zu bekommen, entgegnete der Uniformierte, aber da er ein offizieller Reisevermittler sei – und dabei tippte er an seine Mütze –, könne er ihm sicher helfen. Er solle ihm dreitausend Lire geben; sollte die Fahrkarte mehr kosten, würde er es für ihn auslegen. Er würde schon vorausgehen, um all die Formalitäten zu erledigen. Sie würden sich dann in der Halle treffen. Er solle sich ruhig Zeit lassen.

Kaum hatte er diesem freundlichen jungen Mann die dreitausend Lire gegeben, war dieser auch schon ganz diensteifrig – wie er glaubte – in Richtung Bahnhof verschwunden. Er nahm sein Gepäck, überquerte den Bahnhofsplatz und gelangte schließlich in den turbulenten, lärmenden Bahnhof, wo er sich in der Halle auf seinen Koffern niederließ, um auf den Helfer zu warten, der ihm seine Fahrkarte hatte bringen wollen.

Die Zeit verrann, doch von dem freundlichen jungen Mann war nichts mehr zu sehen. Von einem älteren Herrn, der seit gut einer halben Stunde ganz in seiner Nähe stand und auf Ankommende zu warten schien, erfuhr er, dass man Fahrkarten am Schalter kaufte und dass dieser noch nie etwas von Kartenvermittlern gehört hatte. Er zeigte ihm auch, wo sich die Schalter befanden.

Dort reihte er sich in die lange Schlange ein und als er endlich an der Reihe war, legte er dem Schalterbeamten seinen Arbeitsvertrag und seinen Pass vor und erklärte ihm, dass man ihm versichert hatte, dass er berechtigt sei, eine Fahrkarte ins Ausland zu erwerben, da er wegen einer Arbeitsaufnahme ausreise und dass er bereits dreitausend Lire an einen Kollegen von ihm anbezahlt hatte. Sollte es teurer sein, würde er den Rest nachzahlen. Der Beamte war sichtlich erstaunt, gab ihm seinen Pass und seine Arbeitserlaubnis, ohne auch nur einen Blick darauf geworfen zu haben, wieder zurück und erklärte ihm, dass er Fahrkarten kaufen könne, soviel und wohin er auch wolle, rund um die Welt, sofern er sie bezahlen könne. Über soviel Freundlichkeit war er sehr erstaunt und versuchte, seine Verlegenheit zu verbergen, indem er sich mehrfach herzlich bedankte und erzählte, dass zwar Don Antonio, der Pfarrer seiner Gemeinde, ihm mehrfach versichert habe, dass er berechtigt sei, eine Fahrkarte ins Ausland zu erhalten. Er wolle aber schlicht eine Karte nach Heidelberg, für die er bereits dreitausend Lire bezahlt habe. Auf die Frage, an wen und wann er das Geld bezahlt habe, erzählte er mit allen Einzelheiten von dem hilfreichen jungen Reisevermittler mit der offiziellen Mütze, der ihm vor ungefähr zwei Stunden die Fahrkarte hatte besorgen wollen. Zu seinem Schrecken erfuhr er, dass es Fahrkarten im Bahnhof nur an den Schaltern gab und dass Reisevermittler, die Fahrkarten verkauften, überhaupt nicht existierten. Er solle froh sein, dass dieser Gauner ihn nur um dreitausend Lire erleichtert und ihm nicht auch noch den Koffer gestohlen habe.

»Ich weiß nicht, woher Sie kommen, junger Mann«, sagte der Schalterbeamte, »vielleicht aus einem Kloster oder von dort oben aus einem dieser elenden Bergdörfer; darum erlauben Sie mir, dass ich Ihnen einen guten Rat gebe, der sogar nichts kostet, weil Sie ja schon bezahlt haben: Denken Sie immer daran, dass jeden Morgen Millionen Italiener ihre Betten mit dem Gedanken verlassen, wie sie heute einen anderen hereinlegen können! Die ganz Großen machen es den Großen vor und diese den Kleinen und die wieder den ganz Kleinen. In diesem verkommenen Land wird immer nur für die gesorgt, die schon genügend haben. Und die anderen, die Habenichtse, die wandern aus, wie Sie es nun tun, und versuchen im Ausland ihr Brot zu verdienen. Oder aber sie verlegen sich auf kleinere oder größere Betrügereien. Dabei scheuen sie sich auch nicht, einem noch Ärmeren die Lire abzunehmen – ein schlechtes Gewissen macht denen das nicht; im Gegenteil: Sie sind sogar noch stolz darauf, denn dies ist, so makaber es klingt, die einzige Möglichkeit, ihre Intelligenz einzusetzen, weil sie, wie gesagt, in diesem so hochkultivierten Land nicht die geringste Chance auf einen ehrlichen Broterwerb haben. Wir sind kein Volk von Räubern und Banditen, aber den anderen reinzulegen, ein bisschen was zu ergaunern, war schon immer und ist heute umso mehr ein Volkssport.«

Erstaunt hörte er der Rede des Beamten zu, ohne viel davon aufzunehmen. Langsam wurde es in der immer länger werdenden Schlange hinter ihm unruhig, er hörte, wie ihn einige einen Tölpel, einen blöden Bauerngimpel schimpften, und allmählich wurde auch der Schalterbeamte ungehalten. Er wollte wissen, mit welchem Zug er nun genau wohin fahren wolle. Nach Heidelberg in Deutschland, antwortete er wieder, und dass man ihm versichert habe, dass er dazu im Recht sei.

»Wissen Sie was«, entgegnete der Beamte mit einem deutlich gereizten Unterton in der Stimme, »eine Fahrkarte in diese Stadt in Deutschland habe ich nicht in meinem Automaten; ich müsste dies erst alles ausrechnen, aber das dauert, und Sie hören ja die Proteste hinter sich. Daher schlage ich vor, Sie nehmen jetzt eine Fahrkarte nach Mailand. Am Bahnhof dort kennen sie sich besser aus mit den Reisen ins Ausland, denn Mailand ist ja schon fast an der Grenze.«

Nach all dem Durcheinander und den Enttäuschungen war ihm alles recht. Er nahm die Karte, bezahlte und fragte noch mit belegter, kaum hörbarer Stimme, wann denn der Zug nach Mailand abfahren würde.

»Es gibt mehrere Züge«, antwortete ihm der Beamte barsch, »überall hängen Fahrpläne aus, suchen Sie sich einen aus, aber einen, der nicht zu spät in Mailand ankommt, sonst bekommen Sie keine Verbindung mehr nach Deutschland.«

Völlig verwirrt nahm er die Karte, legte sie zu seinen anderen Dokumenten, schob alles in die Innentasche seiner Jacke, die er mit einer Sicherheitsnadel verschloss, nahm seine Koffer und entfernte sich von der Schlange ungeduldiger, ihn feindselig anstarrender Menschen. Gerne hätte er ihnen erklärt, dass er ja nicht nur ein paar Stationen, wie sie vielleicht, fahren musste, sondern ins Ausland, unendlich weit nach Norden, und dies zum ersten Mal in seinem Leben. Als er aber die desinteressierten und abweisenden Gesichter sah, verzichtete er darauf und ging langsam in eine ruhige Ecke, um sich über das klar zu werden, was er gerade erlebt hatte. Er war um einen schönen Teil seiner Ersparnisse betrogen, einfach bestohlen worden; ihm, der um Hilfe gebeten hatte, der fremd war und sich nicht auskannte, ihm hatte man nicht geholfen, sondern ihn regelrecht ausgeplündert. Nicht einmal die richtige Fahrkarte hatte man ihm verkauft und auch nicht gesagt, mit welchem Zug er fahren sollte. Was waren das für Menschen? Wie hätte man einen Fremden in seinem Dorf behandelt, wo es auch nicht nur Engel gab? Was hätte man nicht alles für ihn getan? Und die Leute hier wollten Christen sein, *cristiani*? Das fing ja gut an. Wie sollte es erst im Ausland werden? Die Menschen hier waren schließlich immerhin noch seine Landsleute, die angeblich so kultivierten Hauptstädter. Fassungslos stand er da und schüttelte immer wieder den Kopf. Sein Mut, ins Ausland zu gehen, war noch nie sonderlich groß gewesen – nach diesen Erfahrungen schrumpfte er noch um ein beträchtliches Stück. Doch zurück konnte er nun auch nicht mehr und als er sich dessen bewusst wurde, kehrte auch sein Mut wieder zurück. Er hatte sich nun in einer fremden Welt zurechtzufinden, in der Dinge geschahen, die er sich nie hatte vorstellen können. Aber er wollte den Kampf aufnehmen – kämpfen hatte er schließlich schon als Kind gelernt –, nur gab es hier eben andere Waffen und Regeln. Aber er war gewarnt und würde nicht nur einstecken, sondern auch austeilen, wenn es sein musste. Wenn es hier nur nach dem Motto ging: *fare gli affari suoi*, »kümmere sich jeder nur um seine Angelegenheiten«, so sollte es ihm recht sein, auch danach konnte er sich richten. Als er sich zu diesen neuen Erkenntnissen durchgerungen hatte, fühlte er sich plötzlich wie aus einem bösen Traum erwacht und in eine Wirklichkeit versetzt, die er wie ein ihm auferlegtes Schicksal anzunehmen gedachte – in der Gewissheit, es zu meistern. Dieser Entschluss schien ihn mit ungeahnten Kräften zu erfüllen. Er nahm seine Koffer, suchte die Fahrpläne, wählte einen Zug nach Mailand aus, der in Kürze abfahren und spätabends dort eintreffen sollte.

Seinen neuen Mut bewies er sich schon Minuten später, als er in den Zug einstieg und in ein Abteil trat, in dem nur drei Personen saßen, die aber alle Sitzplätze mit Gepäckstücken belegt hatten. Er bat höflich, aber bestimmt, den Koffer, der auf einem der Sitze lag, ins Gepäcknetz legen zu dürfen und tat dies auch, ohne eine Antwort abzuwarten. Wie er richtig vermutet hatte, war dies kein reservierter Platz, sondern war von diesen dummen Egoisten belegt worden, die wohl meinten, auf diese Weise bis Mailand allein im Abteil sein zu können. Was für Leute, dachte er wieder, und war stolz auf sich, dass er mutig genug gewesen war, sich nicht schon wieder für dumm verkaufen zu lassen.

Ein wenig verunsichert in seiner neu aufkeimenden Stärke und Selbstsicherheit wurde er aber dann doch, als der Zug anrollte. Er hatte schon viel von jenen Riesenzügen gehört, die mit großer Geschwindigkeit durch ganz Europa fuhren, aber gesehen hatte er sie nur auf Bildern oder im Fernsehen. Jetzt selbst in solch einem lärmenden, polternden Ungetüm zu sitzen, das fürchterlich hin- und herschaukelte und dessen Räder eintönig ratterten, war ein beängstigendes Gefühl. Besonders aber bedrückten ihn die Enge und das Eingeschlossensein in dem kleinen, übel riechenden Abteil, zusammengepfercht mit fremden Leuten und dem vielen Gepäck. Bei ihnen zu Hause waren die Zimmer zwar auch keine Tanzsäle, doch wenn es einem zu Hause zu eng wurde, konnte man hinausgehen. Hier aber war man eingesperrt und hatte nur die Wahl, im Abteil zu sitzen oder auf dem noch engeren Flur zu stehen, wo man ununterbrochen von Leuten angerempelt wurde, die wegen des starken Schwankens wie Betrunkene durch den Gang balancierten.

Zum Fenster hinauszuschauen war zwar interessant, doch die vorüberfliegende Landschaft machte ihn ganz schwindelig, sodass er immer nur für kurze Zeit die Augen offenhalten konnte. Das größte Abenteuer stand ihm aber noch bevor: die Überfahrt von der Insel auf das italienische Festland. Er hatte schon gehört, dass man die Straße von Messina mit dem Zug überqueren konnte – wie genau dies aber ohne Brücke möglich sein sollte, war ihm ein Rätsel.

Nun sah er, dass man den Zug auseinanderkoppelte und die Waggons einzeln auf ein Fährschiff schob. Als dieses ablegte, nutzte er die Gelegenheit, endlich der gruftähnlichen Enge seines Abteils zu entfliehen. Oben auf dem Deck sah er mit gemischten Gefühlen – schließlich war er noch nie auf dem Meer gewesen – wie Sizilien immer kleiner wurde und Kalabrien immer näher kam. Obwohl die Entfernung in der Meerenge zwischen Messina und Villa San Giovanni nur ein paar Kilometer betrug, war die Fahrt für ihn wie eine Seereise. Das Meer war kaum bewegt, trotzdem bereiteten ihm das leichte Schlingern und das rhythmische Stampfen der Schiffsmotoren ein leichtes Unwohlsein, das durch seine Anspannung noch verstärkt wurde. Er bemühte sich, nicht ins Wasser zu sehen, sondern seinen Blick auf die sich nähernde Festlandküste zu richten, was ihm half, das seltsame Gefühl im Kopf und in der Magengegend zu unterdrücken. Als schließlich die gewaltigen Schiffsschrauben die Geschwindigkeit der Fähre abbremsten, wodurch das ganze Schiff erzitterte und polternd an den Holzbohlen anschrammte, war er froh, dass er dieses schöne, aber beängstigende Abenteuer unbeschadet überstanden hatte.

Nicht weniger abenteuerlich gestaltete sich die Weiterfahrt. Viele der Städte, von denen er in der Schule gehört hatte, von denen er gelesen oder etwas im Fernsehen gesehen hatte, sah er jetzt in Wirklichkeit, wenn auch nur im Vorbeifahren. Bei jedem Halt zwängte er sich auf den Gang, öffnete eines der Fenster und hängte sich, so weit es ging, hinaus, obwohl an jedem Fenster stand: *è vietato sporgersi*, »nicht hinauslehnen«, damit er alles zu sehen bekam, schließlich musste er ja allen zu Hause schreiben, wo er überall gewesen war.

Was er von den kleinen Städten Kalabriens sah, erstaunte ihn nicht so sehr, denn sie unterschieden sich kaum von denen Siziliens, die er auf der Fahrt gesehen hatte. Ganz durcheinander geriet er jedoch, als er von Ferne den Vesuv erblickte. Alle Mitreisenden waren fasziniert von diesem Vulkan, doch für ihn war dieser dampfende Berg, der so viel Schreckliches angerichtet hatte – man denke nur an die Zerstörung von Pompeji und Herculaneum, ganz zu schweigen von den vielen anderen Ausbrüchen, von denen man im Abteil sprach, die mehrmals Neapel in Schutt und Asche gelegt hatten –, ein schauriger Anblick. Bei der Vorstellung, was wohl bei einem Ausbruch mit dieser einzigartigen Stadt und mit all denen, die ihre Häuser direkt an die Hänge des Vulkans gebaut hatten, passieren würde, überfiel ihn Furcht. Das bekannte Sprichwort *Vedi Napoli e poi mori*, »Sieh Neapel und stirb«, kam ihm in diesem Zusammenhang in den Sinn, obwohl es ja bedeutete, dass man beruhigt sterben könne, wenn man diese wunderschöne Stadt gesehen hatte.

Der Zug wurde immer voller. Die letzten Plätze in seinem Abteil nahmen nun eine Mutter mit ihren beiden kleinen Kindern, einem Jungen und einem Mädchen, ein. Er mochte Kinder, und die Kinder merkten das sofort: Die Kleine musterte ihn erst eine Zeit lang mit ihren großen, schwarzen Augen, dann erschien ein verschmitztes Lächeln auf ihrem hübschen Gesicht, sie streckte sich, zog den Kopf ihrer Mutter nach unten und flüsterte ihr etwas ins Ohr, woraufhin auch ihre Mutter ihn anschaute und ihm zulächelte. Ihm schien, als habe er die Prüfung bestanden. Dieses Spiel trieb die kleine Schelmin mit allen anderen Erwachsenen im Abteil, doch anscheinend hatte er auf ihrer Notenskala am besten abgeschnitten – eine zweischneidige Sache, wie sich bald herausstellen sollte. Innerhalb kurzer Zeit hatte sie mit allen Leuten im Abteil mehr oder minder intensive Beziehungen geknüpft. Sie hatte sich nicht nur bereits einen Platz am Fenster erkämpft, sondern begutachtete auch die Lektüre der Mitreisenden, obschon sie noch nicht lesen konnte, und wusste von den meisten bereits, wie sie hießen, woher sie kamen und wohin sie fuhren.

Ein solches Verhalten kannte er natürlich schon von Kindern. In einem Land, das als Inbegriff des *bambinismo*, der »Kindervernarrtheit«, galt, war jeder daran gewöhnt. Kinder waren immer im Mittelpunkt und hatten vor allem in den dörflichen Gemeinschaften nur sehr selten lediglich eine Bezugsperson, was dazu führte, dass ihr Verhalten Erwachsenen gegenüber völlig ungezwungen war. Außerdem wurde ihnen – solange sie klein waren – fast alles verziehen.

Dieses ungehemmte kindliche Verhalten war in den meisten Situationen eine Bereicherung, wenn es nicht gerade in einem engen Zugabteil zum Ausdruck kam. Selbst die geduldigste Mutter konnte es an den Rand der Verzweiflung bringen, wenn die kleinen Geschöpfe ununterbrochen auf den Sitzen herumkletterten, sich zwischen den Beinen, Fenster und Flur hindurchschlängelten, indem sie sich je nach Schwanken des Zuges mal an diesem, mal an jenem Schenkel festhielten.

Das höchste Maß an Leidensfähigkeit war jedoch dann verlangt, wenn es galt, nicht nur den unbezähmbaren Bewegungsdrang der Kleinen zu ertragen, sondern sich auch klaglos in das Schauspiel – Drama oder Komödie – ihrer Mahlzeit im Zug einbeziehen zu lassen. Selbst wenn der Rest der Welt nicht glaubte, dass die Italiener, kaum dass sie eine Reise begonnen hatten, schon wieder Hunger haben könnten, so hatten diese Skeptiker ein völliges falsches Bild von Italien! Zunächst einmal war Essen die schönste Sitte und der höchste Genuss. Deshalb konnte man davon ausgehen, dass nirgendwo die Angst, zu wenig zu essen zu haben oder gar zu verhungern, größer war als in Italien. Vor diesem Hintergrund war das Fortfahren von zu Hause, selbst, wenn man noch die Spitze des *campanile*, des »Kirchturms« seiner Heimatgemeinde sah, bereits ein Wagnis; und das umso mehr noch für ihn, der eine so große Reise antrat. Dass man solch ein Wagnis nicht eingehen konnte, ohne sich reichlich mit Essen und Trinken zu versorgen, war doch einleuchtend.

Anfänglich war er von dem Liebreiz seiner kleinen, neu gewonnenen Freundin sehr angetan, als sie ihm ganz ungezwungen und mit der lächelnden Zustimmung ihrer Mutter von dem Stück gebratenen Hühnchens in der rechten und von der Tomate in ihrer linken Hand anbot. Um sie nicht zu beleidigen, schnitt er sich ein Stückchen von dem vor Fett nur so triefenden Fleisch ab, wobei nicht zu vermeiden war, dass auch einige Tropfen auf seine Hose gerieten. Trotz des Missgeschickes hegte er die Hoffnung, die sich schnell vergrößernden Flecken später im Waschraum wieder entfernen zu können. Dass sich dieser Aufwand nicht lohnen würde, war ihm spätestens klar, als die Kleine endlich ihr Hühnchen verschlungen hatte und satt und zufrieden ihre fettige Hand auf seinen Schenkel legte, ihren Kopf an ihn schmiegte und genussvoll die saftige Tomate aus ihrer linken Hand lutschte, wobei einige Stückchen an seiner Hose hängen blieben. Als sie bei ihrer Mutter um Nachschub bettelte und er den fein umrissenen Fettfleck der Kinderhand auf seiner Hose sah, bemerkte die Mutter der Kleinen seinen gequälten Gesichtsausdruck und versuchte, mit einer Serviette wenigstens einen Teil des Fettes zu beseitigen. Das aber brachte nichts, außer dass sich nun auch die rote Farbe der Papierserviette im Fett löste. Der Junge, der auf dem Schoß seiner Mutter saß und seinen Kopf an ihren gewaltigen Busen gedrückt hielt, wollte seiner Schwester nun in nichts nachstehen, lächelte ihm entwaffnend zu und legte ihm schüchtern ein halbes Brötchen, das er ausgehöhlt und mit öligen Oliven gefüllt hatte, auf seinen Schoß, wobei eine der Oliven zwischen seine Beine rutschte. Auch die widerlich süßen Schokoladenriegel, die gerade in Mode waren und von denen er zu allem Elend auch noch ein Stück abbeißen musste, hinterließen ihre Spuren auf seiner Hose. Er ließ es resignierend geschehen.

Wehmütig dachte er an die langen Stunden, die seine Mutter damit verbracht hatte, ihm aus der alten Hose seines älteren Bruders Alfredo ein fast elegantes Kleidungsstück zu zaubern. Sie hatte sie in der Länge etwas gekürzt, neue Stoßbänder angenäht, die Hose am Gesäß aufgetrennt, entsprechend eingenommen und mit Stecknadeln abgesteckt. Die Schneiderin ihres Dorfes hatte sie dann mit ihrer Maschine abgesteppt. Nachdem die Hose mit warmem Essigwasser mehrfach gebürstet worden war und die Flecken verschwunden waren, war sie mit einem feuchten Tuch zweimal gebügelt und über Nacht zum Trocknen aufgehängt worden. Niemand hätte anschließend bemerkt, dass die Hose nicht neu war. Voller Stolz hatte er sie für die Reise angezogen und sich kaum getraut, die Beine übereinander zu schlagen. Schließlich wollte er bei seinem Arbeitgeber nicht wie ein verwahrloster Bauernjunge erscheinen. Und nun war seine schöne Hose ruiniert. Wie sollte er sie je wieder reinigen können? Doch als sich die Mutter mit ihren

Kindern beim nächsten Halt verabschiedete und seine kleine Freundin ihm ihre dünnen Ärmchen um den Hals schlang, um ihm ein Küsschen auf die Wange zu drücken, war er bald über die ruinierte Hose hinweg. Und als ihn auch der kleine Junge küsste und ganz schüchtern *grazie e ciao*, »danke und auf Wiedersehen«, herausbrachte, sagte er sich, ein wenig wehmütig, aber gleichzeitig mit freudiger Sicherheit: Wenn ich zwei solche Kinder hätte, könnten sie mich von mir aus mit Schokolade und Hühnchensaft einschmieren und ich würde dennoch stolz auf sie sein. Und sicher war er sich auch, dass er, wenn Gott wollte, solche Kinder haben würde.

Dieser Gedanke nahm ihn so sehr gefangen, dass er beinah versäumte, einen Platz am Fenster zu ergattern, um einen Blick auf die näherkommende *Città Eterna*, auf Rom, die »Ewige Stadt«, zu werfen. Auch wenn er nicht allzu viel sah, war er überwältigt von der Vorstellung, dass diese Stadt mehr als zweitausend Jahre zählte und einmal Mittelpunkt des gewaltigen Römischen Reiches gewesen war.

Erst als sie in *Roma Termini* einfuhren, den Prachtbau aus Marmor, von dem er gehört hatte, dass er der modernste Bahnhof Europas sei, wurde er durch den ungeheuren Lärm und das chaotische Durcheinander aus seinen Träumen gerissen.

Überwältigt von alldem, was er bisher gesehen hatte, den verschiedenen Landschaften und den vielen Städten, glaubte er nun fast, ganz Italien zu kennen. Zwei weitere Städte aber wollte er keinesfalls versäumen: Venedig – die Stadt, die im Wasser stand, und Turin, woher die Autos kamen. Aus Angst, zu verschlafen, wandte er sich an die anderen Mitreisenden und fragte sie, wann die beiden Städte denn kämen. Sie guckten ihn erstaunt an. Der Mann auf dem Platz neben ihm fragte zurück, ob er denn nach Venedig oder Turin wolle. »Nein, nein«, antwortete er, er wolle nach Mailand – er wolle nur wissen, wann der Zug durch Venedig und Turin fuhr, weil er dann zum Fenster hinaussehen wolle. »Dieser Zug fährt weder durch Venedig, das liegt viel weiter im Nordosten, noch durch Turin, was noch viel ferner nordwestlich liegt«, erklärte man ihm. Auf dieser Strecke würden sie nun erst nach Florenz, dann Bologna, Reggio Emilia, Parma, Piacenza und dann endlich nach Mailand kommen.

Das alles machte ihn ein wenig verlegen, vor allem, weil die ältere Dame, die ihm gegenüber saß, ganz spitz von oben herab fragte, ob er denn kein Italiener sei. »Doch, doch«, erwiderte er, natürlich sei er Italiener. Und als sie ihre Verwunderung darüber zum Ausdruck brachte, dass er nicht einmal wisse, wo Turin und Venedig lagen, erklärte er ihr, dass er »kein richtiger Italiener« sei, sondern aus einem sizilianischen

Dorf komme. Das schien sie und auch die anderen zu befriedigen, die, ohne sich am Gespräch zu beteiligen, zugehört hatten. Ein Sizilianer und dazu noch ein *cafone*, was sollte man da erwarten? *Povero diavolo*, »armer Teufel«. Und so saß er da, verschämt und verärgert. Warum waren diese Leute so unfreundlich zu ihm? Dass er nicht wusste, dass Venedig im Nordwesten, nein, im Nordosten und Turin im Nordwesten lag, war doch kein Verbrechen. Ohnehin war die Sache mit den Himmelsrichtungen immer ein gewisses Rätsel für ihn gewesen und sie schienen ihm im Übrigen nicht immer gleich.

Und dann taten diese *polentoni,* diese »Polentafresser«, so arrogant, als sei dies immer ganz eindeutig. Doch mit ihnen zu streiten brachte nichts, sie wollten immer recht behalten und hielten die Sizilianer auch heute noch für *mangiasapone*, für »Seifenfresser«, weil sie die Geschichte über die Horden des großen Garibaldi aus Piemont so schön fanden, welche angeblich, als sie Sizilien ausplünderten, den Bauern Seife anboten, jene aber nicht wussten, was das war und sie aßen – peinlich für die Piemontesen, dass sie nicht wussten, dass bereits während der hochkultivierten arabischen Herrschaft in Sizilien, als das Gebiet des heutigen Piemont kaum mehr war als ein dichter Urwald, bereits Seife zur täglichen Körperpflege verwendet wurde, während sich dies erst Jahrhunderte später im Norden durchsetzte!

Er war noch bemüht, sein Gleichgewicht wiederzugewinnen, da näherten sie sich bereits Florenz, der bedeutendsten Kunststadt Europas. Er hätte nur zu gerne Zeit gehabt, die Museen, Palazzi und Kirchen der Stadt zu sehen, denn schon als kleiner Junge hatten ihn Architektur, Kunst und Malerei interessiert, sodass er sich später für den Beruf des Malers und Restaurators entschieden hatte. Schon aus beruflichen Gründen hätte ihn ein Blick in die reich gestalteten herrschaftlichen Gebäude interessiert. Doch auf der Durchreise war dies nicht möglich, und so erhaschte er nur einen Blick auf die Kuppel des Domes, die, wie er meinte, viel zu hoch für die Kirche war, weil sie weit über die Dächer der Altstadt hinausragte. Als der Zug wieder abfuhr, kam ihm als weitere große, bedeutende italienische Stadt Bologna in den Sinn, aber er traute sich nicht, zu fragen, wo es lag, aus Angst, dass man ihm dann wieder etwas von Himmelsrichtungen erzählen würde, mit denen er gar nichts anzufangen wusste. Bologna kam erst viel später, nach einigen ihm völlig unbekannten Städten.

Nach langer Fahrt erreichten sie endlich *Milano Centrale.* Schon der Bahnhof in Rom war ihm chaotisch erschienen, aber in diesem Riesenbahnhof hatten es die Leute noch viel eiliger. Es schien, als wären alle auf der Flucht, so hasteten sie vorüber. Zwei- oder dreimal sprach er Leute an, wo man Fahrkarten nach Heidelberg kaufen könne, aber keiner zeigte es ihm oder begleitete ihn gar an den richtigen Ort, wie er es von höflichen Leuten erwartet hätte. Alle zeigten nur in eine bestimmte Richtung und riefen im Weitergehen ein paar Worte, die er kaum verstand. So ließ er sich von der Menge, die zum Ausgang drängte, fortreißen, um in der Halle ein Plätzchen zu finden, wo er sich einen Moment ausruhen konnte, bevor er sich gezielt auf die Suche nach einem Fahrkartenschalter machen würde. Dies erwies sich als viel leichter, als er vermutet hatte, und auch der Beamte am Schalter schien keineswegs überfordert zu sein. So, als verkaufe er ununterbrochen Fahrkarten nach Heidelberg, stellte er das Billett aus und wies ihn sogar darauf hin, dass es einen Nachtzug gebe, der direkt über die Schweiz nach Deutschland fahre und mit dem er nicht einmal umsteigen müsse. Frühmorgens würde er dann in Heidelberg ankommen. Weil er mittlerweile misstrauisch geworden war, vergewisserte er sich nochmals an den Fahrplänen und stellte fest, dass ihn der Beamte richtig informiert hatte.

An der Bar trank er im Stehen einen *espresso ristretto*, einen besonders starken Espresso – wer wusste, ob er in Deutschland jemals wieder einen richtigen Espresso bekommen würde –, aß sein letztes Schinkenbrot und kaufte sich für die Reise einen *cesto*, einen »Essenskorb«. Er kostete zwar neunhundert Lire, aber der Inhalt – ein reichhaltiges, schön und hygienisch verpacktes Menü – überraschte ihn. Selbst einen Trinkbecher und eine große Serviette gab es; nicht einmal der Zahnstocher fehlte. Auch wenn diese Nordländer anscheinend keine Zeit hatten, das Leben zu genießen – wenigstens organisieren konnten sie es, das musste man ihnen lassen. Hätte er aber zwischen dieser Lebensart und der seines Volkes wählen müssen, wäre ihm die Entscheidung nicht schwergefallen. Zu sehr fühlte er sich dem Süden zugehörig.

Da es schon empfindlich kalt war und von draußen ein eisiger Wind durch die Halle wehte, suchte er sich eine windgeschützte Ecke, um die Zeit bis zur Abfahrt des Zuges, auf seinen Koffer gekauert, abzuwarten. Hin und wieder durchforstete er seinen *cesto*, ob er nicht als Vorspeise das eine oder andere jetzt schon essen könnte. Da tatsächlich ein regelrechtes Menü zusammengestellt war, erlaubte er sich, schon bei den Antipasti anzufangen, da er hoffte, dass er im Zug schlafen und nicht so viel Zeit zum Essen haben würde.

Als er sich – einige Zeit vor der planmäßigen Abfahrt des Zuges – auf den Bahnsteig begab, stand der Zug schon bereit. Er stieg in einen Waggon, der beleuchtet war, und fand sich in einem völlig leeren Abteil wieder. Die Sitze konnte man nach vorne schieben, wodurch auch die

Rückenlehnen nachrutschten, sodass sich ein richtiges Bett bauen ließ, wenn man dies mit den gegenüberliegenden Sitzen auch so machte. Mit seiner Jacke formte er sich ein Kopfkissen, worauf er bequem schlafen konnte. Als er sich sein Bett eingerichtet hatte, erlaubte er sich noch einen bescheidenen Imbiss aus seinem *cesto*, schaltete die Deckenlampe auf Notbeleuchtung, zog seine Schuhe aus und legte sich, etwas wehmütig, weil es die letzte Nacht in Italien sein würde, auf sein Bankbett. Im Halbschlaf hörte er noch eine Zeit lang Leute einsteigen, Schritte im Flur, das Öffnen und Schließen von Abteiltüren, Stimmengemurmel und immer wieder das Gepolter, wenn Koffer in die Gepäcknetze gehoben wurden. Doch bald schlief er ein und bemerkte nicht einmal die Abfahrt des Zuges.

Lange war ihm dieser tiefe Schlaf jedoch nicht vergönnt. Plötzlich wurde er wach, weil ihn jemand behutsam, aber beharrlich an der Schulter rüttelte. Das Abteil war hell beleuchtet und vor ihm stand ein großer Mann in einer schwarzen Uniform, der auf ihn einredete, den er aber nicht verstand. Es dauerte einige Augenblicke, bis er richtig wach wurde und merkte, dass er noch nicht in Deutschland war, sondern dass es nur der italienische Zugschaffner war, der seine Fahrkarte kontrollieren wollte. Bevor jener dann mit Dank und guten Wünschen für die Reise sein Abteil verließ, empfahl er ihm, nicht mehr einzuschlafen, da bald die Schweizer Passkontrolle und der Zoll kämen, die ihn sicher nicht so sanft aufwecken würden. Und so war es auch. Es dauerte keine halbe Stunde mehr, bis ein Uniformierter durch den Waggon stapfte, alle Abteiltüren aufriss und auf Italienisch und in einer anderen Sprache, die er nicht verstand und von der er annahm, dass dies wohl Schweizerdeutsch sei, ununterbrochen »*Dogana svizzera, controllo passaporti*«, »Schweizer Zoll, Passkontrolle« schrie und nach getanem Rundgang das Abteil verließ. Bald darauf kam ein anderer Uniformierter, der nach dem Pass verlangte, eingehend das Passbild mit seinem Gesicht verglich und, als er hörte, dass er nur auf der Durchreise nach Deutschland sei, kommentarlos einen Stempel eindrückte, ihm den Pass zurückgab und grußlos das Abteil verließ, ohne hinter sich die Tür zu schließen. Er war gerade dabei, das Licht wieder zu dämpfen und die Tür zuzumachen, denn vom Flur kam eine empfindliche Kälte herein, als der nächste Schweizer erschien, diesmal in einer anderen Uniform, ihn aber in derselben krächzenden Sprache anredete und, als er feststellte, dass er nicht verstanden wurde, auf Italienisch fragte: »*Avete merce da dichiarare*?« (»Haben Sie Ware zu verzollen?«). Er erklärte ihm, dass er nach Deutschland zum Arbeiten fahre und nichts als persönliche Dinge dabei habe, und musste daraufhin nicht einmal seine Koffer öffnen. Dieser grüßte wenigstens, als er ging. Die Tür aber schloss auch er nicht. Türaufreißen gehörte wahrscheinlich bei diesen Amtspersonen zur Demonstration ihrer Autorität, eine Tür wieder zu schließen schien unter ihrer Würde zu sein. Er schaltete das Licht auf die Notbeleuchtung und kroch wieder auf sein Bett, in der Hoffnung, wieder schlafen zu können. Lange lag er noch auf dem Rücken, die Arme unter dem Kopf verschränkt und lauschte dem Stimmengewirr und dem Lärmen der Türen. Als er gerade begann, wieder einzuschlafen, hielt der Zug mit kreischenden Bremsen.

Draußen war alles hell erleuchtet, wie er durch einen Spalt in der Jalousie sah. Waggontüren wurden aufgestoßen, Leute stiegen aus und warfen die Türen mit lautem Knallen wieder hinter sich zu. Das mussten wieder diese Schweizer Zollbeamten sein. Er ließ das Rollo hochschnappen und öffnete das Fenster. Draußen liefen die Uniformierten am Zug entlang und redeten laut miteinander. Alles war in ein eigenartiges rötlich-gelbes Licht getaucht, das ganz unwirkliche Schatten warf. Ein Mann in einem blauen Overall kam vorbei und schlug mit einem langstieligen Hammer an jedes einzelne Wagenrad, wobei er offenbar dem Klang lauschte. Paketkarren wurden hin- und hergeschoben, beladen und entladen. Dann sah er das Bahnhofsschild: »Chiasso«. Einen Arbeiter, der mit einer Kladde von Waggon zu Waggon ging und etwas notierte, fragte er, wo sie seien. Er erhielt zur Antwort, dass dies der Grenzbahnhof zwischen Italien und der Schweiz sei.

Nun war es soweit. Nun hatte er Italien endgültig verlassen, jetzt gab es kein Zurück mehr, jetzt war er im Ausland. Als er sich bewusst wurde, was dies bedeutete, wurde ihm ganz elend zumute. Ruckartig schloss er das Fenster und zog die Jalousie wieder herunter, wie um einen Schutzwall zwischen sich und dem Ausland zu errichten. Er hatte Mühe, tief durchzuatmen und verspürte wieder das seltsame Gefühl, als stecke irgendetwas in seinem Hals, was das Luftholen so schwer machte. Wieder drosselte er die Deckenbeleuchtung und legte sich auf sein Bett. Er dachte an zu Hause, an seine Eltern, an seine Freunde und Bekannten, an sein Dorf. Immer wieder fragte er sich, ob es richtig gewesen war, zu gehen. Aber was hätte er tun sollen mit einem solch geringen Verdienst, der nie gereicht hätte, eine Familie zu ernähren und der nur ausbezahlt wurde, wenn der Patron Geld einnahm. Wie hätte er ohne Sozial- und Krankenversicherung leben sollen, und was wäre aus ihm geworden, wenn er einmal ernsthaft krank geworden wäre?

Obwohl die Heizung voll aufgedreht war, fröstelte er und breitete seinen Mantel über sich. Was würde ihm seine Reise bringen? Würden seine Wünsche in Erfüllung gehen? Würde er so viel verdienen, dass er seinen Eltern jeden Monat etwas schicken konnte? Schweren Herzens schlief er ein und wurde von wirren Träumen geplagt, jedoch schon bald wieder geweckt. Diesmal war es ein Schweizer Schaffner, der seine Fahrkarte kontrollieren wollte. Schweißgebadet und verstört von den verzerrten Bildern aus seinen Träumen legte er sich zurück und war bald darauf wieder eingeschlafen. Diesmal konnte er immerhin einige Stunden schlafen. Zwar nahm er im Halbschlaf noch wahr, dass der Zug mehrmals hielt, dass Leute ein- und ausstiegen, dass auf den Bahnsteigen Karren hin- und hergeschoben wurden, hörte Stimmen, die sich etwas zuriefen, aber dies alles nur wie aus weiter Ferne.

Richtig wach wurde er erst, als er wieder unsanft von einem Uniformierten geweckt wurde, der vor ihm stand und ihn in einer Sprache anredete, die er wieder nicht verstand. Seine Uniform war wieder eine andere als die der Schweizer Zollbeamten. Langsam dämmerte es ihm, dass er schon in Deutschland sein musste. Daher holte er seinen Pass und die Arbeitserlaubnis hervor und gab beides dem Beamten, der sie einer langen Prüfung unterzog und den Pass dann abstempelte. Als er die Arbeitserlaubnis genau gelesen hatte, wurde er viel freundlicher und lächelte sogar. Er deutete auf den Koffer im Gepäcknetz und schien etwas zu fragen. Aus der Erfahrung mit den Schweizer Zollbeamten nahm er an, dass der Deutsche wohl auch gefragt hatte, ob er etwas zu verzollen habe. Da er ja nicht antworten konnte, deutete er auf seinen größeren Koffer und dann auf den Sitz und versuchte durch die entsprechende Mimik deutlich zu machen, ob er ihn herunterholen und öffnen sollte. Der Uniformierte nickte freundlich und wollte ihm sogar behilflich sein. Nachdem er seinen Koffer geöffnet hatte, hob der Beamte die oberen Lagen, einen Anzug und verschiedene Hemden, hoch und legte sie, ohne dass sie durcheinander gerieten, in den Kofferdeckel. Dann langte er seitlich nach unten und fühlte jeweils ein Stück am Kofferboden entlang. Dann hob er links und rechts das eine oder andere Wäschestück hoch, betastete die Leinensäckchen, in denen sich seine Schuhe befanden und nickte verstehend. Dann nahm er die Hemden und den Anzug wieder aus dem Kofferdeckel und legte sie, genau so, wie sie vorher gelegen hatten, in den Koffer zurück, grüßte lächelnd und sagte noch ein paar Worte in seiner unverständlichen Sprache und verließ das Abteil, dessen Tür er sogar hinter sich schloss.

Als er den Kofferdeckel wieder geschlossen hatte, wartete er auf den deutschen Kontrolleur, um nicht wieder geweckt zu werden. Da der aber lange auf sich warten ließ, holte er seinen *cesto* und aß den letzten Rest noch auf.

Als der Kontrolleur endlich kam und sich umständlich mit seiner Fahrkarte beschäftigte, bevor er sie lochte, versuchte er ihm nochmals etwas zu erklären. Da er aber sah, dass er nicht verstanden wurde, deutete er auf seine Uhr, dann auf die Ziffer Sechs und sagte zweimal »Heidelberg«. Und wie zur Versicherung hob er sechs Finger hoch und sagte nochmals »Heidelberg«, deutete nach draußen, lächelte, als er merkte, dass er verstanden wurde und verließ grüßend das Abteil. Nach ein paar Sekunden kam er nochmals zurück, schaltete das Licht auf die schummerige Notbeleuchtung, legte seine gefalteten Hände an den Kopf, neigte ihn zur Seite und schloss die Augen. Dann deutete er auf seine Uhr, schließlich auf sich und tat, als würde er etwas mit beiden Händen schütteln, deutete dann auf ihn, drehte sich befriedigt lächelnd um und verließ dann endgültig das Abteil.

Da die Sizilianer Großmeister der Gestik und Mimik in Europa waren, fiel es ihm nicht schwer, zu verstehen, dass der Zug erst um sechs Uhr in Heidelberg eintreffen würde und er noch ein Weilchen schlafen konnte, weil ihn der Schaffner dann rechtzeitig wecken würde. Da er als Sizilianer aber auch von Natur aus skeptisch war und sich auf seiner Reise in dieser Einstellung mehr als bestätigt fühlte, wagte er kaum, einzuschlafen. Trotzdem legte er sich auf seine Bank und versuchte, nur ein wenig zu ruhen. Doch Minuten später war er tief und fest eingeschlafen und nicht einmal der Schneeregen, der draußen gegen die Fenster peitschte, konnte ihn stören.

Allzu lange dauerte auch diesmal sein Schlaf nicht. Kurz vor der Ankunft in Heidelberg wurde er unsanft aus seinen Träumen gerissen, als ihn der Schaffner wie versprochen mit seinen drolligen Gesten weckte. Er ging in den Waschraum, wusch sich das Gesicht und kämmte sich die Haare. Mehr traute er sich mit diesem Wasser nicht zu tun, schließlich wollte er nicht schon am ersten Tag krank werden.

Ankunft in Heidelberg

Kaum dass er in sein Abteil zurückgekommen war, seine Koffer heruntergeholt und seine Jacke, die ihm bis dahin als Kopfkissen diente, angezogen hatte, bremste der Zug schon ab. Er ließ die Jalousie am Fenster nach oben gleiten und schaute in die finstere, graue Nacht. Durch das hinausdringende Licht sah er das scheußliche Gemisch aus Schnee und Regen, das am Fenster vorbeipeitschte. Unwillkürlich zog er seinen Mantel fester um sich, knöpfte ihn bis oben zu und stellte den Kragen hoch. Da sie nun gemächlich in den Bahnhof einfuhren, nahm er seine Koffer und ging langsam zur Tür am Waggonende.

Als der Zug stand, öffnete er die Tür und versuchte, der zwischen Bahnsteigdach und Zug herunterbrausenden Dusche aus Schneematsch durch einen Sprung zu entgehen. Von allen Seiten wehte ein nasser, eisiger Wind über den Bahnsteig. Schnell stieg er die Treppen in die beiderseits durch Glasfenster geschützte Überführung hinauf. Alles war aus Beton, selbst die Bahnsteigüberdachungen, was zwar solide und für die Jahrhunderte gebaut zu sein schien, aber eben doch kein *Roma Termini* war. Ein wenig versöhnt war er jedoch, als er in die große Schalterhalle kam; diese sah wenigstens nicht ganz so trist aus. Die eine Stirnseite hatte man mit einem farbigen Fresko geschmückt und die andere mit einer Leuchtreklame. Es gab jedoch keine Bar und der Warteraum war auch noch geschlossen.

Da ihn niemand abholte und es noch zu früh war, um das Geschäft seines Arbeitgebers zu suchen, setzte er sich in einer zuggeschützten Ecke auf seine Koffer. Beklommen betrachtete er die in die Bahnhofshalle herein- und hinauseilende, dick mit Mänteln, Schals und Mützen vermummte, schweigende Menschenmasse. Die Hereinkommenden klopften sich den wässerigen Schnee aus den Mänteln, schleuderten ihn von den Mützen und Hüten und traten den Schneematsch von ihren klobigen Schuhen. Diejenigen, die hinausmussten, zogen ihre Kopfbedeckungen tiefer in die Stirn, stellten ihre Mantelkrägen so hoch es ging, vergruben beide Hände in den Manteltaschen und stemmten sich gegen das Schneegestöber. Mit Schaudern stellte er sich vor, dass auch er bald dort hinausmusste, um in einer Stadt, die er nicht kannte und in der er niemanden verstehen konnte, das Geschäft seines Arbeitgebers zu finden. Was für ein Leben stand ihm da bevor? Erschöpft von der langen Reise und den Störungen der Nacht schlief er zusammengekauert auf seinen Koffern ein. Aber auch hier sollte er nicht zur Ruhe kommen, denn schon bald stieß ihn jemand unsanft an die Schulter. Vor sich erblickte er einen Bahnhofspolizisten, der barsch und laut auf ihn einredete, den er aber nicht im Geringsten verstand. Er erhob sich, zeigte seinen Pass und versuchte zu erklären, dass er des Deutschen nicht mächtig war.

Daraufhin befahl ihm der Bahnpolizist mitzukommen. Er folgte ihm durch die ganze Schalterhalle bis zum Seiteneingang, wo sich ein Polizeiposten befand. Der diensthabende Polizeibeamte hörte minutenlang den Bahnpolizisten an, indem er immer wieder nickte. Da er nicht wusste, um was es ging, holte er den Brief seines Arbeitgebers heraus und die Arbeitserlaubnis und gab beides dem Polizeibeamten, der beide Schriftstücke aufmerksam durchlas und ihm freundlich zunickte, und sich dann in einem nicht gerade freundlichen Ton an den Bahnpolizisten wandte, der sich abrupt umdrehte und grußlos den Raum verließ.

Da man ihm ansah, dass er vollkommen übermüdet war und jämmerlich fror, bot man ihm einen Stuhl an der Heizung an. Der Polizeibeamte nahm den Brief seines Arbeitgebers und ging zum Telefon, wählte und wartete eine geraume Zeit, ohne eine Verbindung zu bekommen. Dann bat er ihn zum großen Stadtplan, der an der Wand hing und zeigte ihm, dass das Geschäft seines Arbeitgebers zwar relativ weit vom Bahnhof entfernt, aber leicht zu finden sei. Er zeichnete eine Skizze und erklärte sie ihm nochmals anhand des Stadtplans. Mit dem Zeigefinger auf seiner Uhr bedeutete er ihm, dass er vor acht Uhr nicht hinzugehen brauchte. Schließlich brachte er ihn in den Wartesaal, der nun geöffnet war und in dem er sich bis dahin aufhalten konnte.

Da er im Vorübergehen gesehen hatte, dass der kleine Schnellimbiss hinten in der Schalterhalle gerade geöffnet worden war, kaufte er sich einen Becher Kaffee und ein Schinkenbrötchen, da vom Inhalt seines *cesto* nichts mehr übrig geblieben war.

Der Kaffee war zwar dünn, aus schlechtem Pulverkaffee zubereitet und mit Kondensmilch versetzt, die viel zu lange in der angebrochenen Dose aufbewahrt worden war, aber wenigstens war er heiß. Mit Wehmut dachte er an die Kaffeebars in Palermo und Mailand – Schlaraffenländer gegen diese armselige Bude.

Als acht Uhr immer näher rückte, gab er seine Koffer in die Aufbewahrung und machte sich auf den Weg zu seinem Arbeitgeber. Das Schneetreiben war stärker geworden, sodass er kaum etwas sehen konnte. Zum ersten Mal in seinem Leben erlebte er Schnee. Leider hatte er keinen Hut, sodass ihm der Schnee, der auf seinem Kopf schmolz, den Hals entlang bis zum Rücken hinablief. Die Mischung aus fallendem Neuschnee und dem hohen Schneematsch auf den Straßen machte ihm das Gehen zur Qual und drang von allen Seiten in seine viel zu leichten Schuhe ein. Schließlich erreichte er dank der Skizze des Polizisten dann doch die gesuchte Straße und die Firma, bei der er arbeiten sollte.

Völlig durchnässt und halb erfroren versuchte er, sich vor der Tür vom Schnee zu befreien, der ihn von Kopf bis Fuß bedeckte, kämmte sich das Wasser aus den Haaren und bemühte sich, sie mit seinem Taschentuch etwas zu trocknen, damit er nicht den Eindruck erweckte, der letzte sizilianische Straßenräuber zu sein. Dann massierte er sein Gesicht, weil alles so erstarrt und verkrampft war, dass er kaum sprechen konnte. Erst, als er sich einigermaßen beruhigt hatte und vorzeigbar erschien, wagte er, einzutreten.

Er übergab seinen Arbeitsvertrag und den Brief der Firma einer jungen blonden Frau – sehr hübsch, wie er trotz seiner winterlichen

Unterkühlung feststellte – und nickte ihr lächelnd zu. Sie überflog beides, gab ihm zu verstehen, dass sie informiert sei, bat ihn Platz zu nehmen und sagte noch ein paar Sätze, die er zwar nicht verstand, aber bemerkte, dass sie eine wohlklingende Stimme hatte. Sie drehte sich um und verschwand hinter einer Tür.

Gleich darauf öffnete sich die Tür wieder und sie kam mit einer anderen Frau heraus, die herzlich lächelnd auf ihn zuging, ihm die Hand schüttelte und ihm irgendetwas erzählte, was er natürlich wieder nicht verstand. Doch das war ihm völlig gleichgültig, denn was er vor Augen hatte, war das Traumbild eines jeden Sizilianers von einer Frau aus dem Norden. Meist lief diese Wunschvorstellung unter dem Etikett »Schwedin« und für Kenner unter dem Sammelbegriff »Anita Ekberg«. Dass dies aber auch für Deutschland zutreffen konnte, war ihm unbekannt gewesen. Diese Frau war etwas größer und älter als die andere, eben eine erwachsene *tutta fiorita*, eine voll erblühte Frau. Ihre Haare waren von einem noch helleren Blond und kurz geschnitten, was ihr aber sehr gut stand. Sie hatte einen vollen Mund und wenn sie lächelte, zeigten sich links und rechts kleine Grübchen. Das Beeindruckendste an ihr aber waren die großen, strahlend blauen Augen. Selbst, wenn ihm Deutsch geläufig gewesen wäre, hätte er nichts verstanden, so fasziniert war er von dieser Erscheinung. Erst, als sie ihn leicht am Arm berührte, wachte er aus seinem kurzen Traum auf und geriet in schreckliche Verlegenheit. Sie bemerkte es lächelnd.

Man half ihm aus dem nassen Mantel und führte ihn in einen Waschraum, wo er sich richtig trocknen konnte. Als er fertig war, richtete man ihm auf einem kleinen Tischchen im Büro dieser Traumfrau eine große Tasse Kaffee, Milch und Zucker und in einer schönen Schale ein würzig riechendes, dunkles Gebäck. Der Kaffee war zwar viel heller als der, den man in Italien trank, roch aber sehr intensiv und schmeckte auch nach Kaffee. Mit Schaudern erinnerte er sich an das elende Gebräu, das man ihm am Bahnhof als Kaffee verkauft hatte. Genüsslich trank er zwei Tassen und aß von dem eigenartigen, nach Nelken, Pfeffer und Zimt schmeckenden Gebäck.

Peinlich vermied er es, seine Gastgeberin, die sich ihm gegenüber in den anderen Sessel setzte, anzustarren und versuchte, sich so zu positionieren, dass sie die Fettflecken auf seiner Hose nicht sah.

Als er dankend signalisierte, dass er ganz zufrieden sei, bot sie ihm eine Zigarette an, gab ihm Feuer und ging dann zum Telefon. Nach einem kurzen Gespräch gab sie ihm zu verstehen, dass jemand kommen und ihn zum Bahnhof bringen würde, um seine Koffer zu holen. Nach einigen Minuten erschien auch ein junger Mann, der von ihr eingehende Instruktionen erhielt und ihn dann im Auto zum Bahnhof fuhr, wo sie seine Koffer abholten. Nicht weit von der Firma entfernt hielten sie schließlich vor einem alten, aber offenbar gut instand gehaltenen Haus. Über den Fenstern der rechten Seite stand in großen verschnörkelten Lettern »Arche Noah«. Der junge Mann bedeutete ihm, dass dies eine Wirtschaft sei, wo er essen könne. Sie gingen aber nicht hinein, sondern der junge Mann nahm seine Koffer und führte ihn zu einem Nebeneingang, den Flur entlang und ins Obergeschoss. Dort öffnete er eine Tür zu einem einfachen, aber großen und sauberen Zimmer, legte ihm den Koffer auf den Tisch, zeigte ihm Dusche und Toilette, die sich auf dem Flur befanden und machte ihm deutlich, dass dies nun sein Zuhause sei. Schließlich gab er ihm zwanzig Mark, damit er unten im Restaurant essen konnte, bedeutete ihm, dass er ihn um vierzehn Uhr wieder abholen würde und ging.

Kaum war er allein, riss er sich die nassen Kleider vom Leib und hängte sie über Bügel in die Nähe der Heizung. Sie rochen nach Zug, nasser Wolle und Zigarettenrauch, eine Mischung, die ihm Ekel bereitete. Vor allem seine Schuhe und Strümpfe waren triefend nass. Die Strümpfe wusch er im Waschbecken und legte sie mit den Schuhen zum Trocknen auf die Heizung.

Dann nahm er sein Waschzeug und ging zur Dusche. Minutenlang ließ er heißes Wasser über sich laufen, ohne sich zu rühren. Als er das Gefühl hatte, auch innen aufgetaut zu sein, seifte er sich mehrfach ein, bis er sicher war, dass nichts mehr von dem ekelerregenden Geruch, der in seinen Kleidern hing, an seinem Körper haftete. Im Zimmer rasierte er sich mit letzter Kraft und ließ sich dann völlig erschöpft ins Bett fallen. Für einen Moment glaubte er, unter dem prall gefüllten Federbett ersticken zu müssen und nahm noch wie von ferne wahr, wie das Bett bei jeder kleinen Bewegung quietschte und knarrte. Schwach flimmerte das Bild der beiden Blondinen vor seinen Augen, doch dann schlief er augenblicklich ein und wachte erst auf, als ihn der junge Mann wachrüttelte, der zuvor vergebens an der Tür geklopft und schon befürchtete hatte, dass etwas passiert sei.

Durch die abrupte Unterbrechung seines Schlafes stand er völlig neben sich, vor allem, weil er sich im ersten Moment nicht erklären konnte, wo er sich befand und wie er in dieses fremde Bett gekommen war. Erst als er den jungen Mann wiedererkannte, fand er langsam in die Wirklichkeit zurück, stand schlaftrunken auf, wusch sich das Gesicht, zog aus seinem Koffer, den er noch nicht ausgepackt hatte, frische Wäsche, Kleider, Strümpfe und Schuhe, kleidete sich an, band sich sogar eine Krawatte um und fühlte sich so endlich wieder wie ein zivilisierter Mensch. Als er seinen immer noch feuchten Mantel anziehen musste, wurde sein Hochgefühl erheblich gedämpft und wich immer mehr, als sie durch das Schneegestöber und den schmutziggrauen Schneematsch zum Auto liefen, um zur Firma zu fahren. Doch die Stimmung hellte sich auf, als sie sich wieder in den geschmackvoll eingerichteten, warmen Büroräumen der Firma einfanden.

Mittlerweile hatte man auch einen Mitarbeiter des Heidelberger *Centro Italiano* als Dolmetscher hinzugezogen, der ihm nun die Anwesenden vorstellte. Die schöne Frau von zuvor lernte er nun als die Ehefrau des Meisters und Firmenbesitzers kennen; sie war also die Chefin und zuständig für die Verwaltung des Betriebes. Ein relativ junger, aber sehr sympathischer Mann in Arbeitskleidung, der ihn mit einem festen Händedruck willkommen hieß, wurde ihm als sein neuer Chef und Besitzer der Firma vorgestellt.

Die nächste Stunde war ausgefüllt mit den notwendigen Formalitäten wie der Beantragung der Aufenthaltserlaubnis, der polizeilichen Anmeldung, der Ausfertigung des Arbeitsvertrages und mit einer Reihe betriebsinterner Vorschriften, die erklärt und bestätigt werden mussten. Da er zwar eine langjährige Erfahrung als Maler und Tüncher, aber keine Gesellenprüfung hatte, wie dies im deutschen Ausbildungsgang üblich gewesen wäre, konnte er nur als Hilfsarbeiter eingestellt werden. Man einigte sich aber darauf, dass er am Ende einer sechswöchigen Probezeit wie ein Geselle bezahlt werden sollte, wenn er die gleiche Leistung erbringen würde.

Er bekam einen Lohnvorschuss für die ersten vierzehn Tage und sein Zimmer wurde für einen Monat im Voraus bezahlt. Als Arbeitsbeginn wurde sieben Uhr dreißig im Winter und sieben Uhr im Sommer festgesetzt. Er versprach, am nächsten Morgen pünktlich zur Arbeit zu erscheinen und verabschiedete sich mit seinem Landsmann, der ihn zum *Centro Italiano* einlud, wo er etwas essen und Landsleute kennenlernen könnte, die ihm sicher in der ersten Zeit behilflich sein würden.

Auf der Fahrt zum *Centro* bekam er einen ersten Eindruck von der Stadt, die bei diesem unwirtlichen Winterwetter nicht gerade einladend wirkte. Dennoch gefielen ihm der Neckar inmitten der Stadt und die Hügel zu beiden Seiten, besonders jener, auf dem das Schloss erbaut war. Lebhaft stellte er sich vor, wie schön die Stadt sein mochte, wenn der Schnee geschmolzen und alles grün und sonnig sein würde. Sein Begleiter verkündete sogar, dass die Stadt im Sommer, aber auch im Frühling und besonders im Herbst eine der schönsten Städte Deutschlands sei, wie sogar einer der großen deutschen Dichter – er wisse nicht mehr genau, welcher – geschwärmt habe, und dass es viele Lieder gäbe, die die einzigartige Schönheit Heidelbergs besingen würden.

Er gratulierte ihm zu seiner Wahl, in dieser Stadt arbeiten zu wollen. Zwar sei sie nicht zu vergleichen mit ähnlich großen italienischen Städten, die angehäuft seien mit kunstvollen Baudenkmälern, Kirchen, Palästen, Plätzen, Brunnen und Statuen. Hier sei außer dem Schloss, der alten Universität und ein paar alten Herrschaftshäusern nichts kunsthistorisch Bedeutendes zu sehen, wenn man nicht die ganze Altstadt als eine historische Einheit werten wolle. Der Reiz Heidelbergs liege vor allem in seiner unvergleichlichen Lage und dem fast südländischen Ambiente in der Stadt. Er solle nicht enttäuscht sein, bei diesem Wetter gehe man nur auf die Straße, wenn man unbedingt müsse. Im Sommer dagegen sei auch noch bis in die frühen Morgenstunden Leben auf den Straßen, wie in einer großen italienischen Stadt – vor allem die Tausenden Studenten machten die Stadt so lebhaft. Und im Sommer könne er dann auch die Schlossbeleuchtung erleben. Weil im siebzehnten Jahrhundert irgendein besessener französischer General mit seinen Horden in einem der vielen Kriege, die damals geführt worden waren, das Schloss und fast die ganze Stadt niedergebrannt und zerstört habe, strahle man nun an verschiedenen Tagen im Sommer das Schloss rot an und brenne rote Fackeln ab, als stünde es in Flammen, um zuletzt ein großartiges Feuerwerk zu zünden. Tausende Menschen würden auf der gegenüberliegenden Uferpromenade stehen, auf den Uferwiesen sitzen und fast ein kleines Volksfest feiern. Das solle er sich nicht entgehen lassen. Aber nun müsse man erst einmal über den Winter kommen, der zwar nie sehr lange dauere, aber meist nasskalt und ungesund sei. Er müsse aufpassen, dass er nicht gleich die Grippe bekäme. Das nahm er sich vor, da er ja arbeiten und nicht im Bett liegen wollte.

Kurz darauf erreichten sie das *Centro Italiano*. Es glich den Kaffeebars in den Dörfern Süditaliens haargenau; es roch nach dem beißenden Rauch der *Nazionali*, den Zigaretten des armen Mannes, nach Espresso und der zischenden Kaffeemaschine, die schon recht betagt zu sein schien, aber eine original italienische war. Dazu roch es nach verschiedensten Speisedüften, die aus der kleinen Kochnische nebenan strömten, nach Arbeiterkleidung und der Nässe, die durch den Schnee hereingetragen wurde. Aber es war warm und gemütlich. Die Verkehrssprache waren die Dialekte des Südens, vor allem Sizilianisch, wie er dumpf herauszuhören meinte, denn es war so lärmend wie in den Bars seiner Heimat.

War er auch in seinem Dorf kein typischer Bargänger gewesen, so fühlte er sich dennoch fast wie zu Hause. Sie hatten auch einen Doppelgrill, also bestellte er sich zwei Sandwiches mit Schinken und Käse sowie eine kleine Flasche Bier. Die Sandwiches schmeckten wie zu Hause, nur das Bier war ganz anders als das, was er gewohnt war. Er hatte gehört, dass das deutsche Bier das beste in der Welt sei und war deshalb umso gespannter gewesen – und tatsächlich: Es war viel würziger als das italienische, hatte eine etwas dunklere Farbe und roch viel intensiver. Wenn man es ins Glas füllte, konnte man eine schöne Schaumkrone fabrizieren, die nicht sofort wieder zusammenfiel. Da er seit dem Schinkenbrötchen am frühen Morgen und den Plätzchen zum Kaffee nichts mehr gegessen hatte, war er wie ausgehungert und verschlang seine Brote im Nu. Das Bier trank er langsam, denn es war sein erstes deutsches und er wollte es genießen. Danach fühlte er sich wohler und begann, mit einigen zu plaudern, da er ihre Neugier bemerkte. Diese war verständlich, denn sie kamen alle aus Dörfern des Mezzogiorno, wo es lebensnotwendig war, über alle Vorgänge im Dorf informiert zu sein. Zudem war er nicht wie ein Arbeiter gekleidet, sondern trug seinen besten Anzug. Er erklärte ihnen, dass er sich kurz zuvor bei seinem neuen Arbeitgeber vorgestellt habe und daher so feierlich gekleidet sei, dass sie ihn aber bald auch in Arbeitskleidern sehen würden. Zum Einstand luden sie ihn zu einem weiteren Bier ein, was er dankend annahm, weil es ihm schmeckte und er die Einladung nicht ablehnen konnte, ohne sie zu beleidigen.

Anschließend fühlte er sich zwar wohlig entspannt, aber auch unendlich müde. Er hatte Mühe, nicht am Tisch einzuschlafen; die Anstrengungen der langen und ungewohnten Reise und die vielfältigen und verwirrenden Ereignisse des Tages – sicher auch die Wirkung des Bieres, dessen Stärke er unterschätzt hatte – hatten ihn mitgenommen.

Er entschuldigte sich bei seinen Tischgenossen und bat sie um Auskunft, wie er wieder in sein Zimmer zurückkommen würde. Der Weg war offenbar leicht zu finden und die Haltestelle fast direkt vor seinem Haus. Doch selbst dies musste er nicht in Angriff nehmen, denn ein junger Mann vom Nebentisch, der gehört hatte, wohin er wollte, bot ihm an, ihn in seinem Auto mitzunehmen, da er ohnehin nach Rohrbach – so hieß der Stadtteil Heidelbergs – musste und ihn daher direkt vor der Haustür absetzen konnte. Erfreut nahm er dieses Angebot an und befand sich wenige Minuten später tatsächlich vor seiner Haustür. Er dankte dem hilfsbereiten Landsmann und eilte, so schnell er konnte, durch den Schneematsch ins Haus und die Treppen hinauf in sein warmes Zimmer. Er zog seinen immer noch feuchten Mantel aus und hängte ihn über einen Stuhl, den er ganz nahe an die Heizung rückte. Dann setzte er sich aufs Bett, stützte den Kopf in die Hände und fühlte sich unfähig, irgendetwas zu tun. Am liebsten hätte er sich mit all seinen Kleidern ins Bett gelegt, weil er keine Kraft hatte, sich auszuziehen. Einerseits freute er sich, dass alles gut gegangen war, wenn auch mit einigen Schwierigkeiten, andererseits fragte er sich noch immer, ob es richtig gewesen war, diesen Schritt zu wagen. Ihm war zum Heulen zumute und gleichzeitig hatte er das Bedürfnis, laut zu lachen. Völlig überdreht, zitterte er am ganzen Leib. Wie lange er so gesessen hatte, wusste er später nicht mehr. Schließlich ließ er sich auf sein Bett zurückfallen und schlief sofort ein. Nachts wachte er auf, fühlte sich ruhiger, zog sich aus, löschte das Licht und kroch wieder unter das pralle Federbett, das wie eine Zentnerlast auf ihm lag. In der Hoffnung, nicht zu verschlafen und mit dem Vorsatz, morgen zuerst einen Wecker, ein Paar feste Stiefel und eine Mütze zu kaufen, schlief er wieder ein.

***

Die erste Nacht in Deutschland war im Gesamten nicht weniger turbulent als der erste Tag. Aus Angst, zu verschlafen, wachte er immer wieder auf und wurde, wenn er dann wieder einschlief, von schrecklichen Albträumen geplagt. Mehrmals wurde er von seinen eigenen Schreien aus dem Schlaf gerissen, versuchte, sich zu beruhigen, trank Wasser und wusch sich ab, weil er fiebrig heiß war und schwitzte. Als es schließlich Zeit wurde, aufzustehen, fühlte er sich wie gerädert. Zum Erstaunen aller war er schon viel zu früh in der Firma und brachte das festgefügte Vorurteil vom unpünktlichen und faulen Südländer ins Wanken. Ihren Blicken sah er an, dass es ihnen wahrscheinlich sogar angenehmer gewesen wäre, wenn er verschlafen hätte. Natürlich versuchte er nicht, ihnen die wahren Gründe seines angeblichen Übereifers zu erklären. Er nahm sich vor, seinen Wecker für die darauffolgenden Tage immer so zu stellen, dass er etwas vor der festgesetzten Zeit erscheinen konnte. Was waren schon ein paar Minuten pro Tag, wenn man die Ehre seines Volkes verteidigen musste! Wie einfach doch alles war; man musste es nur von der richtigen Seite betrachten. Lächelnd nahm er sich vor, alles so positiv wie möglich zu sehen, wenn er nun – für Jahre vielleicht – in dieser fremden Stadt bestehen musste.

Als sich alle eingefunden hatten, fuhren sie mit einem kleinen Bus in einen Vorort der Stadt und hielten vor einem großen, neu gebauten Wohnblock. Farbkübel und unzählige Tapetenrollen wurden ausgeladen und ins Haus geschleppt. Offenbar mussten sie hier alle Wohnungen tapezieren und streichen.

Es waren bereits andere Arbeiter anwesend und man verteilte sich auf die einzelnen Wohnungen. Er wurde einer Gruppe zugeteilt, die Tapeten kleben musste. Zu seinem Erstaunen gab es nur eine einzige Sorte, die aus einem gelblichen, ziemlich festen Papier bestand, in welches verschieden große Holzspäne eingegossen waren. Die Arbeit ging wie am Fließband. War ein Zimmer tapeziert, ging es zum nächsten. Da bereits ein Junge mit dem Kleistern beauftragt war, wurde er zum Anlegen der Tapeten eingeteilt. Weil aber die Wände so miserabel verputzt waren, dass jeder Architekt in seiner Heimat die Hände über dem Kopf zusammengeschlagen hätte, brauchte er länger als seine deutschen Kollegen, um die Stöße der Bahnen wirklich dicht zu bekommen. Man bedeutete ihm, dass er viel zu pedantisch sei. Diese Pfuscherei wollte er aber nicht mitmachen und wurde so kurzerhand zum Kleistern eingeteilt. Wie einem Kind erklärte man ihm den angeblich so komplizierten Arbeitsgang, und um sicherzugehen, dass er es verstanden hatte, wurde ihm der Vorgang ein zweites Mal langsam und eingehend gezeigt. Er durfte es zu allem Überfluss probeweise unter den kritischen Augen des Vorarbeiters nachmachen. Man war begeistert, wie er, der Italiener aus dem Süden, einen solchen Arbeitsgang auf Anhieb beherrschte – fehlerfrei – und man klopfte ihm anerkennend auf die Schulter. So durfte er die nächsten Tage von morgens bis abends Tapeten abrollen, schneiden, einkleistern, zusammenfalten, weglegen, doch trotz dieser Eintönigkeit tat er alles mit derselben Gewissenhaftigkeit und demselben Verantwortungsgefühl. Das erste technische deutsche Wort, das er lernte, war »Raufasertapete«.

War ein Zimmer tapeziert und getrocknet, so wurde gestrichen. Die Farbgebung war genauso anspruchsvoll wie das Tapezieren: Er sollte Weiß leicht mit Umbra abtönen, wenn der Farbton bräunlich gebrochen werden sollte, und dasselbe mit Ocker machen, wenn ein gelblicher Farbton verlangt war. Hin und wieder begleiteten auch Ehepaare den Chef bei der Besichtigung – sicher die zukünftigen Mieter – und diskutierten endlos lange, ob ein anderer Farbton gestrichen werden sollte. Die Farben mischte dann der Chef persönlich. Sonst strichen sie Dutzende Wohnungen und Tausende Quadratmeter in den üblichen Tönen.

Da er das Kleistern so schnell begriffen hatte und dies bereits tagelang zur vollen Zufriedenheit aller ausführte, zeigte man ihm, wie die Farben »anzulegen« waren. Der bedeutende Unterschied lag darin, dass sie mit einer Lammfellrolle statt mit einem Pinsel gestrichen wurden. Die große Kunst war nun, die richtige Menge Farbe auf die Rolle zu bringen. Man sagte ihm, dass selbstverständlich nicht von ihm erwartet würde, dass er die Technik sofort beherrsche, aber dass es ihm mit Zeit und etwas Geduld sicherlich gelingen würde.

Dieser so gut gemeinte Hinweis brachte ihn in Verlegenheit. Einerseits wollte er ihr vorgefertigtes Klischee nicht enttäuschen und schon beim ersten Mal perfekt anlegen, andererseits aber auch keine Kleckserei anrichten, um nicht als kleiner, dummer Italiener zu gelten. So wählte er einen Kompromiss und gönnte ihnen beim ersten Mal ein paar Tropfen, die er dann sofort mit einer Geste der Entschuldigung aufwischte, was mit verständnisvoller Genugtuung wahrgenommen und großmütig verziehen wurde. Die deutsche Ehre war gerettet; ein Italiener konnte doch nicht sofort beherrschen, was ein Deutscher erst mühevoll lernen musste. Aber dann ging es auch um seinen Stolz. Noch einmal erlaubte er sich, ein Tröpfchen auf den Boden zu kleckssen, dann legte er aber los, denn schließlich war das Rollen sehr viel einfacher als das Streichen mit der großen Weißelbürste, mit der sie in Italien die Wände strichen. War sie zu leer, gab es nur Streifen, war sie zu voll, spritzte die Farbe in alle Himmelsrichtungen, da die Farbe in den Rosshaaren der Bürste natürlich nicht so haftete wie auf einer Lammfellrolle. Bald sprach sich herum, dass er ein gelehriger und geschickter Arbeiter war.

Der Durchbruch kam jedoch, als er eines Tages für einen erkrankten Arbeitskollegen bei der Renovierung einer herrschaftlichen Altbauwohnung einspringen musste. Die Wohnung war bis auf das Lackieren der Türen und Fenster bereits fertig. Man gab ihm grob- und feinkörniges Schleifpapier und ein Salz, das er in Wasser auflösen sollte, um die alte Farbe damit anzulaugen. Als er mit der Hand über die Türen fuhr, sagte er zu seinem Kollegen »Raufaser«, so schlecht waren sie ursprünglich gestrichen. Mit Überschleifen und Anlaugen war da nichts zu machen, obwohl sein Kollege die Türen so vorbereitet hatte. Er hängte die Türen einzeln aus, trug sie auf die überdachte Veranda vor der Küche und schliff die ganze obere Lackschicht herunter. Anlaugen brauchte er daher nicht mehr. Als er alle Türen auf diese Art vorbehandelt und den Staub mit einem feuchten Tuch abgewischt hatte, verwendete er seinen Dachshaarpinsel, den er aus Italien mitgebracht hatte, weil die Pinsel, die man ihm zur Verfügung stellte, bestenfalls aus Schweineborsten waren, wie er entsetzt feststellte. In einem staubfreien, warmen Raum lackierte er damit die trockenen Türen. Der Lack war nicht schlecht, verlief sehr gut, trocknete aber zu rasch. Trotzdem schaffte er es, eine fehlerfreie völlig glatte Lackierung hinzukriegen.

Als abends sein Chef kam, um die Arbeiter abzuholen und um zu sehen, was der kleine Italiener geleistet hatte, fuhr er mit der Hand über die erste Tür, schaute ihn ganz erstaunt an, ging zur zweiten, dritten und auch zu den anderen Türen, holte den Kollegen, der in den Zimmern nebenan lackierte und ließ auch ihn mit der Hand über die Türen fahren. Auch der schien sehr erstaunt zu sein. Sein Chef klopfte ihm auf die Schulter, schüttelte ihm die Hand und sagte ihm etwas, das er nicht verstand. Darum fuhr er mit der Hand fast zärtlich über die eine Tür, deutete dann auf sein Gesäß und ahmte das Geschrei eines Kindes nach. Nun verstand er gar nichts mehr. Die vulgäre Geste in Kombination mit den wirren Lauten hätte ihn sicher beleidigt, wenn sein Chef ihm nicht noch einmal anerkennend auf die Schulter geklopft hätte. Erst viel später erfuhr er, dass die Deutschen »glatt« nicht wie in anderen Ländern mit Glas oder Eis verbanden, sondern mit einem Kinderpopo.

Da er in kürzester Zeit zum perfekten Kleisterer, Tapetenkleber, Farbanleger und schließlich zum Lackierer aufgestiegen war, nahm man ihn zu seiner Freude aus der »Raufaserabteilung«, wie er die Gruppe nannte, die in den Neubauten arbeitete. Zusammen mit einem Helfer setzte man ihn bei der Renovierung von Altbauwohnungen ein, in denen anspruchsvolle und exakte Arbeit verlangt wurde und der Termindruck weniger groß war. Da er auch diese Arbeiten mit Können, Geschick und Geschmack ausführen konnte, nannten sie ihn ihren »Michelangelo«.

***

Mittlerweile waren die sechs Wochen seiner Probezeit um, sodass er nun als Geselle bezahlt wurde. Außerdem erhielt er oft ansehnliche Trinkgelder. Auf diese Weise konnte er gut von seiner Arbeit leben, etwas zur Seite legen und seinen Eltern Monat für Monat mal kleinere, mal größere Summen überweisen. Er war anerkannt, verdiente gut, oft mehr, als er es sich zuvor erträumt hatte und konnte seine alten Eltern viel besser als mit seiner Arbeit in Italien unterstützen. Dies tröstete ihn hinweg über sein schlechtes Gewissen, sie verlassen zu haben.

Vieles in Deutschland erstaunte ihn in besonderem Maße. So zum Beispiel die Selbstverständlichkeit, mit der die Verwaltung hier funktionierte. Er hatte sich auf einen zähen Kampf eingerichtet, um jeden Monat das richtige Gehalt zu bekommen, und auf einen noch zäheren, damit die Zahlung pünktlich auf seinem Konto einging. Anfangs ging er jedes Mal, wenn Zahltag war, zur Bank und ließ überprüfen, ob das Geld auch wirklich auf seinem Konto eingegangen war. Obwohl er nie ein Versäumnis entdeckte und stets alles korrekt ablief, lebte er viele Monate lang im Misstrauen, da er argwöhnte, man werde am Anfang ganz ehrlich sein und ihm schließlich, wenn man annahm, er kontrolliere nun nicht mehr und wähne sich auf der sicheren Seite, weniger bezahlen. Diese Tricks kannte er zur Genüge von zu Hause. Die sozialen Beiträge waren nie gezahlt worden, und Beschwerden hatten nie etwas gebracht.

Als sein deutscher Chef ihm vorschlug, sein Konto auf derselben Bank wie er einzurichten, da dies für die Überweisung des Geldes einfacher sei, war er abermals auf der Hut. Wenn diese Freundlichkeit nicht irgendwann dazu führt, dass sie meinen, sich erlauben zu können, hin und wieder einmal etwas zu vergessen, dachte er. Und da es hier unmöglich war, die Beamten und Angestellten zu bestechen, befürchtete er, machtlos gegen die Willkür der Bank zu sein. Doch musste er feststellen, dass sein Geld einige Male sogar zu früh auf seinem Konto war, was ihn wiederum unruhig machte – es konnte ja ein weiterer Trick sein, um beim nächsten Mal später zahlen zu können. Nach vielen weiteren Monaten erst ließ er sich überzeugen, dass sein Misstrauen gänzlich unbegründet gewesen und alles in bester Ordnung war. Es schien eben doch anständige und ehrliche Arbeitgeber zu geben.

Zwei Probleme erwiesen sich jedoch als viel gravierender, als er ursprünglich angenommen hatte: Zum einen fiel es ihm sehr schwer, sich an die eintönige und fantasielose deutsche Küche zu gewöhnen, die er tagtäglich in den Wirtschaften vorgesetzt bekam. Die Speisekarte bot fast immer nur Bratwürste, deutsche Beefsteaks mit oder ohne Ei und verschiedene Schnitzel, die alle aus dem gleichen Stück Schweinefleisch bestanden und je nach Beilage und Seite, auf welcher diese lag, als »Jäger-«, »Zigeuner-«, »Holzfäller-«, »Paprika-«, »Holsteiner-« oder gar »Hawaii-Schnitzel« bezeichnet wurden. Wurde dieser Fleischfetzen nur als solcher serviert und war auf beiden Seiten unnatürlich hart angebraten, wurde er »Schnitzel natur« genannt; war er eingepackt in eine pampige Panade und durch die stets gleiche Tütensauce aufgeweicht, so war dies ein »Wiener Schnitzel«. War über das Schnitzel ein wenig Rahm gegossen, so wurde diese kulinarische Kreation »Rahmschnitzel« genannt und war die Sauce mit etwas Paprikapulver angereichert, so erhielt das Ganze logischerweise die Bezeichnung »Paprikarahmschnitzel«. All diese Kombinationen konnte man nur mit Brot, Salz- oder Bratkartoffeln und sonntags mit Pommes frites bekommen; natürlich auch mit Salat oder Gemüse. Salate gab es je nach Jahreszeit, Gemüse das ganze Jahr hindurch – durchgehend geschmacksneutral, da aus der Dose. Was in den besseren Restaurants »feine Erbschen mit feinen Möhrchen« genannt wurde, hieß in den einfacheren »Erbsen mit Karotten«. Je nach Jahreszeit gab es Rotkohl oder kaum verdauliches Sauerkraut dazu.

Natürlich gab es auch bessere Lokale, in die ein Arbeiter jedoch nur selten gehen konnte. Dort gab es neben den Schnitzeln noch »Töpfe«, irdene Kasserollen, Deckelschalen oder Platten, in denen sich eine Mischung aus verschiedenen Fleischstücken, Bratkartoffeln, Zwiebeln, Gemüse oder sogar Obst befand. Sie hießen dann »Ratsherren-« oder »Schlosstopf«, je nachdem, wie die Mischung in den Töpfen kombiniert war. Am besten waren die Tagessuppen, die es meist gratis gab, denn sie enthielten die fein pürierten Kartoffel- und Gemüsereste des Vortages und waren gut gewürzt.

Es gab auch zwei italienische Restaurants, die aber sehr teuer waren, denn sie galten als etwas Exotisches und waren daher äußerst exklusiv. Sie boten eine gute Küche, obwohl sie den Geschmack Italiens nur annähernd trafen, weil viele Zutaten, vor allem frische Gewürze, nicht aufzutreiben waren.

Das Problem mit der ungewohnten deutschen Küche ließ sich bald lösen. Durch die Vermittlung eines Landsmanns konnte er schließlich ein Zimmer mieten, das zwar schlauchförmig, aber sehr groß war, und das man durch eine Leichtbauwand in eine Küche mit Duschgelegenheit und ein Wohn-Schlafzimmer unterteilen konnte. Mit der Hilfe einiger seiner Arbeitskollegen war dies ohne Schwierigkeiten zu bewerkstelligen. Auch die Einrichtung seiner Wohnung gestaltete sich problemlos. Als sich herumgesprochen hatte, dass er ein Zimmer und eine Küche einrichten musste, hatte er im Nu mehr, als er brauchte und war bis auf ein paar Kleinigkeiten, die er sich hinzukaufte, bestens ausgestattet. Vor allem seine Chefin, die die Einrichtung der Küche veranlasste, war ihm sehr behilflich. Als die Wohnung fertig war, lud er alle, die mitgeholfen hatten, zu einem italienischen Abend ein. Dieser gelang äußerst gut, weil ihm bei der Vorbereitung einige tüchtige Frauen vom *Centro Italiano* halfen. Er fühlte sich nun endlich selbstständig und als Herr seiner eigenen vier Wände. Durch die Möglichkeit, selbst zu kochen, war er nicht mehr auf die eintönigen Gerichte in den Wirtschaften angewiesen.

Das zweite Problem war viel schwerer zu lösen: Er war sehr einsam und hatte nicht mehr als den oberflächlichen Kontakt zu seinen Arbeitskollegen und zu verschiedenen Landsleuten. Das Verhältnis zu Deutschen gestaltete sich besonders wegen seiner noch immer mangelhaften Sprachkenntnisse sehr schwer. Natürlich beherrschte er bald die für seine Arbeit nötigen Fachausdrücke und die paar Dutzend Wörter, die man brauchte, um die üblichen Gespräche am Arbeitsplatz führen und verstehen zu können. Diese Gespräche waren sowieso immer dasselbe: Montags ging es um Fußball, die Toto-Ergebnisse vom Samstag und darum, wie man den Sonntag verbracht hatte. Das konnte sich noch bis zur Frühstückspause am Dienstag hinziehen. Spätestens dann beherrschte das unerschöpfliche Thema Frauen die Unterhaltung, wobei sich Fantasie und Wirklichkeit der eigenen erotischen Beziehungen der Arbeiter vermischten, je nachdem, welches Sexidol aus Film oder Fernsehen gerade die männlichen Gemüter beschäftigte. Am Mittwoch und Donnerstag wurden die Gespräche wieder etwas konkreter. Es ging um die politischen Tagesprobleme und die bedeutenden Ereignisse aus der großen, weiten Welt, die von der *Bild*-Zeitung entsprechend aufbereitet wurden; es ging um das Traummotorrad oder -auto, das irgendwann angeschafft werden sollte und das man bereits bis ins kleinste Detail kannte, oder um das Häuschen, das bereits in Schwarzarbeit im Entstehen oder wenigstens schon geplant war. Der Donnerstagnachmittag war meist der Berechnung des Wochenlohns vorbehalten, welcher am Freitag schließlich überwiesen wurde. Freitag war Tipp-Tag. Unendliche Diskussionen wurden dann darüber geführt, wer am Sonntag im Fußball gegen wen gewinnen, verlieren oder unentschieden spielen würde und was man mit dem Geld machen könnte, wenn man endlich mal elf Richtige hätte. Die Frühstückspause am Samstagvormittag war meist ausgefüllt mit dem Vergleich der Lohnstreifen und den Diskussionen, ob diese oder jene Überstunde auch entsprechend bezahlt werden würde; und in den Stunden bis Feierabend wurden Pläne fürs Wochenende geschmiedet.

Da er es von zu Hause nicht gewohnt war, in Bars zu sitzen, zumal ihm dafür das Geld und die Zeit gefehlt hatten, bedeutete es für ihn anfangs eine große Umstellung, regelmäßig mit Freunden oder Bekannten in Wirtshäuser zu gehen. Hin und wieder ging er ins *Centro Italiano*, um ein wenig Italienisch sprechen zu können, besuchte Landsmänner, die wie er Junggesellen waren, oder lud sie zu sich nach Hause ein. Dann kochte man gemeinsam und spielte anschließend bei Wein oder Bier eine Partie Karten.

Manchmal ging er auch mit ins Kino, doch da er kaum etwas verstand, wenn es nicht gerade ein ihm schon bekannter italienischer Film war, langweilte er sich und kam unzufriedener heraus, als er hineingegangen war. Am Wochenende, wenn er nicht wusste, was er mit sich anfangen sollte, ging er für ein paar Stunden zum Bahnhof, wo er wieder Landsleute und andere ausländische Arbeiter traf, mit denen er sich unterhalten konnte, wo man Leute abfahren und ankommen sah, wo immer Leben war wie zu Hause auf der Piazza und wo man das Gefühl hatte, durch die Schienen, die über Tausende von Kilometern nach Süden führten, mit der Heimat verbunden zu sein.

Der Liebeszauber

La fattura d'amore

Das trostlose Gefühl des Alleinseins, das er ohne Familie, Verwandte, Freunde und Bekannte verspürte, änderte sich eines Tages, als er im *Centro* eine junge Frau kennenlernte, eine Deutsche, die mit einem italienischen Ehepaar kam. Sie baten, an seinem Tisch Platz nehmen zu dürfen. Die Italienerin arbeitete in der gleichen Firma, in der die Deutsche Sekretärin war, als Reinigungskraft. Man hatte sich angefreundet, zuerst Kochrezepte ausgetauscht, sich dann gegenseitig eingeladen und nun hatte man gemeinsam Urlaub in dem Heimatdorf des Ehepaares in Kalabrien gemacht. Da die Ferien in einer sehr herzlichen und überaus gastfreundlichen Weise verliefen, hatte die junge Frau beschlossen, ihre italienischen Sprachkenntnisse, die sie durch Kurse in der Volkshochschule erworben hatte, zu vertiefen. Um die Sprache immer wieder zu hören, um besondere Ausdrücke und Redewendungen der Alltagssprache zu lernen und um ihre Scheu in der Unterhaltung mit anderen zu verlieren, hatte man sie zum *Centro* mitgenommen, um sie dort vorzustellen, damit sie später auch alleine kommen könnte. Da beide auf Partnersuche waren, sie auf die eine, er auf die andere Weise, unterhielten sie sich sehr angeregt bis in die späten Abendstunden und verabredeten sich für den nächsten Tag.

Weil er im Unterschied zu den meisten seiner Landsleute nicht nur den Dialekt seiner Heimat sprach, sondern auch Hochitalienisch gut beherrschte, war es für die junge Frau eine gute Gelegenheit, italienische Konversation zu betreiben und für ihn eine Erleichterung, jemanden gefunden zu haben, der ihm half, vieles, was ihm an seiner Umgebung fremd war, verstehen zu lernen und der seine bedrückende Einsamkeit etwas zu lindern vermochte. Bald merkte er, dass er während des nächsten Arbeitstages oft an sie dachte und sich auf den Abend freute, an dem er sie treffen konnte.

Nun war er von Haus aus kein ungebildeter Mann. In Italien hatte er nicht nur Wohnungen tapeziert, Wände und Decken gestrichen und Türen und Fenster lackiert, wie man es hier von ihm verlangte, sondern häufig auch an der Restaurierung von Kirchen, historischen Gebäuden oder bedeutenden Herrschaftshäusern teilgenommen. Dabei waren Verfahren verlangt, die nicht nur handwerkliches Können voraussetzten, sondern auch Fantasie, Intuition, Stilempfinden, Geschmack und die Kenntnis der Farbenlehre. Aus diesem Grund unterschieden sich seine Haltung und sein Benehmen auch deutlich vom Verhalten seiner Arbeitskollegen. Nach der Arbeit wusch er sich gründlich und zog sich, wie er dies von zu Hause gewohnt war, immer korrekt und geschmackvoll an, bevor er das Haus verließ. Seine Hosen waren immer gebügelt und seine Schuhe glänzten stets. Nur während der heißen Sommertage ging er ohne Jacke. Nie wäre er, wie er dies bei seinen deutschen Kollegen sah, nach der Arbeit in diesen albernen Trainingsanzügen herumgelaufen, obwohl alle dickbäuchig und bequem waren. Er war überaus höflich, bescheiden, fast schüchtern und drängte sich nie in den Vordergrund. Daher fiel es seiner Bekannten auch nicht schwer, ihn ihren Freunden vorzustellen.

Ganz besonders interessiert war er an der Baukunst und der Gestaltung von Innenräumen. Daher waren sie oft in Museen, Kirchen, Schlössern oder sonstigen interessanten Bauwerken, wo er stundenlang die Stuckaturen, die Wand- und Deckengestaltungen, die Verarbeitung der verschiedenen Materialien – vom Marmor bis zum *stucco lustro* – und insbesondere die Farbkompositionen begutachtete. Er freute sich über gelungene Arbeiten, deren Vorbild fast immer die italienische Innenarchitektur war, und sammelte Anregungen für seine täglichen Renovierungsarbeiten, auch wenn er all das Schöne zu seinem Leidwesen nur sehr zaghaft selbst verwirklichen durfte.

Sie erlebten den sprichwörtlich einzigartigen Heidelberger Frühling und ließen keine Gelegenheit aus, ihn in vollen Zügen zu genießen. Ihn berauschte das herrliche und satte Grün, das vom Königstuhl über das Schloss bis in die Altstadt und auf der Gegenseite vom Philosophenweg bis hinunter zum Neckar reichte und das er so noch nie in seinem Leben gesehen hatte. Das bisschen Grün, das sein Heimatdorf umgab, wurde bereits im späten Frühjahr gelb und im Sommer und Herbst braun verbrannt und erholte sich erst wieder in der winterlichen Regenzeit. Und hier konnte man fast ertrinken in einem grünen Meer – und welch ein Grün: Vom hellen Gelbgrün der Birken bis zum dunklen Schwarzgrün der Tannen und Fichten waren alle Schattierungen vertreten. Oft saßen sie stundenlang auf einer Bank am Philosophenweg und schauten hinunter auf den Fluss, wo immer ein reger Schiffsverkehr herrschte, wo große Lastkähne berg- und talwärts tuckerten und die weißen Ausflugsdampfer der »Heimatflotte« sowie die vielen kleinen und großen Boote gemächlich vorbeizogen. Und überall waren Menschen, fröhliche, scherzende Menschen. Auch drüben auf dem Schloss sah man sie, hinauf- und hinunterwandernd, auf den Bänken sitzend oder in Gruppen an den Balustraden stehend und die Stadt von oben betrachtend, und ihre heiteren Stimmen schallten bis zu ihnen herüber. Mit Freude dachte er an die Feste, die sie im Schloss gefeiert hatten, einfache Vergnügen ohne Pomp und Luxus, die aber immer Tage in ihm nachgehallt hatten. Wie ganz von selbst ergab es sich dann auch, dass sie nach solch einem Fest bei ihm übernachtete. Natürlich hatte er sich das schon lange erhofft, aber schließlich war er kein italienischer *pappagallo*. Mit einem Mädchen gab es dazu in seinem Dorf keine Gelegenheit. Das konnte frühestens in der Hochzeitsnacht geschehen oder mit einer Prostituierten. Daher war er überrascht, mit welcher Selbstverständlichkeit seine Freundin entschied, die Nacht bei ihm zu verbringen und war fast schockiert, wie es ganz selbstverständlich zum Geschlechtsverkehr kam, wobei sie ihn nicht einmal zum Schein abzuwehren versuchte, sondern es schien ihm, als sei sie dabei sogar aktiver als er.

Während der nächsten Tage kreiste sein ganzes Denken nur um diese Erfahrung. Ein solches Verhalten war er nur von Prostituierten gewohnt. Natürlich hatte er immer wieder von seinen deutschen und auch italienischen Arbeitskollegen gehört, dass die Sexualmoral hier von der Südeuropas doch sehr verschieden sei. Häufig hatte er selbst gesehen, wie unbekümmert die jungen Leute in der Öffentlichkeit körperliche Nähe eingingen. Man machte ihm deutlich, dass Mädchen hier keineswegs geächtet waren, wenn sie voreheliche Sexualbeziehungen eingingen. *Paesi dove vai, usanze troverai*, »andere Länder, andere Sitten«, sagte er sich. Es war schließlich nur eine Freundin; heiraten wollte er eine Italienerin. Da sie eine kluge Frau war und merkte, dass er große Schwierigkeiten hatte, ein Sexualleben bei Unverheirateten als etwas Natürliches aufzufassen, hielt sie sich die nächsten Male sehr zurück und überließ ihm komplett die Initiative. Obwohl es für sie kaum begreiflich war, dass er dieses Schauspiel eines unerfahrenen Mädchens nicht durchschaute, merkte sie doch seine Erleichterung darüber, dass sie sich nicht als erfahrener gab als er. So deutete sie an, als sich die Gelegenheit bot, dass ihr Verhalten in ihrer ersten gemeinsamen Nacht wohl als Enthemmung nach dem vielen Weingenuss beim Fest zu erklären war.

Da er ein ausdauernder und fantasiereicher Liebhaber wurde, fiel es ihr oft sehr schwer, die Rolle der wenig erfahrenen Verführten beizubehalten. Schließlich konnte eine erotisch begabte Frau auch von einem guten Liebhaber lernen und eigene Fantasien entwickeln. Dies vermittelte sie ihm, was ihn stolz und ihre Beziehung über lange Zeit sehr harmonisch machte. Ein unbedeutendes Ereignis änderte jedoch schlagartig dieses so stabile und für beide Seiten erfüllende Verhältnis.

Sie hatten sich in ihrem Stammkino verabredet, dem *Faulen Pelz*, um einen italienischen Film anzusehen, der in der Spätvorstellung lief. Für beide war dies sehr angenehm, weil sie nach Dienstschluss den Geburtstag eines Kollegen mit anderen Kollegen bei einem Glas Wein feiern wollte und er in diesen Tagen immer Überstunden hatte machen müssen, um die Renovierung einer Wohnung termingerecht fertigzustellen. In diesen warmen Heidelberger Sommernächten ging man ohnehin nie besonders früh zu Bett.

Da er etwas früher fertig war, als er zuvor hatte abschätzen können, aber keine Lust hatte, sich etwas zu kochen, zog er sich um und beschloss, dass er sich durch die vielen Überstunden der letzten Zeit sicherlich ein Essen im Restaurant verdient hatte. Er hatte zwar Appetit, aber noch keinen rechten Hunger, daher nahm er nicht die Straßenbahn, sondern schlenderte durch die ganze Stadt, weil er dann vor dem Treffen gerade noch Zeit haben würde, um gemütlich zu essen.

In der Nähe des *Faulen Pelzes* gab es mehrere Wirtschaften, aber sie gingen nach den Kinovorstellungen immer in die gleiche, eine der kleineren, nicht zu überlaufenen, um noch ein Bier zu trinken. Da das Essen dort sehr gut und nicht zu teuer war, ging er auch diesmal dorthin und setzte sich hinten in eine Ecke ans Fenster, um sie zu sehen, sollte sie ebenfalls zu früh kommen. Er studierte unentschlossen die Speisekarte und ließ sich dann doch von der Bedienung, die ihn bereits gut kannte, das Tagesgericht empfehlen und bestellte ein großes Bier dazu.

Durch den Ausschank leicht verdeckt saß am Stammtisch eine Runde ausgelassener Leute, die ihn durch ihr lautes Reden und Lachen störte, denn er war müde und hungrig und sehnte sich eher nach Ruhe als nach Lärm. Um sich nicht zu sehr zu ärgern, schaute er zum Fenster hinaus und widmete sich dann seinem Essen, das seine Laune besserte. Doch da vor allem die Frauen ununterbrochen schrill und laut lachten, schaute er ungewollt und wie fasziniert von dieser vulgären Art wieder und wieder hinüber zum Stammtisch. Und plötzlich, er glaubte seinen Augen nicht zu trauen, erkannte er seine Freundin, die er, durch einen dicken feisten Kerl verborgen, bisher gar nicht bemerkt hatte. Dieser Fettwanst schien den Ton anzugeben und sehr lustig zu sein, denn ganz gleich, was er von sich gab, alle lachten und die Frauen kreischten in den höchsten Tönen. Was ihn aber besonders empörte, war, dass der Dicke ständig seine Freundin an sich zog und sie auf die Wange, auf den Hals oder wo er sie sonst traf, küsste, und sie ihn nicht einmal abwehrte. Es schien, als machte es ihr auch noch Spaß.

Da es nun Zeit für den Film war, zahlte er und ging hinüber ins Kino, wo er in der Halle wartete, obwohl er sicher war, dass sie die

Verabredung vergessen hatte. Es wäre ihm sogar recht gewesen, denn, empört wie er war, konnte er sich kaum vorstellen, dass er nun zwei Stunden neben ihr sitzen und womöglich noch Händchen halten sollte, wie sie dies immer im Kino taten.

Als der Vorfilm begonnen hatte, wollte er gerade gehen, als sie mit zerzausten Haaren und hochrotem Kopf angerannt kam. Sie plapperte etwas von der Geburtstagsfeier und entschuldigte sich für die Verspätung, aber er hörte ihr kaum zu und kaufte die Karten. Noch elender fühlte er sich, als sie, sobald sie saßen, seine Hand nahm und sich an ihn schmiegte, wobei sie ihn mit ihrem nach Alkohol riechenden Atem anhauchte.

Er kannte den Film, der italienische Titel hieß *Divorzio all' italiana*, »Scheidung auf Italienisch«, ein Film über Sizilien, dem er, auch ohne die Sprache zu verstehen, folgen konnte. Er erinnerte sich, dass ganz Italien über diese angebliche Komödie gelacht hatte, was man in Sizilien überhaupt nicht hatte verstehen können, sondern es als eine sehr ernste und wirklichkeitsnahe Geschichte betrachtet hatte.

Wie makaber, dachte er, Scheidung auf Italienisch... Für ihn stand fest, dass er sie verlassen würde, denn wie sollte er bei einer Frau bleiben, die sich so vulgär in der Öffentlichkeit verhielt?

Weil er auch nach dem Film noch sehr erregt war, wollte er nicht über diesen Vorfall sprechen. Da sie aber bemerkte, dass er verstimmt war und ihn immer wieder um eine Erklärung bat, erzählte er ihr, dass er sie in dem Lokal gesehen hatte. Sie war völlig überrascht und sprachlos, da sie ihn nicht bemerkt hatte, war sich aber auch keiner Schuld bewusst. Es sei doch eine kleine Geburtstagsfeier unter Arbeitskollegen gewesen, völlig harmlos und in aller Öffentlichkeit. Sie hätten alle sehr viel Spaß miteinander gehabt und alle hätten es sehr schön gefunden und ein bisschen zu laut lachen sei ja schließlich nicht gleich vulgär oder primitiv. Dass der Dicke, dessen Geburtstag gefeiert wurde, ein wenig beschwipst gewesen sei, sei doch verständlich und schließlich habe er sie nicht richtig geküsst. Mal ein Küsschen da hin oder dort hin sei doch kein Verbrechen, denn »ein Küsschen in Ehren kann niemand verwehren«. Er verstand zwar nicht, was ein »Küsschen in Ehren« sein sollte und warum man sich nicht gegen solche Aufdringlichkeiten wehren durfte. Klar war ihm jedoch, dass dieses Sprichwort nicht mehr war als die dümmliche Rechtfertigung für ein unanständiges und primitives Verhalten. Er versuchte, ihr deutlich zu machen, dass er gar nichts gegen eine gewisse freudige Ausgelassenheit habe, dass man auch laut lachen dürfe, aber dass er es nicht verstehen könne, dass die Männer immer gleich brüllen und die Frauen in höchsten

Tönen kreischen mussten – und zwar so, dass viele andere sich belästigt fühlten. Dies sei für ihn vulgär. Auch die Entschuldigung, dass sie zu viel getrunken hätten, war für ihn schlicht primitiv. Warum konnte man in Deutschland nicht genießen wie in anderen Ländern und musste sich immer gleich betrinken? »Wahrscheinlich, weil die Deutschen sich erst durch Alkohol enthemmen müssen, um lustig sein zu können und dann sind sie meistens nicht einmal lustig, sondern eben nur enthemmt. Und«, führte er weiter aus, »wenn sie erst einmal enthemmt sind, zeigt sich ihr wahres Gesicht. Entweder sie werden melancholisch und schwafeln von ihrer Jugend oder den guten alten Zeiten – das sind noch die Angenehmsten – oder sie werden aggressiv, dann ist es besser, man geht, oder sie werden vulgär und kreischen herum. Ist das lustig, ist das fröhlich? Oder ist es lustig, wie wir es auf den Volksfesten erlebt haben, wenn angetrunkene Frauen provokativ auf den Tischen tanzen und Männer volltrunken unter die Tische fallen?«

Erhitzt fuhr er fort, dass sie nicht hoffen könne, dass er in einer solchen lustigen Runde jemals mitmachen werde. Er würde ihnen nur ihr geselliges Beisammensein verderben, da es für ihn eine Qual sei, diese Art der Lustigkeit pflegen zu müssen. Sie hielt nun aber dagegen, dass die Welt hier nun einmal so sei und nicht die Deutschen sich an die Italiener anzupassen hätten, sondern umgekehrt, und dass er nicht erwarten könne, dass sie auf alle Geselligkeiten und Feiern verzichten würde, weil er nicht mitmachen könne oder wolle. Er dagegen versuchte, sie zu überzeugen, dass eben nicht alle Deutschen sich so in der Öffentlichkeit verhielten und schon gar nicht alle Frauen, sondern eben nur bestimmte, und an deren Verhalten wolle und könne er sich keinesfalls gewöhnen. Sie wiederum forderte ihr Recht ein, sich, wann immer und wo immer sie wolle, so zu benehmen, wie sie es gewohnt sei, und dass sie sich dieses Recht von niemandem nehmen lassen würde, auch nicht von ihm. Da er sicher war, dass sie mehr getrunken hatte als sie vertragen konnte, bat er sie, dies bis morgen zu überdenken. Sollte sie dann noch gleicher Meinung sein, so könnte er ihre Beziehung nicht fortführen. Andernfalls sollte alles vergessen sein, als einmalige Entgleisung betrachtet und nicht überbewertet werden. Er konnte sich nämlich nicht vorstellen, dass diese Frau, die in all den Monaten ihrer Bekanntschaft so ausgeglichen und zurückhaltend gewesen war und so viel Wert auf Äußerlichkeiten und Benehmen gelegt hatte – dass diese Frau ein so unanständiges, geradezu vulgäres Benehmen in der Öffentlichkeit verteidigte und auch noch das Recht einforderte, dies jederzeit wiederholen zu können, konnte nicht ihr Ernst sein. Das konnte doch nur aus Zorn geschehen sein, weil er ihr Verhalten missbilligte, sie gemaßregelt, vielleicht gar beleidigt hatte; das war Trotz. Der gesunde Widerspruchsgeist einer selbstständigen Frau war durch den Alkohol einfach in eine falsche Bahn gelangt. Morgen wird sie sich vielleicht überhaupt nicht mehr erinnern oder sich doch anders besinnen, dachte er. Da er aber trotzdem sehr verletzt war, bat er sie, allein bleiben zu können und begleitete sie nach Hause.

Den Tag darauf kam er schon früher nach Hause, um ein besonderes Versöhnungsessen nach italienischer Art vorzubereiten. Es klappte auch alles vorzüglich und er war mit seiner Kochkunst zufrieden, aber sie kam nicht.

Er wartete und wartete und als es sehr spät und schon dunkel war, ging er zur Telefonzelle und rief sie an. Sie meldete sich nicht. Am nächsten Tag erreichte er sie jedoch während der Arbeitszeit. Sie war sehr abweisend und barsch, erklärte ihm kurz und bündig, dass sie von ihrer Meinung nicht abrücken wolle und könne und da er unter diesen Umständen ihre Beziehung ja nicht fortzusetzen gedenke, sei doch alles gesagt. Sie sei mit der Trennung einverstanden. Er bat sie inständig, ihre Meinung doch noch einmal zu überdenken und sich zu einem Gespräch bereit zu erklären. Schließlich stimmte sie zu, aber nur unter der Bedingung, dass ihr Treffen in dem Café stattfinden sollte, wo sie sich so oft trafen.

Sie kam auch zur verabredeten Zeit, aber ihre Unterredung war für beide eine unerträgliche Qual. Da sie sich in keiner Weise kompromissbereit zeigte, fragte er sie, ob er also damit rechnen müsse, dass es immer möglich sei, dass es bei irgendwelchen Festen zwischen ihr und fremden Männern zu solch körperlichen Kontakten und zu Küssen wie bei der Geburtstagsfeier kommen könne, während er ruhig daneben sitzen solle. Sie hingegen antwortete, sie habe mit vielen ihrer Freunde darüber gesprochen und alle seien mit ihr einer Meinung: Wenn er dies nicht ertragen könne, solle er sich lieber eine kleine, sklavische Italienerin suchen, die seinen Vorstellungen und Wünschen entsprechen würde. Sie sei eine selbstständige und emanzipierte Frau.

Ganz ruhig und überlegt erwiderte er, dass nach seiner Meinung die Italienerinnen viel emanzipierter seien als die deutschen Frauen und dass dies überhaupt nichts mit Emanzipation, sondern ganz einfach mit Anstand zu tun habe, den sie anscheinend nicht besitze.

Daraufhin stand sie auf und verließ, ohne noch ein Wort zu sagen, das Café. Er versuchte nicht, sie zurückzuhalten, sondern blieb erstaunlich ruhig an seinem Tisch sitzen und bestellte sich noch ein Bier. All dies kam ihm wie ein Albtraum oder ein schlechter Film vor. Wer war diese Frau? War es dieselbe, mit der er viele Monate so glücklich gewesen war? Hunderte Tage gegen zwei? Konnte ein Ereignis, so unglücklich es sein mochte, die vielen anderen schönen Begebenheiten ungeschehen machen? Konnte man, musste man nicht dieses eine verzeihen? War es nicht gemein und kleinlich, es nicht zu tun? Was war eigentlich geschehen? War es eine einmalige Entgleisung, die man verstehen und verzeihen konnte, wie wenn man aus Wut ein Glas an die Wand warf oder den anderen aus einer bestimmten Situation heraus beleidigte? War es ein einmaliges Geschehen, das höchstwahrscheinlich nicht wieder, oder doch immerhin *so* nicht wieder passieren würde? Nein, das war es nicht, sagte er sich immer wieder. Sie verlangte die Freiheit, ihre kompromisslose Entscheidungsfreiheit, sich jederzeit in einer bestimmten Weise zu verhalten, die nicht nur er als Sizilianer, sondern die wahrscheinlich auch viele Deutsche nicht tolerieren würden, und Millionen in anderen Ländern auch nicht, davon war er überzeugt. So fühlte er sich nicht allein, nicht als rückständiger Dörfler aus dem Süden, der sich in ihrer freien Welt nicht zurechtfand.

Nun ja, sagte er sich, es war schön, sogar sehr schön mit ihr, aber einen solchen Kompromiss könnte ich nie eingehen, weil ich es nicht durchhalten könnte. Und warum auch, sie ist nicht die einzige Frau.

Wie oft hatten ihm andere Frauen zu verstehen gegeben, dass sie einer Beziehung mit ihm sicher nicht abgeneigt wären. Sie beide waren außerdem nicht verlobt und hatten auch nie darüber gesprochen. An Heiraten hatte er ohnehin nie gedacht, wie ihm jetzt klar wurde, und das Gleiche galt mit Sicherheit auch für sie. Es hatte alles ganz ungeplant begonnen und sich wie von selbst entwickelt. Sie hatten sich kennengelernt und gehörten einfach zusammen. Es hatte alles ohne Dramatik begonnen, warum sollte es nicht ohne Dramatik enden?

***

Die nächsten Tage verbrachte er in einem ganz eigenartigen Gemütszustand, den er sich selbst nicht befriedigend erklären konnte. Einerseits war für ihn der Bruch endgültig; die Entscheidung hatte er immer wieder überdacht und hin- und hergewendet, ohne aber zu einem anderen Ergebnis zu kommen. Andererseits spürte er eine bedrückende Leere und häufig wieder das Gefühl des Verlassenseins, wie es ihn in den ersten Tagen seiner Ankunft oft überfallen hatte. Er war überzeugt, dass dies ganz einfach aus der Gewohnheit zu erklären war, so, wie einem die Zigaretten fehlten, wenn man aufgehört hatte zu rauchen, oder der Wein, wenn man keinen Alkohol mehr trinken durfte.

Um diesen Zustand zu überwinden, nahm er alle Überstunden an, die gefordert wurden, kam meist spät nach Hause und sank nach einem kargen Abendessen todmüde in sein Bett. Er glaubte schon, sie vergessen zu haben, als sie eines Abends zu seiner Überraschung vor seiner Tür auf ihn wartete, als er später nach Hause kam. Da sie ihn um eine nochmalige Unterredung bat, ließ er sie eintreten. Sie erzählte ihm, dass sie einige schlechte Tage verbracht habe, dass er ihr sehr fehle und dass sie es sehr schön fände, wenn sie wieder zueinanderfinden könnten. Sie brachte eine Flasche Wein mit, und sie tranken voller Genuss, wie in früheren Tagen. Er gab ihr zu verstehen, dass dies auch sein Wunsch war, allerdings unter der Bedingung, dass sie ihre Forderungen zurücknehmen oder wenigstens abschwächen solle, da er die von ihr so rigoros geforderte Verhaltensfreiheit nicht akzeptieren könne. Er habe sich lange und eingehend geprüft, ob er unter solchen Bedingungen leben könne und sei zu dem Schluss gekommen, dass dies völlig unmöglich sei und zwar nicht wegen eines rückständigen oder altmodischen Prinzips, wie sie das nannte, sondern weil er dies nie und nimmer ertragen und verkraften könnte.

Sie wiederholte ihre Erklärungen von ihrer ersten Auseinandersetzung: dass er nun einmal in Deutschland als Gast lebe und sich daher deutschen Sitten und Gepflogenheiten anzupassen habe. Sie wisse genau, dass er dies bereits in vieler Hinsicht getan habe und auch weiterhin gerne tue, erklärte er ihr, aber das bedeute nicht, dass es nicht auch Grenzen gäbe, die er nicht überschreiten könne.

»Schade«, sagte sie im Aufbrechen, »schade, ich dachte, du hättest es dir anders überlegt, ich hätte es mir sehr gewünscht. Nun gut, du wirst schon sehen, wie es dir ergehen wird.«

Sie drehte sich um und verließ grußlos seine Wohnung. Wie bei ihrer letzten Unterredung saß er wieder ruhig und völlig gelassen da, fast wie gelähmt, und schaute auf die Tür, durch die sie die Wohnung verlassen hatte. Die ursprüngliche Freude über ihr Erscheinen und die Hoffnung auf eine mögliche Versöhnung schlug nun in ein eigenartiges Gefühl von Trauer und Enttäuschung um, das ihn bewegungslos verharren ließ. Gleichzeitig empfand er eine solche Wut über dieses so sinnlos Unabänderliche, dass er unablässig seine Finger nach allen Seiten verbog, bis er durch das Knacken und die heftigen Schmerzen aus seiner Erstarrung erwachte. Er hätte schreien wollen, brachte aber nicht einmal einen Ton heraus. Ich hätte sie umbringen sollen, warum quält sie mich so, wenigstens sollte ich ihr diese Schmerzen zufügen, die ich jetzt spüre, sagte er sich, als er seine geschundenen Hände ansah. Und immer wieder, ohne sich beherrschen zu können, musste er ihre letzten Worte wiederholen: »Du wirst schon sehen, wie es dir ergehen wird.« Ging es ihm nicht schon schlecht genug? War dies eine

Prophezeiung oder gar eine Drohung? Was hatte er ihr getan? Nur weil er unter diesen Bedingungen nicht zu ihr zurückkehren konnte? Und wieder und wieder musste er zwanghaft diese Worte wiederholen.

Dann schlief er ein. Im Traum lief er durch einen großen düsteren Wald, so schnell er konnte, denn man verfolgte ihn, aber er konnte seine Verfolger nicht sehen, ja, nicht einmal hören, er wusste nur, dass sie hinter ihm her waren. Überall waren Fallen, Fußangeln, Gruben und Schlingen, in denen er sich verfing und in die er fiel, und über ihm schossen viele schwarze Vögel zwischen den Bäumen hoch und nieder, immer gerade an ihm vorbei, ohne ihn jedoch zu treffen. Und dann fiel er schwer zu Boden, völlig verstrickt in ein Gewirr aus Schlingen und Ranken, aus denen er sich nicht befreien konnte, und sie kamen näher und immer näher. Wahrscheinlich war es sein Angstschrei, der ihn aufwachen ließ.

Wie gelähmt und schweißgebadet saß er in seinem Sessel. Seine Hände schmerzten entsetzlich. Er stand schließlich auf, wankte zum Waschbecken und ließ minutenlang kaltes Wasser über sie laufen. Als er fast kein Gefühl mehr in den Händen hatte, trocknete er sie behutsam ab, zog sich aus und ging ins Bett. Kurz darauf läutete sein Wecker, obwohl er lediglich ein paar Minuten Schlaf gehabt hatte. Mit zwei Espressi versuchte er wach zu werden, was ihm aber kaum gelang. Seine Hände schmerzten noch immer höllisch. »Gott sei Dank ist es die linke, die stärker geschwollene«, sagte er vor sich hin, »wie sollte ich sonst den Pinsel halten?« Auf dem Weg zur Arbeit wurde er in der kühlen Morgenluft ein wenig ruhiger und als er dann wie üblich hoch konzentriert arbeitete, konnte er das entsetzliche Treffen vom Vorabend zeitweise verdrängen. Aber bereits in der Frühstückspause kam wieder alles in ihm hoch. Jedes Detail, jedes bei der Unterredung gesprochene Wort war ihm so gegenwärtig, als ob alles gerade eben geschehen wäre. Und immer wieder stellte er sich die Frage: »Warum ist sie wiedergekommen, war es etwa nur, um mich zu quälen?« Fast wäre er über diese so bittere Enttäuschung hinweggewesen, wie er meinte, und nun waren alle Wunden wieder aufgerissen. Wie lange würde er brauchen, um jetzt wieder seinen Frieden zu finden? Er brauchte Ruhe und Ausgeglichenheit, um die anspruchsvolle Arbeit ausführen zu können, zu der er eingeteilt worden war. Er zitterte vor Wut und Verzweiflung. Und gerade jetzt sollte er diese Jugendstilfenster streichen, die so viele feine Profile hatten, bei denen man so aufpassen musste, um nicht mit dem Pinsel ins Glas zu rutschen. Mehrmals musste er aussetzen, weil er unkonzentriert war und immer wieder an *sie* denken musste. Als plötzlich seine rechte Hand so stark zu schmerzen begann, dass er den Pinsel kaum mehr halten konnte, überfiel ihn eine so heftige Wut, dass er sie in einem Farbtopf hätte ertränken können, wäre sie da gewesen. In einem unkontrollierbaren Ausbruch schrie er so laut er konnte: »*Questa donnaccia, questa puttana, questa maledetta puttana*, dieses Weibsstück, diese Hure, diese verdammte Hure«, nahm den Pinsel, tauchte ihn in die Ölfarbe und fuhr kreuz und quer über die Glasscheiben, warf ihn auf den Boden und lief aus dem Zimmer, die Treppe hinunter und aus dem Haus. Erst auf der Straße kam er wieder zu sich. Wie ein Tiger im Käfig lief er vor dem Haus auf und ab, unentschlossen, ob er nochmals hinaufgehen oder einfach alles stehen und liegen lassen sollte. Erst als die Leute auf ihn aufmerksam wurden, ging er wieder nach oben, wusch sich das Gesicht und den Nacken mit kaltem Wasser und hielt auch seine schmerzenden Hände unter den wohltuenden Strahl. Etwas ruhiger geworden, säuberte er die verschmierten Glasscheiben mit Putzwolle und Nitroverdünnung, wusch seinen Pinsel aus und ging wieder an die Arbeit. Es kostete ihn eine unendliche Mühe, einigermaßen schnell und sauber zu arbeiten. Da er sich keine Brote mitgebracht hatte, ging er zum Mittagessen in die nächste Kneipe, würgte irgendetwas Undefinierbares hinunter, das »Bauernomelette« genannt wurde, und trank zwei große Biere dazu. Plötzlich musste er sogar unvermittelt lachen, als ihm bewusst wurde, was er da bestellt hatte: ein Bauernomelette mit einer großen sauren Gurke, ein aus den einfachsten Zutaten zusammengebackenes Zeug für den einfachen, stocksauren sizilianischen Bauern. Passt doch prima, du unkultivierter, rückständiger und engstirniger Dörfler in dieser so freizügigen und toleranten großen Welt, sagte er sich.

Sicher lag es eher am Alkohol als an einem Umschwung seiner seelischen Verfassung, dass er wieder ruhiger und gelöster an seine Arbeit ging. Doch ein paar Stunden später überfiel ihn wieder diese innere Unruhe, diese unkontrollierbare Mischung aus Verzweiflung und Wut, sodass er schließlich seine Arbeit abbrach, weil doch alles nur Pfusch wurde, so sehr er sich auch anstrengte. Er wollte nur nach Hause, sich aufs Bett werfen und schlafen, schlafen und alles vergessen. Doch auch zu Hause fand er keine Ruhe. Nichts konnte er vergessen: jede Kleinigkeit, jede unbedeutende Geste, jedes Wort – alles stand wieder im Raum, wie mit Leuchtbuchstaben an die Wand geschrieben. Unfähig, dies zu ertragen, sprang er auf, zog sich um und ging ins *Centro Italiano*. Zum Glück herrschte dort eine lustige Stimmung, viele Bekannte saßen an den Tischen. Er wurde mit freudigen Ausrufen begrüßt, und beim Kartenspiel und einigen Flaschen Bier gelang es ihm, sich abzulenken und sein Gemüt aufzuhellen. Als er merkte, dass ihn die Konzentration langsam verließ und auch das Sprechen gewisse Schwierigkeiten bereitete, wusste er, dass es nun Zeit war, sich auf den Heimweg zu machen. Er verabschiedete sich von seinen Freunden und ging.

Die Nacht brachte ihm keine Entspannung. Immer wieder wachte er auf und lag dann lange mit offenen Augen im Bett und versuchte, die Gedanken an *sie* zu verscheuchen. Doch so sehr er sich auch auf anderes konzentrierte, sie drängte sich einfach überall hinein, ganz gleich was er dachte, alles kreiste und kreiste nur um sie. Und manchmal stand ihr Bild dann so deutlich vor ihm, obwohl es stockdunkle Nacht war, dass er entsetzt aufsprang und nicht mehr genau wusste, ob es nun ein Traum war, oder ob er ihr Bild im wachen Zustand vor sich gesehen hatte.

Das Schlimme war jedoch, dass er zwar anfänglich noch verärgert war, wenn er ihr Bild so wirklichkeitsgetreu, fast gegenständlich vor sich sah, dass er jedoch mit zunehmendem Verblassen jener unheilvollen Auseinandersetzung diese Bilder immer anziehender fand. Anstatt endlich davon loszukommen, alles vergessen zu können, befreit zu sein, ertappte er sich nun dabei, dass er ihr Bild sogar als angenehm empfand. Das passierte ihm nicht nur in der Nacht, wenn er nicht schlafen konnte, sondern auch am Tag, vor allem bei der Arbeit. Auch wenn diese ihm gut von der Hand ging, er zufrieden und konzentriert war, kreisten plötzlich alle seine Gedanken um *sie*. Einmal sah er sie so deutlich auf einer Glasscheibe, dass er versucht war, sie nachzuzeichnen. Im gleichen Moment aber fuhr ihm Entsetzen darüber in die Glieder, dass er ihr Bild nun sogar festhalten wollte, und zwar nicht nur für einen Augenblick, sondern mit Farbe, für alle Zeit. Er empfand dabei sogar ein bestimmtes Glücksgefühl. Bald darauf ertappte er sich, dass er es nicht dem Zufall überließ, ob sie ihm »erschien« oder nicht, sondern dass er sogar Gelegenheiten suchte, ihr Bild herbeizurufen.

Häufig kam es kurz bevor er einschlief dazu, dass er ganz konzentriert an sie dachte und sie dann so lebhaft vor oder neben sich sah, dass er den Arm ausstreckte, um sie an sich zu ziehen. In solchen Momenten quälten ihn auch lebhafte erotische Bilder, meist Mischungen aus Gegebenheiten aus ihrem gemeinsamen Sexualleben und seinen eigenen ausschweifenden Fantasien. Die Bilder änderten sich zu allem Überfluss; während er anfangs immer nur ihr Gesicht deutlich und ihren Körper verschwommen wahrgenommen hatte, erschien sie ihm jetzt häufig auch nur leicht bekleidet oder gar ganz nackt. Als er eines Sonntagnachmittags seine Zeit damit verbrachte, sie zu zeichnen, musste er feststellen, dass er große Schwierigkeiten hatte, ihr Gesicht wirklichkeitsgetreu darzustellen. Viel besser glückte ihm jedoch die Zeichnung ihres Körpers, ihrer schönen runden Schultern, ihrer vollen, wohlgeformten Brüste, ihrer schmalen Taille, ihrer breiten Hüften und ihrer langen Beine. Zuerst war er fasziniert, dann aber überkam ihn plötzlich ein Gefühl unbeschreiblicher Angst. Die Frau, mit der er keinesfalls eine Zukunft planen durfte, rückte nun immer mehr in sein Denken und – was noch viel schlimmer war – in sein Verlangen. Er durchbohrte die Bilder mit seinem Zeichenstift. Ein Stich traf genau ins Herz. Er zerschnitt das Papier in kleinstmögliche Stücke, um sich sicher zu sein, von diesem Dämon befreit zu sein. Doch kaum dass die Enttäuschung und Wut einer Versöhnung gewichen war, trat ganz langsam wieder ein Gefühl der Hingezogenheit und der Wunsch nach Nähe ein. Panische Ängste nahmen von ihm Besitz; warum war aus dieser verdammten Hure – so nannte er sie unlängst – gegen seinen Willen wieder ein Objekt seines Begehrens geworden? Während er sein anfängliches Verlangen nach Geborgenheit, Nähe, Zärtlichkeit, nach Gespräch und Verständnis fast vollständig verdrängen konnte, gelang ihm das bei dem nun stärker werdenden körperlichen Begehren nicht.

***

Den einzigen Ausweg aus diesem Dilemma sah er in einer körperlichen Beziehung zu einer anderen Frau. Und die Gelegenheit zu solch einer Ablenkung bot sich schon recht bald. Nur wenige Tage nach dem Beginn seines Zerwürfnisses mit *ihr* hatte ihm eine ihrer Freundinnen zu verstehen gegeben, dass sie ganz seiner Meinung sei und auf seiner Seite stehe. Immer, wenn sie sich über den Weg gelaufen waren, hatten sie ein wenig miteinander geplaudert und hin und wieder auch eine Tasse Kaffee getrunken, mehr hatte sich aber nicht entwickelt. Er war noch viel zu sehr in die Beziehung zu seiner Freundin verstrickt gewesen. Doch jetzt fühlte er, dass er Hilfe suchen und sich helfen lassen konnte. Da jeden Samstag im *Centro* eine kleine Feier stattfand, lud er sie ein. Sie sagte sofort zu. Es wurde ein heiterer Abend, den sie in einer großen Runde mit vielen seiner Bekannten und Freunde verbrachten. Sie gingen nicht zu spät und schlenderten Arm in Arm am Neckar entlang, ausgelassen und gut gelaunt, als kennten sie sich bereits seit einer Ewigkeit. Während sie mit ihm scherzte, überlegte er, wie er ihr beibringen könnte, dass er sich nicht an der Haustür verabschieden, sondern mit ihr hinaufkommen wollte. Er hatte darin keine große Erfahrung und all die üblichen Tricks schienen ihm reichlich albern, zudem war er sich sicher, dass die Frauen sie kannten. Sollte er sagen, dass er seine Hausschlüssel vergessen habe und nun frierend auf einer Parkbank übernachten müsse, oder dass er um diese Zeit unbedingt noch eine Tasse Kaffee brauchte? Das war alles zu banal. Er beschloss, sie einfach zu fragen, ob er noch mitkommen durfte, dann würde er sehen, wie sie reagierte. Und in der Wohnung, nun ja, er würde versuchen, was immer möglich sei, um zu bleiben, aber zwingen oder auch nur überreden wollte er sie nicht. Es musste ja nicht beim ersten Mal sein.

Aber er hatte sich ganz umsonst Sorgen gemacht. Als sie vor ihrem Haus ankamen, schloss sie die Haustüre auf, ließ ihn, ohne ein Wort zu sagen, vor ihr eintreten, machte Licht im Treppenhaus, schloss die Tür wieder ab und ging an ihm vorbei die Treppe hinauf, wobei sie sich vergewisserte, dass er ihr folgte.

In ihrem Stockwerk angekommen, ließ sie ihn mit derselben Selbstverständlichkeit in ihre Wohnung treten. Sie bat ihn, im Wohnzimmer Platz zu nehmen, fragte ihn, was er trinken wolle, brachte ihm das gewünschte Bier und goss sich selbst ein Glas Wein ein. Er hatte das Gefühl, dass sie sich schon jahrelang kannten, lehnte sich behaglich in seinem Sessel zurück und genoss die angenehme Atmosphäre. Darum war er auch nicht erstaunt, dass sie sich bald darauf entschuldigte und sich kurz zurückzog. Als sie wiederkam, sagte sie ihm völlig unbefangen: »Das Bad ist frei, ich habe dir alles zurechtgelegt, was du brauchst.« Im ersten Moment wusste er nicht, was er sagen sollte. Sie war wie verwandelt. Sie trug einen eng anliegenden seidenen Morgenmantel, unter dem sich eine prachtvolle Figur abzeichnete. So etwas hatte er nie vermutet, denn sie trug immer unförmige lange Pullover und diese Maxiröcke nach der neuen Mode, die selbst bei größter Fantasie kaum je erraten ließen, was darunter verborgen war. Der Abend ist voller Überraschungen, dachte er, wenn das so weitergeht, wird es das schönste Wochenende seit langer Zeit. Als er aus dem Bad kam, lag sie schon im Bett und tat, als schliefe sie. Er kam zu ihr und ging auf das Spiel ein. Er zupfte sie am Ohrläppchen und nahm, als sie nicht reagierte, eine ihrer langen blonden Haarsträhnen und kitzelte sie an der Nase. Sie prustete laut los vor Lachen, drehte sich um, schlang ihre Arme um ihn und zog ihn zu sich hinunter. Sie schmiegte sich ganz fest an ihn und ging auf seine Küsse mit einer Leidenschaft ein, die ihn geradezu überwältigte. Er begehrte sie, wie er kaum je zuvor eine Frau begehrt hatte, doch mit panischem Schrecken musste er zum ersten Mal in seinem Leben feststellen, dass er dazu nicht in der Lage war. Was immer er versuchte – und sie machte alles bereitwillig mit –, es hatte keinen Erfolg. Als sie seine Verzweiflung und Verkrampfung spürte, drückte sie ihn behutsam in die Kissen zurück, beugte sich über ihn und versuchte mit allen zärtlichen Berührungen, deren sie fähig war, ihn zu stimulieren. Auch er berührte ihren wunderbaren Körper, doch je mehr er sein Versagen einsehen musste, umso verkrampfter, ja, gelähmter wurde er. Schließlich lag er unbeweglich auf dem Rücken und wusste nicht, ob er vor Wut schreien oder weinen sollte, doch er war weder zum einen noch zum anderen fähig.

Und als sie dann ganz ruhig und ohne den geringsten Vorwurf in der Stimme sagte: »Nimm es nicht zu tragisch, du hast sie doch noch nicht vergessen, das ist doch ganz natürlich. Es muss ja nicht heute sein, wir haben noch so viel Zeit«, wusste er, dass sie es ehrlich meinte, verständnisvoll und ganz ohne Enttäuschung, doch bei ihm lösten ihre Worte panisches Erschrecken aus.

»Ich habe nicht an sie gedacht! Wie könnte ich auch an sie denken, wenn ich mich bei dir im Bett befinde! Ich habe sie vollkommen vergessen, ich habe sie sogar getötet, mitten ins Herz gestochen und zerschnitten! Sie lebt nicht mehr, sie ist *tot!*«

Erschrocken fuhr sie hoch. »Was hast du getan? Du hast sie getötet? Das meinst du doch nicht ernst, das hast du doch wohl nicht wirklich getan? Sie ist für dich gestorben, wie man so sagt, nicht wahr?«

»Ja... so ähnlich«, stammelte er, »ja, so ähnlich, ungefähr so.«

»Aber so tot ist sie doch noch nicht«, meinte sie, wieder etwas ruhiger. »Du musst sicher noch etwas warten, sie lebt noch stärker in dir als du glaubst. Und wenn du willst, helfe ich dir, dass du darüber hinwegkommst.«

Sie ist so wunderbar feinfühlend, so verständnisvoll, sie erträgt einen Versager und tröstet ihn auch noch, dachte er verzweifelt, und ich liege in ihrem Bett und denke jetzt nur an eine andere. Und die will mich nicht loslassen, sie will mich nur quälen. Du wirst schon sehen, wie es dir ergehen wird, waren ihre letzten Worte, und sie hat recht. Wie ergeht es mir? Ich bin kein Mann mehr, ich bin ein Versager. Eine Frau muss mich trösten, weil ich nicht *kann*. Mein Gott, ich liege hier wie ein dummes Schaf. Soll ich morgen früh neben ihr aufwachen und so tun, als sei nichts gewesen? Vielleicht noch ein Küsschen beim Aufwachen morgen früh, wie bei zwei glücklich Verliebten. Oh Gott, nein! Ich muss gehen, jetzt sofort! Er wand sich aus dem Bett, beugte sich nochmals über sie und entschuldigte sich. Sie wollte ihn zurückhalten, aber er befreite sich aus ihren Umarmungen, zog sich an, nahm den Schlüssel von der Kommode im Flur, ging nach unten, schloss die Haustür auf, brachte den Schlüssel wieder hinauf, schloss leise die Wohnungstür und ging. Draußen in der kühlen und frischen Morgenluft blieb er einen Moment stehen, atmete tief durch und ging dann, schnaubend wie ein Betrunkener und gebeugt wie ein alter Mann nach Hause. Wie er dort ankam und wie er in seine Wohnung gelangte, wusste er nicht mehr, als er sich angezogen auf sein Bett warf.

Er bekam ihre Worte – »Du hast sie doch noch nicht vergessen« – nicht aus seinem Kopf. Warum sollte er sie denn nicht vergessen können? Es war aus zwischen ihnen, es ging nicht, weder für sie noch für ihn. So ist es doch im Leben, wie er immer wieder gehört hatte. Ein Mann braucht Erfahrung mit Frauen, so viel wie möglich, sonst wird er nie reif und bleibt auch als Erwachsener immer noch das Söhnchen seiner Mutter. Und wie sollte er später die Frau, die er heiraten würde, in solchen Dingen lehren und sie beherrschen, wenn er nicht gelernt hatte, mit Frauen umzugehen, mit diesen launenhaften Wesen, die nie genau wissen, was sie wollen und sich ändern wie das Wetter im Frühjahr oder Herbst. Wie sollte er lernen, sich zu Hause zu beherrschen, Abstand zu ihr und zu den Kindern zu halten, streng und gerecht zu sein, zu seinem Wort und seiner Meinung zu stehen und sich niemals zu ändern, auch wenn sie oder die Kinder versuchten, ihn schwach zu machen, ihn herumzukriegen. Er war für seine Familie verantwortlich, er musste sie verteidigen gegen den Teufel und die Welt. Er hatte das Ansehen der Familie zu schaffen und zu bewahren. Darum musste er auch Respekt von seiner Familie verlangen und brauchte nicht nur Stärke und Wissen, sondern Erfahrung, vor allem Erfahrung im Umgang mit Frauen, denn die Frau ist es, die die Kinder erzieht, die für Sitte und Anstand zu sorgen hat, und darum wiederum braucht sie eine starke Hand, die sie nicht nur verteidigt, sondern auch führt. Er durfte nach außen hin kein Trottel sein – schließlich wollte eine Frau auch keinen Schwächling. Aber das kann man nicht einfach seinem Vater abgucken, das muss man durch Erfahrung an sich und seinen Reaktionen erproben und lernen, meinte er für sich.

Er hatte nun seine erste Erfahrung mit einer Frau in diesem Land gemacht und abgeschlossen. Warum hatte er sie noch nicht vergessen? Auch wenn sie an der Fortsetzung ihrer Beziehung interessiert war, so würde es doch nicht funktionieren, denn es wäre ja nur zu ihren Bedingungen möglich. Sie soll doch nur eine in der Reihe der vielen Erfahrungsvermittlerinnen sein, sagte er sich, wieso soll ein Vergessen gerade jetzt nicht möglich sein, wo doch schon eine Nachfolgerin gefunden ist? Kein Ersatz, sondern sogar eine Verbesserung, ein Fortschritt. Sie ist viel mädchenhafter, anpassungsfähiger und sicher auch besser erzogen, anständiger und gebildeter, schließlich hat sie mir recht gegeben. Und vor allem, wie verständnisvoll und feinfühlend ist sie! Zumal sie mich, den völligen Versager und Schlappschwanz im Bett, nicht ausgelacht, sich nicht einmal enttäuscht abgewandt hat, sondern mich sogar liebevoll getröstet und Geduld und Einfühlsamkeit bewiesen hat! »Wir haben ja noch so viel Zeit«, hat sie gesagt. Was für eine Frau!

»Sie lebt noch stärker in dir als du glaubst, du musst noch etwas warten«, auch das hat sie gesagt. Woher weiß sie das, ist sie Hellseherin? Hat sie magische Kräfte? Nein, sie lebt nicht mehr in mir, bestimmt nicht. Sie kann leben, wo und mit wem sie will, aber nicht in mir. Sie hat einmal mit mir gelebt, ja, bei mir und vielleicht auch in mir, aber das ist vorbei, aus, vorbei.

In dieser Gewissheit seiner männlichen Stärke zog er sich aus und begab sich zu Bett, obwohl es draußen schon langsam hell wurde. Beruhigt, dass jetzt schon Sonntag war, schlief er sofort ein.

Lange konnte er nicht geschlafen haben, denn das Haus wachte gerade erst zaghaft auf, als er wie von der Tarantel gestochen hochschreckte. In einem schrecklichen Traum war sie ihm wieder erschienen, und nun musste er sich erst finden, um zu unterscheiden, ob es Wirklichkeit war oder Traum. Diesmal war sie kein zartes, liebliches Bild auf einer Scheibe gewesen, sondern provozierend, mit allen Künsten der Verführung.

Vor Monaten waren sie einmal mit Freunden, die den Einzug in ihre neue Wohnung gefeiert hatten, anschließend, als es nichts mehr zu essen und zu trinken gab, alle zusammen nach Mannheim in einen Nachtklub gefahren. Er hatte von seinen Landsleuten gehört, dass es solche Lokale in Mannheim gäbe, sowohl billige als auch vornehme, teure, aber dass in allen *spogliarelliste* auftreten würden – Frauen, die sich auf einer Bühne auszogen. Man hatte ihm dies sozusagen als Geheimtipp verraten. Gebrauch davon hatte er aber nie gemacht. Die Bar, in die sie an jenem Abend gingen, war sicherlich nicht die, welche seine Freunde ihm empfohlen hatten. Hier trank man Champagner oder Whisky und alles war sehr vornehm, zumindest sah es so aus im gedämpften roten Licht. Die Frauen waren wirklich schön und einige verstanden es, sich ihrer raffinierten Kostüme auf eine so provozierende Art zu entledigen, dass er kaum in der Lage war, unbefangen wie die anderen zuzusehen. Besonders seine Freundin schien hingerissen von dieser »hohen Schule des Ausziehens«, wie sie es lachend nannte. Nach jedem gelungenen Auftritt klatschte sie begeistert, ein wenig zu viel und auch zu laut, wie er fand. Endlich zu Hause, versuchte sie, es den Damen aus der Bar nachzumachen, aber obwohl sie sicherlich sehr begabt war, fehlte doch das Ambiente und die Übung, und ein bisschen zu viel getrunken hatte sie auch. Doch als erster Auftritt, so hatte er damals gedacht, schon sehr vielversprechend.

In diesem schrecklichen Traum hatte er nun nochmals diese Nacht durchlebt. Alles war wie damals, nur die Gesichter dieser lustigen

Tischrunde blieben eigentümlich verschwommen und seine Freundin fehlte ganz, ohne dass er sie vermisst hätte. Alle schienen jedoch von einer besonderen Spannung ergriffen. Sie löste sich, als das Licht in der Bar langsam dunkler und dunkler wurde, dafür aber nun rote und gelbe Scheinwerfer die Bühne erstrahlen ließen. Eine Frau in einem wunderschönen Kostüm aus Tüll, Seide und Pfauenfederstolen, mit vielen gold- und silberglänzenden Reifen an den Armen und den Fesseln, trat auf die Bühne. Ihre ganze Erscheinung glitzerte und funkelte, ein Anblick, der alle begeistert zum Klatschen brachte.

Und dann begann sie, sich ganz langsam zu einer unwahrscheinlich aufreizenden Melodie zu entkleiden. Stück für Stück, knisternd erotisch, bis sie nur noch mit einem sparsamen Rest bekleidet war. Und da erst sah er ihr Gesicht genau, das nun wie ihr Körper voll angestrahlt wurde. Es war *sie*, seine Freundin. Bevor noch eine Reaktion in ihm ablaufen konnte, setzte ein brausender Applaus ein. Und als sie schließlich hinter der Bühne verschwand, wandten sich alle an ihn, gratulierten ihm, schlugen ihm auf die Schulter und tranken ihm zu. Stolz und geschmeichelt nahm er ihre Glückwünsche und Gratulationen entgegen und fühlte sich sogar sehr wohl dabei.

Nun lag er schweißgebadet im Bett und versuchte sich klar zu werden, was dieser Traum bedeuten könnte. War er vielleicht doch nur der rückständige Dörfler von einer verlorenen Insel am Rande Europas mit überholten Vorstellungen von Ehre und Moral, der es nicht ertragen konnte, wenn seine Frau andere Männer küsste oder sich auch nur von ihnen küssen ließ? Konnte er sich je so ändern, sogar so, dass sie sich in der Öffentlichkeit entkleidete und er dies stolz als künstlerische Darbietung werten könnte? »Gott im Himmel«, schrie er, »nie und nimmer. Das nie, nie!«

Entsetzt sprang er aus dem Bett und hielt sich den Kopf minutenlang unter kaltes Wasser, bis er wieder klarer denken konnte. Er kochte sich Kaffee, stark, süß und schwarz, rauchte eine Zigarette und saß unbeweglich in seinem Sessel. Das ist nicht wahr, wie könnte er sich vorstellen, dass seine Frau, vielleicht die Mutter seiner Kinder, anderen sich fast nackt zeigte. Was bezweckte sie damit? Wollte sie ihn weiter quälen?

Den ganzen Tag über kam er nicht von diesem sonderbaren Traum los. Er versuchte, sich abzulenken, besuchte Freunde, aß in Restaurants und ging schließlich auch ins Kino, um dem Alleinsein zu entgehen, in dem sie ihm jederzeit wieder erscheinen konnte, mal lächelnd, liebreizend und zurückhaltend, mal provozierend-erotisch. Nichts davon wollte er sehen.

Auch am Montag änderte sich nichts an seiner elenden Verfassung. Er stand mit dem Gedanken an sie auf und trug ihn mit sich herum, wann immer er nicht auf die Arbeit konzentriert war. Schließlich ängstigte er sich so vor dem Einfluss dieser Frau, dass er bei einem Bekannten aus seiner Heimat Rat suchte. Von diesem sagte man, dass er unerklärliche Phänomene deuten konnte und sogar etwas von okkulten Praktiken verstünde. Er erzählte ihm, dass er mit einer Frau gebrochen habe, weil sie von bestimmten unanständigen Verhaltensweisen nicht ablassen wollte, dass diese Frau aber mit der Trennung nicht einverstanden war und ihm Tag und Nacht in verschiedenen Weisen erscheine, womit sie mittlerweile eine solche Gewalt über ihn habe, dass er sich nicht mehr dagegen zu verteidigen wisse.

Er sei ein *mago* und kein *fattucchiere*, kein Hexer, erwiderte ihm sein Bekannter. Er könne nur bestimmte Dinge voraussehen und bestimmte unerklärliche Vorkommnisse verstehen und entsprechende Maßnahmen dafür oder dagegen empfehlen. Es könne sein, dass diese Frau einen bestimmten Zauber gegen ihn gerichtet habe, um ihn wieder an sich zu binden. Man könne das durch die Ölprobe feststellen. Sollte sich aber herausstellen, dass ein Zauber vorliege, dann sei dies wohl eine *fattura d'amore*, ein Liebeszauber, dann müsse er mit einem potenten *fattucchiere* sprechen, der eine *controfattura*, einen Gegenzauber, durchführen und ihn auch einweisen müsste, wie er diesen weiterführen müsse, da es ein langer Prozess sein könne.

Sie verabredeten sich für den nächsten Abend bei seinem Bekannten zu Hause, um die Ölprobe durchzuführen. Er erklärte ihm, dass er auf Wasser, das er in einen Suppenteller gefüllt hatte, Öl träufeln würde. Sollten die Öltropfen zu einem Ölfleck zusammenhalten, so läge höchstwahrscheinlich keine *fattura* vor. Würden sie jedoch in kleine und kleinste Tröpfchen auseinanderplatzen, so müsse man davon ausgehen, dass ein Zauber gegen ihn gerichtet sei. Er solle mit beiden Händen den Teller berühren, ohne aber die geringste Bewegung zu machen, die Wasseroberfläche müsse absolut ruhig bleiben. Er befolgte die Anweisungen, doch als das Öl vorsichtig auf das Wasser geträufelt wurde, blieb es nicht gespannt, sondern löste sich in viele, viele einzelne Tröpfchen.

Beide sahen sich überrascht an. »Das ist ein eindeutiges Zeichen. Etwas ist gegen dich gerichtet. Ich kann dir nicht genau sagen, welche Art magischer Beeinflussung es ist, aber ich würde, nach deinen Erzählungen zu urteilen, von einer *fattura d'amore* ausgehen«, sagte sein Landsmann. »Wenn du jedoch ganz sicher sein willst, fahre nach Hause, ich gebe dir die Adresse eines sehr potenten *fattucchiere*, der alles noch mal überprüfen kann, die *controfattura*, den Gegenzauber einleiten und dich unterweisen wird, wie du dann hier weitermachen musst, um dich davon zu befreien.«

Umgehend nahm er den Teller mit den Öltropfen und dem Wasser und schüttete alles zum Fenster hinaus. »Damit sich niemand infiziert«, erklärte er, »jetzt ist alles zerstreut und vernichtet.«

»Aber wie kann sie nur die *fattura d'amore* gemacht haben? Sie kennt doch unsere magischen Praktiken gar nicht!«

»Nun, beigebracht hat sie sie dir sicher durch ein Zauberphiltrum und sicher hat sie jemanden, der ihr dabei hilft. Du glaubst gar nicht, wie viele Hexer es in Deutschland und wahrscheinlich auch in unserer Nähe gibt. Ich habe schon von so vielen gehört, Frauen, Männer, unsere Landsleute, aber auch Spanier und Türken. Viele kennen diese Praktiken, und für Geld tun die alles. Ich aber würde meinen, dass ein italienischer *fattucchiere* ihr geholfen hat. Das wirst du sicherlich in Sizilien erfahren. Beigebracht hat sie dir den Zauber sehr einfach: Entweder hat sie dir etwas von sich, Haare, Hautpartikel oder Fingernagelabschnitte in einen Kuchen oder Süßigkeiten eingebacken, vielleicht hat sie dir sogar das potenteste Mittel, Blut von ihr, in Wein oder ein anderes Getränk gemengt und dir zu trinken gegeben. Am besten eignet sich dazu natürlich Rotwein, weil man darin Blut nicht sieht.«

Da erinnerte er sich plötzlich an diesen späten Abend, als sie ganz unverhofft vor seiner Tür gestanden hatte und ihn nochmals hatte sprechen wollen. Natürlich, an diesem Abend hatte sie Salzgebäck und Wein, Rotwein, mitgebracht, obwohl er immer für den Wein sorgte, da sie sich damit nicht sonderlich auskannte. Sie hatten die ganze Flasche bis auf den letzten Tropfen ausgetrunken. Und bis heute war ihm nicht klargeworden, was sie sich eigentlich von diesem Abend versprochen hatte. Jetzt wird dieses Bild auch klarer, dachte er. Auch ihre Drohung »Du wirst schon sehen, wie es dir ergehen wird« bekam nun einen Sinn. Sie war nur gekommen, um ihm mit dem Wein das Zauberphiltrum, ganz sicher Blut von ihr, einzuflößen.

Diese Praktiken waren für ihn nicht neu. Die magische Welt war in seinem Dorf sehr lebendig. Davon hatte er ja schon als Kind gehört und später erlebt, wie die magischen Praktiken geradezu aufgeblüht waren, als es immer weniger Männer in seinem Dorf gab.

Nun wusste er schon, wie potent der Zauber ist, mit dem sie ihn beeinflusst hatte. Dass sie es nicht allein versucht hatte, ihn durchzuführen, sondern dass ihr ein erfahrener *mago* oder *fattucchiere* half, der ihr möglicherweise gar geraten haben konnte, ihr Blut zuerst auf einem Leinenläppchen unter das Altartuch einer Kirche zu legen, wo es dann bei der Wandlung während der Messe eine ganz besondere Kraft erhielt. Das konnten sie sich sehr gut vorstellen.

Nicht auszuschließen war sogar, dass sie die *fattura d'amore* noch durch eine *legatura*, eine magische Bindung, verstärkt hatte, da ihr sicher ein potenter Helfer zur Seite stand. Sie war zwar sehr rachsüchtig gewesen, als sie ihn nach ihrer letzten Unterredung verließ, hatte ihm gedroht, aber dass sie ihm deswegen vielleicht gar eine *fattura a morte*, einen Todeszauber beigebracht habe, schlossen sie aus, zumal sie ihn zurückgewinnen und nicht töten wollte.

In den nächsten Tagen fühlte er sich recht zuversichtlich und stark genug, um gegen ihren Zauber angehen zu können. Zwar erschienen ihre Bilder immer wieder, mal liebevoll zurückhaltend, mal erotisch-aggressiv. Wenn er sich dadurch aber belästigt fühlte, weil sie zu oft erschienen oder zu eindringlich waren, schützte er sich mithilfe der Beschwörungsformel, die der *mago* ihn gelehrt hatte: *Sangue di Dio, demonio va via, in nome del padre, del figlio e del spirito santo*, »Beim Blute Christi, verlasse mich, Dämon, im Namen des Vaters, des Sohnes und des heiligen Geistes«. Danach verschwanden die Bilder meist schlagartig und er fühlte sich wieder wohler. Manchmal empfand er in solchen Situationen regelrechte Gefühle des Triumphs, lächelte und sprach leise vor sich hin: »Mal sehen, wer von uns beiden nun stärker ist!«

Stärker war er zumeist an Tagen, an denen er sehr viel arbeitete oder auf sonstige Weise beschäftigt und abgelenkt war. Doch nachts und an Sonn- und Feiertagen konnte es passieren, dass sie ihn von morgens bis abends quälte, sodass er oft versucht war, aufzugeben und zu ihr zurückzukehren.

Schließlich bemerkte er, dass sein Appetit nachließ. Oft saß er nun zu Hause in seiner Küche und hatte großen Hunger nach seinem langen Arbeitstag, aber nicht die geringste Vorstellung, was er sich kochen könnte. In der Hoffnung, durch andere angeregt zu werden, ging er dann in eine Wirtschaft, wo er unendlich lange die Speisekarte von Anfang bis Ende durchlas, ohne jedoch zu einem Entschluss zu kommen. Anfänglich bestellte er sich leichte Kost, etwas, was er ohne allzu große Mühe und ohne viel Kauen schlucken konnte. Später trank er nur noch Bier, weil er nur unter größter Anstrengung feste Speisen hinunterbekam. Alles, was er aß, kam ihm geschmacklos, strohig und unappetitlich vor. Selbst seine Lieblingsspeisen reizten ihn kaum noch. Da er nur noch sehr wenig aß und fast nur noch trank, aber tagtäglich schwer arbeiten musste, fühlte er sich von Tag zu Tag schwächer, worunter auch seine Arbeit litt. Das bedrückte ihn umso mehr, weil er bisher fast der Beste in der Firma war und ihn alle wegen seiner künstlerischen Fähigkeiten und Ambitionen achteten. Am liebsten wäre er gar nicht mehr zur Arbeit gegangen und nur noch zu Hause im Bett geblieben, hätte die Decke über den Kopf gezogen und geschlafen. Doch gerade dort überfielen ihn die Bilder und die vielen Gedanken, die er sich über seine Verhexung machte.

Als er eines Tages bei der Arbeit, als er wieder an sie dachte und ihm ihr Bild erschien, in unaufhaltsame Tränen ausbrach, ohne sich über viele Minuten hindurch beruhigen zu können, überfiel ihn die Angst, dass sie vielleicht doch stärker sei als er. Schließlich bekam er immer häufiger Atembeschwerden, die zudem immer heftiger wurden. Zu diesen gesellten sich auch eigenartige Zischlaute und flüsternde Stimmen; anfangs lockten und drängten sie ihn, zu ihr zurückzukehren, und drohten ihm später sogar Böses an, wenn er ihnen nicht gehorchte. Da bekam er es ernsthaft mit der Angst zu tun. Er suchte Hilfe bei seinem magisch erfahrenen Landsmann, der ihm dazu riet, sofort nach Sizilien zu fahren. Dort solle er diesen mächtigen *fattucchiere* aufsuchen, der ihm die entsprechenden Abwehrformeln gegen die *fattura d'amore* und auch gegen die *legatura* vermitteln könnte. Und zudem würde ihm ein Aufenthalt in Sizilien zusätzlich helfen, da magische Beeinflussungen über tiefe Gewässer hinweg nicht wirksam seien.

Da er unzählige Überstunden gemacht und keinen einzigen Tag gefehlt hatte, aber bisher auch noch keinen Urlaub genommen hatte, bat er, vierzehn Tage nach Hause fahren zu dürfen. Sein Chef hatte die so plötzliche Veränderung in seiner Leistung und in seinem allgemeinen Verhalten mit Sorge wahrgenommen und gewährte ihm daher gerne die erbetenen Urlaubstage.

Zwei Tage später saß er schon im Zug nach Sizilien, und als er über die Meerenge von Messina fuhr, fühlte er, dass er nun bald vor diesem unheimlichen Einfluss in Sicherheit sein würde.

***

Der Empfang zu Hause war überwältigend herzlich. Alle wollten ihm etwas Gutes tun und brachten ihn dabei fast um, da er die lärmende herzliche Überschwänglichkeit kaum mehr gewöhnt war. Als dann der erste Ansturm vorüber war und er sein Leben zu Hause in ganz normale Bahnen lenken konnte, erinnerte er sich auch wieder an den eigentlichen Grund seiner Heimreise.

Eines Nachmittags machte er sich auf den Weg zu dem ihm genannten *fattucchiere.* Auch dieser bestätigte mit der Ölprobe die vermutete magische Beeinflussung und bekräftigte, nachdem er sich intensiv über seine Befindlichkeit und seine Schwierigkeiten hatte berichten lassen, die Ansicht, dass es sich wohl nicht nur um eine *fattura d'amore* handeln könne. Er gab ihm ein Amulett aus einem lapislazuliähnlichen Stein, auf dem verschiedene Zeichen eingeritzt waren und empfahl ihm, es nahe am Körper zu tragen, wenn möglich Tag und Nacht. Gegen einen eventuell stärker wirkenden Zauber wie die vermutete *legatura* unterwies er ihn in den entsprechenden Abwehrformeln und gab ihm einen *nastro*, eine Kordel mit neun Knoten. Wenn er zurück sei und sich noch immer unter dem Einfluss ihres Zaubers fühle, müsse er, beginnend an einem Freitag um Mitternacht, jede Nacht einen Knoten aufknüpfen und die entsprechenden Abwehrformeln aufsagen. Es dürfe ihm aber auf keinen Fall ein Fehler unterlaufen, weder beim genauen Wortlaut der Formeln noch bei den Tagen und der Uhrzeit, da sonst der ganze Ritus wertlos sei und alles wieder von Neuem begonnen werden müsse. Er müsse jedoch davon ausgehen, dass das *sciogliere i nodi*, das Lösen der Knoten, mehrfach durchgeführt werden müsse, je nachdem, wie potent der Gegner sei. Der *fattucchiere* war sich ganz sicher, dass sie einen bedeutenden Helfer habe. Er bezweifelte, dass eine Deutsche überhaupt über magisches Wissen verfügen könne und wenn, dann wäre sie alleine wohl kaum in der Lage, solche Macht auf ihn auszuüben.

Da es ihm auf der Insel wegen des trennenden Meeres, über das der Zauber ihn nicht erreichen konnte, sehr gut ging, dachte er zwar hin und wieder an sie, doch waren es keine bedrohlichen oder lockenden Bilder, sondern sie ähnelten Bilder eines Films, den man einmal gesehen hat, von dem man danach vielleicht berührt war, leidend oder freudig, der aber später nur noch in Erinnerung ist, nicht mehr ganz deutlich und vor allem gleichgültig.

So vergingen die wenigen Tage wie im Fluge. Er traf viele Freunde, Verwandte und Bekannte und fühlte sich mit allen noch so herzlich verbunden wie vor seiner Abreise. Auch seinen Eltern ging es gut – sie hatten sich einige ihrer Wünsche durch das Geld, das er ihnen regelmäßig schickte, erfüllen können. Sie vermissten ihn zwar sehr, vor allem seine Mutter, aber gaben ihm auch das Gefühl, dass er kein schlechtes Gewissen wegen seines Fortgehens haben müsse, denn wäre er geblieben, so hätte er niemals so gut für sie sorgen können wie er es nun von Deutschland aus tun konnte. Dennoch dachte er mit Schrecken an den Tag seiner Abreise. Kaum dass er sich wieder zu Hause eingelebt hatte und sich glücklich und geborgen fühlte, umringt von vertrauten Menschen und umgeben von einer vertrauten Natur, ohne Sorgen, ohne diese fürchterlichen Belästigungen und Leiden, musste er auch wieder fort.

Der Abschied war so schmerzlich wie beim ersten Mal, aber die Reise nicht so belastend, denn nun war er ja schon erfahren; er wusste, wie man eine Fahrkarte kaufte und dass Turin nicht bei Neapel und Venedig nicht in der Nähe von Rom lag. Auch Deutschland, das beim ersten Mal wie eine dunkle, geheimnisvolle und auch bedrohliche Macht vor ihm gelegen hatte, ohne Gestalt, ohne Konturen, war jetzt schon vertraut und bereits ein Stückchen Heimat. Er brauchte nicht mehr am Bahnhof herumzulungern, bis es Zeit war, zu seiner Firma zu gehen. Jetzt nahm er die Straßenbahn vom Bahnhof aus, stieg einmal um und fast genau vor seiner Wohnung aus, schloss mit seinem Schlüssel auf und war zu Hause. Zwar erwartete und umarmte ihn niemand, doch er war daheim in einem Zuhause, das immer noch ein wenig fremd war, aber das von ihm geprägt wurde und auch ihn geprägt hatte.

Am Nachmittag ging er dann frisch gewaschen, rasiert und gut gelaunt zu seinem Arbeitgeber, um sich zurückzumelden und um ein kleines Geschenk seiner Eltern zu überbringen. Man begrüßte ihn sehr herzlich und zeigte sich ehrlich erfreut, dass es ihm viel besser ging als vor seiner Abreise. Er sah frisch, erholt und braungebrannt aus und wie sein Aussehen war auch seine Laune. Er war humorvoll wie immer, plauderte mit allen und erzählte von seinen Abenteuern, die er mit seinen Eltern, Verwandten, Freunden und Bekannten durchgestanden hatte, die ihm alle etwas Gutes tun wollten und ihn vor lauter Herzlichkeit fast umgebracht hätten.

Anschließend ging er ins *Centro*, um sich auch bei seinen Freunden wieder zurückzumelden und zu erzählen, was es in der Heimat Neues gab. Man spielte ein paar Runden Karten, aß ein wenig, trank die eine oder andere Flasche Bier und plauderte über neuen und alten Klatsch.

Später traf er auch noch seinen *mago*, der ihm vor seiner Abreise geholfen hatte, seine beängstigenden Erlebnisse zu verstehen. Er erzählte ihm von seinem Treffen mit dem empfohlenen *fattucchiere*, dass dieser ihre Vermutung voll und ganz bestätigt hatte und ihm nicht nur ein Abwehramulett gegeben, sondern ihn auch in den Gegenzauber zur Auflösung einer *legatura* eingeführt hatte. Alles sei zwar sehr teuer gewesen, berichtete er, aber er sei sicher, dass er nun die nötigen Waffen in Händen habe, um sich entsprechend verteidigen zu können, sollte sie es wagen, ihn weiterhin auf diese unmenschliche Weise zu quälen.

Diese Gewissheit ließ ihn in den nächsten Tagen ausgeglichen und zufrieden an seine Arbeit gehen und die Abende mit seinen Freunden verbringen, sie zum Essen einladen oder nur bei einem Glas Bier oder

Wein ein wenig plaudern. Obwohl er durch vieles an seine Freundin erinnert wurde, fühlte er sich nicht bedroht. All das, was sie noch in seiner Wohnung gelassen hatte, hatte er schon zuvor in einen Karton gepackt und unter sein Bett geschoben. Eigentlich hatte er alles sofort wegwerfen wollen, aber bis heute hatte er, wie so oft, seinen Entschluss noch nicht in die Tat umgesetzt.

Einige Tage später ließ er sich von seinen Freunden überreden, mit ihnen ins Kino zu gehen. Der Film hieß »Mona, die Schwedin« – richtig toll sollte er sein: Es kamen ausschließlich blonde nordische Schönheiten darin vor, die sich gekonnt und ungeniert auszogen, wie sie ihm erzählten. Einige seiner Freunde hatten den Film sogar schon mehrmals gesehen.

Eigentlich war er nicht sehr begeistert, aber er ging mit. Die Handlung des Films war banal und rankte sich nur um eine außergewöhnlich schöne Frau, die man ohne ihr Wissen drogensüchtig gemacht hatte, um sie gefügig zu machen und so in einem Kabarett als Nackttänzerin auftreten zu lassen. Zuerst fand er das alles nur sehr brutal und gemein, doch als schließlich der erste Auftritt erfolgte und sie in Großaufnahme gezeigt wurde, traf es ihn wie ein Blitz: Diese Frau sah seiner Freundin so verblüffend ähnlich, dass er fast aufgesprungen und weggelaufen wäre, wenn nicht seine Freunde neben ihm gesessen hätten. Immer und immer wieder sagte er sich, dass dies ja gar nicht sein könne, doch bei nochmaligem Hinsehen erkannte er, dass dies mehr war als nur eine gewisse Ähnlichkeit... Voller Entsetzen war er schließlich davon überzeugt, dass sie es sogar wirklich war und es sich nicht nur um einen Film handelte. Und dann erinnerte er sich an diesen schrecklichen Traum, in dem sie als Nackttänzerin aufgetreten war. Alles war so gut wie identisch: das Kostüm, die aufreizende und erotische Art, wie sie sich ganz langsam, Stück um Stück, ihres so raffinierten Kleides entledigte. Sogar diese Bewegungen, wie sie sich drehte und die Hüften wand, die Haltung ihres Kopfes, das leichte Öffnen ihres Mundes, wie sie sich mit der Zunge verführerisch über die grell geschminkten Lippen strich und vor allem dieser verlockende Blick, der ihn schaudernd zusammenfahren ließ – alles, aber auch alles war exakt wie in seinem Traum. Er saß völlig bewegungslos da und war kaum fähig zu atmen, bis der Film zu Ende war. Erst als seine Freunde ihn anstießen und fragten, ob er eingeschlafen sei, konnte er sich aus dieser Erstarrung befreien. Wie in Trance ging er dann mit ihnen in die nächste Kneipe, wo bei viel Bier nochmals die einzelnen Szenen ausgekostet wurden. Nur er war nicht in der Lage, sich an dem Gespräch zu beteiligen. Er konnte immer noch nicht Film, Traum und Wirklichkeit auseinanderhalten.

Je mehr seine Freunde jede Nuance der Entkleidungsszene, die für sie das Wichtigste des Films war, in allen Einzelheiten aufleben ließen und sie genussvoll ausmalten, umso schlechter ging es ihm. Er hatte Angst, dass auch sie erkennen würden, dass es sich dabei um seine Freundin gehandelt hatte. Sein Herz raste und schlug ihm bis in den Hals, kalter Schweiß rann ihm den Rücken hinab und perlte auf seiner Stirn. Er konnte nur flach und stoßweise atmen und hatte Angst, ohnmächtig zu werden. Es war ihm nicht möglich, die Gespräche länger zu ertragen. Mit der Entschuldigung, dass er sehr müde sei, verabschiedete er sich und wankte hinaus an die frische Luft. Zuerst war er überzeugt, dass ihm die Luft und das Gehen gut tun würden, dann aber merkte er, dass ihn seine Beine kaum mehr trugen. Er schleppte sich zur nächsten Straßenbahnhaltestelle, wo er sich auf das Gesimse eines Schaufensters setzte und, den Kopf in die Hände gestützt, auf die Bahn wartete. Als sie endlich kam, stieg er ein, ließ sich auf den nächsten Sitz fallen und betete inbrünstig, dass er es bis nach Hause schaffe, ohne ohnmächtig zu werden.

Wie er die drei Treppen zu seiner Wohnung hinaufgelangte, wusste er nicht mehr. Als er sich wieder etwas beruhigt hatte, fand er sich in seinem Sessel, die Beine von sich gestreckt und die Arme zu beiden Seiten wie abgestorben herunter hängend.

»Jetzt hat sie es wieder geschafft, ja, jetzt hat sie es wieder geschafft«, wiederholte er tonlos verzweifelt immer wieder und noch einmal. Er hatte ja gar nicht in den Film gehen wollen, doch irgendetwas hatte ihn wie eine geheime Kraft dorthin gezogen. Es waren nicht die Bitten seiner Freunde gewesen. Sie waren recht viele und wären auch ohne ihn gegangen, ohne sich zu ärgern, wenn er sich entschuldigt hätte. Nein, *sie* war es, *ihr* Zauber, der ihn wieder bestimmte. Es war kein Zufall, nein, alles war ganz heimtückisch durchdacht und geplant.

Er traute sich nicht, ins Bett zu gehen, aus Angst, im Traum nochmals alles erleben zu müssen. So verbrachte er die Nacht im Sessel, trank eine Flasche Bier nach der anderen und versuchte wach zu bleiben. Hin und wieder schlief er aus Erschöpfung und Trunkenheit ein, schreckte aber jedes Mal hoch und zitterte dann am ganzen Körper.

Als sein Wecker läutete, fühlte er sich wie gerädert. Mit großer Mühe zog er sich um. Schließlich fand er die Kraft, sich Kaffee zu kochen, um wach zu werden, trank ein paar Schlucke, ließ ihn aber dann stehen, weil er meinte, sich übergeben zu müssen. Auf einem Bissen Brot kaute er minutenlang herum, bevor er ihn langsam schlucken konnte. Den Rest packte er sich ein, in der Hoffnung, dass es ihm bei der Arbeit besser gehe und er dann etwas essen könne.

Seine Arbeit verrichtete er so mechanisch, dass er kaum bemerkte, was er eigentlich tat. In der einen Hand den Pinsel und in der anderen das Amulett, murmelte er ununterbrochen vor sich hin: *Demonio va via, in nome del padre, del figlio e del spirito santo.*

Doch plötzlich, mitten in der Arbeit, überfiel ihn ein Weinkrampf, den er nicht zu beherrschen vermochte. Hilflos wie ein Kind weinte und schluchzte er, von tiefen trostlosen Seufzern begleitet. Sein ganzer Körper zitterte so stark, dass er nicht weiterarbeiten konnte. Er setzte sich in eine Ecke des Zimmers, umschlang mit den Armen die angezogenen Beine, legte seinen Kopf auf die Knie und versuchte, sich zu beruhigen. Er fühlte sich einsam und verlassen, verloren, kraftlos und zu nichts fähig. So völlig zusammengesunken und in sich verkrochen fand ihn sein Meister, der auf seine Frage, was denn passiert sei, nichts als ein unverständliches Gemurmel aus ihm herausbrachte. Da der Meister sich an den sehr schlechten Gesundheitszustand seines vormals besten Mitarbeiters vor dessen Abreise nach Sizilien erinnerte, bat er einen Gesellen, ihn zum Arzt zu begleiten.

Dort konnte er auch nur unzusammenhängend und unverständlich berichten, dass »sie« ihn bedrohe und quäle und dass sie sicher Helfer habe, denen gegenüber er nicht mehr fähig sei, sich zu verteidigen, da er keine Kraft mehr habe. Mit der Verdachtsdiagnose eines »Neurovegetativen Erschöpfungssyndroms« wurde er für zehn Tage krankgeschrieben, erhielt ein Beruhigungsmittel und die Empfehlung, viel an der frischen Luft spazieren zu gehen, wenn möglich im Wald, aber keine zu großen Wanderungen zu machen.

Zu Hause nahm er die doppelte Menge des verordneten Medikamentes, verdunkelte sein Zimmer und legte sich ins Bett. Traumlos und ruhig schlief er bis zum anderen Morgen. Ruhiger und auch etwas erfrischter stand er auf und machte sich sein Frühstück. Er konnte aber nichts essen, obwohl er es immer wieder versuchte. Nur ein paar Schlucke Kaffee konnte er trinken. Da er wieder heftige Atemnot verspürte, dachte er an die Empfehlung des Arztes, zog sich an und ging in den nahen Wald am Gaisberg. Doch bereits die erste sanfte Steigung bereitete ihm schon größte Schwierigkeiten. Keuchend, nach Atem ringend und mit rasendem Herzen erreichte er die erste Bank, auf die er sich völlig erschöpft fallen ließ.

Da er Wälder von zu Hause nicht gewohnt war, fühlte er sich nie besonders wohl, wenn er in hohe, vor allem dunkle Tannenwälder ging. Sie waren für ihn erdrückend und beängstigend. So begeistert er von dem satten, so nuancenreichen Grün der Wälder auch war, wenn er es von der Ferne bewundern konnte, so beklemmend war es, wenn er es ganz nah erlebte. Darum war er froh, dass die Bank an einer Lichtung stand, von der aus er unten die Stadt sehen konnte und den dichten Wald hinter sich wusste.

So saß er stundenlang und versuchte, tief zu atmen, was nicht einfach war, weil er wieder dieses Gefühl hatte, dass sein Hals zugeschnürt sei. Sein Amulett hatte er sich auf die Brust gebunden, weil er hoffte, dadurch seine Lunge besser vor dem Zauber zu schützen.

Als die Abenddämmerung hereinbrach und die Schatten der Bäume immer länger wurden, überfiel ihn wieder eine dumpfe dunkle Traurigkeit. Einsam und verlassen saß er auf seiner Bank, und die Tränen liefen ihm über die Wangen. Nur hin und wieder entrang sich ein tiefer langer Seufzer seiner Brust. Er blickte hinab in die Stadt, wo nun allmählich die Lichter angingen und das gleichmäßige Rauschen des Verkehrs zu ihm herauf drang, wo überall pulsierendes Leben war. Nur er fühlte sich hohl und leer, kraftlos, ja, fast leblos. Nur mit größter Mühe gelang es ihm endlich, sich von der Bank zu erheben, nachdem er es mehrmals vergeblich versucht hatte. Langsam, ganz langsam ging er wieder hinunter in die Stadt. Als er am Friedhof vorbeikam, hatte er den kaum zu beherrschenden Wunsch, hineinzugehen, sich auf eines der Gräber zu legen und zu sterben.

Er ging aber dann doch vorbei, angezogen von der verlockenden Vorstellung der ewigen Ruhe und Schmerzlosigkeit und gleichzeitig überwältigt von dem Schauer, auf einem Grab zu liegen und auf diesen Zustand warten zu müssen.

In den nächsten Tagen verschlechterte sich sein Befinden immer mehr, da ihm durch die Krankschreibung seine Arbeit fehlte, die ihm doch, so schwer es ihm auch fiel, einen bestimmten Rhythmus auferlegte, Einsatz abverlangte und ihm somit Ablenkung ermöglichte und schließlich auch menschliche Beziehungen vermittelte.

Nun war er den ganzen Tag über und auch große Teile der Nacht meist allein und mit seinem Missbefinden beschäftigt. Alles kreiste wieder um den Liebeszauber und die Möglichkeit, sich davon befreien zu können. Die Atemnot verschlimmerte sich, er war völlig appetitlos, trank fast nur noch Kaffee und Bier, weil er größte Schluckbeschwerden hatte und die Vorstellung, sein Mageneingang sei fast verschlossen. Immer wieder vermeinte er, dass sein Herz still stehe oder »leer pumpe« und seine Lunge geschrumpft sei und er daher keinen Sauerstoff aufnehmen könne. Er sah die Welt nur noch wie durch einen *velo*, einen Schleier – unscharf und grau in grau – und tat nichts als im Bett zu liegen oder kurze Spaziergänge zu unternehmen, um besser atmen zu können. Da er den Wald und die Einsamkeit dort fürchtete und es auch immer beschwerlicher wurde, den Berg hinaufzusteigen, setzte er sich oft viele Stunden lang in den Stadtgarten unter die großen Platanen, von denen er sich besonders viel Sauerstoff erhoffte, wo er aber auch Leute vorbeikommen sah und mit einigen, die wie er auf den Bänken saßen, ins Gespräch kam, oder die »elegante Welt« bewundern konnte, die gegenüber im Europäischen Hof, dem vornehmsten Hotel Heidelbergs, ein und aus ging.

Da er fast nichts mehr aß und sich weitgehend nur von Bier ernährte, nahm er sehr stark ab und wurde immer schwächer. Wie ein *scheletro camminando*, wie ein wandelndes Skelett, kam er sich vor, fahlgrau im Gesicht mit schwarz umränderten tiefliegenden Augen und eingefallenen Wangen, einem langen abgemagerten Hals. So hässlich, dass er sich nicht mehr im Spiegel anschauen mochte.

Das Schlimmste jedoch waren die Leiden, die er durch die *spiriti maligni*, durch die bösen Geister, zu ertragen hatte. Nicht nur, dass sie ihn tagein, tagaus am ganzen Körper quälten, von früh bis spät Zuckungen und starke Krämpfe verursachten – sie machten ihn zudem schier wahnsinnig durch die Zischlaute, die sie ihm im Kopf bereiteten. Das Schrecklichste, was sie ihm aber antaten, waren die Befehle, die sie ihm erteilten und gegen die er sich nicht zu wehren imstande war. Was immer er auch tat, wie viele Beschwörungsformeln er dagegen einsetzte und wie oft und wie viel er betete – vor allem zu Cosmas und Damian, den Schutzheiligen seines Dorfes –, er kam nicht gegen die *spiriti* an. So konnte es passieren, dass sie ihn mit aller Macht bedrängten, genau um die Zeit, wenn *sie* Büroschluss hatte, sich an die Ecke der Straße zu begeben, um sie zu sehen, wenn sie das Gebäude verließ. Er schaffte es meist, sich hinter einem Baum, in einem Hauseingang oder hinter der Litfasssäule, die oben an der Straße stand, zu verstecken, aber verhindern konnte er es nicht. Manchmal versuchte er die *spiriti* zu überlisten, indem er sich zwar bereit erklärte, hinzugehen, aber ganz langsam lief, um zu spät zu kommen. Aber entweder quälten sie ihn, wenn sie seine Absicht bemerkten, so sehr, dass er das letzte Stück so schnell er konnte rennen musste und darum doch noch rechtzeitig ankam. Und sollte er doch einmal Sieger geblieben sein, weil er einfach nicht schneller konnte, dann kam sie sicher verspätet aus dem Haus, sodass er sie doch wieder sah. Noch viel schlimmer war es, wenn die *spiriti* ihm befahlen, zu kontrollieren, was sie abends tat, wohin sie ging und mit wem sie sich traf. So musste er dann vor dem Haus, in dem sie wohnte, verborgen warten, bis sie herauskam, ihr folgen und dann oft stundenlang vor dem Restaurant oder dem Privathaus warten, bis sie wieder erschien. Wenn sie zu Fuß nach Hause begleitet wurde, musste er ihr im gebührenden Abstand nachgehen, um zu sehen, ob sie an der Haustür verabschiedet wurde oder ob der Begleiter mit ihr in die Wohnung ging. So verbrachte er unzählige Nachmittage, Abende und Nächte, stand frierend an Ecken oder hinter Bäumen verborgen und wenn er Glück hatte, konnte er sich im Warmen einen Film ansehen, wenn sie an diesem Abend ins Kino ging.

Völlig aufgewühlt, durchfroren und so schwach, dass er sich kaum mehr auf den Beinen halten konnte, kam er dann oft gegen Morgen erst wieder nach Hause. Meist saß er dann noch bis zum Sonnenaufgang oder bis er vor Erschöpfung einschlief in seinem Sessel und haderte oft unter unsichtbaren Tränen mit seinem Schicksal, das ihm auferlegt hatte, ihr *seguire come un cane*, ihr wie ein Hund folgen zu müssen, ohne etwas dagegen tun zu können.

Da sein Amulett sich gegen solch potente *spiriti* als machtlos erwiesen hatte, begann er an einem Freitag um Mitternacht mit der *controfattura*, die ihm der *fattucchiere* in Sizilien beigebracht hatte. Indem er den ersten Knoten auflöste, sprach er die entsprechende Beschwörungsformel:

»*Come io sciolgio questo nodo*
così il demonio deve scioglier me
Padre Nostro, Ave Maria, Gloria Patri.«

»Wie ich diesen Knoten löse
so soll der Dämon mich lösen
Vater unser, Gegrüßet seist du, Maria, Ehre sei dem Vater.«

Schon nach den ersten Tagen fühlte er eine merkliche Besserung und so dachte er Tag und Nacht nur an seine *controfattura*. Er hatte immer seinen *nastro* wie einen Talisman in der Tasche, damit er ja nicht vergesse, genau um Mitternacht, wo immer er auch sei, den nächsten Knoten aufzuknüpfen. Und damit er keinen Fehler beim Aufsagen der Beschwörungsformel machte, wiederholte er diese während des Tages ungezählte Male Wort für Wort und freute sich schon auf den Moment in der Nacht, wenn er den Gegenzauber wieder um ein Stück vorwärts bringen konnte. Jeder erfolgreich aufgelöste Knoten bedeutete eine Schwächung des gegen ihn gerichteten Zaubers, eine größere Befreiung daraus und somit eine Stärkung für ihn. So war jede erfolgreich verlaufene Nacht ein kleiner Sieg, und er freute sich auf den Gewinn der Schlacht am neunten Tag. Die Gewissheit, sich bereits auf der Siegerstraße zu befinden, brachte ihm Zuversicht und Stärke sowie ein gewisses Überlegenheitsgefühl. Er hatte wieder mehr Appetit, aß hin und wieder in einer Wirtschaft und versuchte wieder, Freunde zu treffen, die ihn zuvor alle nacheinander, bis auf zwei, verlassen hatten. »*Sono stuffo con lui e con i suoi spiriti*, er langweilt mich mit seinen ewigen Geistern«, war die allgemeine Erklärung, warum sie ihn mieden. Er war für sie traurig und langweilig geworden. Sein wunderbarer Humor, der früher oftmals eine ganze Runde begeistert hatte, war verschwunden. Er lachte nicht mehr über ihre Scherze und brachte auch niemanden mehr zum Lachen. Er war immer müde, wollte nichts mehr mitmachen, hatte keine Lust mehr an Essen und Trinken und von Frauen wollte er auch nichts wissen. Was sollte man mit so einem Freund anfangen, wenn er zudem den ganzen Tag irgendwelche Selbstgespräche führte oder mit seinen Geistern haderte?

Nun ging es ihm wieder etwas besser. Er verspürte viel seltener den Drang, ihr nachts nachzusteigen, ja, oft konnte er sogar, wenn er seine *controfattura* durchgeführt hatte, beruhigt und siegessicher und ohne große Qual bis zum nächsten Morgen durchschlafen.

***

Als die neun Tage endlich vorüber waren und alle Knoten aufgeknüpft, fühlte er sich zwar nicht wie neugeboren, aber doch durch das Gefühl der Befreiung sehr viel ruhiger und ausgeglichener. Vor allem die schreckliche Angst war gewichen, ob er dieser Qual des Zaubers je entrinnen könne. Nun hatte er ein Mittel in der Hand, das zwar mit einer langwierigen und schwierigen Therapie verbunden war, doch dafür war der Erfolg um ein Vielfaches mehr sein eigener Erfolg, weil er ihn durch seine Konzentration und seinen uneingeschränkten Willen erzielt hatte. Es bewies, dass er mit einer unverbrüchlichen Zuversicht ausgestattet war, die nicht erlahmte. Das war ganz etwas anderes als irgendein Medikament in Pillenform zu schlucken, das von einem Arzt verordnet wurde.

Seine Hochstimmung währte aber nicht lange. Kaum dass er seine Freude richtig genießen konnte, begannen schon wieder die ersten Anzeichen all dieser Beeinträchtigungen, wie er sie vor der Durchführung seiner *controfattura* ertragen hatte. Obwohl sie nicht so heftig und quälend waren wie zuvor, geriet er in eine solche Panik, dass ihn sein Geist in seiner rasenden Verzweiflung vor eine schicksalhafte Entscheidung stellte: Entweder er wählte die Flucht – oder er tötete die Verursacherin. Denn nun war klar, dass seine Gegenmaßnahmen weit schwächer waren als die *fattura d'amore* und die *legatura*, die gegen ihn gerichtet waren.

Beide Möglichkeiten schienen zwar erfolgversprechend, doch schreckte er noch vor der Durchführung zurück. Die Flucht zu ergreifen konnte nur bedeuten, auf eine Insel zu fliehen, da der Zauber – wie es sich während seines Aufenthaltes in Sizilien gezeigt hatte – nicht über tiefe Gewässer wirkte. Irgendein sonstiger Ort auf dem Land konnte keine Gewähr bieten, sich dort nachhaltig zu schützen. Sie zu ermorden wäre wohl die sicherste Möglichkeit, den Zauber zu beenden, doch war dies noch schwerer durchzuführen als die Flucht auf irgendeine Insel. Die aufkommenden moralischen Bedenken gegen einen Mord versuchte er damit zu zerstreuen, dass es nur Notwehr sei, wenn er jemanden tötete, der auch ihn umbringen wollte, wobei er fand, es sei noch sehr viel unmoralischer, einen Menschen langsam unter unsäglichen Schmerzen zu Tode zu quälen als ihn durch einen Schuss oder einen Messerstich zu töten.

Da er sich weder für die eine noch für die andere Tat entschließen konnte, beriet er sich mit seinem Landsmann, der für die magischen Dinge der italienischen Kolonie zuständig war. Dieser versuchte ihn ein weiteres Mal darin zu bestätigen, dass sie allein, ohne Hilfe, einen solchen potenten Zauber über so lange Zeit nicht durchführen könne. Die Frage sei nur, wer ist der Helfer? Es musste jemand sein, der nicht zu weit entfernt wohnte, also in Heidelberg oder der Umgebung. Aber wen immer sie mit magischen Dingen in Beziehung bringen konnten, keiner schien ihnen erfahren und mächtig genug. Zwar gab es viele, die die einen oder anderen Praktiken kannten und gewisse Kenntnisse als Heiler hatten, wobei sie oft alte wirksame Hausmittel bei bestimmten Krankheiten verabreichten und diesen durch magische Formeln und Zeichen angeblich größere Wirkung verliehen. Andere waren ganz einfach simple Gernegroße, die sogar selbst an ihre Praktiken glaubten und Amulette oder *corni*, Korallenästchen, als wirksame Abwehrmittel oder Glücksbringer für nicht geringe Summen vertrieben. Und wieder andere waren ganz gewöhnliche Gauner, die durch armseligen Hokuspokus den leichtgläubigen *cafoni*, vor allem den Frauen, Geld aus den Taschen zogen. Keiner von denen konnte es sein.

Schließlich blickten sie hoch und einer sah dem anderen an, dass er an eine bestimmte Person dachte, aber nicht den Mut hatte, den Namen zu nennen. Endlich versicherten sie sich gegenseitig, dass sie einen ganz konkreten Verdacht hatten, doch keiner von beiden wollte zuerst damit herausrücken. So kamen sie überein, dass jeder den Namen der Person, die er für diesen potenten Helfer hielt, auf ein Stück Papier schreiben sollte. Sie taten es und als sie sich gegenseitig ihre Zettel zeigten, stand auf beiden jeweils der gleiche Name: Don Anselmo. Sie sahen sich mit erstaunten Augen an. Keiner hatte vom anderen geglaubt, dass auch er den nach außen hin so frommen und gottesfürchtigen Priester der italienischen Gemeinde in Mannheim für einen Meister des Okkultismus hielt, der magische Praktiken für andere durchführte. Natürlich wollten beide vom jeweils anderen wissen, wie er auf Don Anselmo kam. Einig waren sie sich sofort, dass Priester geradezu prädestiniert seien für okkulte Dinge, da sie ja tagtäglich damit umgingen. Wer Brot in Fleisch und Wein in Blut verwandeln könne und sich in all den anderen Mysterien auskenne, wer mit Engeln, Teufeln und Heiligen verkehre, sei natürlich allen anderen überlegen. Dazu wurde ihnen in ihren Priesterseminaren beigebracht, wie man magische Kräfte einsetzen könne, um Menschen an sich und die Kirche zu binden. Von Don Anselmo sei doch bekannt, dass er selbst junge Männer, die nicht das geringste Interesse an religiösen Dingen hatten, wie die alten Betschwestern in seine Kirche zu bringen vermochte. Und bekannt sei auch, dass er die sieben Bücher Moses besaß, obwohl die doch verboten seien.

Diese Gewissheit brachte ihn völlig aus der Fassung. Er sagte, er werde Don Anselmo gleich aufsuchen und ihn zur Rede stellen, ob es mit seinem christlichen Auftrag und seinem Gebot der christlichen Nächstenliebe zu vereinbaren war, Menschen so zu quälen, nur weil sie sich nicht den unannehmbaren Forderungen einer Frau unterwerfen wollen!

Ein Besuch bei Pater Don Anselmo

Und das tat er auch. Er stellte Don Anselmo noch am selben Tag zur Rede, dieser aber wies die Vorwürfe entrüstet zurück. Mit magischen Dingen habe er nichts zu tun, er kenne auch die Bücher Moses nicht. Außerdem seien der böse Blick und all diese *fatture* nichts als archaischer Aberglaube und Praktiken des einfachen und ungebildeten Volkes. »Solcherlei Vorstellungen bekämpft und verbietet die Kirche sogar! Mit diesen Dingen versuchen die Menschen nur, Unbegreifliches zu verstehen. Es gibt keine *fattura d'amore*, keinen Liebeszauber, sondern nur die ewige Macht des Weibes über den Mann. Das hat ja bereits im Paradies mit der Verführung Adams durch Eva begonnen. Daher kommt nun all unsere irdische Last sowie die Erbsünde, die die paradiesischen Zustände auf alle Zeit verloren macht. Von jeder Frau geht eine Macht aus, ein Zauber, der auf den Mann wirkt, dem man sich nicht immer entziehen kann. Vor allem der Körper der Frau ist für den Mann so anziehend und verlockend, dass er sich dagegen kaum wehren kann. Natürlich weiß dies jede Frau und nutzt diese Macht über den Mann, um ihn an sich zu binden. Ist er daran gewöhnt, dann ist es wie bei einer Sucht, als wäre er drogenabhängig. Wenn diese Gewohnheit plötzlich unterbrochen wird, weil die Beziehung zu der Frau nicht mehr möglich ist, kommt es zu Entzugserscheinungen. Der Körper verlangt danach, auch der Geist und sogar die Seele. Und wenn ein Mann dann unter solchen Entzugserscheinungen leidet, dann liegt es für ihn nahe – zumindest wenn er ungebildet und unerfahren ist – anzunehmen, dass eine *fattura d'amore* oder sonst ein Hokuspokus die Ursache ist. Du weißt doch«, und damit sprach er sein Gegenüber direkt an, »dass viele Menschen, nicht nur Männer, sondern auch Frauen, insbesondere junge Leute, wenn sie ihren Partner durch Trennung, Scheidung oder Tod verlieren, oft glauben, nun auch nicht mehr weiterleben zu können, ja, dass sie dies nicht nur glauben, sondern sich manchmal sogar das Leben nehmen. So stark können mitmenschliche Bindungen sein. Du hast mit deiner Freundin gebrochen, weil du ein bestimmtes Verhalten von ihr mit deinen Moralvorstellungen nicht vereinbaren konntest. Das ist ein Entschluss, den du im Kopf getroffen hast. Du bestehst aber nicht nur aus Kopf, du hast auch Gefühle und durch diese bist du noch an die Frau gebunden. Da du nun aber glaubst, dass sie dich nicht verlieren will, nimmst du an, wie du das hundertfach zu Hause in deinem Dorf gehört hast, dass die Frau dich durch einen Liebeszauber zurückgewinnen und an sich binden will. Du kannst dir das unerklärliche Hingezogensein eben nur auf die Weise erklären, wie es dich deine Gesellschaft gelehrt hat. Und diese hat eine sehr eigentümliche Vorstellung von der Frau und der Einstellung des Mannes zu ihr. Was in den Dörfern Süditaliens dabei üblich ist, kann man schon in Norditalien nicht mehr und viel weniger noch hier in Deutschland verstehen.

Nicht nur in Sizilien, sondern im ganzen Mezzogiorno haben die Bauern eine eigenartige Vorstellung davon, was Liebe ist und wie Liebe wirkt. Die Frau ist aber doch – natürlich hinter dem Mann – das vollkommenste Wesen, das unser Herrgott geschaffen hat. Darum hat er sie uns auch zur Seite gestellt. Aber in ihrer Schönheit, ihrer Anmut und vor allem in ihrer Ausstrahlung steht sie vielleicht gar vor dem Mann. Und wenn sie sich dann noch zurückhält, sich nicht gleich öffnet, uns sie entdecken lässt, so wirkt dies sehr anziehend, ja, auf geheimnisvolle Weise verzaubernd. Das kann uns Männer völlig verwirren, schwach und kopflos machen, uns den Verstand rauben, uns in ihren Bann schlagen. Einerseits mag dies zwar sehr schön sein, andererseits kann es aber auch sehr ängstigen, wenn wir uns dieser geheimnisvollen, uns verzaubernden Macht waffenlos ausgeliefert fühlen. Aus diesen Ängsten des Mannes heraus wurden im dunklen Mittelalter, aber auch noch bis ins letzte Jahrhundert hinein, bestimmte Frauen als Hexen bezeichnet, verfolgt und gar verbrannt. Ist es daher verwunderlich, wenn eure Gesellschaft einen solchen Zustand, in dem du dich jetzt befindest, als Verzauberung, ja, als Verhexung bezeichnet?«

»Erlauben Sie mir, Don Anselmo«, entgegnete er, »Sie sind katholischer Priester und sprechen über die Liebe zu einer Frau und sind dazu noch aus dem Norden Italiens. Ich darf Sie nicht fragen, ob und woher Sie als Priester Erfahrung haben mit Frauen. Für uns im Süden ist es viel angenehmer zu wissen, dass unser Gemeindepfarrer Beziehungen zu Frauen unterhält, als dass er es mit kleinen Jungen treibt. Ich will damit nur sagen, dass es mir sehr schwer fallen würde, Ihre Vorstellungen und Ratschläge für mich zu akzeptieren, wenn ich wüsste, dass Sie das alles nur aus Büchern hätten. Wie viele Leute haben dicke Bücher geschrieben, ohne Erfahrung zu haben, nur weil sie darüber nachgedacht haben oder nur von ihren eigenen kleinen Erlebnissen ausgehen, die dann für alle gelten sollen. Und so ist es auch mit euch aus dem Norden. Nur was ihr für richtig haltet, muss für die ganze Welt richtig sein. Aber warum lacht nicht nur ihr über uns, sondern wir auch über euch? Eben weil ihr glaubt, die Großen und Klugen zu sein und wir die blöden *cafoni.* Ihr glaubt, dass wir unsere Frauen falsch behandeln. Euch setzen aber eure Frauen reihenweise Hörner auf und laufen euch davon, unsere aber tun das eine kaum und das andere ganz selten. Wer hat nun recht?

Aber ich muss gestehen, Don Anselmo, das, was Sie über die Macht der Frauen über uns Männer sagen, trifft sicher zu, vielleicht auf uns im Süden noch mehr als auf unsere Landsleute bei Ihnen im Norden. Wenn wir in die geheimnisvollen schwarzen Augen solcher Frauen blicken und auf ihre prallen Brüste und ihre breiten Hüften, auf ihre vollen Schenkel und auf ihre Haut, die so schön ist wie poliertes Elfenbein – so spürt man wohl diese verzaubernde Macht, von der Sie sprechen. Und wenn so eine Frau vorübergeht, ja, schreitet – schließlich haben unsere Frauen einen aufrechteren und wiegenderen Gang als eure Mannequins – dann fühlt man diese geheimnisvolle Kraft, die von ihr ausgeht. Dann ist man versucht, alles stehen und liegen zu lassen und ihr nachzulaufen. Wohin? Ganz gleichgültig, mit ihr – wohin sie will! Aber das sind doch immer nur bestimmte Augenblicke im Leben. Augenblicke des Glücks zwar, wenn du glaubst, alles Blut in deinem Körper schießt dir ins Herz und in deinen Kopf. Wenn du es rauschen hörst wie die Brandung des Meeres an den Klippen und du glaubst, dass plötzlich der heißeste Schirokko über dich hereingebrochen sei. Aber wenn sie dann deine Ehefrau ist, dann kann sie doch nicht mehr die verführerische *sciaquata* sein, wie auch der Mann wieder normal werden muss. Diesem Ausnahmezustand wird sehr bald von den schweren Lebensbedingungen ein Ende bereitet. Dann müssen beide die Pflichten übernehmen im harten Kampf ums Überleben. So erwartet eine Frau bei uns, dass ihr Mann stark ist, für seine Familie sorgt mit all seinen Kräften, sie beschützt gegen den ewigen Neid und die Missgunst der Nachbarn und all der anderen und sie verteidigt gegen deren Einmischung in die Angelegenheiten seiner Familie, gegen deren *diceria*, gegen die Sucht unserer Gesellschaft, einen Splitter im Auge des anderen zu finden und den Balken im eigenen Auge nicht zu bemerken, wie die Bibel sagt.

Verteidigen und arbeiten in einer Welt, in der nicht nur die Natur so unberechenbar, ja, so feindlich ist, sondern es auch die Menschen sind, kann er aber nur, wenn ihn im Haus eine starke Kraft unterstützt, nämlich seine Frau. Wie er nach außen hin nie Schwäche zeigen darf, so muss sie im Innern, in der Familie, die starke Hand sein, die Herrscherin. Sie ist Partnerin und nicht Sklavin, die sich in ihr Schicksal ergeben hat, wie ihr meint. Mann und Frau sind Kampfgenossen, Verbündete in einer dauernden Schlacht, wobei jeder, entsprechend seiner Natur und seinen Fähigkeiten, seinen vollen Einsatz zu erbringen hat. Dabei hat jeder seinen scharf abgegrenzten Bereich, in den der andere sich nicht einmischen will und sich auch nicht einmischen darf, sollen der Frieden und das Ansehen gewahrt bleiben. Ein Mann, der sich in die Erziehung der kleinen Kinder einmischt oder in Haushaltsangelegenheiten, hat nicht nur unerlaubt Grenzen überschritten, sondern würde sich auch weibisch benehmen, und das würde sein Prestige sehr schmälern. Es sei denn, er muss einschreiten, weil seine Frau nicht fähig oder willens ist, ihren Pflichten nachzukommen. Andererseits würde es auch dem Ansehen einer Frau sehr schaden, wenn sie sich mit Angelegenheiten befassen würde, die in die Aufgabenbereiche des Mannes fallen. Da die Bereiche des Mannes wegen seiner körperlichen Stärke draußen liegen, lebt er mehr allein als die Frau, die vor allem mit den Kindern, aber auch mit Verwandten, mit Nachbarinnen und Bekannten täglich zusammen ist. Weil der Mann aber auch für die *onore di famiglia*, für die Familienehre verantwortlich ist, die von allergrößter Bedeutung für uns ist, darf er auch nicht in die Zänkereien und Streitigkeiten des Alltags verwickelt werden, um nicht sein Gesicht und seinen Respekt zu verlieren. Wenn ich mich als Kind manchmal bei meiner Mutter beschwerte, dass mein Vater nur Befehle gab und dass diese ohne Widerrede, ja, ohne lange Erklärung zu befolgen waren, erhielt ich immer nur dieselbe Antwort: ›Willst du etwa einen *chiaccaruna* oder einen *minghiuna*, so einen Schwätzer zum Vater, der, bevor er etwas macht, stundenlang quatscht?‹

Darum ist auch Liebe für uns etwas anderes als Sie es schildern und was vielleicht für den Norden zutreffen mag. Eure dünnen Blondinen, diese *baccalari giarni*, diese bleichen Stockfische, brauchen wohl diese Art der Liebe. Unsere Frauen aber, die stark sind, brauchen und suchen eine andere Art von Liebe.«

»Woher hast du denn all dieses Wissen, mein Sohn? Ist das deine eigene Erfahrung oder hast du das nur gehört oder vielleicht auch nur gelesen?«

»Natürlich ist es bei uns nicht so einfach wie bei euch im Norden oder wie hier, ein Mädchen zu finden und nach kurzer Zeit mit ihr im Bett zu sein. Unsere Mädchen sollen und wollen auch jungfräulich in die Ehe gehen. Als junger Mann kann man seine sexuellen Erfahrungen daher nur bei Prostituierten machen oder bei Witwen, die jung ihre Männer verloren haben... oder bei verheirateten Frauen. Das ist zwar sehr selten und nur dann möglich, wenn der Ehemann keinen sexuellen Kontakt zu seiner Frau mehr haben kann oder nicht mehr will. Oft sind das Frauen, deren Männer seit Jahren emigriert sind, meist im Ausland eine andere Frau haben und sich kaum noch um ihre Familie kümmern. Diese Frauen brauchen einen Ernährer für sich und die Kinder, sie tun sich also mit einem jungen Mann zusammen, der ihnen nicht nur über ihre Einsamkeit hinweghilft, sondern sie auch materiell unterstützt.

Und wenn Sie mich so genau nach meinen Erfahrungen mit Frauen fragen und dies als Priester, so muss ich Ihnen antworten: Ich hatte sexuelle Beziehungen mit unserer Prostituierten im Dorf und eine Beziehung zu einer Frau, für die meine damalige Firma ein herrschaftliches Haus renovierte. Und hier in Heidelberg, wie Sie wissen, lebte ich mit einer deutschen Frau zusammen. Die Beziehungen, die ich zu dieser jungen Prostituierten in unserem Dorf hatte, waren nicht regelmäßig, weil mich vieles dabei störte, ja, um ganz ehrlich zu sein, vieles hemmte mich, machte mich fast impotent.

Sonntags nach der Kirche gingen wir zu ihr. Wir waren immer eine kleine Gruppe Gleichaltriger, kannten uns schon aus unserer gemeinsamen Schulzeit und trafen uns immer abends bei der *passeggiata*, in der Bar, oder auch sonntagnachmittags beim Boccia-Spiel. Oft nahmen wir auch ein paar ältere oder jüngere mit, wenn einige von uns nicht konnten. Wenn wir nämlich zu sechst oder acht kamen, konnten wir einen Preis für alle ausmachen, sozusagen einen Gruppentarif, der für den Einzelnen gut und gerne nur die Hälfte vom üblichen Preis ausmachte. Wir saßen dann in der Küche, rauchten, tranken Wein und spielten Karten und waren alle sehr lustig. Einer nach dem anderen ging dann ins Nebenzimmer zu ihr. Damit es keine Streitereien um die Reihenfolge gab, wurde vorher ausgelost, wer wann an der Reihe war. Jeder bezahlte seinen Anteil in die Kasse. Natürlich wachten alle darüber, dass keiner zu lange brauchte, denn schließlich brannten alle schon darauf, bald dranzukommen und jeder hatte zudem Angst, dass ein ganz schnelles Schlitzohr es zweimal hintereinander trieb, obwohl er nur einmal bezahlt hatte. Wenn es dann länger als drei, vier oder gar fünf Minuten dauerte, fingen die anderen, die nach ihm an der Reihe waren, zu pfeifen an oder versuchten, ihn – scherzhaft natürlich – anzufeuern, damit er nicht vergaß, dass da draußen einige schon ganz verrückt wurden und es Zeit für ihn war, zum Ende zu kommen, um sich nicht bis auf die Knochen zu blamieren. Und trotzdem schaffte es der eine oder andere in der genehmigten Zeit sogar zweimal. Wenn die anderen Verdacht schöpften und er es zugab, musste er eine Flasche Wein stiften. Das war aber eine Kleinigkeit im Vergleich zu dem enormen Ansehen, das er und seine männliche Potenz daraus bezogen. Und wenn es manchmal insgesamt zu lange dauerte, konnte es auch mal vorkommen, dass einer der letzten, der durch das andauernde Stöhnen und die Lustschreie – denn unsere Signorina verstand ihr Geschäft – derart nervös wurde, dass er die Karten hinschmiss, aufstand, hineinstürmte und den Kerl, der nicht fertig wurde, durch Fußtritte anzutreiben versuchte. Aber im Allgemeinen ging es sehr lustig und gesittet zu. Schließlich waren wir ja lauter gut erzogene junge Männer aus angesehenen Familien. Für uns alle war es natürlich vor allem Körperpflege, denn wir Männer brauchen das eben wie den Schlaf, das Essen und Trinken und das Waschen, damit unser Körper gesund und kräftig bleibt und somit auch unsere Seele ruhig und entspannt sein kann. Was aber mich betrifft, so war diese ›Sonntagsschule‹, wie wir unser kleines Vergnügen nach dem sonntäglichen Kirchgang nannten, nicht immer so heiter wie für die anderen. Ich gehörte zu den Langsamen. Das war zwar meinem Ansehen nicht gerade förderlich, aber da ich beim Weineinkauf immer etwas großzügiger war als die anderen und auch fast immer ein paar Lire mehr in die Kasse legte, sah man stillschweigend über meine kleine Behinderung hinweg. Schlimmer war, dass ich manchmal von den Witzen und den Blödeleien, die von der Küche durch die dünne Wand und die nie richtig geschlossene Tür drangen, so abgelenkt wurde, ja, manchmal sogar lachen musste, dass unsere Signorina sich beleidigt fühlte. Zumal sie ihre Liebesdienste nicht nur verstand, sondern auch sehr ernst nahm, sodass sie mich einmal sogar rausschickte. Ehrlich und diskret wie sie war, blieb ein solcher Misserfolg aber unter uns, wodurch mein nicht gerade hohes Ansehen nicht noch weiter geschmälert wurde.

Was mir aber unsere sonntägliche *dopo chiesa* besonders verleidete, war das Kind unserer *cara puttana*. Sie hatte nämlich ein uneheliches Kind, ein Mädchen. Als sie – das war noch in ihrem Heimatdorf – schwanger wurde, hat sich der geniale Dorfcasanova verdrückt und sie verstand es nicht, das Nötige zu unternehmen, was in einem solchen Falle in den Dörfern üblich ist und von den Frauen untereinander stillschweigend erledigt wird, wenn man weiß wie. Sie wusste es nicht, bekam ihr Kind und musste als ledige Mutter die Schande tragen, verließ ihr Dorf und kam zu uns. Da sie natürlich keine Arbeit fand, aber sich und ihr Kind ernähren musste, ging sie den oft einzigen gangbaren Weg der ledigen Mütter. Wir Männer mochten sie und respektierten sie auch und viele Frauen, vor allem die alten, pflegten zwar keinen freundschaftlichen Kontakt mit ihr, ja, übersahen sie oft in der Öffentlichkeit, aber insgeheim waren ihr die meisten sehr verbunden, denn schließlich verdankten sie ihr eine ungestörte Nachtruhe, weil ihre Männer sie nach einem Besuch bei ihr in Ruhe ließen. Dass sie ein Kind hatte und dies unehelich war, störte mich keineswegs, denn ich mag Kinder, sogar sehr. Aber in bestimmten Situationen ist Kindergeschrei einfach unerträglich. So hatte ich das Pech, dass die Kleine in ihrer Wiege am Fußende des Bettes ihrer Mutter nicht selten dann zu plärren anfing, wenn ich an der Reihe war. Natürlich konnte ihre Mutter ihr dann nicht gerade ein Schlummerliedchen singen. Sie versuchte sie zu beruhigen, indem sie die Wiege schaukelte. Dass ein kleines Mädchen sich durch so viel Umtriebigkeit und Leben in der Bude gestört fühlt und schreit, ist verständlich, aber damit fertig zu werden, wie die Mutter es zur Ruhe schaukeln wollte, fiel mir schon schwerer und gar nicht klar kam ich mit dem Rhythmus, mit dem sie es tat. So langsam und gemächlich wie sie ihr linkes Bein anzog und es wieder ausstreckte, um dadurch die Wiege zu bewegen, harmonierte, so sehr ich mich auch darauf einzustellen versuchte, einfach nicht mit meinen Bewegungen. Schließlich war es ja kein geruhsamer Nachmittag, sondern ein kurz bemessener *dopo chiesa* mit ungeduldigen Freunden zu einem Spezialtarif. Und noch etwas störte mich dabei, sodass ich manchmal sogar aus der Fassung geriet. Unsere Signorina verstand, wie gesagt, ihr Geschäft und stellte sich nicht nur zur Verfügung, sondern ging ganz individuell auf ihre Kunden ein, indem sie deren spezielle Art und Weise, ihre Wolllust abzureagieren, mit dem begleitete, was wir ihre ›musikalische Umrahmung‹ nannten und mit der sie uns immer aufs Neue begeisterte. Das konnte, je nach Alter und Temperament des Kunden, von einem leisen, fast leidenden Wimmern über ein Stöhnen in allen Tonlagen bis hin zu gewaltigen Lustschreien gehen. – Natürlich wussten wir, dass dies nicht unbedingt Ausdruck ihres Empfindens war, genauso wenig wie das unnachahmliche Spiel ihrer Hände auf unserem Körper, aber wir genossen es und dachten nicht daran, die Wahrheit zu ergründen. In einer Gesellschaft, die sicher Weltmeister im Heucheln ist, wäre dies auch völlig abnormal, zumal man daran gewöhnt ist, sich von morgens bis abends zu verstellen, zu schwindeln, zu täuschen und sich täuschen zu lassen. Sollten wir uns wegen einer zweifelhaften Ehrlichkeit unsere lustvollen Minuten verderben lassen? Undenkbar, ja, geradezu unvorstellbar! – Was mich aber bei dieser so lustvoll erlebten ›musikalischen Umrahmung‹ trotz allem stören konnte, hing einzig und allein wieder von der Kleinen ab und von der Form, wie sie beruhigt wurde. Ich war, wie gesagt, keiner der Schnellsten und wurde darum in die Gruppe eingereiht, die, je nachdem, durch ein schwächeres oder heftigeres Stöhnen begleitet wurde. Das war angemessen und sehr stimulierend. Nur passte es nicht zu dem geruhsamen Takt, in dem sie das linke Bein anzog und ausstreckte, um die Wiege zu schaukeln. Man kann doch nicht ganz ruhig und gelassen eine Arbeit verrichten und gleichzeitig Äußerungen von sich geben, als ob man eine schwerste Anstrengung durchzustehen hätte. Man hat mir vorgehalten, ich sei eben zu empfindlich, wenn ich nicht gerade glücklich und entspannt wieder in die Küche kam. Ich mag ja Kinder, auch schreiende und tobende, aber manchmal sind sie einfach lästig, sehr lästig sogar.«

»Nun, das hat aber nichts mit Liebe zu tun. Das, wovon du nun so ausführlich berichtet hast, das ist doch nur sexuelle Befriedigung, wie sie bei euch im Süden in euren Dörfern vielleicht üblich ist. Das ist käufliche Liebe, Prostitution, und nichts anderes!«

»Aber dieser Akt, den man mit einer Frau durchführt, mit seiner eigenen oder mit einer fremden, ob man dafür bezahlen muss oder nicht, ob es einem gefällt und mit Lust geschieht oder ob man es einfach nur tut, weil man es nötig hat, nennt man doch in ganz Italien *fare l'amore*, ›Liebe machen‹. Und Sie sagen, das habe mit Liebe nichts zu tun?«

»Sicher hat Sexualität mit Liebe zu tun, ohne sie wäre dieses Gefühl, das uns mit dem anderen verbindet, nur Sympathie. Aber Sexualität allein ist nicht Liebe. Du darfst solche Ausdrücke, die sexuelle Beziehungen beschreiben, nicht so wortwörtlich nehmen. Die Deutschen bezeichnen diesen sexuellen Akt als ›miteinander schlafen‹. Auch wenn man davon ausgehen will, dass die deutschen Männer, wie man immer wieder hört, sexuell nicht sonderlich aktiv sind, dass sie nach dem Abendessen lieber bis in die Nacht hinein vor dem Fernsehapparat sitzen und Bier trinken, anstatt bei ihren Frauen im Bett zu sein, so darf man doch nicht davon ausgehen, dass sie dabei schlafen. Und dieser Ausdruck ›Beischlaf‹ wird nicht einmal nur umgangssprachlich, sondern ganz offiziell sogar in der Juristensprache verwendet, wie ich häufig in Prozessen höre. Man könnte natürlich einwenden, dass man ursprünglich davon ausging, dass es grundsätzlich zum Geschlechtsverkehr kommen müsse, wenn Mann und Frau im gleichen Bett liegen. Siehst du, mein Sohn, man soll solche Ausdrücke nicht zu wörtlich nehmen.«

»Aber wenn dies keine Liebe war, dann habe ich doch auch die anderen beiden nicht geliebt, denn es war mit kleinen Unterschieden dasselbe! Die Signora, deren Haus wir renovierten, war eine *arrusa*, die nicht nur einen Ehemann wollte, sondern vor allem einen Mann brauchte. Aber ihr Mann war keiner. Er war ein höherer Angestellter, bei dem alles genau geregelt und berechnet war, auch wie oft, wann und wie er mit seiner Frau ›Liebe machte‹. Nicht nur darum, sondern in allem, was er tat, war er lächerlich. Er war einer dieser Typen, die man bei uns überall da trifft, wo man zeigen kann, was man ist oder was man gerne sein möchte. Herausgeputzte, herumstolzierende Hähne, die aber herumgackern wie alte Hennen und sich dabei vorkommen wie ein *onorevole* im Parlament, der gerade eine bedeutende Rede hält. Einer von denen, wie sie in einem Café mit abgespreiztem kleinen Finger ein Tässchen Espresso schlürfen und dazu eine geschmuggelte amerikanische Zigarette rauchen, um nach dieser wohlverdienten Pause an ihren Schreibtisch zurückzukehren und mit demselben *dolce far niente*, dem süßen Nichtstun, fortzufahren, mit dem sie eine halbe Stunde zuvor aufgehört hatten. So stark sich dieser Hahn in der Öffentlichkeit auch gab, so schwach war er im Bett, wie mir seine Frau, ihr Verhalten entschuldigend, erzählte. Mich dagegen fand sie stark und liebevoll, wie sie immer betonte, weil ich an sie dachte, mich auf sie einstellte, wie sie annahm, obwohl ich doch eigentlich einfach nur zur langsamen Sorte gehörte und meist von der sehr früh am Morgen begonnenen Arbeit und der Hitze nachmittags schon müde war. Sie sehen, auch sie nannte das Liebe und je länger diese gymnastischen, ja, meist sogar akrobatischen Übungen mit ihr dauerten, um so öfter rief sie dabei mit voller Leidenschaft: *O come ti amo*, ›oh wie ich dich liebe‹. Und wie oft hat sie mir später erzählt, wie sie ihren Mann hasse, weil er nie an sie denke, immer schon nach ein paar Minuten am Ende sei und sich dann herumdrehe und kaum, dass er auf der anderen Seite läge, schon zu schnarchen anfinge.«

»Und trotzdem, mein Sohn, hat dies mit Liebe nichts zu tun, sondern ist nur schiere Fleischeslust, tierische Befriedigung niedrigster Instinkte. Wenn bei der sexuellen Befriedigung keine gegenseitige Zuneigung und seelische Bindung vorhanden ist, darfst du nicht von Liebe sprechen. Aber die intimen Begegnungen mit dieser deutschen Frau waren doch anders geprägt als diese Triebbefriedigung, die du mit der anderen in eurem Dorf praktiziert hast und sind doch auch sehr verschieden von dem verwerflichen sexuellen Abenteuer, das du mit dieser untreuen, mannstollen Ehefrau hattest. Das war doch ein eheähnlicher Zustand, in dem du mit dieser deutschen Frau gelebt hast. Du bist doch nicht nur zu ihr gegangen, wenn du ein sexuelles Bedürfnis hattest, zur ›Körperpflege‹, wie ihr es nennt. Du warst doch täglich bei ihr, hast jede freie Minute mit ihr verbracht. Sie war deine Partnerin und deine Vertraute, sie hat dir geholfen, dich hier zurechtzufinden. Sie hat dir geholfen, dein Heimweh zu vergessen und hier, zumindest in gewissem Maße, eine neue Heimat zu finden, dich wohl und hierhergehörig zu fühlen und zu einem Menschen zu gehören, nämlich zu ihr. Daraus hast du Zufriedenheit und Sicherheit bezogen. Und vergiss nicht, du hast Freude empfangen, das wichtigste Labsal unserer Seele, und darum konntest du auch Freude geben. Sie hat dir Zärtlichkeit geschenkt, wie ein Mann sie nur von seiner Mutter, später von seiner Frau bekommen kann. Habt ihr nicht sogar Pläne für die Zukunft gemacht, für immer beisammenzubleiben, in guten und schlechten Zeiten, wie es unsere Kirche verlangt, eine Familie zu gründen, Kinder zu haben? Tut man das mit einer Frau, die einem gleichgültig ist, die nur als Geschlechtspartnerin dient? Nein, das tut man nur mit einer Frau, der man vertraut, auf die man stolz ist, an die man sich seelisch gebunden fühlt und nicht nur körperlich, kurz gesagt, die man liebt. Du hattest das große Glück, Liebe zu finden und ich hoffe, auch gegeben zu haben. Und darum ist die Bindung, die du jetzt spürst, eben die Bindung der Liebe und nicht dieser magische Hokuspokus, diese *fattura d'amore*, wie ihr das nennt, und das, woran du so sehr leidest, ist der Verlust dieser Liebe.«

»Ja, Sie haben in vielem recht, aber in manch anderem, verzeihen Sie mir, wenn ich so offen bin, auch wieder nicht. Es stimmt, sie hat mir geholfen, oft und viel sogar, dafür bin ich ihr sehr dankbar. Ich habe mich auch gefreut, bei ihr zu sein. Ich war froh, sie gefunden und durch sie auch besser die Deutschen und Deutschland verstanden zu haben. Ja, ich habe auch Freude bekommen, aber das, was Sie da von der Zärtlichkeit sagen, die sie mir gegeben hätte, wie mich meine Mutter liebkoste, das sehen Sie nicht richtig, wenn Sie mir verzeihen, dass ich das so offen sage. Eine Mutter ist der Mensch, der einem am nächsten steht in der Welt. Ihre Zärtlichkeit kann man doch nicht vergleichen mit der einer fremden Frau. Die Liebe der Mutter und unsere Liebe zu ihr ist die teuerste Liebe unseres Lebens. Vielleicht halten Sie mich jetzt für gefühllos, ja, vielleicht sogar für primitiv, aber was ich Ihnen jetzt sage, ist nicht nur meine Meinung, sondern nie habe ich etwas anderes von Männern gehört, auch nicht von meinen Freunden und Bekannten: Diese Zärtlichkeit von einer Frau, die nicht meine Mutter ist, erscheint mir einfach kindisch. Frauen müssen immer an einem herumfummeln, wie auch an ihren Kindern, an ihren Kätzchen oder Hündchen. Man nimmt es hin, weil so vieles bei Frauen eben anders ist. Wahrscheinlich können sie sich nur so ausdrücken, weil ihnen die Worte fehlen, sie haben ja nie gelernt, zu reden, wo denn auch? Sie haben nur das Geschwätz mit den Nachbarinnen, was immer der gleiche Kram ist, und das Geplapper mit den Kindern, das ist auch meistens das Gleiche. Und abends, wenn man todmüde nach Hause kommt, quatschen sie über den Klatsch und das Gezänk aus der Nachbarschaft.

Selbst bei dieser intimen Beziehung, wie Sie es nennen, selbst dabei sind diese Zärtlichkeiten doch Getue. Welcher Mann hat denn Lust, danach noch neben seiner Frau zu liegen und sie zu küssen und zu liebkosen, wie sie das will? Nie habe ich so etwas von einem Mann bei uns gehört. Wenn man sich beruhigt hat, will man aufstehen, eine Zigarette rauchen, vielleicht einen Kaffee trinken, mit Freunden in der Bar eine Partie Billard spielen, sich unterhalten, fröhlich sein und lachen, aber doch nicht neben seiner Frau liegen und zärtlich sein und von Liebe flüstern!

Auch wenn Sie sagen, dass dieser Akt, den Sie als reine Fleischeslust bezeichnen, so vielleicht bei einer Prostituierten oder vielleicht bei einer Fremden möglich wäre, nicht aber bei seiner Ehefrau, bei der Mutter seiner Kinder, so frage ich Sie, ist nicht auch die Frau, die man geheiratet hat eine Fremde? Sicher ist sie die Frau, die von allen anderen fremden Frauen mir am nächsten steht, sie ist meine Partnerin, die ich brauche und die mich braucht, aber sie bleibt doch eine Fremde. Meine Familie, die kann ich lieben, da sie vom selben Blut ist wie ich. Insbesondere meine Mutter, die mich geboren hat. Meine Frau aber ist nicht von meinem Blut und ich nicht von ihrem. Wenn ich ein bestimmtes Alter haben werde, nicht mehr allein sein kann, eine Familie gründen will, um Kinder zu haben und um meinen Eltern Enkelkinder zu schenken, werde ich meine Mutter bitten, mir eine Frau aus einer *famiglia per bene e rispettosa*, aus einer guten und angesehenen Familie, zu suchen. Die werde ich heiraten und lieben, weil meine Mutter mir nur ein gutes, liebenswertes Mädchen aus unserm Dorf sucht, das man kennt und dessen Familie man auch kennt. *Moglie e buoi, del paese tuoi*, Frauen und Vieh holt man sich eben aus seinem eigenen Dorf. Ich werde sie lieben als meine Frau, als die Mutter meiner Kinder, für die ich sorge, die meinen Haushalt führt und die in meinem Bett schläft. Und doch ist die Liebe zu ihr eine andere als die zu meiner Familie, und auch meine Frau wird mich anders lieben als sie ihre Familie liebt. Sie sagen, ich hätte diese deutsche Frau geliebt, würde sie immer noch lieben und darum nicht von ihr loskommen, ihr nachlaufen wie ein Hund seinem Herrn, ich wäre es, der sich an sie gebunden hätte und nicht sie würde mich durch ihre *fattura d'amore* an sich binden, sodass ich nicht von ihr loskomme?!«

»Genau, das meine ich! Du hast diese Frau geliebt und liebst sie immer noch. Dass du das nicht begreifen kannst, liegt zum einen daran, dass du von einem bestimmten Konzept von Liebe ausgehst, so wie du es in deiner Gesellschaft gelernt und erfahren hast. Aber es gibt nicht nur diese eine Liebe, sondern viele Arten davon. Wie du selbst gesagt hast, liebst du auf eine besondere Weise deine Geschwister, deinen Vater und deine Mutter, und diese anders, tiefer, die teuerste Liebe unseres Lebens, wie du sagst.«

»So ist es auch! Das werden Sie als Priester doch nicht leugnen wollen? Vor seiner Mutter verliert man nie sein Gesicht, mit ihr kann man ganz ehrlich sein und zu ihr kann man immer kommen, selbst als erwachsener Mann, sie versteht und verzeiht uns immer. Das geht nicht mit der Frau, die ich heirate. Bei ihr muss ich vorsichtig sein, denn vor ihr darf ich mein Gesicht nicht verlieren. Es würde mich auch ihre Achtung kosten, die ich brauche, um Herr im Hause zu sein. Das verlangt nicht nur die Gesellschaft von mir, das erwartet schließlich auch die Frau! Mit ihr kann ich nicht offen und ehrlich sein wie mit meiner Mutter. Sie will mich ja auch nicht, wie ich bin, sondern nach einem besonderen Bild, so wie eben ein Mann zu sein hat. Frauen wollen doch keinen *chiaccaruna*, keinen *minghiuna*, der nur schwatzt, wie es hier in Deutschland die Männer tun, die über Gott und die Welt und über alles mit ihren Frauen reden und nichts für sich behalten können. Anstatt zu schweigen und sich eigenständig zu bemühen, Lösungen für die Probleme zu finden, reden und reden sie und machen nichts. Sicher, der Mann soll reden können, um die anderen zu überzeugen, wo es nötig ist, mit den richtigen Worten, klar und deutlich im richtigen Ton und mit der entsprechenden Gestik. Das schafft ihm Ansehen und Respekt.

Dieses gestammelte Geschwafel, was man hier von den Männern hört, würde bei uns ungezogen, ja, lächerlich sein und sicher keine Frau beeindrucken. Bei uns hätten sie für solche Schwächlinge, für solche *vili*, nicht das Geringste übrig. Dazu ist das Leben bei uns zu hart, als dass man es sich erlauben könnte, nicht kräftig anzupacken. Schmarotzende *struzzini* kann man nicht gebrauchen. Bei uns sind Männer verlangt, die morgens vor Sonnenaufgang aufstehen und bis zum Sonnenuntergang arbeiten. Hier in Deutschland höre ich immer, man muss seinen ›Mann stehen‹. Zuerst dachte ich an etwas Obszönes, bis ich bemerkte, dass selbst die Frauen diese Redewendung gebrauchen. Dann habe ich verstanden, dass sie damit ausdrücken wollen, dass man stark, mutig und kräftig sein muss und nicht zurückschrecken darf vor Problemen. Ist das nicht komisch? Hier, wo jeder alles hat, wo mehr weggeworfen wird als wir uns erarbeiten können und wo eine so umfassende Technik allen das Leben dermaßen erleichtert, dass sie kaum noch eine Hand rühren müssen, spricht man davon, ›seinen Mann zu stehen‹. Bei uns muss man seinen Mann stehen, Männer, Frauen und auch Kinder, um überleben zu können! Das sage ich Ihnen! In unseren Dörfern, wo jeder gegen jeden ist, da muss vor allem ein Mann standfest und unerschütterlich sein, um Schaden von sich und seiner Familie abzuwenden und die *onore di famiglia* zu verteidigen. Und dies ist mindestens genauso wichtig wie sein täglich Brot zu verdienen, denn wo keiner etwas besitzt, ist die Ehre der Familie das einzige wertvolle Gut.

Wie Sie sehen, es wird von einem Mann mehr verlangt, viel Wichtigeres und Entscheidenderes, als seiner Frau Liebesworte zuzuflüstern und Zärtlichkeiten auszutauschen. Unsere Frauen in den Dörfern sind nicht an Zärtlichkeiten ihrer Männer gewöhnt und vermissen sie daher auch nicht. Es mag sein, dass dies in den Städten bei den *alti papaveri*, bei den feinen Leuten, anders ist, denn die haben ja auch nichts zu tun, die sind reich und haben viel Zeit. Und wenn man zu viel Zeit hat, kommt man auf die komischsten Gedanken. Ihr Leben ist, verglichen mit unserem, nur Spiel und Vergnügen, und so spielen und vergnügen sie sich mit ihren Frauen. Das nennen sie dann Zärtlichkeit. Sagt man dazu nicht sogar Liebesspiel? Oder ist das nun wieder etwas anderes? In jedem Fall ist es hier in Deutschland ähnlich. Auch hier hat man viel mehr als man braucht und dazu noch Zeit im Überfluss. Wer beginnt hier seine Arbeit vor acht Uhr und wer arbeitet länger als bis um fünf Uhr am Nachmittag? Doch nur ganz wenige. Kaum jemand arbeitet samstags! Und verglichen mit der Art, wie wir im Süden arbeiten müssen, ist die Arbeit hier doch fast Erholung. Darum haben die Männer hier auch Kraft und Zeit, sich mit ihren Frauen zu beschäftigen. Wobei ich nicht glaube, dass sie es tun, denn gar so zärtlich können sie ja nicht miteinander umgehen, sonst würde doch nicht jede dritte oder vierte Ehe, kaum dass die beiden verheiratet sind, schon wieder geschieden werden. Bei uns ist Scheidung ja nun auch möglich. Wer weiß, ob das so gut ist. Jedenfalls macht man es den Ehemüden bei uns nicht so leicht, auseinanderzulaufen. Aber verzeihen Sie mir, Don Anselmo... ich habe da noch eine Frage, die mich schon die ganze Zeit während unseres Gesprächs bewegt. Erlauben Sie mir, aber ich kann mich kaum noch zurückhalten. Darf ich Sie fragen?«

»Aber natürlich, wenn sie dir so auf der Seele brennt, nur zu!«

»Ich würde gerne wissen, warum Sie die ganze Zeit versuchen, diese Frau zu entschuldigen und mich dazu drängen, sie und meine Beziehung zu ihr so zu verstehen, wie *Sie* es wollen, aber kein Verständnis zeigen für meine Sicht. Kennen Sie denn meine Freundin, da Sie so viel Verständnis für sie haben?«

»Kennen ist sicherlich zu viel gesagt, ich habe sie vielleicht einmal gesehen und wahrscheinlich ein paar Worte mit ihr gewechselt, als sie mir im *Centro Italiano* vorgestellt wurde, wo sie hin und wieder mit einer befreundeten italienischen Familie ein paar Stunden verbrachte. Sie wollte Italienisch lernen und suchte Gesprächspartner, wenn ich mich richtig erinnere. Was deine Behauptung betrifft, so war es keineswegs meine Absicht, dich zu *be*schuldigen oder sie zu *ent*schuldigen. Es ging mir nicht um Schuld oder Nicht-Schuld. Ich habe versucht, dir zu erklären, dass du einen Liebesverlust erlitten hast, der dir Wunden geschlagen hat, tiefe Wunden, die noch offen sind, noch nicht geheilt und die, wie ich sehe, noch sehr, sehr schmerzen. Du hast ein Verhältnis aufgegeben, ohne dir klar zu sein, wie tief du darin gebunden warst. Du hast es gelöst wie einen Mietvertrag, wenn einem die Wohnung nicht mehr passt. Du bist ausgetreten wie aus einem Verein, weil du plötzlich erkannt hast, dass du dich mit bestimmten Statuten nicht einverstanden erklären kannst. Und weil du es warst, der den ersten Schritt getan hat, um diese Bindung zu lösen, konntest du dir auch nicht vorstellen, dass dies einen großen Verlust für dich bedeuten könnte. Man hat dich ja nicht aus der Wohnung oder aus dem Verein verwiesen, nein, du hast doch selbst gekündigt. Es war überhaupt nicht dein individueller Abbruch dieser Beziehung, sondern vielmehr bist du einem allgemeinen Schema deiner bäuerlichen Gesellschaft gefolgt. Deine Kultur, deine Gesellschaft hat den Bruch vollzogen. Du bist nur den bei euch üblichen Rollen gefolgt, hast nur das getan, was man dir als die einzig richtigen Normen und Werte menschlich sozialen Handelns und Verhaltens in deiner Erziehung zu einem angepassten

Mitglied deiner Gesellschaft vermittelt hat. Du siehst, ich will nicht nur deine Freundin verstehen, sondern gleichermaßen auch dich und dein Verhalten, das dich in diese tragische und bemitleidenswerte Lage gebracht hat. Und ich entschuldige dich gerne, wenn dir so daran gelegen ist, auch von meinem christlichen Verständnis und Auftrag her entschuldige ich dich, weil du eben gar nicht frei entscheiden konntest, da die Gesellschaft, aus der du kommst, dir nie den Freiraum für individuelles Verhalten gegeben hat, das nicht konform war mit den traditionellen Verhaltensforderungen. Die lassen euch nämlich nur zwei Möglichkeiten: entweder sie peinlichst zu befolgen, oder die Gesellschaft zu verlassen, zu gehen, am besten weit fort. Nicht wenige von euch sind emigriert, weil sie diesen Druck, diese Einengung, diese hoffnungslose Einschnürung nicht mehr ertragen konnten und nicht nur, weil sie keine oder nur schlechte Arbeit hatten. Überhaupt dieses Entweder-Oder! Eure Gesellschaft besteht eigentlich nur aus diesen zwei Extremen. Ihr kennt nur weiß oder schwarz, nur gut oder böse, nur Anständige oder Elende, *una persona per bene o un vigliacco*! Und du bestätigst doch mit deinem rigorosen Verhalten genau dieses Entweder-Oder.«

»Ich möchte nicht unhöflich sein, aber ich habe Sie doch schon einmal gefragt, ob Sie das gutheißen, wenn eine Frau sich in der Öffentlichkeit von einem fremden Mann küssen lässt und ihn selbst auch küsst, überhaupt in einer Kneipe herumhängt und Wein und Bier trinkt, laut lacht und schreit, sich wie eine Hure aufführt. Nennen Sie das anständig? Soll ich diese Frau meiner Mutter vorstellen, meinen Freunden und Verwandten, die sie, wie das bei uns so üblich ist, einladen werden, ein Fest für sie machen, und wenn sie sich dann so benimmt? Wird man dann sagen, nun, sie ist eben eine Deutsche, die haben halt andere Angewohnheiten? Obwohl man weiß, dass die sich noch viel schlimmer benehmen können, wie wir von den Touristenfluten wissen, die sich über uns ergießen. Man wird sich nie wieder an denselben Tisch mit ihr setzen und auch nicht mehr mit mir. Und es sollte mich nicht wundern, wenn ihr die jungen Burschen im Dorf nachsteigen würden, weil sie glauben, ich hätte eine nordische Nutte angeschleppt, der man nur eine Flasche Wein zu spendieren braucht, um sie ohne viel Getue ins Bett zu bekommen. Und wer weiß, ob sie uns bei einem lustigen Fest, bei dem natürlich auch viel getrunken wird, nicht auch noch mehr von diesen sogenannten anderen Gewohnheiten vorführen würde. Frauen können schließlich sogar noch schlimmer sein als Männer, wenn sie ein bisschen zu viel getrunken haben. Vielleicht sieht es auch vulgärer aus, weil man es von Frauen so nicht gewöhnt ist. Aber bei uns würde man eine Frau, die sich so benimmt, im tiefsten Meer ertränken, es sei denn, sie ist eine armselige Hure.«

»Aber mein Sohn, muss denn eine Frau, die sich nicht so benimmt, wie es die Regeln eurer und wahrscheinlich vieler anderer Gesellschaften fordern, gleich eine Hure sein, und muss denn eine Hure auch grundsätzlich so ein verkommenes Wesen sein? Hast du nicht von eurer Dorfprostituierten ganz anders, mit einer nicht zu überhörenden Sympathie gesprochen? Und wer hat sie denn in diese Lage gebracht? Das war doch wieder euer Entweder-Oder: Entweder ist sie eine anständige Frau in eurem Sinne oder eine Hure, weil sie ein uneheliches Kind hat. Der Mann, von dem sie schwanger wurde und der sich dann ganz unanständig, wie ich finde, seiner Verantwortung entzogen hat, bleibt weiterhin ein *gentiluomo*, ein anständiger ehrenwerter Mann, nicht wahr?«

»Aber sie hat es doch zugelassen. Sie hätte sich ihm doch verweigern können, sie waren doch nicht verheiratet und sie wusste doch, dass das eine Schande für sie und ihre Familie ist, wenn sie voreheliche Beziehungen hat und sich schon deshalb nicht verheiraten kann, da sie nicht mehr jungfräulich ist, und eine noch viel größere Schande, wenn sie schwanger würde und das Kind zur Welt bringen müsste.«

»Aber woher weißt du, dass sie ein leichtsinniges Mädchen war? Vielleicht hat sie ihn geliebt, womöglich hat er ihr die Ehe versprochen.«

»Das kann doch nicht sein. Wie hätte er ihr die Ehe versprechen können, da sie ja dann nicht mehr unberührt war?«

»Was ist denn das für eine Logik? Er selbst hat sie verführt und wer weiß wie hartnäckig, listig und trickreich. Er kann sie dann mit Recht verlassen und muss sie nicht heiraten, weil sie ja verführt ist und nicht mehr unberührt?!«

»Aber das ist doch ganz logisch! Wenn sie bei ihm schwach wird und sich verführen lässt, hätte dies auch jeder andere geschafft, also ist sie doch kein anständiges Mädchen, oder?«

»Du liebe Güte, wo lebt ihr denn? Was ist das für eine Gesellschaft, die keine Kompromisse kennt, die selbstgefällig nichts verzeiht? Ihr nennt euch christlich und seid überzeugt, dass ihr sogar eine ganz besonders christliche Gesellschaft seid. Aber was ist das für eine Gesellschaft, die nicht an Veränderungsmöglichkeiten glaubt, die alles ängstlich konserviert und am liebsten alles belassen würde, wie es ist und wie es immer schon war! Glaubst du denn nicht, dass sich heute unsere Welt in einer Art und Weise und in einem Tempo ändert wie nie zuvor? ›Alles fließt‹, postulierte schon Heraklit vor über 2500 Jahren. Alles ist in Bewegung und nichts währt ewig. Ist es dir denn so schwer vorstellbar, dass sich darum auch die Menschen ändern, dass sie umdenken, umlernen? Würdest du nicht akzeptieren können, dass deine Freundin hinzulernen kann, dass sie dieses Verhalten, das dir so missfällt, ändern könnte, wenn du ihr geduldig ein Vorbild wärst und ihr Zeit ließest, statt sie so rigoros vor die Alternative zu stellen?«

»Aber wie soll sie denn lernen, sie ist doch kein Kind mehr. Kindern kann man alles beibringen, aber doch Erwachsenen nicht mehr!«

»Auch das ist bezeichnend dafür, wie tief du die Vorstellungen deiner Kultur verinnerlicht hast. Natürlich ist das Gehirn eines gesunden Kindes sehr viel aufnahmefähiger als das eines Erwachsenen. Aber das bedeutet doch keineswegs, dass man nur bis zu einem bestimmten Alter lernfähig ist. Wie würdest du denn sonst die sogenannte Altersweisheit auffassen? Lernen ist nicht nur das, was wir in den Schulen vermittelt bekommen. Von den ersten Tagen unseres Lebens bis ins höchste Alter müssen wir uns ununterbrochen an immer neue oder veränderte Umwelt- und Mitweltbedingungen, bewusst oder unbewusst, anpassen. Dass dies möglich ist, resultiert aus den vielfältigen Erfahrungen, die zu machen wir in der Lage sind und aus denen wir dann lernen. Dementsprechend lernen wir ständig durch Erfahrung. Wie steht es mit dir, mein Sohn? Hast du hier nichts gelernt? Dass du dich hier zurechtfinden, dich anpassen konntest, war doch wohl nur möglich, weil du aus den Erfahrungen in dieser für dich ganz anderen Welt gelernt hast. Lernst du nicht die deutsche Sprache und sprichst du sie nicht von Tag zu Tag ein bisschen besser? Du hast doch sicher gelernt, dir aufgrund der Kälte wärmere Kleidung anzuschaffen und anzuziehen, nachdem du bemerkt hast, dass du in deinen mitgebrachten Sachen elendig frierst. Heute brauchst du im Winter nicht einmal mehr vor die Türe zu gehen, um zu erfahren, dass es kalt ist und du frieren wirst. Es reicht schon, dass du draußen Schnee siehst, um zu wissen, dass es kalt ist und du dich entsprechend anziehen musst. Und hast du noch nicht gelernt, dass die Uhren in diesem Lande anders gehen als in Sizilien? Hier wird gearbeitet, ob es kalt ist oder heiß, hier wird pünktlich angefangen und auch pünktlich aufgehört. Du musst nicht nur bei der Arbeit anwesend sein, sondern auch etwas leisten. Dafür erhältst du auch deinen entsprechenden Lohn, pünktlich und genau, ohne dass du jedes Mal unterwürfig darum bitten musst. Und wenn du ihn dann bekommst, kannst du dir auch sicher sein, dass man dir all die Stunden bezahlt hat, die du gearbeitet hast und dass dein Arbeitgeber wirklich seinen Anteil an den Sozialversicherungsbeiträgen abgeführt hat, damit du im Krankheitsfall unbesorgt ärztliche Hilfe in Anspruch nehmen kannst, Unterstützung bekommst, wenn du arbeitslos wirst und später auch einen entsprechenden Anspruch auf Rente hast.«

»Ja, diese Erfahrung habe ich bereits gemacht. Das Gehalt kam immer und von Anfang an pünktlich und es lief alles korrekt ab, ganz anders als ich es bisher kannte.«

»Könnte man also sagen, dass du gelernt hast, dass es auch ehrliche Handwerksbetriebe gibt und dass auch bei Institutionen, die man schlecht durchschauen kann, wie Ämter oder Banken, alles seinen normalen Gang geht, ohne dass man dort unbedingt einen guten Freund braucht, der die entsprechenden Weichen stellen muss, dass die Überweisung auch auf deinem Konto eingeht, ohne dass dem Angestellten vorher eine *tangente* ›zugewendet‹ werden muss?«

»Ja doch, das habe ich eingesehen, oder wie Sie sagen, gelernt. Und gelernt habe ich auch, dass das hier strafbar ist und man die Angestellten auf den Ämtern geradezu beleidigt, wenn man ihnen etwas zustecken will. Die werden Sie wegen Bestechungsversuch anzeigen. Die lassen lieber ihre Familie hungern und geben es dem Staat, obwohl sie noch viel mehr verdienen könnten. Verstehen Sie das?«

»Nun, auch bei uns sind Korruption und Bestechung strafbar, aber weil es alle tun, ist es zur Gewohnheit geworden und die Dummen sind die, die nicht mitmachen. Es ist sozusagen Ehrensache, den Staat zu betrügen, denn wer versteht sich schon bei uns als Bürger, als Staatsbürger? Ja, selbst in Norditalien kennt man kaum dieses Gefühl von Staat, von Gemeinschaft, von Solidarität, und wie ist es erst bei euch? Der Staat ist für euch etwas Unverständliches, Undurchschaubares, eben ›die da in Rom‹, eher Feind als Freund.«

»Richtig, *chiddi di Roma*, die da oben in Rom, sagen wir, das sind die Mächtigen, die uns regieren und sagen wollen, wo es lang geht und nur den Weg in ihre eigenen Taschen kennen. Und muss einer hier seinen Hut nehmen, weil er es gar zu bunt getrieben hat, so kommt er dort wieder unter. Die halten alle zusammen. Das sind keine Freunde, und selbst wenn, was haben sie uns denn gegeben, diese Freunde? Die *carabinieri* haben wir bekommen, alles Dummköpfe aus dem Norden, die unsere Sprache und unsere Welt nicht verstehen und auch nicht verstehen wollen. Die fühlen sich wie Kolonialbeamte. Wir sind zwar Weiße, aber für euch beginnt ja Afrika bereits südlich von Rom. Und was haben wir noch bekommen von unserem Staat? Viele von uns dürfen Militärdienst leisten in der tapferen und glorreichen Armee dieses Staates, für ein paar Lire pro Tag, zusammengepfercht in elenden Kasernen, um zu lernen, wie man mit welchen Waffen diesen Staat verteidigen soll, das haben mir viele Freunde erzählt. Hat er uns noch was gegeben? Arbeitsplätze etwa oder wenigstens Land, damit wir uns davon ernähren können? Hat er uns Schulen und Universitäten gegeben, die wirklich funktionieren, oder Straßen, Häfen, Eisenbahnlinien oder wenigstens Telefonverbindungen? Hat er uns Strom- und Wasserleitungen gelegt? Hat er Hotels gebaut, damit Touristen kommen können wie im Norden? Nichts, überhaupt nichts hat er uns gegeben! Und wissen Sie was? Von dem wenigen, was wir haben, verlangt er auch noch Steuern, dieser großartige Staat, viel Geld verlangt er, das er dann im Norden bei euch investiert, wo aus unserem Geld dann noch mehr Geld wird, für wen? Für euch, aber nicht für uns!«

»Ich habe nichts anderes erwartet. Es ist genau diese Art zu denken, die ich dir gerade vorhin schon aufgezeigt habe, das Entweder-Oder. Entweder wir bekommen etwas, besser gesagt alles, oder wir machen nicht mit. Wie Kinder! Wann werdet ihr endlich reif? Könnt ihr nicht auch einmal etwas selbstständig tun, aus eigener Kraft? Ihr seid eine richtige Alimentierungsgesellschaft! Ihr wollt, dass man für euch einkauft, natürlich nur das Beste, nach euren Vorstellungen, dass man daraus ein besonderes Essen zubereitet, ganz nach eurem Geschmack, dass man es mundgerecht auf Löffel oder Gabel verteilt, euch damit füttert und höflich bittet, dass ihr es wenigstens selbstständig schlucken möchtet, in der Gewissheit, dass man anschließend anstatt des geringsten Dankes nur Enttäuschung spürt und nicht selten Kritik oder gar Beschimpfung erfährt. Wann habt ihr denn aus eigenem Antrieb etwas unternommen, was über die Familie hinaus reicht? Gibt es denn für euch jenseits der Familie überhaupt eine Institution, in die ihr euch eingebunden fühlt? Ich glaube kaum! In euren Dörfern, in euren Städten sieht man doch auf den ersten Blick, dass jenseits eurer Häuser oder eurer Wohnungen sozusagen Feindesland beginnt. Während ihr drinnen den ganzen Tag wascht und putzt, stört es euch nicht, wenn ihr vor eurer Haustür Müllberge ansammelt, im Dreck watet, wenn draußen alles verrottet und zerfällt. Ihr verschließt eure Haustür doppelt und dreifach in dem einzigartigen sizilianischen Bewusstsein: *Che me ne frega il mondo*, was geht mich an, was da draußen passiert, *fare gli affari suoi*, kümmere sich jeder um seine eigenen Angelegenheiten. Und selbst drinnen, im Zusammenleben mit eurer Familie, muss ja alles eifersüchtig geregelt werden, damit ihr in Frieden miteinander auskommt. Leonardo Sciascia, ein Kind eurer Erde und einer der ganz großen Schriftsteller unserer Zeit, der als Sizilianer euch wie kein anderer kennt, hat das in seinem vor Kurzem erschienenen Buch ›Der Tag der Eule‹ so prägnant ausgedrückt. Gestatte mir ein paar Minuten, ich habe es gleich. Das Buch ist in meiner Bibliothek und diese Stelle ist auf dem letzten Blatt sicher vermerkt, wie ich es immer tue, wenn ich ein Buch lese. Nur noch einen Moment, *ecco*, hier haben wir die Seite, hier steht es: ›... dass die Familie für das Bewusstsein des Sizilianers die einzig lebende Institution ist. Allerdings stellt sie sich ihm mehr als eine dramatisch, vertraglich geregelte Bindung, denn als ein natürliches und gefühlsbetontes Gebilde dar. Die Familie ist der eigentliche Staat des Sizilianers. Der Staat, das was für uns der Staat ist, liegt ihm fern.‹ Und weiter hier: ›Innerhalb der Institution der Familie verlässt der Sizilianer seine tragische Einsamkeit und fügt sich, unter haarspalterischen vertraglichen Regelungen, ihren Beziehungen, dem Zusammenleben. Es wäre zuviel von ihm verlangt, wollte man fordern, er solle die Grenzen zwischen Familie und Staat überschreiten.‹ Was sagst du dazu, bist du einverstanden?«

»Ja, einverstanden, das hat dieser Schriftsteller gut gesehen und gesagt. Aber darf ich Sie fragen, wie es anders sein könnte. Was gibt es sonst noch außer der Familie und denen, die hier mit uns leben? Was der Staat für uns ist, habe ich Ihnen doch schon gesagt. Also, was bleibt uns denn sonst noch?«

»Du lebst doch schon recht lange in diesem Land hier. Schade, dass du es nicht vor zehn, fünfzehn Jahren gesehen hast. Das war von Nord bis Süd, von Ost bis West eine Trümmerwüste. Heute siehst du kaum noch eine Ruine. Glaubst du, man hätte dieses Land so schnell wieder aufbauen können, wenn die Deutschen so gedacht und gehandelt hätten wie ihr? Mit eurer Einstellung würden die Leute noch heute in den Kellern ihrer Ruinen sitzen, ohne Wasser, ohne Licht, ohne Heizung und würden verhungern, verdursten und erfrieren. Und das alles mit dem Trauma eines verlorenen Krieges, den sie gegen ganz Europa entfacht hatten, an dem sie also schuld waren und sich nicht herausreden konnten mit einem vorgeblichen Schicksalsschlag, wie ihr es traditionellerweise lamentierend immer wieder tut. Es gibt nicht nur die Alternative zwischen der Hilfe des Staates oder dem Rückzug in die Familie. Der Staat konnte hier nicht helfen, denn den gab es so nicht mehr. Hier haben alle zusammen geholfen, nicht nur jeder in seiner Familie, sondern Nachbarschaftsgruppen, die Bewohner eines Viertels, das ganze Dorf, die ganze Stadt. Vor allem die Frauen, die man ›Trümmerfrauen‹ nannte, haben die Ruinen abgetragen, alles Verwertbare gesäubert und gelagert und den Schutt abgefahren. Alle, alle miteinander haben beim Aufbau ihrer Städte, ihrer Fabriken, ihrer Infrastruktur geholfen. Und wie war das bei euch? Die Zerstörungen, die vor über zwanzig Jahren, bei der Landung der Alliierten in Sizilien, vor allem in Palermo, entstanden sind – und so groß waren die ja nun wirklich nicht –, sind auch heute noch zu sehen.«

»Sie haben recht. Da gibt es große Unterschiede zwischen uns und den Deutschen. Die haben ihr Wirtschaftswunder schon vollbracht. Wir warten immer noch auf Wunder, aber die kommen nicht. Sicher muss man für Wunder eben etwas tun, so wie die Deutschen hier. Das habe ich schon gelernt.«

»Na, siehst du, jetzt gibst du doch schon wieder zu, dass man auch als Erwachsener noch lernen kann.«

»Und wenn wir schon dabei sind, dass ich zugeben muss, hier etwas gelernt zu haben, so soll dies auch dafür gelten, was Sie über die unterschiedlichen Formen der Arbeit gesagt haben. Es ist sicher so, dass wir ineffektiver arbeiten als man es hier tut. Das habe ich schon sehr früh erfahren und lernen müssen. Aber das bedeutet nicht, dass wir fauler und dümmer sind. Ich würde eher das Gegenteil behaupten. So hart wie ich in Sizilien gearbeitet habe – zwölf bis vierzehn Stunden am Tag, auch samstags, ohne all die Technik, die die Arbeit erleichtert, und bei extremer Sommerhitze –, habe ich in all der Zeit in Heidelberg vielleicht nur ein, zwei Wochen gearbeitet, weil Termine unbedingt eingehalten werden mussten und irgendwelche unvorhergesehenen Schwierigkeiten eintraten. Und in Sizilien mussten wir eine perfekte Arbeit abliefern, keine Pfuscherei wie hier. Wenn ich mal nach unserer Art arbeiten wollte, hörte ich nur: ›Verkünstele dich nicht, ist ja längst gut, sieht ja doch niemand.‹ Oder: ›Mach schnell, los weiter, ist gut genug, ist ja nicht für uns‹, was sozusagen unter uns Arbeitern zum Slogan geworden ist. Und wenn ich die Arbeiten hier Pfuscherei nenne, so ist das noch sehr harmlos und freundschaftlich gemeint. Eigentlich müsste man das noch ganz anders bezeichnen. Schon die Maurer arbeiten schlampig, viele offene Fugen, keine exakten Winkel in den Ecken, keine Vertikale und Horizontale, die auf den Zentimeter genau stimmt. Die Gipser sollen das dann alles ausgleichen, was sie kaum vermögen und auch selten wirklich wollen. An uns liegt es dann, diese Schlamperei auszugleichen. Wir klatschen dann überall Raufasertapeten auf die Wände, damit man den körnigen, löchrigen Berg- und Tal-Verputz nicht so sehr bemerkt, und rollen dann noch eine dicke Schicht Dispersionsfarbe darauf. Das Ganze wird dann hier als die rustikale Note verkauft, weil alles im Akkord gemacht wird und für schöne und saubere Arbeit keine Zeit ist. Die schönen Techniken eines mehrfach feinst geschliffenen *stucco lustro* oder *finto marmo* für glatte, leuchtende Wände sind hier gar nicht mehr bekannt! Das tut mir in der Seele weh. Sie haben recht, ich glaube, ich muss hier doch noch viel lernen. Aber macht das Freude, Schlechtes lernen zu müssen? Zu Hause habe ich Prügel bezogen, wenn ich mal geschlampt habe, hier werde ich für schreckliche Schlamperei gelobt und bekomme sozusagen Prügel, wenn ich eine saubere anspruchsvolle Arbeit mache. Ich habe immer gedacht, lernen würde bedeuten, Erfahrungen zu machen oder sie vermittelt zu bekommen, um etwas richtiger, schöner oder besser zu machen. So wurde uns in der Familie, in der Schule und in den Kirchen eingeprägt, wie wir uns zu Hause, draußen im Dorf, in unserer Gesellschaft und im Leben richtig verhalten sollen. Aber hier soll ich lernen, das zu tun, was falsch, hässlich und vor allem auch, was schlecht ist. Glauben Sie mir, hier lebe ich in zwei verschiedenen Personen. Ich sehe, wie falsch und unsinnig es ist, wenn man so reich ist, solche Häuser zu bauen, sie innen so einfach, so schmuck- und farblos, richtiggehend traurig zu gestalten. Ein Haus wie das andere, innen und außen. Gerade so, dass es steht, dass man darin wohnen kann, dass es Schutz bietet. Aber wer in solchen Wohnungen leben muss, die so einfach gebaut und gestaltet sind, alles einheitlich nach Norm und vor allem mit einheitlich gestrichenen Raufasertapeten, wie soll der freudig sein, fröhlich, großzügig, stolz?

Ja, ich muss lernen, Sie haben recht. Aber nicht nur aus dem Tun, wofür ich gelobt wurde, sondern auch aus dem, wofür man mich tadelte, ob es mir passt oder nicht. Das Unterordnen in einer anderen Gesellschaft ist nicht einfach. Inzwischen verstehe ich auch besser, was unsere Landsleute, die schon länger hier leben, meinen, wenn sie sagen: *Qui stiamo solamente con il corpo, lo spirito resta a casa*, ›hier sind wir nur mit unserem Körper, unsere Seele ist daheim.‹ Wir leben zwar hier, zugegeben nicht schlecht, aber hier sind wir doch nicht wirklich zu Hause, daheim. Kann man die Heimat wechseln? Es sind doch wohl nur die Papiere, die man vielleicht wechselt. Heimat ist doch auch ein Gefühl, ein ganz besonderes Gefühl, das verbindet alles, die Eltern, die Geschwister, die Großeltern, das ganze Dorf miteinander. Und nicht nur uns Menschen miteinander, sondern auch alles, was uns umgibt. Mit unserem altersschwachen Maulesel, mit unserem dürren Hund und unserer trägen Katze ebenso wie mit unserem Haus, das sicher kein *palazzu* ist, sondern immer und überall reparaturbedürftig, aber *unser* Haus. Und auch mit den Wiesen, mit den Äckern und Weinbergen, mit den Hügeln rings herum, ja, selbst mit diesen uralten Olivenbäumen, die kaum mehr grün werden und fast keine Früchte mehr hervorbringen oder gar mit diesem nichtsnutzigen Dornbusch, in dem nicht einmal mehr Vögel nisten, der nur da steht, immer schon da stand, anscheinend ohne Sinn und Zweck, den aber niemand entfernt, weil er eben dazu gehört. Und der betörende Geruch der *zagare*, der Orangenblüten, oder die Düfte des Jasmins, des Lorbeers, der harzige

Geruch, der unter der sengenden Sonnenglut aus den Pinienwäldchen steigt und all die vielen anderen Düfte, die uns so wohltun, die uns stimulieren, unsere schlechte Laune vertreiben und uns eine Ahnung davon vermitteln, wie es wohl im Paradies sein könnte.

Oh nein, es sind nicht nur wohlriechende Düfte, sondern auch diese Gerüche in den Häusern, die im Sommer stechend muffig und ungelüftet sind, weil draußen kein Lüftchen weht und darum auch kein Durchzug möglich ist, diese eigenartige Duftmischung aus Rauch von der Feuerstelle, aus säuerlichem Kochdunst, vermischt mit den schweißigen Ausdünstungen von Mensch und Tier, mit dem scharfen Laugengeruch der Waschmittel. Und in der kalten Jahreszeit ist es vor allem die Mischung des Holzkohlenrauchs aus der *braciere*, dem Kohlebecken, der kalkigen Feuchte der Wände und der erdigen des Bodens, der Dünste von nassen Wollkleidern und feuchtem Leder, und meist alles überlagert von dem beißenden Kerosingeruch des Heizöfchens. So riechen alle Häuser, das eine mehr nach dieser, das andere mehr nach jener Komponente, und so riechen auch fast alle Straßen, wobei dazu noch der Geruch beigemischt ist, der aus den Werkstätten oder Geschäften der Handwerker und Händler strömt. Ja, all dies ist Heimat, ist sehr weit weg, aber doch mit uns. Es ist ein Teil von uns, weil all dies in uns wirkt wie unsere Worte und unsere Regeln, die unser Zusammenleben bestimmen und die uns, wie wir gesehen haben, in Konflikte bringen können, wenn sie hier nicht gelten sollen oder als altmodisch, rückständig, ja, als mittelalterlich von euch im Norden und von den Leuten hier bezeichnet werden. Aber wer hat nun recht? Sind unsere Vorstellungen, unsere Formen des Verhaltens richtig oder eure oder die dieser Gesellschaft hier, in der wir leben?

Entschuldigen Sie bitte. Ich war unhöflich und habe die ganze Zeit geredet, ich habe Ihnen Ihre kostbare Zeit geraubt. Aber bitte glauben Sie mir, so hatte ich das nicht geplant. Ich habe mich nicht unbekümmert über die einfachsten Regeln des Anstandes hinwegsetzen wollen. Es war mir gar nicht bewusst, wie lange ich gesprochen habe und dass ich Sie gar nicht zu Worte kommen ließ. Es ist einfach aus mir herausgebrochen, unkontrolliert, unbemerkt. Aber ich habe in letzter Zeit fast nur mit mir allein gesprochen, Tag und Nacht, laut und leise, mit und ohne Worte, aber immer nur mit mir. Niemand will mehr mit mir reden, man hat Abstand zu mir genommen. Man findet mich komisch, vielleicht auch verrückt und für meine Probleme interessiert sich kein Mensch. Ich glaube, dass die meisten Angst haben. Diese okkulten Dinge sind gefährlich. Sie umgeben uns wie der böse Hauch eines Reptils. Mich umgibt dieses Fluidum, man sieht es mir an, ich brauche gar nicht mehr darüber zu sprechen. Ich bin gebrandmarkt. Man bedauert mich, weil man merkt, was passiert ist, aber man befürchtet, infiziert und mit hineingezogen zu werden, denn wer mein Freund ist, wird von den anderen als Feind betrachtet.

Und meine Freundin hext nicht allein, sie hat Helfer, potente Verbündete, wie ich sehe, deren Macht stärker ist als meine Abwehrkräfte. Was ich mit meinen Mitteln in neun Tagen abwenden, unschädlich machen kann, bauen die in ein, zwei Tagen wieder auf. So ein magisches Gefecht ist teuflisch! Man sieht nicht die Waffen des anderen, man kann nicht die Klingen kreuzen, wie es die Fechter tun. Es sind unsichtbare Klingen, die aber ununterbrochen Treffer erzielen, überall am Körper, sie blenden deine Augen, sodass du nur noch wie durch einen *velo*, einen Schleier, siehst, sie trocknen dir den Mund aus, sie lassen deine Haut schwarz werden und sie treffen dich auch im Innern deines Körpers. Dein Mageneingang verschließt sich, sodass du fast nur noch Flüssiges zu dir nehmen kannst. Sie lassen dein Herz leer pumpen, ja, oft stillstehen, kein Blut fließt mehr, du wirst im wahrsten Sinne des Wortes saft- und kraftlos. Auch die Lunge treffen sie. Du kannst kaum mehr atmen, denn die Lunge schrumpft, wird klein und kleiner und kann kaum noch Sauerstoff aufnehmen und an das Blut geben. Auch wenn du im Wald sitzt oder im Park unter Bäumen und versuchst, so tief du kannst zu atmen, gelingt es dir nicht, deine Lunge richtig vollzupumpen.

Das alles ist quälend und schmerzhaft, aber auch zutiefst unmoralisch und unmenschlich. Wie kann man einen Menschen so erniedrigen und foltern? Was habe ich denn getan? Aber noch schlimmer als all das sind ihre dauernden Einflüsterungen. Ich höre ganz deutlich ihre Stimme, die mir befiehlt, was ich zu tun und was ich zu lassen habe: ›Vergiss mich nicht, wann kommst du zurück, ich brauche dich und du brauchst auch mich, ich weiß es genau.‹ Und wenn sie müde ist von all den Einflüsterungen oder keine Zeit dazu hat, dann lässt sie diese *sporchizia*, diese Schweinerei, von den *spiriti maligni*, von den bösen Geistern, durchführen, die es noch schlimmer treiben. Sie sagen mir, dass ich sie treffen soll, wo und wann ich sie sehen kann. Sie locken mich mit den schönsten Worten, aber befehlen auch, wenn ich nicht darauf eingehen will oder gerade nicht kann. Darf man so etwas tun? Darf man einen Menschen so entmündigen, ihn willenlos machen? Darf man ihm seine Persönlichkeit rauben, seinen Stolz, ihn so sehr erniedrigen, dass er nicht mehr selbst über sein Tun und Lassen entscheiden kann? Wie soll ich all diese körperlichen und seelischen Qualen durchstehen? Wie lange werde ich diese Schmerzen noch aushalten und diese Befehle widerstandslos durchführen können? Mein Gegenzauber ist zu schwach, wie ich gesehen habe. Ich allein gegen sie und ihre Verbündeten ist ein Kampf, den ich nur hin und wieder mal gewinne. Ich sehe nur noch zwei Möglichkeiten: Entweder ich muss fliehen oder ich muss sie töten.

Ich habe mich vorhin entschuldigt, dass ich so lange rede und Sie in Anspruch nehme und rede doch schon wieder. Ich kann es selbst gar nicht verstehen. Ich weiß, dass es unschicklich ist, aber gleichzeitig rede ich weiter, ohne dass ich anhalten kann, so als ob mein Mund dies allein tun würde, wie Wasser, das irgendwo ausströmt, ohne dass man es abstellen kann, obwohl man weiß, dass es Schaden anrichten wird. Bitte verzeihen Sie mir, ich weiß nicht, wie mir geschieht. Das alles will ich nicht. Das bin nicht ich. Vielleicht gehört das auch in *ihren* Plan, dass ich reden und reden soll wie ein altes Weib, dass ich Sie belästigen soll, damit Sie mich hassen. Niemand soll mich mehr mögen, alle sollen mich meiden, damit ich schließlich ganz allein und einsam bin und zu ihr zurückkehre. Wer weiß, wer weiß?«

»Ja, mein Sohn, du hast lange gesprochen. Ich hoffe, es hat dich entlastet. Leider kann ich Dir jetzt nicht so antworten, wie es nötig wäre. Meine Zeit ist sehr bemessen. Morgen muss ich nach Italien zu einer Tagung und ich habe noch nicht alles vorbereitet. Aber ich verspreche dir, wenn ich in einer Woche zurück bin, werden wir uns wiedersehen und alles intensiv diskutieren. Leider ist mir diese magische Welt sehr fremd, auch wenn du mir dies nicht glaubst. Aber ich werde mir in Italien Literatur dazu beschaffen, um eure Welt besser zu verstehen und besser mit dir darüber reden zu können.«

»Ja, ich sollte jetzt gehen. Verzeihen Sie mir, ich habe Sie zu lange aufgehalten. Aber darf ich Ihnen noch eine einzige Frage stellen, nur ganz kurz?«

»Aber ja doch!«

»Sie sagten, dass Sie meine Freundin im *Centro Italiano* kennengelernt und hin und wieder mit ihr gesprochen haben. Hat sie denn Rat bei Ihnen geholt, wie sie sich gegenüber einem so rückständigen, kompromisslosen Sizilianer verhalten soll? Wo hätte sie ehrlicheren und kompetenteren Rat finden können als bei Ihnen?«

»Nein, so kann man es nicht sehen. Du weißt doch, dass Frauen in Liebesdingen eher Rat bei ihren Freundinnen einholen als bei einem katholischen Priester, zumal ein solcher darin als unerfahren gilt. Aber wenn wir uns übernächste Woche wieder treffen, werden wir über alles reden. Dann haben wir mehr Zeit.«

Er verabschiedete sich und fuhr wieder zurück nach Heidelberg, wo im *Centro* sein Freund gespannt auf ihn wartete. Er erzählte von dem langen Gespräch und dass Don Anselmo ihm bestätigt hatte, dass er und seine Freundin im *Centro* ein paar Worte miteinander gewechselt hätten. Doch auf seine Unterstellung, dass sie doch hin und wieder miteinander gesprochen hätten, hatte Don Anselmo lediglich eine zweideutige Antwort gegeben und bemerkt, dass Frauen sich in Liebesdingen eher mit ihren Freundinnen berieten als mit einem katholischen Priester. Beide fanden es eindeutig genug, dass Don Anselmo nicht hatte lügen wollen und daher diese zweideutige Antwort gegeben hatte. Damit sei bewiesen, dass er nicht nur ein paar Worte mit ihr gesprochen habe, sondern sicher ihr Berater und Helfer sei. Im Nachhinein fiel ihm nun auch auf, dass Don Anselmo, als er von seinen körperlichen und seelischen Qualen berichtet hatte, völlig unbeteiligt zugehört und nicht die geringste Regung gezeigt hatte, die auf Entsetzen oder wenigstens auf Mitleid hätte schließen lassen.

Eine Woche würde Don Anselmo in Italien sein. Ob er ihr in dieser Zeit helfen konnte? Sie würden abwarten, wie es ihm erginge, denn sie allein hatte sicher nicht die nötige Potenz, um ihn so wie bisher zu quälen. Da es Freitag war, begann er vorsorglich mit der *controfattura* und schlief danach fest und traumlos bis zum nächsten Morgen.

Der Pater muss sterben

Es war schon hell, als er aufwachte. Irgendetwas lag in der Luft. Er fühlte es deutlich, ohne jedoch sagen zu können, was es war. Ein eigenartiges Gefühl, ein wenig beängstigend, aber gleichzeitig mit einer seltsamen, heiteren Note. Sollte es ihm etwa besser gehen? Er wagte nicht, es zu glauben. War die Woche schon angebrochen, die ihm vielleicht eine gewisse Erleichterung bringen könnte?

In der Tat: Jeden Tag fühlte er sich etwas besser, sodass er nicht nur seine Wohnung verließ, sondern auch das eine oder andere Mal im *Centro* bei ein paar Gläsern Bier eine Partie Karten spielte, mit großem Appetit ein gebackenes Sandwich mit Schinken und Käse aß und einmal sogar ins Kino ging. Seine täglichen Spaziergänge im nahen Wald, die nun auch weniger anstrengend waren, da er besser Luft bekam, vernachlässigte er ebenso wenig wie den allnächtlichen Befreiungsritus. Indem er Knoten um Knoten löste, sagte er die entsprechenden Beschwörungsformeln auf, konzentriert, langsam, Wort für Wort, um keinen Fehler zu machen, und stellte sich dabei vor, wie er vielleicht bald von diesem unmenschlichen Zauber erlöst sein würde.

Nicht jeder Tag war gleich. Vor allem die Stimmen, meist die ihre, flüsterten ihm, wenn er allein auf seiner Bank im Wald war oder im

Park saß, lockend und verlockend, wie schön es doch bei ihr und mit ihr wäre, malten ihm Bilder in den wunderbarsten Farben und ließen ihn kaum zur Ruhe kommen. In solchen Situationen traten auch hin und wieder die beängstigenden Herzbeschwerden auf. Er spürte seinen Puls kaum noch, so schwach und so langsam war er. Oft hatte er den Eindruck, dass sein Herz still stehe, sein Brustkorb wie mit Stricken zusammengeschnürt und glühend heiß sei, während der Schmerz oft bis in die Finger der linken Hand ausstrahlte. Danach war er dann völlig erschöpft. Da diese Episoden jedoch viel seltener waren als sonst, auch die Muskelschmerzen nur ganz selten und dann weniger intensiv auftraten, durchlebte er eine Woche, die viel erträglicher war als all die Wochen und Monate zuvor.

Seine Besorgnis galt jedoch der Zeit nach der Rückkehr von Don Anselmo. Er war ganz sicher, dass die geringeren Belästigungen, die er in dieser Woche zu ertragen hatte, nur darin begründet waren, dass *sie* nun allein auf ihre magische Potenz angewiesen war und auf die Hilfe von Don Anselmo verzichten musste. Wie aber würde es weitergehen, wenn er nun aus Italien zurück war und ihr wieder helfen konnte? Allein der Gedanke, dass diese unerträgliche Qual sich wieder fortsetzen sollte, stürzte ihn in eine solche Verzweiflung, gemischt mit einer kaum beherrschbaren Aggressivität, dass er sich vornahm, sich eine Pistole zu besorgen. Es gab nur zwei Möglichkeiten: die Flucht oder den Tod der beiden.

Aber warum sollte er fliehen? Was hatte er denn verbrochen? Waren nicht die beiden Mörder, die ihn langsam zugrunde richten wollten? War es nicht Notwehr, wenn er sie tötete? Das könnte doch jedes Gericht verstehen. Dieser Gedanke an seine Stärke, daran, dass auch er sich wehren, sich verteidigen könne, gab ihm Kraft und Zuversicht für die kommende Woche, wenn Don Anselmo wieder im Lande wäre. »Ihr werdet schon sehen«, sagte er immer und immer wieder vor sich hin, »ihr werdet schon sehen, dass ich mich nicht wie ein Schaf wehrlos zur Schlachtbank führen lasse.« Eine kleine *Beretta* konnte Wunder wirken, das hatte er oft genug gehört, und dass es kein Problem war, sich von zu Hause eine besorgen zu lassen, wusste er von seinen Landsleuten. Sie war nicht ganz billig, aber was bedeuten schon ein paar hundert Mark, wenn man dafür seine Freiheit gewinnen kann? Musste er beide töten oder nur einen von beiden? Der Wichtigste war, wie er sich fieberhaft überlegte, eigentlich Don Anselmo, denn ohne ihn war sie schließlich recht kraftlos. Die Stimmen konnte er leicht ertragen, vor allem, wenn er wieder konzentriert arbeiten würde. Das war ja auch nur Weibergeschwätz, sagte er sich – »Wie schön es doch bei ihr und mit ihr wäre, was sie doch alles wieder miteinander tun könnten« und solch dummes Gefasel. Ja richtig, mal wieder mit ihr im Bett zu sein, eine verrückte Nacht miteinander zu verbringen, das konnte er sich vorstellen, aber mehr nicht. Nein, diese Flüsterei konnte er leicht aushalten. Unangenehmer waren die Muskelschmerzen, die sie ihm hin und wieder beibrachte und vor allem die Beengung in der Brust und die Hitze, die bis in den linken Arm strömte. Aber beides kam ja nicht so häufig vor, und wenn er wieder arbeitete, ein normales Leben führte, anständig aß und trank und seinen Befreiungsritus ohne Unterbrechung hintereinander durchführte, könnte er ihrer Kraft allein schon ausreichend Widerstand bieten. Und sicher würde sie es irgendwann aufgeben, wenn sie den geringen Erfolg ihrer Bemühungen erkennen müsste, denn schließlich war es ja auch Arbeit für sie, täglich ihren Zauber gegen ihn zu richten. Nur würde er höllisch aufpassen müssen, dass sie ihm nicht wieder ein Verhexungsphiltrum beibringen könne.

Es galt also, sich besonders vorzusehen, dass er nichts mehr zu sich nahm, was von ihr kam, was sie ihm schickte oder anbot. Und sollten sie sich vielleicht doch noch einmal in einem Café oder einem Restaurant treffen, so durfte seine Wachsamkeit keinen Augenblick erlahmen. Wie leicht könnte sie Blut von sich in einem unbeobachteten Augenblick in seine Speise oder sein Getränk träufeln. Sich von dieser Bindung zu befreien, wäre ihm dann ohne die Hilfe eines sehr potenten *fattucchiere* kaum möglich.

Und wenn er sie tötete? Würde Don Anselmo allein mit der *fattura* fortfahren? Eigentlich hatte er keinen Grund. Er hatte ihm schließlich nichts getan. Sie kannten sich ja kaum. Sicher hatte sie den Anfang gemacht und ihn um Hilfe gebeten, möglicherweise nur seinen Rat gesucht, sodass er ihr daraufhin, nachdem alle anderen Versuche, ihn zurückzugewinnen, erfolglos blieben, den Liebeszauber empfohlen hatte. Aber sie hatte doch keine Ahnung von dieser magischen Welt, dachte er. Natürlich hatte sie ihm ein Zauberphiltrum eingeflößt, aber dass sie neben dieser *fattura d'amore*, neben diesem Liebeszauber, noch die nötige *legatura* allein ohne Don Anselmos Hilfe durchgeführt haben könnte, war ihm kaum vorstellbar. In neun Tagen, beginnend an einem Freitag zu einer bestimmten Stunde, ohne sich zu versprechen genau den Ritus durchzuführen, jeweils einen Knoten in den *nastro* oder die *corda* zu schlingen und dabei die Bindungsformel aufzusagen, würde sie wohl kaum schaffen. Dazu war sie nicht empfänglich und einfühlsam genug für diese magische Welt, die für sie doch fremd und unverständlich war und deren Riten für sie einfach nur Techniken waren, um zu einem gewünschten Erfolg zu kommen.

Nein, das musste Don Anselmo vorgeschlagen und praktiziert haben. Ihm war Magie nicht fremd. Er praktizierte sie schließlich jeden Tag in der Messe, er hatte dies alles studiert, auch wenn er es nun weit von sich wies, davon etwas zu verstehen.

Wenn er sie umbrachte, würde Don Anselmo ihn aus Rache oder zur Strafe weiterquälen? Wer konnte wissen, was in einem solchen Kopf vorging, der half, andere Menschen zu foltern. Ja, eigentlich müsste er Don Anselmo zur Strafe töten, denn er hatte damit angefangen. Wenn er ihn tötete, würde sie aus Angst, auch getötet zu werden, vielleicht aufhören. Und wenn nicht? Dann musste er eben auch sie erschießen. Aber man würde ihn vorher verhaften, verurteilen und einsperren. Dann wäre er ihr völlig ausgeliefert, denn wie sollte er sie vom Gefängnis aus umbringen? Um ganz sicherzugehen, müsste er beide am selben Tag töten. Das wäre nicht ganz einfach. Wen zuerst? Ihn zu Hause in seiner Wohnung erschießen und anschließend nach Heidelberg zurückfahren? Und wo sollte er sie treffen? Mitten auf der Straße, wenn sie ihr Büro verließ? Aber sie kam nie allein heraus. Immer waren irgendwelche ihrer Kollegen dabei. Nein, er musste sich mit ihr verabreden und sie in ihrer Wohnung aufsuchen. Ob sie zustimmen würde? Vielleicht sollte er alles erst einmal ohne Pistole proben und beide nacheinander besuchen, um zu sehen, wie das Vorhaben zeitlich zu bewerkstelligen wäre. Ja, so ginge es. Doch zunächst musste er sich die *Beretta* besorgen und dann warten, bis Don Anselmo aus Italien zurückkehrte.

Sein Plan nahm ihn völlig gefangen. Er hatte noch nie getötet. Er hatte schon Erschossene gesehen, und das mehr als einmal – für die meisten Sizilianer war so etwas nichts Ungewöhnliches. Aber selbst jemanden zu erschießen schien ihm nicht ganz so einfach. Er würde aber doch niemanden aus niederen Beweggründen umbringen, sondern aus Notwehr töten. Das würde jeder verstehen, auch jedes Gericht, wenn er darstellte, wie man ihn gequält, ja, gefoltert hatte und dass man ihn sicher in den Tod hatte treiben wollen. Ein Mensch, den man so ausweglos in die Enge trieb, durfte sich doch wehren!

Während der nächsten Tage nahm er zu bestimmten Kreisen seiner Landsleute Verbindung auf, um eine *Beretta* aufzutreiben.

Was man ihm anbot, war aber viel zu teuer, darum begnügte er sich mit einer *Walther PPK*, die zwar ziemlich ramponiert aussah, aber, wie er bei einer Schießübung zusammen mit dem Verkäufer feststellen konnte, noch recht zielgenau war. Für die zwei Schüsse, die ich abzugeben habe, ist sie gut genug, sagte er sich. Da man ihm auch einen Schalldämpfer versprach, war er mit seinem Kauf zufrieden.

Er steckte die Pistole, wie er es bei den lässigen Profis in Fernsehfilmen gesehen hatte, in seinen Hosenbund. Es war ein sonderbares Gefühl, durch sie überlegen und stark zu sein und jederzeit in der Lage, sein Schicksal zu wenden. Er müsste nur zweimal abdrücken und er wäre frei.

Trotz der Aussicht, bald befreit zu sein, ließ dieses schwarze Stück Eisen kein Gefühl der Dankbarkeit in ihm aufkommen. Damit auf jemanden zu zielen, abzudrücken und zu sehen, wie er tot zusammenbrach, erschien ihm trotz aller Rachegefühle ungeheuerlich. Diese kaum merkliche Bewegung mit dem Zeigefinger löschte ein Leben aus, unwiederbringlich. Ein Vorgang, der nicht mehr rückgängig zu machen war, auch wenn man ihn vielleicht bereute und anschließend Zweifel bekam, ob dies der einzig richtige Weg gewesen war. Alles was er bisher in seinem Leben getan hatte, ob gut oder schlecht, alles hätte er anschließend wieder ändern können, nichts war so endgültig, so absolut unabänderlich wie dieses Vorhaben. Wie sehr er sich dies auch vorzustellen versuchte – immer wieder musste er sich eingestehen, dass er diese Tat, die er da plante, gar nicht richtig verstehen konnte.

Auf dem Weg nach Hause ging er, wie von einer inneren Kraft geleitet, am Neckar entlang, obwohl dies ein beträchtlicher Umweg war. Zu seinem Erstaunen war er mehrmals versucht, die Pistole ins Wasser zu werfen. Er brauchte ja nur ganz nahe an die Ufermauer zu gehen oder auf eine der Brücken und sie ins Wasser fallen zu lassen, kein Mensch würde etwas merken. Doch dann verscheuchte er diesen Gedanken, überquerte abrupt die Straße, lief auf der anderen Seite bis zur nächsten Querstraße, die von den Neckarstaden hoch führte und rannte wie ein Verfolgter bis zur Hauptstraße. »Nein, nein«, murmelte er vor sich hin, »nein, so schnell gebe ich nicht auf, so schnell nicht. Wahrscheinlich haben sie herausbekommen, dass ich bewaffnet bin und versuchen nun alles, um mich von meinem Plan abzubringen. Nein, so einfach geht es nicht, diesmal nicht. Wenn sie es wissen, dann sollen sie richtig schmachten. Vor Angst müssen sie vergehen, denn sie wissen ja nicht, wann ich zuschlagen werde. Sie sollen einmal leiden, richtig leiden, damit sie fühlen, was das bedeutet, was sie mir angetan haben.«

Zu Hause angekommen, legte er die Pistole auf das Tischchen neben seinem Sessel und betrachtete sie, ohne den Blick abwenden zu können. So saß er regungslos, ohne zu merken, wie die Zeit verging, und starrte auf dieses unheimliche schwarze Stück Metall. Den ganzen Tag nun hatte er dieses Ding mit sich herumgeschleppt, sich ununterbrochen durch den Druck im Hosenbund daran erinnert, und doch hatte er kein besonderes Gefühl für sie entwickelt, keine Beziehung, wie man sie zu einer Brieftasche aus weichem, gut riechenden Leder hat oder zu einem praktischen Geldbeutel, oder auch nur zu einem unscheinbaren Lederetui, in dem man seine verschiedenen Schlüssel aufbewahrt. Nein, sie hatte sich nicht verändert, sie war einfach ein Ding geblieben, unpersönlich und fremd. Obwohl er sie brauchte, blieb sie doch nur ein Gegenstand, kalt, aber nicht hässlich, ja, eher schön in ihrer auf die reine Funktion reduzierten Technik, ohne etwas Einnehmendes an sich, nichts mehr als arrogante schwarze Kälte.

Je länger er sie betrachtete, umso mehr musste er feststellen, dass er keine besondere Beziehung zu ihr entwickeln konnte. Sie brauchte wohl keine Sympathie, keine Zuneigung, er musste und konnte sie nicht lieben, nicht einmal gerne haben. Sie war Funktion und nicht mehr. Und da wurde ihm schlagartig klar: Er brauchte sie, aber wenn sie ihm ihre Dienste geleistet hatte, würde sie wertlos sein, würde sie kein Gefühl der Dankbarkeit in ihm wecken. Er würde sie beseitigen, irgendwo. Sie sollte dann für immer verschwunden und vergessen sein.

Er stand auf, nahm sie, packte sie in einen Plastikbeutel, faltete ihn zusammen, schlang ein Gummiband drumherum und schob sie in den Schrank unter die Wollsachen. Dort sollte sie bleiben bis er sie brauchte. *Basta!*

Anschließend saß er wieder in seinem Sessel und schaute auf den Schrank, in dem sie lag, als ob er sich doch nicht von ihr trennen könne. Das verwirrte ihn. Eine ganz eigentümliche Kraft schien von ihr auszugehen. Er konnte sich kaum vorstellen, dass er sie vor einer Stunde noch in den Fluss hatte werfen wollen. Natürlich war dies nicht *seine* Absicht gewesen. Dahinter steckten die beiden. Waren sie stärker oder war er es, der Widerstand leistete? Nun lag sie hier in seinem Schrank. Eigentlich mochte er sie nicht, dieses kalte schwarze Ding, und doch konnte er sie nun auch nicht wie irgendein Stück Metall betrachten, das irgendwo in seiner Wohnung lag: ein Hammer, eine Zange oder das Hufeisen, das er gefunden und als Glücksbringer auf sein Regal gelegt hatte... auch sie hatten doch nur eine Funktion. Auch sie dienten ihm zu ganz bestimmten Zwecken. Und doch ging von ihnen keine Kraft aus, sie waren neutral. Man brauchte einen harten Gegenstand, um einen Nagel in die Wand zu treiben. So erinnerte man sich an seinen Hammer, benutzte ihn, legte ihn dann wieder weg und schon war er vergessen – ein Gebrauchsgegenstand, keiner weiteren Gedanken würdig. Aber diese Pistole, würde sie wirklich nur ein Gebrauchsgegenstand sein und bleiben? Natürlich war sie kein Hammer, keine Zange: Obwohl auch Gebrauchsgegenstand, war ihre Funktion doch sehr verschieden. Er würde sie zum Töten brauchen, aber was würde danach mit ihr geschehen? Selbst wenn er sie sofort beseitigte und verschwinden ließ – würde sie dann auch wirklich vergessen sein?

Und wie sollte er bei der Tat vorgehen? Zwar war er sich darüber im Klaren, dass er es ganz schnell tun musste, aber wie? Sollte er in den Kopf schießen oder ins Herz? Von vorne oder von hinten? Nein, in den Kopf nicht. Er musste sie töten, aber doch nicht so hässlich entstellen. Da war es besser, ins Herz zu schießen. Sie würden ja angezogen sein, so würde man die Wunde nicht sehen, und das war auch richtiger so. Herzlosen Menschen soll man ins Herz schießen und sie nicht von hinten erschießen, sagte er sich. Hinterrücks zu töten war die Art der »Soldaten« der *società onorata*, der »ehrenwerten Gesellschaft«, der Mafia: Die schossen mit ihrer *Lupara* immer aus dem Hinterhalt. Nein, er musste es von vorne tun, von Angesicht zu Angesicht. Das würde sehr schwer werden, vor allem, weil er zwischen dem ersten und dem zweiten Schuss noch eine gute Strecke zurückzulegen hatte. Wenn sie nur beisammen wären, nebeneinander stünden, würde es ihm sicher viel leichter fallen. Vielleicht könnte er beide an einen Ort bringen. Sie um eine Unterredung bitten im Beisein von Don Anselmo, sozusagen offiziell, in dessen Büro. Wenn sie nicht darauf einging, musste er sie leider in ihrer Wohnung aufsuchen. Aber er hoffte doch, dass sie einem Vermittlungsgespräch zustimmen würde. Auf jeden Fall würde er aber zuvor austesten, wie es zu schaffen wäre, wenn sie dies ablehnte. Er würde sich den Fahrplan der OEG genau einprägen und mit der Uhr in der Hand die Zeiten, die er von den Bahnhöfen zu den Wohnungen und zurück zu Fuß benötigte, notieren, damit er ohne große Unterbrechung seinen Plan durchführen konnte. Wenn Don Anselmo aus Italien zurück war, würde er so bald wie möglich diesen Probelauf durchführen.

***

Die Nacht war erfüllt von schrecklichen Albträumen. Er wachte mehrmals schweißgebadet auf und war froh, als es endlich hell wurde. Aber der Tag begann kaum besser als die Nacht aufgehört hatte. Die üblichen Qualen setzten früh ein und begleiteten ihn den ganzen Tag über. Auch die darauf folgende Nacht ließ ihn wieder nicht zur Ruhe kommen.

Er hatte die Woche über nicht daheim gegessen, zumal er nur in Gesellschaft Appetit verspürte. Da er aber unbedingt nach dieser fast völlig durchwachten Nacht etwas essen und trinken musste und nichts in seiner Küche vorfand, ging er ins *Centro*, bestellte sich wie üblich ein gebackenes Käse-Schinken-Sandwich und eine große Tasse *caffè con latte*. Mit seinem Frühstück übergab man ihm einen zweifach gefalteten Zettel mit seinem Namen. Er öffnete ihn und fand eine Nachricht: Don Anselmo habe angerufen. Er sei aus Italien zurück und erwarte seinen Rückruf wegen eines Treffens in Mannheim.

Da war ihm schlagartig klar, warum seit zwei Tagen die Belästigungen wieder zugenommen hatten. Sie allein war zu schwach, um ihn zu foltern. Nun war ihr Helfer wieder da und ihre magische Potenz hatte sich verstärkt. Das war der Beweis, dass die beiden zusammenarbeiteten. Nun, dann sollten eben auch beide büßen. Mit Mühe nur konnte er sein Frühstück beenden. Jeden Bissen kaute er hundertmal, bis er ihn schlucken konnte, und musste jedes Mal mit Kaffee nachhelfen.

Er zitterte vor Wut und Angst so sehr, dass er seine Tasse mit beiden Händen halten musste. Eigentlich wollte er sofort anrufen, verzichtete aber darauf, da seine Freunde im *Centro* nichts davon mitbekommen sollten. Er zahlte, verabschiedete sich und ging. Am Universitätsplatz war die Telefonzelle ausnahmsweise einmal leer. Er nutzte diese Gelegenheit und rief Don Anselmo an. Er war selbst am Telefon. Sie verabredeten sich für den nächsten Nachmittag.

Die Zeit bis dahin verlief schleppend, schmerzhaft und voll banger Erwartung. Da er in den Stunden vor der Abfahrt so litt, nahm er, entgegen seiner ursprünglichen Absicht, doch seine Pistole mit, weil er so von Hass und Wut auf Don Anselmo erfüllt war, dass er sich spontan entschloss, die Tat nun doch gleich auszuführen, wenn er nicht das Versprechen erhielte, nun endlich in Ruhe gelassen zu werden.

Er war pünktlich am Zug, stand draußen an der großen Uhr am Bahnsteig und überprüfte die planmäßige Abfahrt. Sollte er ihn nicht heute schon töten, so würde er zwei, drei Tage hintereinander zur selben Zeit hier stehen, um zu sehen, ob der Zug regelmäßig so pünktlich abfuhr, oder ob auch größere Verspätungen auftraten.

Aber vielleicht würde sich schon heute alles wenden. Er stieg in den Zug und versuchte, sich zu setzen, aber auf den harten Bänken spürte er jeden kleinen Schlag der Bahn, da sein Gesäß so abgemagert war, dass er meinte, nur noch auf seinen Knochen zu sitzen. »So haben sie mir zugesetzt, dass ich kein Fleisch mehr auf den Knochen habe, diese Unmenschen«, murmelte er vor sich hin. »Aber es wird bald ein Ende haben. Vielleicht heute schon.« Er stand auf und stellte sich auf die Plattform. Die Schmerzen im Gesäß strahlten fast auf den ganzen Rücken aus. Er lehnte sich an die Wand und presste sich fest dagegen, wodurch er die Schmerzen etwas lindern konnte.

Nicht einmal mehr sitzen kann ich, richtig gehen schon lange nicht mehr, vielleicht wollen sie, dass ich nur noch im Bett liege – am besten wohl in *ihrem*! Sie werden sich täuschen. Noch lebe ich, zwar kaum besser als ein Hund, aber noch bin ich nicht tot. Bevor ich soweit bin, werden sie sterben. Sie haben es beide verdient. Eine kalte Wut stieg in ihm hoch. Nein, ich gebe nicht nach, ich kann es gar nicht. Wie soll ich gegen mich selbst leben. Nur weil sie es so will. Nein, das wird sie nicht schaffen. So weit werden sie mich nicht erniedrigen und meinen Körper auszehren, dass ich dann doch zu Kreuze krieche. Ich bin ja nur noch ein wandelndes Skelett, nicht mehr fähig zu gehen, ja, nicht einmal mehr fähig, zu sitzen. Sein Spiegelbild in der Fensterscheibe entsetzte ihn. Tiefliegende, schwarzumflorte Augen, spitze Backenknochen, ein langer dünner Hals mit einem weit vorstehenden Adamsapfel. Selbst der Mund schien eingefallen zu sein wie bei einer zahnlosen Alten, schmallippig über einem faltigen Kinn. Und wie hingen seine Kleider an ihm? Sie hatten einmal perfekt am Körper gesessen, sodass er seine Jacke und seine Hosen prall ausgefüllt hatte. Inzwischen konnte man glauben, sie seien viele Nummern zu groß. Mein Gott, wie sehe ich aus. Was haben sie aus mir gemacht, eine bessere Vogelscheuche. Was haben sie nur aus mir gemacht? Voll Wut und Hass betrachtete er das jämmerliche Zerrbild in der spiegelnden Scheibe.

So werde ich vor ihn hintreten und ihn auffordern, mich genau anzusehen, von oben bis unten. »Ja, sehen Sie mich nur an, sieht so ein Christenmensch aus? Ist das ein Ebenbild unseres Herrn? Sie haben mich nicht erst letzte Woche, sondern schon vor Monaten gesehen, und was sehen Sie jetzt? Bin ich noch derselbe Mensch? Habe ich überhaupt noch Ähnlichkeit mit diesem Mann, den Sie damals gesehen haben, der gesund aussah und kräftig, der heiter und fröhlich war, der gerne scherzte und lachte? Erkennen Sie den wieder? Erschreckt Sie diese Gestalt nicht, die Sie jetzt sehen? Fallen Ihnen dabei nicht die Worte des Johannesevangeliums ein: *Ecce homo*, ›Sehet, welch ein Mensch.‹ Ich bin nicht gekreuzigt, aber was ist der Unterschied? Auch ich bin einen Kreuzweg gegangen und auch ich werde am Ende sterben, wenn Sie nicht von Ihrer Magie ablassen! Sieht man mir noch nicht meinen kommenden Tod an? Hat man nicht schon den Verwesungsgeruch in der Nase? Und wie vereinbart sich das mit dem Gebot der christlichen Nächstenliebe, dem besonders Sie verpflichtet sind und das Sie immer predigen? Wie können Sie das vereinbaren, einen Unschuldigen zu foltern und gleichzeitig die Liebe zum Nächsten zu fordern? Und wollen Sie meinen Körper sehen? Soll ich meine Jacke ausziehen und mein Hemd? Sie werden eine erbarmungswürdige, jämmerliche Gestalt sehen. Eingefallene Schultern, aus denen die spitzen Knochen herausragen, Schulterblätter, nur noch mit dünner Haut überzogen, Gelenke, die groß wie eine Faust und aufgesetzt scheinen. Betrachten Sie meine Arme! Wo sind meine Bizepse, die einmal hart waren wie pralle Würste und jetzt schlapp sind und dünner als meine Ellenbogengelenke? Und wo sind die Muskeln auf meinen Unterarmen? Die beiden Knochen ragen aus jedem Arm heraus, wo einmal feste Muskeln waren, die zupacken und heben konnten und nun fast verschwunden sind, wie weggezaubert. Auch meine Hände... sind das noch schöne lange Hände mit kräftigen Fingern? Nein, nur noch Knochen und dicke Gelenke, zwischen denen kein bisschen Fleisch mehr sitzt, mehr Krallen als Hände, die keinen Druck mehr geben und keinen Druck mehr aushalten können, an denen selbst die Fingernägel brüchig werden und einreißen. Sollten Sie noch nicht zufrieden sein mit Ihrem Werk, dann schauen Sie sich meine Brust an. Ein Brustbein wie bei einer alten Legehenne und links und rechts Schlüsselbeine, die fast aus der dünnen Haut darüber platzen, so weit ragen sie heraus. Und wenn Sie wissen wollen, wie viel Rippen ein Mensch hat, bitte, hier können Sie gerne alle nachzählen. Meine Haut sollten Sie auch nicht vergessen. Haben Sie schon einmal so einen Faltenwurf von solch ungesunder Farbe gesehen? Wo ist der Unterschied zu einer Mumie? Und wenn das nicht reicht, kann ich auch noch meine Hosen ausziehen, damit Sie meinen schlaffen Hintern und meine Spindelbeine bewundern können!«

Als hätte er Angst, etwas zu vergessen, wiederholte er ununterbrochen diese makabere Beschreibung seines Körpers, indem er sich immer mehr Details ins Gedächtnis rief und dadurch immer heftiger unter dieser elenden Realität litt. Mit Tränen in den Augen betrachtete er sein Spiegelbild in der Fensterscheibe und konnte sich nicht von diesem Faszinosum des Elends losreißen.

»Mein Gott«, seufzte er, »ich sehe aus wie diese armen Menschen in den Lagern der Faschisten. Ihre Henker wurden zum Tode verurteilt und hingerichtet. Sie erhielten ihre gerechte Strafe für die unvorstellbaren Verbrechen. Wer andere so quält, der hat sein Leben verwirkt. Jeder normal empfindende Mensch hat dies als gerecht und richtig empfunden. Darum wird man auch mich verstehen und es als gerecht empfinden, dass ich meine Peiniger hingerichtet habe.«

In einer Stunde würde er vor Don Anselmo treten, ihm genau in die Augen schauen und all die Worte wiederholen, die er jetzt wieder und wieder geübt hatte. Er würde ihm nicht nur beschreiben, wie er aussah, sondern auch wie er sich fühlte, als Mensch ohne eigenen Willen, getrieben von Stimmen, lustlos, freudlos, verängstigt und ohne Mut, ohne Kraft und ohne Antrieb, mit Beinen, die nicht gehen und Armen, die sich nicht bewegen wollten. Ihm sagen, dass er seine Umwelt kaum mehr wahrnehmen und nur immer an sein Unglück denken konnte.

Und dann würde er eine Frage stellen, eine einzige Frage nur: »Wollen Sie mit diesem unmenschlichen zerstörerischen Zauber aufhören oder nicht?« Wenn er leugnete, irgendeine Ausrede vorbrachte oder auch nur Ausflüchte suchte, gar mit einer salbungsvollen Phrase kam, von denen diese schwarzen Raben so viele auf Lager hatten, wenn er nicht eindeutig versprach, ein für alle Mal aufzuhören, so würde er ihm sagen, dass er dann eben seinem schändlichen Tun ein Ende bereiten musste. Er würde ihm sagen, dass er es nicht gerne tue, dass er nie in seinem Leben nach der Maxime »Auge um Auge, Zahn um Zahn« gehandelt habe, sondern dass er eher die andere Wange hingehalten habe, wenn man ihm auf die eine schlug. Er würde ihm sagen, ganz ruhig, dass er aus Notwehr handelte, und dass dies seine Tat entschuldigte. Und er würde ihm auch sagen, dass es ein Verbrechen war, jemanden zu foltern und langsam zu Tode zu quälen und dass es üblich war, solche Verbrechen mit dem Tode zu sühnen, dass er also zweimal im Recht und zweimal zu entschuldigen sei. Dann würde er die Stelle auf seiner linken Seite, etwas mehr als eine Handbreite unterhalb der Schulter und ein paar Finger breit von der Mitte seiner Brust nach außen, genau fixieren. Da Don Anselmo ihm direkt gegenüber stehen würde, die linke Seite gegenüber seiner rechten und nur ein bis zwei Meter entfernt, konnte das Zielen überhaupt keine Schwierigkeiten machen. Dann würde er schnell die Pistole aus der Tasche ziehen, den Sicherheitshebel umlegen, genau auf diesen Punkt zielen und abdrücken.

Er sah noch in seiner Vorstellung die erstaunt aufgerissenen Augen Don Anselmos, dann wurde es ihm schwarz vor Augen. Er merkte nur noch, dass er gegen die Wand fiel und dass ihn kräftige Arme stützten.

»Geht es Ihnen nicht gut?«, hörte er eine dunkle Stimme wie von weit weg fragen. Man ließ das Fenster, an dem er stand, herunter. Der starke kalte Fahrtwind tat ihm gut. »Kommen Sie, setzen Sie sich«, sagte die Stimme. Man führte ihn ins Abteil und half ihm, sich auf den ersten Platz niederzusetzen. Er ließ alles willenlos mit sich geschehen. Dankbar blickte er den Mann an und nickte ihm zu. Bald darauf fühlte er sich wohler.

Don Anselmo ist stärker als ich, sagte er sich, viel stärker. Was ich in neun Tagen abwenden kann, schafft er in wenigen Stunden. Er wusste, was ihm bevorstand. Jetzt hat er mich befreit, damit es mir gut geht, damit ich mich wohlfühle, keinen Rachegedanken hege, keinen Gedanken an Vergeltung, nicht einmal an Verteidigung oder gar an Schutz. Nichts Böses, einfach Wohlbefinden, Hoffnung und neuen Lebensmut. Wie soll ich jetzt diesen Plan durchführen, wie diese Pistole abfeuern? Er wird mich so beeinflussen, dass ich mich sogar freue, diesen Plan nicht ausführen zu müssen, ja, dass ich mich schäme, einen Priester töten zu wollen. Aber was wird morgen sein? Wird dann die übliche Tortur weitergehen? Warum habe ich am Telefon nur gesagt, mit welchem Zug ich nach Mannheim abfahre? Soll ich nicht an der nächsten Station aussteigen und die Bahn zurück nach Heidelberg nehmen, damit er sieht, dass ich ihn durchschaut habe?

Es ging ihm von Minute zu Minute besser. Auch die Schwäche war völlig verschwunden. Ein Gefühl der Erlösung überwältigte ihn, wie wenn durch ein starkes Medikament ein unerträgliches Schmerzgefühl ganz plötzlich aufhört oder wie das erlösende Gefühl, das man empfindet, wenn man durch seinen eigenen Schrei aus einem entsetzlichen Albtraum erwacht und befreit wahrnimmt, dass es doch nur ein Traum war.

Er stieg nicht aus, sondern fuhr entspannt, fast heiter bis nach Mannheim durch und stieg dort aus dem Zug. Er fühlte sich von der *fattura* befreit und war sich gleichzeitig bewusst, dass dies nur dem Zweck diente, seinen Plan zu vereiteln, um ihn anschließend wieder zu quälen. Er fühlte sich von dieser Hinterlistigkeit abgestoßen und gleichzeitig wie von unsichtbaren Kräften zu seinem Peiniger hingezogen. Einmal drehte er sich um und ging ein Stück rücklings, bis er an jemanden anstieß und ihn die Leute amüsiert betrachteten. Wenn die wüssten, dass ich gar nicht hin will, aber doch muss, wären sie nicht so erstaunt, sagte er sich. Damit ihm das nicht nochmals passierte, ging er ganz eng an den Hauswänden entlang, sodass sein Ellbogen von Zeit zu Zeit die Wände berührte.

Endlich war er angekommen, läutete und wurde sofort eingelassen, als hätte man hinter der Wohnungstür auf sein Kommen gewartet. Aber Don Anselmo wusste ja genau, mit welchem Zug ich kommen würde, dachte er. Ob er auch über meinen Plan Bescheid wusste? Sicher, sonst hätte er mich nicht befreit. Dann musste er auch wissen, dass ich eine Pistole bei mir habe. Unwillkürlich zog er seine Jacke vorne besser zusammen und knöpfte sie ganz zu.

***

»Lege deinen Mantel ab und komm doch herein, ich habe dir viel zu erzählen!«

Die Stimme des Geistlichen kam ihm, als er die Bürotür öffnete, aus dem Hintergrund entgegen. Er tat, wie ihm geheißen und betrat etwas zaghaft das Zimmer. Don Anselmo kam ihm schon entgegengeeilt. »Aber zieh doch deine Jacke aus, es ist warm hier drinnen. Mach es dir gemütlich. Ich habe Tee gekocht, du trinkst doch sicher auch eine Tasse, nicht wahr? Nimm Platz, ich bringe sofort den Tee.«

Als Don Anselmo den Raum verließ, versuchte er die Pistole in seine Hosentasche zu stecken, damit er vielleicht doch die Jacke ausziehen könnte. Aber auch da sah man sie. Darum steckte er sie in eine der Innentaschen seiner Jacke, zog sie aus und legte sie so zusammengefaltet auf den Sitz neben sich, dass die Seite mit der Pistole unten lag. So müsste es gehen, dachte er und beruhigte sich langsam wieder. Don Anselmo brachte den Tee und sah sofort auf die Jacke.

»Aber wie hast du denn deine Jacke zusammengelegt, sie wird völlig verknittert. Komm, ich hänge sie draußen im Flur auf!«

»Aber nein, nein, bitte bemühen Sie sich nicht, das kann ich doch selbst«, sagte er hastig, packte schnell seine Jacke und ging zur Garderobe, wo er sie unter seinen Mantel hängte und den Bügel so drehte, dass die Tasche mit der Pistole ganz hinten an die Wand gepresst wurde. So einfach wirst du sie nicht finden, da musst du schon ein bisschen herumsuchen, und das merke ich, waren seine Gedanken. Aber ganz wohl war es ihm nicht, dass die Pistole unbewacht da draußen hing.

»Komm doch endlich herein und sieh, was ich aus Italien mitgebracht habe«, hörte er Don Anselmo rufen. Er ging ins Zimmer zurück und sah ihn vor einem Stapel Bücher stehen, der auf seinem Schreibtisch lag. »Siehst du, ich habe mich in Rom nicht nur um theologische Belange gekümmert, sondern, vielleicht sogar mehr, um die italienische Kultur des Südens, des Mezzogiorno, um eure Kultur. Alle bedeutenden Werke, die ich in der kurzen Zeit finden konnte, habe ich gekauft, andere werden mir noch zugeschickt. Einige habe ich bereits angelesen, und das Buch von Carlo Levi ›Christus kam nur bis Eboli‹ habe ich in einem Stück geradezu verschlungen. Weißt du, worum es geht? Nein? Es beschreibt seinen Aufenthalt in einem kleinen Bergdorf in der Basilicata, in das er von unserer damaligen faschistischen Regierung *mandato al confino*, verbannt wurde, obwohl er ein angesehener Arzt in Turin war, aber Jude und Kommunist. Seine tiefsinnige und einfühlsame Beschreibung eurer Welt des Südens, eurer Traditionen, eures Denkens und Fühlens, der eigentümlichen Formen eurer mitmenschlichen Beziehungen und vor allem auch eurer Magie, war interessanter und aufschlussreicher für mich als jede hochwissenschaftliche soziologische Analyse des Mezzogiorno. Ich kann dir nur empfehlen, es zu lesen. Obwohl es nicht Sizilien betrifft, wirst du dich und deine Gesellschaft darin vielfach wiedererkennen. Es ist kein religiöses Buch, wie der Titel vermuten lassen könnte, nein, Levi will damit sagen und am Beispiel dieses Dorfes in den Bergen der Basilicata belegen, dass das aus dem Orient zu uns gekommene Christentum an die Gestaden unseres Südens kam und von dort nur die Küsten entlang sich nach Norden verbreitete, sodass sein Einfluss kaum ins Landesinnere vordrang.

Und hör mal, wie Levi die Lebenswelt der Menschen dort beschreibt, in der ›... keine Wand die Menschenwelt von der Tier- und Geisterwelt trennt, ebenso wenig wie das Laub der Bäume getrennt ist von ihren dunklen unterirdischen Wurzeln. Sie können nicht einmal ein richtiges Individualitätsbewusstsein besitzen, wo alles von gegenseitigen Einflüssen abhängt, wo jedes Ding eine unmerklich wirkende Macht hat und wo es keine Grenzen gibt, die nicht von magischen Einflüssen durchbrochen werden. Sie leben versunken in einer Welt, wo die Grenzen zerfließen, wo sich der Mensch nicht von seinem Boden, von seinem Tier, von seiner Malaria unterscheidet, wo es weder die von den Literaten ... gepriesene Glückseligkeit gibt, noch die Hoffnung, die doch immer auch ein individuelles Gefühl ist, sondern nur die dumpfe Passivität einer leidenden Natur.‹ Wie schön, nicht wahr? Ich habe diese Stelle mehrfach gelesen und werde sie wahrscheinlich noch einige Male lesen. Sie hilft mir, eure Welt besser zu verstehen. Und wenn ich dann auch noch all diese anderen Bücher gelesen habe, dann werden sich wohl auch meine Vorstellungen von der Welt des Südens geändert haben. Besonders helfen wird mir vor allem das dicke Buch hier von Ernesto de Martino: ›*Sud e magia*‹, der Zauber des Südens. Von ihm erhoffe ich mir den Zugang zu eurer magischen Welt des Südens und natürlich zu deinen Vorstellungen, von denen ich hoffe, dass sie nicht deiner Fantasie entstammen, sondern dem Gedankengut deiner Gesellschaft entnommen sind. Viel verspreche ich mir auch von den Arbeiten von Clara Gallini und von Giovanni Jervis. Oder nimm hier die Arbeiten von Maria Secchi, dieser außergewöhnlichen Pädagogin. Wahrscheinlich sind ihre Arbeiten so hervorragend, weil sie Sardin ist und sich deshalb viel besser in die Welt des Südens einzufühlen vermag als die Norditaliener, auch wenn sie noch so bedeutende Wissenschaftler sind. Das Gleiche gilt auch für das Buch hier von Antonino Buttitta. Er ist Sizilianer wie du und wohl der beste Kenner eurer Traditionen. Aber was mich besonders faszinierte, sind die Bildbände von Melo Minnella. Wie kein anderer versteht er es, seine Heimat Sizilien und die sizilianischen *usi e costumi,* die Sitten und Gebräuche eurer Insel, in solch eindrucksvolle Bilder umzusetzen, die mehr aussagen als viele Seiten noch so eingehender Beschreibungen. Und wie hervorragend beschreibt Maria Giuffrè die barocke Pracht der Palazzi der einstigen Notablen und die Geisteshaltung, die damit verbunden ist. Vor allem werde ich mal wieder die großen Schriftsteller des Südens lesen: Pirandello, Verga, Silone, Vittorini, Sonino, Pavese, Tomasi di Lampedusa, und die noch lebenden wie Danilo Dolci und vor allem der unvergleichliche Leonardo Sciascia, den ich schon letztes Mal erwähnt habe und der schon heute zu den ganz großen der europäischen Literatur gehört. Ob du es glaubst oder nicht, ich werde sogar einmal unsere großen Sozialisten zur Hand nehmen, die über die ›Südfrage‹ geschrieben haben: Gramsci, Salvemini, Nicefero und all die anderen, denn es wird Zeit, dass wir Norditaliener uns endlich um unseren, um euren Süden bemühen, uns ehrlich damit befassen und die vielen Vorurteile abbauen. Vielleicht werden wir uns dann auch besser verstehen, wir euch, aber ihr auch uns. Es ist sicher nicht einfach, aber die Zukunft wird uns zwingen, uns endlich als eine Nation zu begreifen und unsere Kraft zu bündeln.«

»Das ist sicher eine gute Idee. Aber hoffentlich bleibt es nicht wieder nur bei der Idee. Auf die Praxis warten wir nämlich seit der Einigung Italiens. Und das sind nun, wenn ich mich nicht täusche, genau einhundert Jahre. Vergessen Sie nicht, dass wir damals die viel Reicheren waren. Sie haben uns ausgeplündert, wie fast alle Eroberer vor Ihnen, die uns in unserer langen leidvollen Geschichte besetzt haben und uns zivilisieren wollten. Vierunddreißig ›neue Herren‹ waren es, sie alle sind reicher gegangen und haben uns in immer ärmerem Zustand hinterlassen. Heute nun, da wir wirklich arm sind und vergessen am Rande Europas, bezeichnen sie nun den Mezzogiorno, ja, schon alles, was südlich von Rom liegt, als Afrika und uns als *africani* oder *cafoni*, oder sogar als *mangiasapone*, als Seifenfresser. Aber das liegt nur daran, dass die Norditaliener nicht verstehen wollen, dass es nicht nur eine Form des Zusammenlebens gibt, nicht nur die Art und Weise, wie es heute modern ist und wie sie leben wollen, sie und all die reichen Gesellschaften hier in Mittel- und Nordeuropa und vor allem diese Amerikaner. Sie sehen ja jeden Tag, wie die Amerikaner sich benehmen, wir haben doch Tausende hier in Heidelberg und in Mannheim. Sollen die unser Vorbild sein? Nein, so wollen wir nicht leben. Wenn sie alle glauben, dass dies das richtige Leben ist, warum dürfen wir dann nicht glauben, dass unsere Lebensweise die richtige ist? Wir sagen doch nicht, dass sie sich nach uns richten sollen. Sie können ihr Leben einrichten, wie sie es für gut empfinden, und genau das wollen wir auch.

Wir haben darüber gesprochen, dass ich das Benehmen meiner Freundin als unerzogen und unmoralisch empfinde. Sie findet das nicht und ich soll ihre Vorstellung übernehmen. Das geht nicht. Ich habe es versucht, aber es geht nicht. Ich glaube doch, nein, ich bin sicher, dass unsere Art des Benehmens, vor allem in der Öffentlichkeit, die bessere ist. Sie ist sicher weniger freiheitlich, aber diese Freiheit hier führt doch viel häufiger zu Konflikten, wie ich sehe. Bestimmt nicht alle Deutsche finden ein solches Verhalten, wie sie es will, richtig. Oder was meinen Sie?«

»Nun, was im mitmenschlichen Verhalten als richtig oder falsch gesehen wird, ist sehr relativ. Von ganz wenigen Ausnahmen abgesehen gibt es keine objektiven Werte, Normen oder Rollen, die in allen Gesellschaften gleich bewertet würden. All diese Festschreibungen sozialen Handelns und Verhaltens sind kulturspezifisch, ihre Inhalte können stark variieren. Was gut oder böse ist, was richtiges oder falsches Verhalten, was schicklich oder unschicklich ist, kann von Gesellschaft zu Gesellschaft sehr verschieden oder sogar komplett gegensätzlich sein. So war bei euch die Blutrache nicht nur erlaubt, sondern sogar sittliche Pflicht und sie ist es zum Teil ja auch heute noch, während sie bei uns ein Verbrechen wäre. Und selbstverständlich ist sie auch vom christlichen Standpunkt aus nicht nur unsittlich, sondern auch verboten, denn ›Mein ist die Rache, spricht der HERR!‹ Schweinefleisch ist im Islam und im Judentum verboten, bei uns ist es ein Genuss. Kopfjagd ist auch heute noch bei verschiedenen Stämmen Indonesiens und Melanesiens üblich und wird teils institutionell gefordert, für uns ist sie verabscheuungswürdig. Wucher zu treiben oder auch nur Zinsen aus einem passiven Kapital zu erzielen ist im Islam verboten und war im Puritanismus, vor allem bei den Calvinisten, erstrebenswert und positiv bewertet. Heute in den kapitalistischen Gesellschaften scheint es allgemein üblich zu sein. So wird voreheliche Keuschheit in vielen Kulturen bedingungslos erwartet und vor allem die Jungfräulichkeit bis zur Ehe bei euch im Süden als hohes Gut bewertet und dementsprechend rigoros gefordert. Ein vorehelich defloriertes Mädchen ist *mancata*, unvollkommen, fehlerhaft und in der Ansicht vieler für die Ehe untauglich. Du weißt doch, dass ein Mann, der von seiner Frau in dieser Hinsicht getäuscht wurde, die Ehe auflösen lassen kann und dass Mädchen sogar schon getötet wurden, weil sie die *onore di famiglia*, die Ehre der Familie verletzt hatten. Und du selbst hast mir mit großer Überzeugung dargestellt, dass man ein Mädchen, das man sogar selbst entjungfert hat, nicht heiraten kann, da es nun nicht mehr jungfräulich ist. Aber stell dir vor, es gibt Gesellschaften, vor allem Stämme in Ozeanien, wo der wechselnde Geschlechtsverkehr der Jugendlichen vor der Ehe nicht nur erlaubt ist, sondern ein Mädchen sich nur verheiraten kann, wenn es vorher viele Geschlechtspartner hatte – je mehr und je öfter es begehrt wurde, desto höher ist des Mädchens Wert als

Ehepartnerin. Während man bei euch und in vielen anderen Gesellschaften untreue Ehefrauen bestraft, oft mit dem Tode, gibt es in nordeurasischen Gesellschaften die sogenannte Gastehe. Der Gastgeber hat die Verpflichtung, einem männlichen Gast, der über Nacht bleibt, seine Ehefrau anzubieten. Polygynie, die Möglichkeit eines Mannes, zwei oder auch mehrere Frauen zu ehelichen, ist in vielen Gesellschaften institutionalisiert, bei uns unter Strafe verboten. Und es gibt auch den umgekehrten Fall, die Polyandrie, vor allem in Nepal, aber auch in anderen Gesellschaften, wo eine Frau mehrere Männer heiraten kann und sie die Herrschaft zu Hause hat.

Ich könnte dir noch unzählige Beispiele dafür bringen, dass die eigenen Vorstellungen von der Welt und dem Zusammenleben in der Welt jeweils nur eine kulturell festgelegte bestimmte Form von vielen anderen möglichen Formen ist. Von einem absoluten Standpunkt aus sind also menschliche Handlungs- und Verhaltensweisen und die zugrunde liegenden Werte und Normen überhaupt nicht zu bewerten. Wir müssen uns von der Selbstverständlichkeit unserer eigenen Kultur als der absolut richtigen lösen und verstehen lernen – und dieses Lernen ist möglich, wie du selbst eingeräumt hast – dass das, was wir in anderen Kulturen als falsch, böse, gar widernatürlich oder unmenschlich bewerten, moralische oder ästhetische Vorurteile sein können, von denen wir uns unbedingt befreien müssen.

Natürlich ist mir klar, dass dieser Lernprozess nicht einfach ist, das sehen wir ja an den unzähligen Konflikten, die zwischen zwei Menschen, wie euch beiden, aber auch zwischen Gruppen, Stämmen, Völkern, ja, sogar großen Nationen immer wieder auftreten und nicht selten blutig ausgetragen werden. Die Forderung, dass wir unseren ›Kulturhorizont‹ erweitern müssen, wie sie die Philosophen, die Soziologen und vor allem die Kulturanthropologen stellen, ist eben äußerst schwer in die Praxis umzusetzen. Der Grund liegt doch darin, dass die Welt, wie sie unser Schöpfer in all ihrer Herrlichkeit geschaffen hat, von uns Menschen in all ihrer unermesslichen Größe und Fülle niemals ganz erfasst und erlebt werden kann. Wir können immer nur einen Teil davon erfassen – die einen vielleicht einen größeren, die anderen einen kleineren. Dann machen wir uns ein Bild von dem, was uns umgibt, vom Himmel und der Erde, aber auch von uns Menschen selbst. Natürlich können diese Bilder nicht bei allen Gesellschaften gleich sein, denn sie sind aus der Erfahrung verschiedener Welten und Denken entstanden. Du wirst doch sicher verstehen, dass ein Mensch, der in einem tropischen Wald aufgewachsen ist, eine andere Vorstellung von der Welt entwickelt hat, als einer, der in der Polarzone oder hier bei uns in Europa sein Bild von der Welt geformt hat. Du siehst ja, dass schon euer Weltbild in Süditalien sehr verschieden ist von unserem in Norditalien, obwohl wir doch demselben Volk angehören und eigentlich dieselbe Sprache sprechen.

Aber sprechen wir denn wirklich dieselbe Sprache? Meinen wir denn genau dasselbe, wenn es beispielsweise, wie wir gesehen haben, um die Wörter ›Liebe‹ oder ›Zärtlichkeit‹ geht oder um die Begriffe ›Familie‹ oder ›Staat‹? Und du kannst dir sicher vorstellen, dass das von Gesellschaft zu Gesellschaft mit völlig unterschiedlichen Sprachen und Traditionen extrem verschieden sein kann. Vergleichen wir nur die Inhalte von ein paar Begriffen aus dem Italienischen und dem Deutschen, aus zwei Sprachen, die immer noch miteinander verwandt sind. Für die Deutschen hier ist, wahrscheinlich aufgrund ihrer germanischen Tradition, ein Baum oder ein Wald ein ganz anderes ›Wesen‹ als für uns. Hier wird er gehegt, gepflegt, sogar verehrt, bei uns ist er vor allem Bau- und Brennmaterial. Auch die Vorstellungen, die mit einer Blume verknüpft werden, mit Gebirgen, mit den Gestirnen, mit allem, was uns umgibt, sind sehr verschieden. Für die einen ist eine Blume nicht nur irgendeine blühende Pflanze, sondern Anlass für ein Gefühl der Freude oder des Glücks. Gebirge können bedrohlich sein, bedrückend und beängstigend für den, der auf dem flachen Land aufgewachsen ist, und für Bergbewohner erhaben sein und majestätisch, faszinierend oder verehrungswürdig. Vor allem aber mit dem Mond, der Sonne und den Gestirnen sind unendlich viele Mythen verbunden: Einerseits stehen sie für das Leben Ermöglichende, Bewachende und Schützende, aber auch für Bedrohliches, Beängstigendes.

Wenn ich mich wieder auf deine Probleme beziehen darf, so ist es vielleicht nicht dir, aber sicher allen außerhalb Süditaliens und auch mir einleuchtend, dass all diese Erklärungsmuster für deine jetzige Befindlichkeit aus deiner spezifischen süditalienischen Kultur stammen, die nicht einmal wir Italiener aus dem Norden gut genug kennen, geschweige denn die anderen europäischen Gesellschaften. Euch dienen all diese magischen Handlungen, Vorstellungen und Riten zur Erklärung von verschiedenen unerklärlichen Ereignissen an euch selbst, an eurem Leib, eurer Seele oder in eurem Umfeld. Das hilft euch, etwas Fremdes zu benennen, zu erklären und innerhalb dieses Systems etwas dagegen zu unternehmen. Andererseits können diese magischen Systeme aber auch sehr schaden, ja, sogar zum Tode führen, wie es durch die *fattura a morte* möglich sein soll. Davon bist du ja überzeugt.«

»Entschuldigen Sie bitte, Monsignore, darf ich Sie einen Augenblick unterbrechen? Nur ganz kurz, bitte. Wenn ich Sie richtig verstanden habe, meinen Sie, dass es magische Beeinflussungen, Bannungen oder Bindungen, Verhexungen und Verzauberungen gar nicht gibt, auch den bösen Blick nicht, sondern dass das alles nur Formen unseres sizilianischen Aberglaubens sind, primitive Reste einer uralten primitiven Welt? Denken Sie denn, dass wir alle diese magischen Dinge brauchen, um zu erklären, warum wir uns krank fühlen, Schmerzen haben, kraftlos sind und appetitlos? Nein, dafür haben wir unsere Hausmittel, und wenn die nicht gleich wirken, suchen wir Hilfe bei der Hebamme oder beim Heiler im Ort. Und wenn auch die uns nicht gesund machen können, müssen wir halt zum Arzt gehen. Aber diese *potenza occulta*, diese magische Kraft, kann man nicht nach Belieben einsetzen. Sie ist immer gefährlich, da man ganz selten weiß, wann sie uns trifft. Sicher gibt es Orte, wo solche Kräfte wirken, die man tunlichst meiden muss oder Menschen, die *jettatori*, die den bösen Blick an sich tragen und vor denen man sich unbedingt schützen sollte. Aber die allermeisten dieser magischen Praktiken werden doch geheim von Personen durchgeführt, die sich darauf verstehen oder von diesen *maghi* oder *fattucchieri*, die es für andere erledigen. Selbst wenn diese Kräfte nicht zerstörerisch gegen das Hab und Gut des Nächsten gerichtet sind, sondern nur von einer Person ausgehen, die eine andere für sich einnehmen will, sie verliebt machen, sie an sich binden will, so wird diese doch zu etwas gezwungen und in ihrer freien Entscheidung beeinflusst. Und selbst da, wo man denken könnte, dass die Person im Recht ist, weil sie beispielsweise ihren Ehepartner, der sie verlassen hat, zurückgewinnen möchte, wird doch ein Zwang ausgeübt, denn ohne Grund bricht kaum einer der Partner aus der Ehe aus. Meist liegt die Schuld ohnehin teilweise oder sogar ganz bei dem Verlassenen. Sie sehen doch die vielen Fälle unserer Landsleute hier und sicher auch anderswo in Europa, die das ganze Jahr über, abgesehen vom Urlaub, allein im Ausland sind, getrennt von der Familie, von den Verwandten, Freunden und Nachbarn, verwundert es, wenn sich dann ein Mann nach Jahren der Trennung einer anderen Frau anschließt? Zu Hause hat man sich dann ohne ihn eingerichtet, entsprechend der wichtigsten Grundregel unserer Lebensgestaltung: *arrangiarsi*, sich zu helfen wissen, irgendwie zurechtkommen, hat man vielleicht einen anderen ›Beschützer‹ gefunden und irgendwann ist der eigene Mann einem fremd geworden, wird nur noch ertragen, aber nicht mehr geliebt und respektiert.

Aber während die Industrie hier im Norden und somit diese Länder ihr ›Wirtschaftswunder‹ mithilfe der Migranten schufen, ist der Preis, den Südeuropa für das bisschen Wohlstand zu entrichten hat, Hunderttausende zerrüttete oder gar zerbrochene Familien und eine in vielen Bereichen totale Veränderung unserer Lebensweise. Ob sich das auszahlt, wird die Zukunft zeigen. Ich bin sehr skeptisch. Und dass diese okkulten magischen Praktiken nicht nur von uns primitiven *cafoni* des Südens eingesetzt werden, wenn uns unsere Lebenserfahrung nicht mehr weiterhilft, sehen Sie doch überdeutlich an mir. Glauben Sie denn wirklich, ich hätte dieses unsagbare Leid nur einfach so übernommen, um mir zu erklären, was mit mir geschehen ist? Das weiß ich sehr genau, glauben Sie mir, so gut wie Sie es wissen: Diese Frau und ich, wir haben uns getrennt, weil wir uns über bestimmte Regeln des *essere ben educato*, der Wohlerzogenheit, nicht einigen konnten. Und ich weiß genauso gut wie Sie, dass diese Frau nicht mit der Trennung einverstanden ist, mich zurückhaben will und, da ich mich nicht ihren Vorstellungen über richtiges Benehmen beugen will, nun diese magischen Praktiken einsetzt.«

»Ja, so siehst und erklärst du das. Aber könnte es nicht doch so sein, wie ich dir schon einmal erklärt habe, dass du unter der Trennung, dem Verlust dieser Frau leidest und dies dir nun mit den traditionellen Mustern aus deiner Kultur selbst erklärst? Dir und deiner Gesellschaftsschicht stehen noch keine anderen psychologischen Deutungsschemata zur Verfügung, deshalb müsst ihr auf eure traditionellen Erklärungsformen zurückgreifen, um solches Leid des Liebesverlustes fassbar zu machen.«

»Aber wenn unsere Vorstellungen veraltet und rückständig sind, die Wissenschaften aber alles erklären können, warum ändern wir dann unser Denken und Verhalten nicht? Sind wir *cafoni* mal wieder nicht intelligent genug oder ist nicht nur Christus, sondern sind auch die Wissenschaften nur ›bis Eboli‹ gekommen?«

»Nein, das hat nichts mit eurer Intelligenz zu tun. Wissenschaftliche Erkenntnisse setzen sich meist nur sehr schwer und sehr langsam durch. Wenn es anders wäre, würde es den Menschen überall auf dieser Welt sicher besser gehen. All die Normen und Werte, nach denen wir unser Verhalten und Handeln ausrichten, haben wir im Laufe unseres Lebens durch unseren Sozialisationsprozess tief verinnerlicht, sodass wir sie nicht einfach ablegen, ja, nicht einmal mühelos gegen andere austauschen können. Sie haben darum für uns eine autoritative Geltung. Sie bestimmen uns. Nur unter großen Widerständen, von außen wie von innen, ist es uns möglich, uns zu widersetzen oder uns gar darüber hinwegsetzen zu wollen. Dabei werden die zu überwindenden Hemmungen nicht etwa wie physische Widerstände erlebt, nicht wie eine Mauer, die sich mir entgegenstellt. Der Widerstand spielt sich in mir ab und kann zu einem besonderen Konflikt führen, zu der Kollision zwischen den Forderungen der traditionellen, gewohnten und den sich neu stellenden Verhaltensformen.«

»Aber warum sollen denn immer nur wir die Rückständigen sein, bei denen sich nichts ändert! Es soll sich immer alles nur zu eurem Vorteil ändern, damit es euch im Norden besser geht, damit ihr immer reicher werdet und der Abstand zu uns immer größer wird!«

»Die Ursachen hierfür liegen nun einmal in eurer Geschichte, in eurem Kulturideal und somit in eurem sozialen und wirtschaftlichen System, das sich darauf gründet. Jede Gesellschaft in der Welt hat ein bestimmtes Kulturideal, nach welchem sie ihr soziales, ökonomisches und kulturelles Handeln und Verhalten ausrichtet. Natürlich muss zur Erreichung dieses Ziels ein bestimmter Umfang an Mitteln aufgebracht werden. So ist euer Kulturideal noch immer die humanistisch-ästhetisch geprägte Welt und euer Leitbild ist der absentistische Rendist, so wie eure einstmaligen Feudalherren: Die lebten zwar von ihren Ländereien, aber nur selten auch auf ihnen, sondern vielmehr in den kulturellen Zentren Mittel- und Norditaliens, oft in Neapel beim Königshof. Selbst diejenigen, die auf der Insel blieben, wohnten während der milderen Jahreszeit in ihren Stadtpalästen in Palermo, möglichst in der Nähe des Vizekönigs und verbrachten die heiße Sommerzeit auf ihren Landsitzen in den kühleren Regionen. Ihre ausgedehnten Ländereien ließen sie in den Händen ihrer *sovrastanti* und *gabellotti*, ihrer Verwalter und Großpächter. Sie lebten zwar von ihrem Grund und Boden und das gar nicht schlecht, aber eine besondere Beziehung, eine innere Einstellung zur Scholle hatten sie nicht. Und die Lebensformen der städtischen, höfisch-kulturellen Zentren, die, wenn auch nur in bescheidenem Abglanz, euch von euren Landbaronen demonstrativ vermittelt wurden, formten sich dann auch zu eurem kulturellen Leitbild. Das Besondere daran ist nun, dass dieses sich nicht auf eure soziale und wirtschaftliche Lage bezieht, sondern auf euch, die Träger dieser Kultur. Es verkörpert eigentlich nur das erstrebenswerte Menschenbild: gebildet zu sein im Sinne des humanistischen Ideals, Würde und Stolz zu besitzen, sicher, überlegen und unabhängig zu sein und die Mittel zu besitzen, großzügig und gastfreundlich sein zu können. Und insbesondere beinhaltet euer kulturelles Leitbild die ersehnte Befreiung von der alltäglichen, als erniedrigend empfundenen Landarbeit. Nicht dass ihr faul seid. Keineswegs, ja, im Vergleich mit den anderen Regionen Italiens wird bei euch wahrscheinlich sogar mehr, sicher aber härter gearbeitet. Es ist nicht die Arbeit an sich, die ihr ablehnt, sondern eben die Arbeit, die ihr als schmutzig und tierisch empfindet, die aber doch die einzige Möglichkeit ist, die ihr habt, die Bearbeitung des

Bodens und der Umgang mit Tieren. Aber das, was euch vor allem daran hindert, entsprechend eurem kulturellen Leitbild leben zu können, ist nicht nur eure empfundene Entwürdigung durch die Arbeit. Es ist doch vielmehr eure Hoffnungslosigkeit, ja, eure Resignation. Aber diese Haltung entspringt nicht den negativen Bedingungen eurer sozialen und wirtschaftlichen Lage, obwohl es davon doch genug gibt. Nicht die wirklichen Ursachen, wie die so ungünstigen Klimabedingungen, die Wasserarmut, die schlechten Bodenverhältnisse, aber auch die Erdbeben, die isolierte Lage der Insel, die Überbevölkerung, die politische Vernachlässigung eurer Insel und des ganzen italienischen Südens durch die Regierung in Rom und die vielen Epidemien, die immer wieder Mensch, Tier und die Natur befallen, macht ihr verantwortlich für eure Misere, sondern ein übermächtiges Schicksal, gegen das, wie eurer Meinung nach die Erfahrung lehrt, ein Auflehnen sinnlos ist.«

»Aber wir haben uns doch aufgelehnt gegen die bestehenden Verhältnisse, immer und immer wieder. Schon sehr früh, denken Sie nur an die ›Sizilianische Vesper‹, an den Volksaufstand Ende des dreizehnten Jahrhunderts, der von Palermo ausging. Die *Vespri Siciliani* haben sich dann über die ganze Insel verbreitet, um die Fremdherrschaft der Franzosen abzuschütteln. Sie wurden ebenso blutig niedergeschlagen wie die anderen Revolutionen im letzten Jahrhundert. Oder denken Sie an die *fasci dei lavoratori*, an die Aufstände der Landarbeiter 1893, die auch blutig unterdrückt wurden. Und nicht zu vergessen die Landbesetzungen durch die Bauern und Kleinpächter der großen Latifundien unlängst in den fünfziger Jahren, die wenigstens zu einer gewissen Agrarreform geführt haben. Aber das sind ja nur die großen Erhebungen, von denen wir und auch ihr in der Schule eingehend hören, oder die wir, wie die letzte, selbst erlebt haben. Ich könnte Ihnen sicher noch von vielen kleinen und größeren Rebellionen unserer alten Geschichte erzählen. Wie verzweifelt und erfolglos wir immer wieder aufbegehrt haben, können Sie an dem fast komischen Versuch unseres *Turiddu*, des Banditen Salvatore Giuliano aus Montelepre erkennen, der sich aus dieser hoffnungslos unterdrückten Situation heraus an den damaligen amerikanischen Präsidenten Truman mit der Bitte wandte, Sizilien in die Vereinigten Staaten einzugliedern. Wir haben doch immer wieder versucht, gegen die vielen Eroberer, die unsere Insel in Besitz nahmen, zu revoltieren, aber wir waren jedes Mal zu schwach, wir hatten nie ein Heer, das uns verteidigen und schützen konnte! Eine fremde Macht hat die andere fremde Macht, die gerade die Herren der Insel waren, besiegt und sich an deren Platz gesetzt. Wir waren dabei immer nur die verwundeten Statisten. Und jetzt sind wir also Italiener, sogar mit etwas mehr Autonomie als die anderen Regionen Italiens, aber eben nur mit etwas mehr Selbstbestimmung, was auch immer das bedeutet.«

»Von wenigen Ausnahmen abgesehen waren das aber immer nur, wie Soziologen sagen, endemische Rebellionen. All diese Erhebungen waren eigentlich nicht mehr als tragische Missverständnisse. Eure Bauern kämpften nur um die, wie sie meinten, alten Rechte, die ihnen ewig vorenthalten wurden, nicht aber für eine Umstrukturierung der bestehenden sozialen und ökonomischen Verhältnisse. Das ewige Scheitern ihrer Aufstände hat sie nicht dazu gebracht, ihre reale Lage richtig einzuschätzen. Ihre Bestrebungen waren nie auf eine andere Welt gerichtet, sondern auf die Erhaltung der bestehenden und Restaurierung der vermeintlichen ›alten Rechte‹. Das bedeutete, dass auch keine partielle Änderung vorstellbar war. Gesucht war jedes Mal ein gerechter und weiser Führer, der dies zu leisten in der Lage war. Konnte er es nicht leisten, stagnierten die Erhebungen sofort und erloschen meist ebenso schnell wie sie begonnen hatten. Dadurch konnten natürlich auch keine wirksamen Mittel geschaffen werden, um das erstrebte Kulturideal zu erreichen. Und nicht nur das. Da ihr eure Lage nie als selbstverschuldet, sondern als schicksalsgegeben annehmt, betrachtet ihr euch natürlich auch als Schicksalsgemeinschaft, die eine moralische Ordnung mit einem kollektiven Gleichheitsanspruch darstellt. Das ermöglicht euch in eurer Misere, eure Würde und Selbstachtung nicht zu verlieren. Der Einzelne entlastet sich so vom Schuldgefühl individuellen Versagens. Dadurch leuchtet es ja auch ein, dass man so rigoros mit Aufsteigern verfährt, sie sozusagen zurückholt, mit welchen Mitteln auch immer, denn aus dem *mondo della miseria* aus eigener Kraft herauszukommen würde ja bedeuten, dass kein unergründliches, missgünstiges Schicksal schuld an der so unbefriedigenden sozialen und ökonomischen Lage ist. Und das würde ja die Schuld zurückwerfen auf eure Gesellschaft, auf jeden von euch. Unerträglich, nicht wahr? Die Folge davon ist, wie man sieht, ein stagnierendes, ja, immobiles System ohne die Möglichkeit eines soziokulturellen und ökonomischen Wandels. Das ewige unbewegliche Verharren in der Hoffnung, dass irgendwann, irgendwer, von außen kommend, dies alles nach euren Vorstellungen und Wünschen löst. Und dann wundert ihr euch, wenn man euch von allen Seiten euer Verhalten und Handeln, eure Einstellungen als getragen von einer Alimentierungsgesinnung vorwirft! Ihr wollt, dass man euch zeigt, was man wie und wo anbauen oder sonst wie produzieren soll, wie man die Märkte dafür erschließt und sie bedient, euch die nötige Infrastruktur aufbaut und die Schulen und Ausbildungsstätten. Dass man euch rundherum versichert, um jegliches Risiko auszuschließen und euch jederzeit hilfreich zur Seite steht und vor allem euch möglichst alle Rechte einräumt, aber keine Pflichten auferlegt.«

»Nun ja, das sind die üblichen Vorurteile des Nordens gegen den Süden. Man hört noch Schlimmeres. Meist haben sie sogar einen rassistischen Unterton gegen uns, die Kleinen, die Dunklen, Abkömmlinge der Araber, Angehörige oder doch wenigstens Sympathisanten der Mafia, der 'Ndrangheta oder der Camorra. Wir seien lauter *malviventi*, lauter Gauner und Tagediebe, undurchsichtig, verschlossen, bestimmt durch die *omertà*, die sizilianische Schweigepflicht, unzuverlässig, rückständig und, wie Sie das soeben ausführlich dargestellt haben, unbeweglich, gegenüber Neuem misstrauisch, skeptisch und am Alten verhaftet. Letzteres mag stimmen. Wir erwarten eher eine wunderbare, uns von irgendjemandem gebrachte Änderung unserer bedrückenden Lage, als uns selbst aufzuraffen, um etwas zu wagen. Wir sind eben sehr wundergläubig. Ist das so schwer zu verstehen? Wenn ein Leben wie das unsere immer nur aus Enttäuschungen besteht, ist doch der Glaube an Wunder die einzige Möglichkeit, nicht alle Hoffnung zu verlieren. Sie haben immerhin noch Ihren Glauben an Gott, der Ihnen hilft, Sie beschützt und rettet, aber selbst der scheint uns vergessen zu haben.

Ja, Sie haben recht, wir sind unbeweglich, schwunglos, ohne Kraft, ganz einfach müde. Wir haben doch alles versucht, im Guten und im Bösen, was hat es genützt? Nichts. Alle haben uns nur ausgebeutet, kaum einer der vierunddreißig Herrscher, die uns erobert oder unsere Insel ganz einfach besetzt haben, brachte etwas für uns, und selbst ihr aus dem Norden habt uns damals doch nur ausgeplündert, denn wir waren ja viel reicher als ihr. Und was haben wir bisher von Rom bekommen? Darum haben wir doch nur die Möglichkeit, allein an uns zu glauben, in unserer Tradition zu leben, denn die kennen wir, die gibt uns Sicherheit. Das ist nicht fortschrittlich, aber wenigstens schützt es uns vor den ewigen Enttäuschungen. Es ist richtig, wie Sie es sehen und wie es auch die Wissenschaftler untersucht und festgestellt haben: Wir suchen eine bestimmte Idealvorstellung von einem menschenwürdigen erfüllenden Leben. Mag sein, dass wir dabei beeinflusst sind von dem Lebensstil unserer einstmaligen adligen Feudalherren. Aber ist es nicht auch unsere Umwelt, die uns so geprägt hat, uns und all die anderen? Ist es so schwer, sich vorzustellen, dass alles um uns herum, der ewig blaue Himmel, das smaragdene Meer, die buntfarbige Erde und die vielen, vielen Zeugnisse all der Kulturen, die einmal hier lebten und arbeiteten, uns dieses Gefühl für Schönheit, für die Kunst und das Können, für das Denken und das Reden, aber auch für Freiheit und Unabhängigkeit vermittelt haben? Wer in Sizilien lebt, selbst als armer Habenichts, aber ein offenes Herz hat und einen offenen Geist, wird doch, wo immer er auch geht und steht, berührt sein von all dem Großartigen, dem Überwältigenden, was all diese Kulturen hinterlassen haben, die diese Insel gestaltet haben. Aus allem um uns herum strömt ein Geist, der uns zu dem geformt hat, was wir sind, wir, die Armen ebenso wie die Reichen. Natürlich sind wir dadurch nicht alle gleich geworden, aber doch sehr ähnlich. Die Privilegierten, die das Land, die Fabriken oder wenigstens die politische Macht besitzen, die konnten sich damals, wie sie es heute können, diesen großen, meist verschwenderischen Lebensstil dieser besonderen Kultur leisten. Wir dagegen nie, aber wir haben ihn sozusagen aus der Ferne miterlebt, als Diener oder auch nur als Zuschauer auf den hinteren Rängen dieses so sehenswerten Theaters. Und so blieb uns eben nur der Traum, einmal auch so leben zu dürfen. Wir haben doch, wie gesagt, zu oft für ein anderes Leben gekämpft und verloren, nun sind wir wohl zu müde, um noch einmal etwas zu wagen. Darum gehen ja auch die meisten ins Ausland. Wir sind nicht nur Migranten, weil wir zu Hause keine Arbeit haben, sondern weil jeder von uns täglich erfährt, dass sich nichts ändert, ja, eigentlich nichts ändern soll und dass es daher auch in Zukunft keine Arbeit geben wird. Und da sich nichts ändert, nirgendwo, ändern sich auch nicht unsere Vorstellungen, wie wir miteinander umgehen, was wir gut und schlecht finden, schicklich oder unschicklich.

Sie haben mir vorgeworfen, dass wir so hartnäckig unsere Lebensart verteidigen und dass ich so kompromisslos, ja, geradezu starrsinnig auf diesen Einstellungen beharre. Wie soll ich sie denn einfach aufgeben? Danach zu leben ist doch nicht wie eine Verrichtung nach irgendeiner Gebrauchsanweisung auszuführen, die man durchliest, um dann danach zu handeln. Sie selbst haben mir doch dargestellt, dass diese Einstellungen uns schon sehr früh während unserer Erziehung tief einverleibt werden und dass man sich darum nicht einfach darüber hinwegsetzen kann. Ja, sie wirken, wie Sie sagen, wie eine Barriere, wie eine Mauer, über die man nicht hinübersetzen kann. Und warum sollte ich auch, da ich doch ganz sicher bin, dass meine Vorstellungen, meine Werte eben die richtigen sind? Oder ist Unfreundlichkeit etwa besser als Freundlichkeit, Unhöflichkeit besser als Höflichkeit, Aufdringlichkeit besser als Zurückhaltung, Geschwätzigkeit besser als Schweigsamkeit, ist Rohheit, Plattheit besser als Feinheit und ist Trunkenheit besser als der langsame Genuss von Wein und Bier zum Essen? Um nur ein paar Verhaltensregeln zu nennen, die der Grund für die Unvereinbarkeit unserer Anschauungen sind und die zur Trennung von meiner Freundin geführt haben. Vielleicht werde ich mich mit der Zeit in manchem ja ändern. Ob ich aber so deutsch werden kann, um all das, was uns heute trennt, akzeptieren oder gar als selbstverständlich sehen zu können, glaube ich nicht.«

»Nun, das ist mir nicht fremd, was du sagst, das habe ich schon mehr als einmal gehört. Die Sizilianer sind müde, abgekämpft, verletzt und verbraucht. Sie haben keinen Schwung, keinen Antrieb mehr, um ihre Lage zu ändern und kämpfen nur noch im Kleinen, ein wenig jeder gegen jeden und auch alle ein bisschen gegen eure ungerechte Natur. Der große Kampf aber, der eure elende Lage grundsätzlich verändern könnte, findet nicht statt, dazu seid ihr zu müde, wie man sagt, zu deprimiert, so ganz ohne Hoffnung. Es hat sicher nichts zu tun mit dem *dolce far niente*, das man im Ausland, so auch hier, als die eigentliche italienische Lebensphilosophie ansieht, damit hat es nichts zu tun, dafür sind eure Lebensbedingungen viel zu hart und beschränkt. Dass ihr, wie man vereinfacht sagt, müde des Kampfes seid, des aussichtslosen Kampfes, gehört aber ebenso zu eurem Denken und Reden wie euer Morgen- und Abendgebet. Ja, es hat sogar Eingang gefunden in die Weltliteratur durch das wunderbare Buch, das dieses sizilianische Denken und Fühlen so meisterlich dargestellt hat wie kaum ein anderes. Ich spreche mal wieder von Tomasi di Lampedusa *Il Gattopardo*, ›Der Leopard‹, eurem sizilianischen Epos sozusagen. Wenn du mir erlaubst, dann lese ich dir die Stelle vor. Einen Augenblick nur, ich habe das Buch griffbereit.«

»Aber nein, bemühen Sie sich doch nicht. Ich habe den Film gesehen, er hat mich sehr berührt. Ich erinnere mich noch sehr lebhaft daran.«

»Nur ein bisschen Geduld, ich hab es ja gleich. Ein Film kann doch niemals ein Buch wirklich wiedergeben. Er ist immer nur eine mehr oder weniger gelungene Annäherung. Hier habe ich die Stelle. Du erinnerst dich: Don Fabrizio, der Fürst von Salina, hatte den piemontesischen Ritter Chevalley di Monterzuolo zu Besuch, der ihn überreden sollte, die Ernennung zum Senator des Königreiches anzunehmen. Während dieser Unterredung im Palast von Donnafugata begründete Don Fabrizio seine höfliche Ablehnung mit ebendieser seltsamen Müdigkeit. Hör zu, ich lese dir die Stelle vor: ›In Sizilien ist es nicht von Wichtigkeit, ob man übel oder ob man gut tut, die Sünde, die wir Sizilianer nie verzeihen, ist einfach die, überhaupt etwas zu tun. Wir sind alt, Chevalley, sehr alt. Es sind zumindest fünfundzwanzig Jahrhunderte, dass wir auf den Schultern das Gewicht hervorragender, ganz verschiedenartiger Kulturen tragen, alle sind sie von außen gekommen, keine ist bei uns selbst gekeimt, in keiner haben wir den Ton angegeben, wir sind Weiße wie Sie es sind, Chevalley, und ebenso weiß wie die Königin von England, und doch sind wir seit zweitausendfünfhundert Jahren eine Kolonie. Ich sage das nicht, um mich zu beklagen, es ist unsere Schuld. Aber einerlei – wir sind müde und leer.‹ Und hier weiter, ebenso eindringlich und schön: ›Den Schlaf, lieber Chevalley, den Schlaf wollen die Sizilianer, und sie werden immer den hassen, der sie wecken will, brächte er ihnen auch die schönsten Geschenke, und im Vertrauen gesagt, ich hege starke Zweifel, ob das neue Reich in seinem Gepäck für uns viele Geschenke hat. Alle Offenbarungen des sizilianischen Wesen kommen aus krankhafter Träumerei, auch die heftigsten...‹«

»Ich danke Ihnen, dass Sie mir das vorgelesen haben. Es sind meine Gedanken, die Gedanken eines Sizilianers. Aber krankhaft würde ich unsere Träumerei nicht nennen. Sehen Sie doch, wenn die Wirklichkeit so schwer zu ertragen ist und keine Hoffnung besteht, dass sie sich ändert, ist Träumen zwar eine Flucht, aber diese erträumte, ersehnte Welt, in der alles besser ist, schöner und leichter, hilft uns doch auch, nicht ganz zu verzweifeln und gibt uns Lebensmut. Wir träumen doch auch vom Paradies und von einer Wiederauferstehung nach dem Tode und einem paradiesischen Weiterleben, und daran sollen wir als Christenmenschen doch sogar glauben. Ist das also krankhaft? Aus diesen Träumen beziehen wir Hoffnung und Stärke und die Zuversicht, das Leben ertragen zu können. Genauso träumen wir auch von einem besseren Leben, jetzt hier auf Erden, eben alles ein wenig vorweggenommen, damit alles leichter wird.

Nun haben wir uns aber lange unterhalten. Ich hoffe, dass ich Ihnen nicht Ihre Zeit gestohlen habe. Jedenfalls danke ich Ihnen für dieses Gespräch. Es war sehr lehrreich für mich. Jetzt aber sollte ich doch gehen.«

Er stand auf und ging langsam zur Tür. Don Anselmo begleitete ihn freundlich lächelnd. An der Garderobe nahm er seine Jacke und war einen Moment lang überrascht, wie schwer sie war. Da fiel ihm mit einem Mal ein, dass seine Pistole in der linken Innentasche steckte. Don Anselmo wollte ihm helfen, aber er wehrte lächelnd ab. Er schlüpfte in seine Jacke und stellte sich dabei so, dass die Tasche, in der die Pistole steckte und die stark ausgewölbt war, sich auf der zur Wand gerichteten Seite befand, nahm schnell seinen Mantel, legte ihn nur über den Arm, aus Angst, dass Don Anselmo etwa wieder helfen wollte und dabei möglicherweise die Pistole in der Jackentasche spürte, und verdeckte so die linke Jackentasche, in der sich die Pistole befand.

Sie schüttelten sich freundschaftlich und sich gegenseitig bedankend die Hände und trennten sich lächelnd an der Ausgangstür.

***

Er war so erregt, dass er nach wenigen Schritten zurückblickte, um sich zu versichern, dass Don Anselmo ihm nicht nachschaute. Dann blieb er stehen, lehnte sich mit dem Rücken an die Hauswand und atmete mehrmals tief durch. Er zog seinen Mantel an und ging zügig in Richtung OEG-Bahnhof. Eine ganz eigenartige Stimmung bemächtigte sich seiner; einerseits fühlte er sich wohl, fast heiter und so leicht, als wäre eine Zentnerlast von seinen Schultern gefallen. Die Sonne schien, es war warm, und alles um ihn herum vermittelte ihm eine richtige Sonntagsstimmung.

Andererseits aber bemerkte er gleichzeitig, wie in einem Kino mit zwei Leinwänden, auf denen ganz verschiedene Filme ablaufen, eine Unzufriedenheit mit sich, mit dem Besuch, einfach mit allem, was in den letzten Stunden abgelaufen war. Er war ja nicht hierhergekommen, um über Kultur zu sprechen und über die Besonderheit der sizilianischen Einstellungen. Er war hierhergekommen, um zu töten, diesen Menschen zu töten, der ihn so unmenschlich quälte. Und er hatte es nicht geschafft!

Man kann doch nicht jemanden töten wollen und es dann einfach vergessen! Was ist bloß geschehen? Er hat mich einfach befreit. Es sollte mir gut gehen. Ich sollte nicht mehr an meinen Plan denken. In der OEG-Bahn ist es passiert. Er wusste, dass ich komme, um mit ihm abzurechnen. Er hatte Angst. Und ich sitze einen halben Nachmittag bei ihm und plaudere über sizilianische Kultur, über Gott und die Welt und vergesse sogar, dass ich eine Pistole in meiner Jackentasche habe. Wie konnte ich mich so in ein Gespräch verwickeln lassen? Warum habe ich nicht die Pistole gezogen und geschossen? Ich bin ein Idiot, ein Schwächling, ein Versager. Gut, man tötet nicht jeden Tag, das ist ja keine x-beliebige Handlung. Die kann man sich doch nicht ganz ernsthaft vornehmen, bis ins Einzelne planen und sie dann einfach vergessen, rumsitzen und mit seinem Opfer reden und zuhören!

Er war wütend auf sich, gleichzeitig fühlte er sich aber recht gut. Er hatte keine Schmerzen, das Gehen fiel ihm leicht und die innere Unruhe wich mehr und mehr einer gewissen Gelassenheit. Dennoch pendelten die Gedanken in seinem Kopf weiter hin und her:

Mein Gott, wenn das jemand in Sizilien erfahren würde! Ich wollte einen Menschen töten, einen »schwarzen Raben« sogar, und anstatt es zu tun, sitze ich bei ihm und quatsche wie ein Weib, wie ein *chiacchieruna*, ein elender alter Schwätzer. Mein Gott, er hat mich richtig eingelullt. Ich war ja nicht mehr ich selbst. Wenn das jemand erfährt, kann ich die Pistole an meinen Kopf halten und abdrücken. Vielleicht wäre das überhaupt das Beste. Dann hätte ich Ruhe. Aber warum soll ich mich umbringen? Ich habe doch nichts Unrechtes getan. Die beiden sind es doch, die mich quälen, die mich töten wollen, und ich werde der Quälerei ein Ende setzen, wenn sie wieder damit beginnen!

Von dieser ambivalenten Gefühlslage getragen, ging er langsam zum OEG-Bahnhof. Immer wieder blieb er an einem Schaufenster stehen, tat so, als betrachte er die Auslagen, schloss aber die Augen, um angestrengt das Durcheinander des abgelaufenen Geschehens zu ordnen. Was war denn nun eigentlich geschehen? Er war in Heidelberg mit dem festen Vorsatz aufgebrochen, diesen Menschen zu töten, der ihn dieser schrecklichen Tortur aussetzte. Während der Fahrt hatte er sich nochmals alle Einzelheiten ins Gedächtnis gerufen, wie er seinen Plan durchführen würde, hatte noch in seiner Vorstellung die entsetzten Augen Don Anselmos gesehen und dann, wie vom Blitz getroffen, diesen eigenartigen Anfall erlitten. Er fühlte sich einer fremden Macht ausgesetzt, die ihm seinen Plan bis in die letzten Einzelheiten aus dem Gehirn gestohlen hatte, sodass er plötzlich, als sei er in eine andere Welt versetzt worden, nicht mehr ans Zurückfahren gedacht hatte, sondern unbeschwert, ja, fast heiter, nach Mannheim weitergefahren war und sich wie zu einem Freundschaftsbesuch zum Amt von Don Anselmo aufgemacht hatte.

Nur eine Befreiung vom Zauber konnte das bewirkt haben, und nur Don Anselmo war in der Lage, dies durchzuführen. Wer sonst konnte ihm seine Gedanken entzogen, sie gegen seinen Willen geraubt, ihn völlig machtlos gemacht haben? Und nun fühlte er sich schon wieder in diesem eigentümlichen Zustand: Er war sich sicher, dass er aufgrund seines Versagens bald wieder würde leiden müssen, da seine Quäler noch lebten und sicher von ihrem Vorhaben nicht ablassen würden, und doch war er eher frohgelaunt als deprimiert. Eigentlich hatte er gar nicht versagt. Er war ja nicht aus Schwäche oder Feigheit vor dieser ungeheuerlichen Tat zurückgeschreckt. Nein, er hatte es geplant und war fest dazu entschlossen gewesen, doch man hatte ihm seinen Plan einfach genommen, sein Gehirn durch einen Zauber beeinflusst. Jede, aber auch jede der so präzise ausgearbeiteten Einzelheiten seines Planes war vereitelt, ausgelöscht worden aus seinem Denken. Aber was sollte er nun tun? Zurückgehen, es nochmals versuchen? Aber wie? Und da fiel ihm wieder seine Pistole ein, die er nun schon zum zweiten

Mal völlig vergessen hatte. Bestürzt griff er an seine linke Brusttasche und stellte mit einem tiefen Aufatmen fest, dass sie noch dort steckte. Trotz ihrer unhandlichen Größe und ihres Gewichts hatte er sie einfach vergessen. Nein, nein, dachte er, heute geht es nicht. Ich muss wiederkommen, unangemeldet, ganz geheim. Nun bemerkte er erst, dass er die ganze Zeit an dem Schaufenster eines Damenmodegeschäfts gestanden hatte. Was mochten wohl die Vorübergehenden und die neben ihm Stehenden gedacht haben, warum er sich so lange und intensiv für Damenkleidung interessierte?

Verschämt ging er, ohne nach rechts oder links zu sehen, die Straße zum OEG-Bahnhof hinunter. Der Zug nach Heidelberg ließ nicht auf sich warten, und obwohl die Züge meist noch eine Weile standen, bis sie wieder nach Heidelberg und weiter nach Schriesheim fuhren, stieg er doch gleich ein und suchte sich einen bequemen Platz.

Draußen begann es langsam zu dämmern. Auf der anderen Seite des Platzes gingen bereits einige Lichter an. So saß er da und starrte zum Fenster hinaus, ohne wirklich irgendetwas zu sehen. Der bereits tausendmal wiederholte Film verzweifelter Fragen lief vor seinem inneren Auge ab. Was sollte er tun, wenn man ihn wieder zu quälen begann? Es gibt nur zwei Möglichkeiten, sagte er sich immer wieder: Entweder sie beide töten oder wenigstens ihn, oder aber fliehen auf eine Insel, weit weg, wo sie mich nicht finden. Aber auf welche Insel?

Nach Hause konnte er nicht. Selbst wenn er die Gründe erklären könnte – die man sicher auch verstünde – so würde er trotz allem als Versager gelten. Das war unmöglich. Aber wohin sonst? Und warum sollte er fliehen? Jetzt, nachdem er sich recht gut in Heidelberg eingelebt hatte, sollte er wieder woandershin, sich an einem anderen fremden Ort neu einleben, neue Bekannte finden, eine gute Arbeit und eine Unterkunft, in der er sich wohlfühlen könnte?

Jetzt erst einmal nach Hause, sagte er sich, tief und fest schlafen und dann morgen entscheiden. Als er diesen Entschluss gefasst hatte und sich aufatmend in seinen Sitz zurücklehnte, merkte er das gleichmäßige Rattern und das Schaukeln des Zuges, sodass er bald erschöpft einschlief und erst wieder in Heidelberg aufwachte, als sich der Zug rumpelnd und beängstigend schaukelnd durch die Bergheimer Straße zur Haltestelle am Bismarckplatz quälte.

Da er sich vor dem Alleinsein zu Hause fürchtete, entschloss er sich, noch ins *Centro Italiano* zu fahren. Er nahm die nächste Straßenbahn, mit der er die paar Stationen bis zum Universitätsplatz fuhr und ging ein Stück die Hauptstraße zurück, bevor er in das Nebengässchen einbog, wo das *Centro* lag.

Er begrüßte den Bekannten, der heute Dienst hinter dem Tresen hatte, bestellte sich wie üblich einen heißen Toast mit Schinken und Käse sowie eine Flasche Bier, trug beides zu einem Tisch hinten in der Ecke und ließ sich müde auf einen Stuhl fallen. Er hatte Hunger, aber keinen Appetit.

So saß er eine Weile unbeweglich und starrte wie träumend vor sich hin. Erst als sein Magen knurrte und er den angenehmen Duft seines Toasts roch, fand er zurück in die Wirklichkeit. Er schüttelte ein paarmal verwirrt den Kopf, um die Bilder und Gedanken zu verscheuchen, trank einen kräftigen Schluck Bier und aß dann langsam und bedächtig seinen Toast. Vom Tresen her machte ihm der gelangweilte *capo pancone,* der »diensttuende Wirt«, ein Zeichen, ob er noch einen Toast wolle. Auf sein bejahendes Zunicken legte er eines der schon vorbereiteten Brote in den Elektrogrill und bedeutete ihm, ruhig am Platz zu bleiben, er würde ihm den fertigen Toast an den Tisch bringen.

Aber gerade das wollte er vermeiden, denn nun würde er nicht nur einen heißen Toast serviert bekommen, sondern auch wieder irgendwelche Geschichten, die aber sicher nicht mit seinem Wunsch vereinbar waren, allein und ruhig mit seinem Bier und einer Zeitung in der Ecke zu sitzen und noch einmal über die Ereignisse des Tages nachzudenken. Da nur sehr wenige Gäste anwesend waren, hatte der Wirt kaum etwas zu tun und brachte ihm deshalb den Toast an den Tisch. Er nutzte die Gelegenheit, nachdem er höflich um Erlaubnis gebeten hatte, sich für ein paar Minuten, wie er sagte, zu ihm zu setzen. Die Minuten wurden zu Stunden...

»Ich sage dir, seit über einem Jahrzehnt bin ich nun schon in Deutschland. Das musst du dir mal vorstellen! Als ich hier angekommen bin, war mein Plan, demnächst, ganz sicher, zurückzukehren. Das demnächst hatte ich sogar schon definiert, ungefähr jedenfalls. Drei Jahre höchstens wollte ich bleiben. Meine Schwiegereltern hatten meiner Frau ihr altes baufälliges Häuschen vererbt, das wollte ich instand setzen. Das war trotz allem ein großes Projekt, das recht lange gedauert hat... es musste ja alles in Eigenarbeit gemacht werden. Hinten im Gärtchen habe ich einen Stall für eine Ziege oder ein Schaf gebaut, das Dach musste dringend erneuert werden und vor allem innen musste alles umgebaut werden. Man braucht ja doch fließendes Wasser heutzutage! Und eine anständige gut eingerichtete Küche braucht man und ein schönes, nicht zu kleines Bad. Und ein anständiges Heizsystem überall im Hause. Alles Eigenarbeit! Ich sage dir, alles, was ich hier gefunden oder geschenkt bekommen habe oder bei irgendwelchen Sonderangeboten billig kaufen konnte, habe ich in meiner Rostlaube – das ist mein alter Opel Kapitän – im Weihnachtsurlaub oder in den Sommerferien nach Hause geschafft und dort gleich im Haus verbaut. Drei Jahre lang! Kein einziger Tag frei, sage ich dir. Unsäglich. Immer Urlaub beantragen, obwohl ich wusste, dass ich kein bisschen Erholung haben würde. Und dieses Gehetze bei der Arbeit... Ich musste so viele Überstunden wie möglich machen, habe oft zwei Schichten am Tag gearbeitet, auch samstags und nicht selten auch sonntags – diese ganzen Investitionen mussten ja auch bezahlt werden! Ganz zu schweigen von der Familie zu Hause, die ernährt werden muss! Nun, schön war die Zeit nicht, aber es hat geklappt, wie durch ein Wunder.

Die Einrichtung war noch sehr bescheiden, deshalb habe ich neu geplant und wollte nur noch ein Jahr oder zwei hierbleiben. Vor allem die technischen Geräte fehlten, und die braucht man ja doch immer mehr im Alltag, und ganz besonders im Lebensabend. Da schafft man nicht mehr alles so schnell, und woran man sich hier einmal gewöhnt hat, darauf kann man dann nicht mehr so einfach verzichten. Aber dann kam sowieso alles anders als geplant: Meine Frau wollte nicht länger mit den Kindern allein sein und ist hierhergekommen. Das heißt, wir haben eine größere und somit teurere Wohnung gebraucht. Und die Kosten für den Lebensunterhalt für vier Personen hier sind viel größer als zu Hause, in unserem kleinen Dorf! Hast du Familie hier? Nein? Oh, sei froh, du kommst mit dem Geld doch viel besser zurecht, wenn du allein hier bist. Du kannst auch viel mehr arbeiten. Bei mir wurde das zum Problem; natürlich konnte ich jetzt nicht mehr so viel arbeiten, ich musste mich doch auch täglich um meine Familie kümmern. Und so sind die Kosten immer höher geworden, der Verdienst geringer und das Sparen immer schwerer. Die Kinder sind dann in die Schule gekommen und haben so gerne und so gut gelernt, dass wir ihnen einen so wertvollen Schulabschluss wie hier – den könnten sie zu Hause nie erreichen – nicht versagen wollten. Also haben wir die Heimkehr wieder verschoben, wollten warten, bis die Kinder mit der Schule fertig wären. Wenigstens konnte dann auch meine Frau halbtags arbeiten, das hat das Sparen erleichtert und die restlichen Anschaffungen ermöglicht. Und mit einem Mal waren die Kinder mit ihrer Schulausbildung fertig, aber da stellte sich heraus, dass das kleine Stück Land, das an den Garten angrenzt und das wir vor einiger Zeit gekauft hatten, noch nicht abbezahlt war. Also hieß es wieder warten...

Während dieser Zeit haben die Kinder eine Lehre begonnen, um in Italien bessere Berufschancen zu haben. Stell dir vor, nach Hause sind wir nur noch in den Ferien gefahren, um weiter einzurichten und das neue Land urbar zu machen – wir wollten es dann bis zur endgültigen Rückkehr verpachten. Und natürlich, um Verwandte, Freunde und Bekannte wiederzusehen, wir haben ja nicht mehr viele, von denen sind auch die meisten ins Ausland gegangen. Im Dorf sind nur noch die Alten, wenige Frauen, die ihren Männern nicht ins Ausland folgen wollten oder konnten, und viele Kinder, die bei ihren Verwandten oder bei Freunden zurückgelassen wurden. In diesen sauren Apfel musst du als Elternteil beißen, wenn du entweder nicht die in Deutschland vorgeschriebene Wohnungsgröße von acht Quadratmetern pro Person nachweisen kannst oder wenn beide ganztägig arbeiten. Ja, so vieles hat sich in unserem Dorf geändert. Nicht nur die Menschen. Weniger Leute brauchen auch weniger: Weniger Geschäfte, weniger Handwerker, weniger Restaurants und Kaffeebars, sogar weniger Kirchen! Sollte man nicht glauben. Es ist wirklich bedrückend, dass es inzwischen viel weniger Leben im Ort gibt. Die Piazza, die war früher einmal allabendlich voller Männer, die sich nach der Arbeit getroffen haben, um noch ein Stündchen vor dem Abendessen miteinander zu plaudern, und die ist jetzt leer. Menschenleer! Da sitzen nur noch ein paar Alte stumm auf den Betonbänken herum. Nun, die Kinder haben jetzt die Piazza erobert und machen so einen Lärm, dass eine Unterhaltung sowieso nicht mehr möglich wäre. Nein, das ist nicht mehr das Leben der guten alten Zeiten!«

Der Wirt seufzte resigniert auf und schob ein paar Brotkrumen auf der Tischdecke hin und her, ohne seinen Gesprächspartner dabei anzusehen.

»Einen Vorteil hat das aber: Weniger Leute und mehr Platz bedeutet weniger Neid und Missgunst und somit auch weniger Streit. Es gibt jetzt mehr Platz. Ganze Viertel sind um den Ort herum sozusagen aus dem Boden gewachsen: Da sind jetzt lauter Häuser von den Migranten, alle sind größer als die üblichen im Dorf, haben fast alle eine Garage und stehen nicht so eng aneinandergeklebt. Bis auf die wenigen Ferienwochen im Jahr sind sie aber alle leer. Das sind richtige Geisterviertel. Und wenn wir daheim sind, dann sitzen wir in unserer nach deutschem Muster eingerichteten Wohnstube, in unserem aufwendig restaurierten Häuschen und schauen hinaus auf unseren Garten, unser Land und auf die kahlen Hügel in der Ferne. Da wird einem richtig wehmütig, und wir sind ja meist allein dort.

Unsere Kinder, ja, die haben sich in der letzten Zeit immer öfter geweigert, mit heimzufahren, sie meinen nämlich, dass das nicht mehr ihre Heimat ist. Das wundert einen auch nicht, was sollen sie denn in einem Dorf, in dem sie nur als Kind ein paar Jahre gelebt und ansonsten nur noch ein paar Wochen in den Ferien besucht haben? Das wird ihnen von Jahr zu Jahr fremder, sie kennen außer ein paar Verwandten kaum sonst jemanden. Inzwischen sprechen sie besser Deutsch als Italienisch. Deshalb werden sie im Dorf wie die anderen erwachsenen Migranten *americani* genannt, ihre Verhaltensformen sind ja eben doch recht anders als unsere... Aber das hätte ich mir nie träumen lassen, dass meine Kinder einmal im Dorf als *americani* gelten!

Aber eigentlich geht es uns in unserem Dorf zu Hause doch sehr gut, ich will nicht klagen. Wir haben erreicht, was wir wollten: ein schönes und sehr wohnliches Haus, einen Garten und ein ansehnliches Stück Land dahinter, eine gute Schul- und Berufsausbildung unserer Kinder, ein paar Ersparnisse und auch die berechtigte Erwartung einer Rente. Die ist zwar nicht sehr hoch, aber doch ausreichend für ein bescheidenes Leben im Alter. Aber dennoch... manchmal stelle ich mir Fragen... sind wir denn zu Hause auch wirklich daheim? Verstehst du, fühlen wir uns dort noch wohl und geborgen? Und vor allem, was sollen wir machen, wenn die Kinder nun nicht mit zurückkehren? Wie sollen wir denn allein ohne die leben? Sie sind es doch, für die wir unsere Heimat verlassen haben, damit sie es einmal besser haben! Alleinsein, so wie die vielen Alten, die am Tag draußen irgendwo herumhängen, um ein wenig zu plaudern, damit sie sich versichern, noch eine Stimme zu haben und abends drinnen vor dem Fernseher sitzen, um zu sehen, was überall in der großen weiten Welt, die sie eigentlich nicht interessiert, vorgefallen ist, und immer noch in der Hoffnung, dass ihre Kinder vielleicht doch einmal zurückkehren. Das kann doch nicht unser Schicksal sein!

Aber hier im Ausland bleiben, für immer hier leben und vielleicht auch hier sterben? Nein, das scheint mir ganz unmöglich. Und wenn die Kinder hierbleiben wollen, was dann? Der Junge hat fast nur deutsche Freunde und vor allem nur deutsche Freundinnen, mit denen er mehr anfangen kann als mit italienischen Mädchen, wie er meint. Na ja, er ist ein Mann und kann sich das erlauben. Die Tochter haben wir aber kürzer gehalten. Sie soll ein anständiges Mädchen bleiben, um sich einmal in Italien verheiraten zu können. Unsere Männer im Süden legen ja noch Wert auf Jungfräulichkeit, und das ist auch gut so. Natürlich will sie sich benehmen wie ihre Freundinnen, sie will ja keine Exotin sein, nicht immer abseits stehen, wenn sich die anderen vergnügen, aber es gibt doch Grenzen. So wie die Mädchen hier darf sie sich nicht benehmen, nein, so nicht. Die haben kein Schamgefühl und keinen Respekt mehr, sind unhöflich und unerzogen, selbstsüchtig und rücksichtslos, wollen frei sein und allein über ihr Leben entscheiden. Das können wir unseren Mädchen nicht erlauben, man sieht ja immer wieder, dass das doch nur ins Unglück führt. Ich weiß wohl, dass das nicht einfach ist für unsere Kinder. Wir wollen zu Hause, dass sie Italiener bleiben oder doch wenigstens all unsere guten Seiten beherzigen und bewahren, draußen aber sollen sie sich wie Deutsche benehmen und wollen das meist auch. Mal so und mal so, das ist wirklich nicht einfach, das weiß ich wohl«, meinte er betrübt und beschäftigte sich weiter mit den Krumen auf dem Tischtuch.

»Und viele scheitern ja auch daran. Nein, einfach ist das nicht, und glaube mir, noch nie hatten wir so viel Streit in der Familie wie in den letzten Jahren. Auch meine Frau hat sich geändert. Sie ist eine gute Mutter und eine gute Hausfrau, aber seit sie arbeitet und Geld verdient, hat sie sich geändert, sehr geändert. Sie möchte eigenes Geld haben, um sich selbst das zu kaufen, was sie gern hätte und das ist nicht gerade wenig, geschweige denn vernünftig! Frauen lassen sich ja gerne beeinflussen und glauben, all das, was ihnen diese aufdringliche Werbung vormacht, brauchen zu müssen. Und auch sie will ihre Freiheit, alle wollen nur Freiheit und Gleichberechtigung. Sie geht abends allein aus, besucht Freunde und Bekannte und ich darf das Haus hüten. Ich darf auch einkaufen und, wenn sie Schichtarbeit macht, darf ich sogar mit den Kindern kochen, abspülen, saubermachen und mich um alles kümmern, so wie es die deutschen Männer auch machen würden. Das nennt sie dann Gleichberechtigung. Manchmal habe ich das Gefühl, als ob sie sich hier wohler fühlen würde als in Italien und vielleicht gar nicht mehr zurückkehren will. Natürlich wäre ein solches Leben in unserem Dorf nicht möglich, völlig ausgeschlossen. Vielleicht ist sie deshalb nicht mehr so entschlossen wie ich, jetzt endlich Deutschland zu verlassen. Aber wer sieht schon ins Herz einer Frau und wer in ihren Kopf? Ehrlich gesagt, ich weiß nicht mehr, was richtig ist und was falsch. Ich arbeite, lebe so vor mich hin, von einem Tag in den anderen. Wir sind hierhergekommen, um etwas zu erreichen. Wir haben unser Ziel erreicht, aber jetzt wissen wir nicht mehr, was wir damit anfangen sollen. Wie ein Leben in zwei Welten, und jetzt wissen wir nicht mehr, wohin wir eigentlich gehören. Sind wir hier, träumen wir das ganze Jahr von unserer so schönen Heimat und sind wir dann endlich in den Ferien dort, fühlen wir uns auch nicht mehr zu Hause. Manchmal fahren wir sogar vor Ablauf des Urlaubs zurück. Ich sage dir, du bist noch jung und noch nicht lange hier... mach nicht denselben Fehler wie wir, die vielen Alten, die Migrationsveteranen, die Hunderttausende, die nur ein paar Jahre hierbleiben wollten und nun schon mehr als ein Jahrzehnt hier sind. Nimm dir vor, nur so viele Jahre und keinen Tag länger zu bleiben, sonst wirst auch du irgendwann merken, dass dir die

Zeit davongelaufen ist und du nicht mehr weißt, wohin du gehörst, ja, wer du eigentlich bist.«

Der Mund war ihm vom langen Sprechen trocken geworden. Er stand auf, ging zum Tresen und holte sich ein Glas Bier, das er in zwei, drei Zügen austrank. Dann stand er auf, beugte sich zu ihm hinunter und sagte: »Denk dran, die Migration hat auch ihre Schattenseiten, vergiss das nicht!« Und genauso schleppend wie seine Stimme war sein Gang, als er zurück zum Tresen ging.

Er blieb allein am Tisch zurück und starrte gedankenverloren auf sein Bier. Mein Gott, wie alt ist dieser Mann, dachte er, nicht so alt an Jahren, aber wie alt ist er in seinem Befinden? Er tat ihm leid, obwohl er seine eigene Situation als gar nicht so viel besser empfand, im Gegenteil. Obwohl er noch nicht lange hier war, hatte er bereits leidvoll erfahren, dass auch ihm das Auswandern nicht nur Positives beschert hatte.

Er stand auf, ging zum Tresen, bezahlte seine Toasts und sein Bier, verabschiedete sich und ging mit einem kurzem Nicken zu den anderen im Raum hinaus auf die Straße, wo er einen Augenblick bewegungslos die frische Abendluft tief einatmete. Er hatte eigentlich mit seinen Problemen ins Reine kommen wollen und nun hatte er sich auch noch die Sorgen eines anderen anhören müssen. Benommen und müde ging er zur Straßenbahnhaltestelle. Er musste nicht lange warten, bis eine Bahn kam. Er stieg ein und setzte sich ans Fenster. Die Schaufenster waren schon hell erleuchtet. Er kannte sie alle, so oft war er daran vorbeigegangen, aber jetzt nahm er sie nur als vorbeihuschende Lichtreflexe wahr. Seine Gedanken kreisten immer noch um die Worte des niedergeschlagenen Wirtes: »Nimm dir vor, nur so viele Jahre und keinen Tag länger zu bleiben, sonst wirst auch du irgendwann merken, dass dir die Zeit davongelaufen ist und du nicht mehr weißt, wohin du gehörst und wer du eigentlich bist!«

Ja, er hatte recht. Das musste er sich wirklich gut überlegen. Wie lange sollte er bleiben? Wäre es vielleicht nicht doch besser, gleich zu gehen? Sie würden ihn sicher nicht in Ruhe lassen. Er hatte eine Vorahnung, dass dieser qualfreie Nachmittag und Abend nicht das Ende des Zaubers sein würde. Warum sollten sie aufhören? Er hatte zwar lange mit Don Anselmo gesprochen, aber sich nicht bereit gefunden, ihren Forderungen nachzukommen. Es würde wohl weitergehen. Schon allein der Gedanke daran ließ ihn erschauern. Er fühlte sich heiß, fiebrig, schwitzig und plötzlich von einer unbeherrschbaren Unruhe befallen. Er vermochte nicht mehr ruhig zu sitzen, stand auf und ging auf die hintere Plattform des Wagens, wo er wie ein Tier im Käfig von einer

Seite zur anderen lief, hin und her und hin und her. An der nächsten Haltestelle stieg er aus. Er musste gehen, sich bewegen. Es war nicht mehr weit bis zu seinem Haus, aber er ging nicht gerade darauf zu, sondern bog bei der nächsten Querstraße rechts ab und lief so schnell, dass man hätte meinen können, er würde verfolgt, bis zu dem kleinen Platz am Ende der Straße, überquerte ihn und bog wieder links in die nächste Seitenstraße ein. Sein Atem ging röchelnd und er hatte Schmerzen in der linken Brustseite. Einen Moment verharrte er, lehnte sich an einen Baum und versuchte, sich zu beruhigen. Sein Herz klopfte bis zum Hals und er hörte jeden Schlag in den Ohren, ein schnelles, dumpfes Pochen. Er hatte Angst. Jetzt war es schon fast dunkel. Niemand war in der Nähe. Überall in den Häusern waren die Fenster erleuchtet. Dort waren Menschen, sicher gesunde, glückliche Menschen, und er stand allein, mutterseelenallein an einen Baum gelehnt, krank, einsam und verlassen. Jetzt irgendwo bei einem dieser Häuser klingeln zu können, dachte er, eintreten zu dürfen und sich in einem dieser hell erleuchteten Zimmer in einen Sessel zu den anderen zu setzen, nichts, gar nichts verlangen, nur einfach dabei zu sein, unter Menschen, auch wenn sie noch so fremd wären. Ach nein, das geht nicht. Was würde man von ihm denken, dass er krank sei, vielleicht gar verrückt? Man würde bestimmt einen Arzt holen, ihn ins Krankenhaus oder vielleicht gar in die psychiatrische Klinik bringen. Wer würde heute in diesem Land und in einer so großen Stadt verstehen, dass ein Mensch allein ist und schwach und nur ein paar Minuten mit irgendeinem anderen zusammen sein möchte, nur in dessen Nähe, ohne mehr zu verlangen, nur das, nichts, gar nichts mehr.

Und welche Schreckensfantasien würde er auslösen, wenn er, ein Ausländer, einfach an eine Tür klopfte? Ein Ausländer galt doch als undurchsichtig, sie würden sicher nur argwöhnen, dass er die Wohnung auskundschaften wolle, um dann einzubrechen, wie man immer wieder in der Zeitung lesen konnte. Oder sie befürchteten, dass er gewalttätig und bewaffnet sei – ein Sizilianer, der doch sicher ein Messer oder eine Waffe bei sich hatte. Bei diesem Gedanken fiel ihm siedend heiß seine Pistole ein, die in seiner Jacke steckte. Sollte er die Bewohner etwa beruhigen und ihnen erklären, dass er in Mannheim doch nur einen Priester hatte umbringen wollen – allerdings erfolglos?

Mein Gott, was sind das für abstruse Gedanken, was für groteske Fantasien, was ist mit mir los? Bin ich schon verrückt? Ich bin doch nur allein, so verlassen und hoffnungslos. Weg, nur weg. Ohne noch einmal hoch auf die beleuchteten Fenster zu sehen, ging er so schnell er konnte die Straße hinauf und bog oben wieder in die Straße ein, in der er wohnte. Die paar Schritte bis zu seinem Haus rannte er, schloss die Haustür auf, schob sich hinein und sperrte die Tür sofort wieder hinter sich zu. Er lehnte sich an die Wand, um wieder zu Atem zu kommen und presste seine Hand auf die linke Brustseite, die wieder brennend schmerzte. Langsam stieg er die Treppe hinauf zu seiner Wohnung, schloss auf, ging in sein Zimmer und ließ sich erschöpft in seinen Sessel fallen.

Stunde um Stunde saß er so da, unbeweglich und nur mit seinen Gedanken beschäftigt: Sollte er fliehen, für immer nach Hause oder in ein anderes Land? Oder nur für eine kurze Zeit, bis sie ihn vergessen hätten, am besten auf eine Insel... oder sollte er sich verteidigen? Ununterbrochen kreisten seine Gedanken um diese Frage. Jede Möglichkeit hatte ihren Sinn, aber er kam zu keinem Schluss, welche die beste sei. So zog er sich endlich aus und ging zu Bett, in der Hoffnung, am nächsten Tag eine Antwort zu finden.

Aber er kam nicht zur Ruhe. Schon nach kurzem Schlaf schreckte er wieder hoch, weil seine Muskeln, vor allem an den Schultern und am Rücken, unablässig zuckten und sich seine Beine in solch schmerzhaften Krämpfen krümmten, dass er wie von der Tarantel gestochen aus dem Bett sprang und mal auf dem linken, mal auf dem rechten Bein durchs Zimmer hüpfte, bis sich die Beinmuskeln wieder entspannten. Die Schmerzen im Rücken und in den Armen konnte er nicht stillen. Er wusch sich, denn durch die Anstrengungen und die furchtbaren Krampfschmerzen war er am ganzen Körper nass vor Schweiß. Er legte sich nochmals ins Bett und versuchte, zu schlafen, doch es ging nicht. Kaum dass er lag, begannen die Krämpfe aufs Neue. So blieb er die Nacht mit einer Decke über den Beinen in seinem Sessel sitzen, mal ein wenig schlafend und dann wieder hellwach, bis es endlich draußen Tag wurde und er aufstand.

Während dieser nicht enden wollenden Nacht konnte er nicht von dem Gedanken loskommen, *sie* sehen zu müssen. Schließlich war *sie* ja an allem schuld. Sie sollte *auch* leiden. Er musste sie sehen, von oben bis unten betrachten, um sie endlich *hassen* zu können, alles an ihr, von Kopf bis Fuß, um sie auch, wenn es sein musste, zu *töten*.

***

Es war noch früh. Sie ging erst kurz vor acht aus dem Haus. In der so angenehm duftenden Bäckerei, die schon morgens um sieben öffnete, bestellte er sich eine Tasse starken Kaffee und ein knuspriges Butterbrötchen. Nach dem Essen fühlte er sich wohler. Langsam ging er durch die Straßen, die noch nicht richtig zum Leben erwacht waren. Es roch frisch und sauber, weil die Geschäftsleute, wie es in Heidelberg üblich war, vor Ladenöffnung die Bürgersteige und meist auch die Sockel ihrer Schaufenster mit reichlich Wasser abstrahlten. Die Straßenbahnen fuhren bereits, mit wenigen Fahrgästen noch, langsamer als während des späteren Tages, weil sie jetzt noch nicht an jeder Haltestelle anhalten mussten. Auf den Balkonen wurden schon die Blumen gegossen, reichlich, oft zu reichlich, sodass es nicht selten nach unten tropfte, und wenn man davon etwas abbekam, war man nicht böse an einem solch schönen Morgen. Man machte einen Schritt zur Seite und wischte sich lächelnd das bisschen Wasser von Kopf und Kleidung. Und es war so ruhig, dass man sogar das Klappern der Briefkastendeckel hörte, wenn die Austräger die Zeitungen hineinschoben. Nur oben auf dem Marktplatz vor dem Rathaus ging es etwas lauter zu, wo die Bauern bereits ihre Stände aufgeschlagen hatten und nun dabei waren, das Obst, das ganz obenauf lag, mit einem Lappen zu polieren und das Gemüse und die Blumen mit viel Wasser zu bespritzen, damit alles, auch wenn es schon ein paar Tage alt war, aussah wie am selben Morgen frisch geerntet.

Er schlenderte beruhigt und zufrieden an alldem vorbei. Verdrängt war diese furchtbare Nacht, auch wenn die Nachwehen der entsetzlichen Krämpfe sie nicht völlig vergessen machten. Wehmut ergriff ihn. Warum sollte er fliehen? Warum sollte er diese liebenswerte und schöne Stadt verlassen, wo er sich so wohlfühlte, ja, glücklich gewesen war, bevor er mit diesem unentrinnbaren, krankmachenden Liebeszauber belegt worden war? Warum sollte er jetzt schon in die Heimat zurückkehren, diese Stadt verlassen, die ihm Arbeit und Brot gegeben hatte? Mehr wollte er doch nicht. Arbeit und Brot für ihn und Unterstützung für seine alten Eltern zu Hause.

Kann man das jemandem verwehren? Ich habe nicht gestohlen, ich habe für alles gearbeitet, schwer gearbeitet. Arbeit gibt es doch genug, mehr als Arbeiter. Aus diesem Grund hat man uns doch angeworben, und wir sind gekommen, weil wir zu Hause zu viele Menschen sind und zu wenig Arbeit haben. Warum wollen sie mir dies nicht gönnen? Warum quälen sie mich, machen mich krank, sodass ich nicht mehr arbeiten, nicht mehr mein kümmerliches Brot verdienen kann? Nein, ich werde diese Stadt nicht verlassen. Wo gibt es eine schönere? Wo können wir Fremde besser leben als hier? Die Leute sind offen zu uns und freundlich. Sie haben lange, lange Erfahrung mit Fremden, mit Studenten aus allen Ländern der Welt und mit unzähligen Touristen, die diese einmalige Stadt besuchen. Sie haben sich sogar mit den Amerikanern arrangiert, die zu Tausenden hier leben, und mit deren rüder Soldateska. Natürlich mögen sie uns nicht nur, weil wir ihre Stadt so schön finden, hier für sie arbeiten oder studieren. Natürlich verdienen sie auch an uns, denn Industrie gibt es hier ja kaum und irgendwie müssen die Leute hier ja auch leben. Das weiß man als Fremder und ist damit einverstanden, weil es woanders viel schlechter ist. Und warum soll ich etwas Schönes und Gutes gegen etwas Schlechteres eintauschen? Ich bleibe. Ich werde mir diese Frau jetzt nochmals anschauen, ganz genau. Ich will sie hassen, um auch sie töten zu können, wenn sie ihren Zauber nicht aufgibt.

So stand er wie immer, wenn er ihr Haus beobachtete, schon früh hinter dem Baum, auf der anderen Straßenseite. Sie ging immer kurz vor acht aus dem Haus. Er wartete und wartete, bis acht Uhr und dann bis halb neun Uhr und schließlich noch oben an der Ecke bis es neun Uhr schlug. Dann gab er auf. Sie war also nicht zu Hause. Oder war sie gar krank? Beide Vorstellungen berührten ihn auf ganz eigenartige Weise. Er war doch nicht in Sorge um sie! Es sollte ihm doch gleichgültig sein, ob sie krank war und noch gleichgültiger, wo sie die Nacht verbrachte. Mit einem anderen? Das wäre günstig für ihn, denn dann hätte sie ihn vielleicht schon vergessen oder würde ihn vergessen. Aber gleichzeitig fühlte er sich gar nicht wohl bei dem Gedanken, dass sie bei einem Mann genächtigt habe. »Ach was«, rief er aus, warf ein Stöckchen, mit dem er die ganze Zeit gespielt hatte, auf den Boden, trat wütend darauf, drehte sich um und ging davon. *Questa donnaccia*, dieses Weibsstück macht mich verrückt, macht mich noch ganz verrückt! Zum Teufel mit ihr! Ich werde sehen, ob sie bei der Arbeit war. Ich werde, wenn sie herauskommt, nicht mit ihr sprechen, ihr aber durch ein Zeichen zu verstehen geben, dass ich sie umbringen werde. Sie kann sich denken, warum.

Den Morgen und den frühen Nachmittag verbrachte er oben im Schlosspark. Er saß lange in der warmen Sonne, was ihm gut tat. Da er diese Frau einfach nicht aus dem Kopf bekam, schloss er sich zur Ablenkung einer Touristengruppe an, die durch das Schloss geführt wurde. Er war nun schon so lange in dieser Stadt und oft im Schlosshof gewesen, auf den Altanen oder im Park, aber das Schlossinnere hatte er noch nie gesehen. Anschließend war es gerade Zeit, hinunter in die Stadt zu gehen, um rechtzeitig in der Nähe ihres Büros zu sein. Hinter der Litfasssäule verbarg er sich wie immer und wartete. Die ersten kamen schon heraus und ganz zum Schluss, als eine Weile schon niemand mehr das Haus verlassen hatte und er gerade gehen wollte, kam sie mit einer anderen Frau aus der Tür und ging nicht wie sonst nach links, sondern Arm in Arm mit dieser Frau lachend und plaudernd die Straße nach rechts hinauf. Wie gebannt starrte er sie an. Sie hatte sich verändert. Ihre Haare trug sie hochgesteckt, sodass ihre wohlgeformten Ohren, nur von ein paar Haarsträhnen bedeckt, zu sehen waren und die großen goldenen Ohrringe – so schien es ihm – protzig zur Schau stellten. Sie trug einen dünnen Wollpullover, unter dem sich ihr großer, aber besonders wohlgeformter Busen provozierend abzeichnete. Solche Pullover hatte sie sonst nur abends getragen – und wenn sie ihn verführen wollte. Auch ihr Minirock war noch kürzer als sonst, sodass ihre außergewöhnlich langen und schönen Beine noch länger erschienen, was noch durch die hochhackigen Sandaletten, die sie trug, zusätzlich verstärkt wurde.

Eigentlich wollte er ihr doch klarmachen, dass er in der Lage sei, sie umzubringen, wenn sie ihn nicht endlich in Ruhe ließe. Nun stand er da wie vom Donner gerührt und starrte sie an. Als die beiden auf gleicher Höhe mit ihm waren, blickte sie zufällig hinüber und sah ihn an der Litfasssäule stehen. Sie schien einen Moment überrascht, schaute aber gleich wieder weg, so als ob sie sich getäuscht hätte. Ein paar Schritte weiter blickte sie aber nochmals über die linke Schulter zurück und lächelte ihn abschätzig und spöttisch an, ohne aber auch nur einen Moment im Gehen zu verharren. Doch sie wiegte sich nun dermaßen aufreizend in den Hüften, wie es nur eine Nutte auf dem Strich oder ein völlig überspanntes Mannequin auf dem Laufsteg tat, dachte er ungläubig. Sie waren schon längst oben um die Ecke verschwunden, als er noch immer am selben Fleck stand und ihnen nachsah.

Vor Verzweiflung war er dem Weinen nahe. Völlig außer sich und rasend vor Wut lief er zum Neckar. Nur allein sein, niemandem begegnen. Dort setzte er sich am Uferweg unterhalb der Straße auf eine der Bänke, die sonst den Liebespärchen vorbehalten waren, und schaute auf das Wasser. Das Rauschen des Flusses und das sachte Klatschen der kleinen Wellen, die ans Ufer schlugen, beruhigten ihn. Was ist denn geschehen, fragte er sich zum wohl hundertsten Male, ohne sich eine Antwort geben zu können. Er hatte sie noch einmal ganz aus der Nähe besehen wollen, die Frau, die ihn mit ihrem Zauber quälte, die er verachtete und die er hassen musste, abgrundtief hassen musste, um sie auch töten zu können, wenn sie ihn nicht endlich befreite. Und nun musste er erleben, dass sie ihn verwirrte, dass sie ihn erstarren ließ, unfähig, etwas zu tun, ihn abschätzig, abweisend anlächelte, kaum mehr Notiz von ihm nahm als von einem bedeutungslosen unschönen Gegenstand am Straßenrand.

Che fimmina, che arrusa – was für ein Weib, aufreizend wie eine Edelnutte, Ohrringe wie eine Zigeunerin, einen Pullover prall voller

Busen, der mehr zeigt als er verbirgt und dieser Minirock, der keinen Zentimeter kürzer sein dürfte. Wenn die so durch unser Dorf ginge und dazu so hüfteschwingend wie vorhin, käme sie nicht weit. Man würde sie an der nächsten dunklen Ecke vergewaltigen, weil sich kein einziger Mann des Ortes vorstellen könnte, dass dies keine Einladung sein sollte. Und sie hätten recht! Ich hätte es auch tun sollen, ihr Gewalt antun, statt wie ein blödes Schaf dazustehen und sie schicksalsergeben mit leidenden Augen anzustarren!

Was macht diese Schlange mit mir, sagte er sich. Ich muss diesem Treiben ein Ende machen, heute noch, jetzt. Er redete sich immer stärker in Wut. Ich werde nach Mannheim fahren, unangemeldet, Don Anselmo überraschen und es erledigen, dann wird auch sie wissen, was ihr geschieht, wenn sie weitermacht.

Mit rasendem Puls und trockenem Mund sprang er auf und ging so schnell er konnte zur Straßenbahnhaltestelle an der Brücke, fuhr nach Hause, holte seine Pistole und fuhr mit der nächsten Bahn wieder zurück zum Bismarckplatz. Wie besessen von dem Gedanken, es jetzt oder nie zu vollenden, lief er an der OEG-Haltestelle hin und her, bis die Bahn kam, stieg ein, kaufte seine Fahrkarte, als der Schaffner vorbeikam und setzte sich nahe an den Eingang, um schnell aussteigen zu können, denn er war jetzt fest entschlossen, geradezu getrieben von dem Gedanken, endlich wieder in Ruhe leben zu können.

In Anbetracht des am gestrigen Tage vereitelten Vorhabens wollte er heute ganz schnell, ohne Einlassung handeln. Sein Plan war es, zu läuten, sobald ihm geöffnet wurde, sofort einzutreten, die Tür mit dem Rücken zuzudrücken, sofort zu schießen, zu sehen, ob der Tod auch wirklich eingetreten war und gleich das Haus wieder zu verlassen, zur Bahn zu gehen und zurückzufahren. Genau so sollte es ablaufen. Vorher wollte er die Pistole, die er jetzt schon in der rechten äußeren Manteltasche trug, am Kolben halten, damit er nur noch beim Herausziehen den Sicherheitsbügel mit dem Daumen umzulegen hatte, um schießen zu können. Diesen Vorgang wiederholte er mehrmals mit der Hand in der Manteltasche, um ja keinen Fehler zu machen. Als er ganz sicher war, dass er alles ohne Schwierigkeiten beherrschte, lehnte er sich erschöpft, aber doch zufrieden im Sitz zurück und schloss die Augen. So musste es gehen, ja, genau so!

Anscheinend war er kurz eingeschlafen, denn er hatte geträumt: Er stand auf dem Deck eines großen weißen Schiffes und winkte, an die Reling gelehnt, hinunter zu den vielen Freunden, die ihn verabschiedet hatten. Neben ihm stand sein kleines Köfferchen, das er nur benutzte, wenn er für wenige Tage verreiste, und in der Hand hielt er den kleinen

Stoffhasen, den *sie* ihm einmal geschenkt hatte. Was aus diesem Tier geworden war, wusste er nicht mehr. Jedenfalls hatte er es nie benutzt.

Nun saß er da, in seinen Sitz gedrückt und blinzelte wie schlaftrunken vor sich hin. Die Spannung war gewichen, er fühlte sich wohlig, wie nach einem langen erquickenden Schlaf und dachte unablässig an diesen Traum. Er fuhr ab, nicht für immer, nicht einmal für sehr lange, denn er hatte ja nur sein Köfferchen statt seines großen Reisekoffers bei sich. Aber natürlich, das war die Lösung: für einige Zeit Heidelberg und all das Elend verlassen, auf einer Insel leben irgendwo im großen und tiefen Meer, wohin ihre Macht nicht reichte!

Als der Zug in Edingen hielt, stieg er wie von einer unsichtbaren Hand geführt lächelnd aus und setzte sich auf die Bank vor dem Stationsgebäude, um auf den Gegenzug zu warten.

Plötzlich jedoch sprang er auf, ging ein paar Schritte und blieb dann wie versteinert stehen, sodass die Leute, die auf dem Bahnsteig standen, ihn erstaunt ansahen. Wieso fuhr er jetzt wieder zurück, frohgelaunt an seine Reise denkend? Was war denn nun wieder passiert? Er wollte doch nach Mannheim, um diesen Unmenschen zu töten, damit er endlich Ruhe finden könnte. Und jetzt wollte er fliehen, auf eine Insel – aber auf welche? Er hatte sich doch fest vorgenommen, auf keinen Fall vor den beiden zu kapitulieren, und jetzt fand er es gut, richtig erwartungsfroh abreisen zu können. Wegen eines Traumes von ein paar Minuten sollte er all seine festen Vorsätze vergessen haben? Nein, das ist nicht möglich, einfach nicht möglich, sagte er sich immer und immer wieder. Erregt lief er auf dem Bahnsteig hin und her. Nein, nein, er war wieder einmal nicht er selbst. Ja, das war abermals das Werk dieses Teufels. Natürlich, er hatte bemerkt, dass er kam und hatte ihn abgefangen – hatte einfach die Gedanken ausgetauscht und ihn dabei auch noch froh gestimmt. Was für eine Macht dieser Mensch doch hat! In einer Minute ändert er, was ich in Stunden, ja, in Tagen genau geplant habe. Dagegen zu kämpfen hat keinen Sinn. Ich hatte die Pistole, ich war in seiner Wohnung, habe ihm gegenüber gesessen, warum habe ich sie nicht benutzt, warum habe ich nicht abgedrückt? Jetzt ist es zu spät. Jetzt lässt er mich nicht mehr hinein, ja, nicht einmal mehr in die Stadt, er fängt mich schon vorher ab. Gegen diese Macht bin ich kraftlos, nur ein Hase. Aber wenigstens lässt er mir die Flucht. Vielleicht will er mich gar nicht zugrunde richten, sondern nur ihr helfen, aber dabei nicht selbst Schaden erleiden. Besonders mutig sind die Kirchenmänner schließlich noch nie gewesen. Geheimnisvoll im Hintergrund wirken, aber ja das Schwert nicht selbst in die Hand nehmen. Er hat ihr geholfen, aber da er sich nun selbst bedroht fühlt, denkt er zuerst einmal an seinen Schutz. Nun ja, ich soll also für eine bestimmte Zeit verreisen. Vielleicht hat sie mich dann vergessen oder einen anderen gefunden.

Als der Zug kam, fuhr er zurück nach Heidelberg. Wen könnte er fragen, wo hier in der Nähe eine Insel sei? Er hatte nie von einer Insel gehört. Als er am Bismarckplatz an einem Reisebüro vorbeikam, ging er kurz entschlossen hinein und fragte nach einer Insel im Meer, möglichst nicht sehr weit weg.

Die Dame, die ihn bediente, empfahl ihm die Ostfriesischen Inseln und zeigte sie ihm auf der Karte. Sie schienen ihm aber zu klein und zu nahe am Festland. Schließlich entschied er sich für Helgoland. Die Schiffe würden täglich fahren, erklärte man ihm. Man würde sich nach den Abfahrtzeiten erkundigen, er könne am nächsten Tag vorbeikommen. Zu Hause packte er schon vorsorglich seinen Koffer, um so schnell wie möglich abfahren zu können.

Er war erschöpft, aß nur wenig und ging früh zu Bett. Die Nacht verlief so gut wie selten in letzter Zeit. Er schlief länger als sonst, zog sich an, tauchte den letzten Brotkanten in den heißen Milchkaffee – mehr hatte er nicht – und aß stehend am weit geöffneten Fenster.

Es war ein prachtvoller Heidelberger Tag, wie er schöner kaum sein konnte, darum hielt es ihn nicht zu Hause. Es ging ihm recht gut, nicht nur wegen des strahlenden Blaus des Himmels und der sonnendurchfluteten Straßen und Gassen, sondern vor allem ließ ihn der Gedanke, nun bald seinen Peinigern entfliehen zu können, all die körperlichen Belästigungen, seine Niedergeschlagenheit und seine allgemeinen Unlustgefühle viel weniger dramatisch erleben. Bevor er ins Reisebüro ging, trank er in dem Kaffeegeschäft in der Sophienstraße an einem Stehtischchen am Fenster noch eine Tasse Kaffee. Das war sein Lieblingsplatz, denn von dort aus konnte er mit einer Drehung des Kopfes nach links durch das Schaufenster dem pulsierenden Treiben am Bismarckplatz zusehen. Nun sollte er also doch diese Stadt verlassen, nicht für immer zwar, aber wohl für längere Zeit, denn sie würden ihn nicht von heute auf morgen vergessen und sicher auch alles tun, um ihn ausfindig zu machen. Es gab keinen Ausweg.

Es war ihm richtig wehmütig ums Herz. Weggehen sollte er, alles verlassen, die Stadt, seine schöne kleine Wohnung, die er so gemütlich eingerichtet hatte, alle Freunde und Bekannten, seine Arbeit, das *Centro*, wo er so viele schöne Stunden verlebt hatte, den Neckar, den Königstuhl mit dem Schloss und den Philosophenweg gegenüber, die Alte Brücke und die Gässchen, die ihm so vertraut waren. Wie lange würde er nun nicht mehr sein Brot in der kleinen duftenden Bäckerei kaufen können und seine Wurst in seiner Metzgerei? Was würde sein Landsmann denken, der ihm in all der vergangenen Zeit immer nur das schönste Gemüse und das beste Obst aus den Steigen seiner Auslage herausgesucht hatte und wo er all die kleinen Köstlichkeiten aus seiner Heimat fand, die ihm den Aufenthalt hier erleichterten? Vor allem würde er wohl am meisten seine Arbeitskollegen und die Chefin der Firma vermissen, die ihm alle so viel geholfen und ihn auch während seiner Krankheit so zugewandt unterstützt hatten.

Ebenso musste er sich von seinem Briefträger verabschieden und sich auch eine passende Erklärung zurechtlegen. Dieser alte Herr freute sich jedes Mal, wenn er ihm einen Brief von zu Hause übergeben konnte, fast so sehr wie er selbst, und wenn lange Zeit wieder und wieder nichts für ihn dabei war, schien es auch ihm richtig leid zu tun. Und wie geduldig hatte er ihm beigebracht, wie man einen Briefumschlag richtig beschriftet, dass die Adresse gut leserlich nicht zu weit oben und nicht zu weit unten zu schreiben sei, was ihm, der ungeübt in solchen Dingen war, anfangs nur äußerst unvollkommen gelang.

Auch in sein Stammkino würde er wohl lange Zeit nicht mehr gehen können, in den *Faulen Pelz*, in das »Filmtheater«, wie es sich nannte, mit den härtesten, engsten und ewig quietschenden Sitzen, in dem man aber für wenig Geld die besten Filme sehen konnte.

Und wie würde er die Hauptpost vermissen, wo er sich immer, wenn Zahltag war, am Nachtschalter, der nach achtzehn Uhr geöffnet wurde, in die Reihe all derer einordnete, die wie er ins Ausland telefonieren wollten und ihr Gespräch vermitteln lassen mussten. Auch wenn man manchmal Stunden warten musste, bis eine Leitung und eine der beiden Telefonzellen frei wurde, so entschädigte doch allein schon die Vorfreude, mit den Eltern sprechen zu können, ihre Stimme zu hören, für die lange Wartezeit.

Ja, selbst die Heidelberger Straßenbahn würde ihm fehlen trotz ihrer holpernden, ratternden und schwankenden Vehikel, die sich mühsam durch die Stadt quälten und in denen man sich auf manchen Strecken wie betrunken fühlte. Wenn man wirklich etwas betrunken war, hatte man das Gefühl, stockbesoffen zu sein.

Auch die sommerlichen Schlossbeleuchtungen würde er wohl lange nicht zu sehen bekommen, obwohl er sich immer so sehr darauf gefreut hatte. Zwar wusste er, dass man zum Gedenken an die Zerstörung der Stadt und des Schlosses durch die Franzosen das Schloss rot erglühen ließ, als stünde es in Flammen, aber dass man dann noch ein riesiges Feuerwerk oben am Schloss und unten an der Alten Brücke abbrannte wie bei einem Freudenfest, kam ihm etwas seltsam vor. Doch er fand es schön, wie viele Tausend andere, die von nah und fern kamen, um dieses romantische Spektakel zu genießen, sich am gegenüber liegenden Ufer, oben am Philosophenweg oder auf den vielen Booten auf dem Neckar drängten und bei jeder der gewaltigen vielfarbigen Raketen, die in den Himmel geschossen wurden, in Entzückung gerieten.

Und wenn dann das Feuerwerk zu Ende war, die Lampen an den Neckarufern und auf den Brücken wieder leuchteten und alle das Lied anstimmten: »Altheidelberg, du Feine, du Stadt an Ehren reich, am Neckar und am Rheine kein andre kommt dir gleich«, dann war er jedes Mal wieder von Glück erfüllt, in dieser Stadt leben zu können. Und nun sollte er sie verlassen müssen, weil ihm zwei Menschen dies alles nicht gönnten, ihn durch Schmerzen und Leid zwingen wollten, etwas zu tun, was er doch nicht konnte.

So stand er gedankenverloren am Schaufenster und blickte hinaus in diese Stadt, in der er glücklich war und der er nun den Rücken kehren musste. Er bezahlte seinen Kaffee, bedankte sich mit belegter Stimme und ging schnell hinaus.

Im Reisebüro erklärte man ihm, dass er täglich von vier Häfen aus Fähren nach Helgoland nehmen könne. Da er weder Wilhelmshaven noch Cuxhaven noch Bremerhaven kannte und schon gar nicht Büsum, bat er, von demjenigen Hafen aus zu buchen, den er mit dem Zug am besten erreichen könnte. Man versprach ihm, alles bis zum späten Nachmittag zu erledigen, sodass er bereits mit dem Nachtzug abreisen könne.

Da er seine Wohnung auf keinen Fall aufgeben wollte, bezahlte er die Miete drei Monate im Voraus und gab an, dass er aus familiären Gründen nach Hause müsse, aber sicher wiederkommen werde.

Seine Koffer waren gepackt. Er brachte sie zum Bahnhof in ein Schließfach, damit er nachts unbeschwert zum Zug kommen könnte, denn er hatte vor, seinen Abschied im *Centro Italiano* mit Freunden zu feiern. Sie durften zwar nicht wissen, dass es ein Abschied war, aber es würde sicher ein gewaltiges Gelage werden. Für mich wird es wohl kein Freudenfest, aber man feiert ja auch bei Beerdigungen, sagte er sich.

Gegen Abend brachte er seine Wohnung so weit in Ordnung, dass er sie für längere Zeit verlassen konnte. Ganz zum Schluss rückte er noch das schwere Bett beiseite und öffnete das Geheimfach, das ihm ein Landsmann und Schreiner unter ein Fußbodenbrett so gekonnt eingebaut hatte, dass kein Mensch es erahnen konnte. Er wickelte seine Pistole in einen Leinenlappen und in Plastikfolie, schob sie in das Geheimfach und verschloss das Dielenbrett mit dem entsprechenden

Mechanismus. Niemand außer ihm und dem Schreiner würde dieses Versteck finden.

Langsam machte er sich auf den Weg zum *Centro*. Um Abschied zu nehmen von allen Häusern, Straßen und Plätzen, mit denen er besondere Beziehungen verband, ging er zu Fuß und entschied sich sogar für einen Umweg, um noch ein Stück am Neckar entlang gehen zu können, dort, wo er unzählige Spaziergänge gemacht hatte, allein und dann mit *ihr* und schließlich wieder allein. Der Fluss war seine Zuflucht an fröhlichen und traurigen Tagen.

Im *Centro* saßen schon viele seiner Bekannten und Freunde, obwohl es noch früh am Abend war. Sie spielten Karten, lasen Zeitung oder unterhielten sich miteinander. Er berichtete ihnen, dass er aus bestimmten Gründen nach Norddeutschland müsse und lud sie zu einem Abschiedsumtrunk ein. Da solch eine Gelegenheit immer gerne angenommen wurde, rückte man die Tische zusammen und gab die Bestellung auf.

Es wurde ein lustiger Abend. Sie aßen und tranken und sangen, waren heiter und ausgelassen und bemerkten kaum, wie schnell die Zeit verging. Es war schon nach zweiundzwanzig Uhr, als er sich von ihnen verabschieden wollte. Doch davon wollten sie nichts hören. Ihn so allein ziehen zu lassen kam nicht in Frage. Alle wollten ihn zum Bahnhof begleiten. Und so zogen sie hinunter zum Neckarufer und liefen singend, lachend und scherzend den Neckar entlang bis zur Ernst-Walz-Brücke, bogen dann nach links ab und gingen die Mittermaierstraße hindurch direkt zum Bahnhof. Dort holten sie seinen Koffer, brachten ihn zum Bahnsteig und leisteten ihm laut und herzlich Gesellschaft, bis der Zug kam, sie ihn hineinverfrachteten und ihm am Fenster so lange auf Wiedersehen sagten, bis der Zug schneller und schneller wurde und sie zurückbleiben mussten.

Der Zug war nicht sehr voll, sodass er jetzt noch das Abteil für sich allein hatte. Er zog die beiden gegenüberliegenden Sitze am Fenster zusammen, um ein recht bequemes Bett zu haben, zog Schuhe und Jacke aus, löschte das Licht und versuchte einzuschlafen. Er war ziemlich betrunken, so dauerte es nicht lange, bis er in einen bleiernen Schlaf fiel.

Auf Helgoland

Es war noch früh am Morgen, als er in Cuxhaven ankam. Er hatte daher noch Zeit bis zum Auslaufen der Fähre nach Helgoland. Am Bahnhof frühstückte er, bevor er zum Hafen ging, denn er hatte mittlerweile gelernt, dass man mit leerem Magen keine Schiffsreise machen sollte.

Aufgrund der verschiedenen Male, die er nun schon die Straße von Messina überquert hatte, glaubte er, bereits seeerfahren zu sein, doch die Fahrt von Cuxhaven zur Insel stellte doch etwas anderes dar als das kurze Übersetzen zwischen Sizilien und dem italienischen Festland.

Nach der Ankunft ging er gleich vom Hafen die Kurpromenade entlang zur Kurverwaltung. In der Touristikinformation war man erstaunt, dass er jetzt zu dieser Jahreszeit die Insel besuchen und Wochen oder gar Monate bleiben wolle. Man konnte ihm ein kleines preiswertes Zimmer mit einem wunderbaren Ausblick vermitteln.

Da er von zu Hause wusste, dass Leute mit kranken oder schwachen Lungen Erleichterung und Gesundung am Meer finden konnten, gab er dies als Grund für seinen Aufenthalt auf der Insel an, denn als südländisch aussehender Ausländer fiel er überall auf und er merkte sofort eine bestimmte Zurückhaltung und oft auch ein unverhohlenes Misstrauen. Angesichts seiner schlechten Konstitution glaubte man seine Erklärung und oft spürte er sogar einen gewissen Stolz bei seinen Gesprächspartnern, wenn er ihnen darstellte, dass er die Nordsee, ihr Meer, als heilkräftiger empfinde als das Mittelmeer, woher er komme.

Am nächsten Tag machte er sich auf Arbeitssuche und fand auf Anhieb ein Maler- und Tünchergeschäft, das ihn zur Probe einstellte, da kurz zuvor ein Geselle wegen eines Unfalls ausgefallen war und man froh war, so unverhofft Ersatz gefunden zu haben. Sein Anfangslohn war sehr bescheiden, aber man versicherte ihm eine Lohnerhöhung, wenn er die Probezeit gut bestünde. Ihm war es sehr recht, denn er wollte ja nur leben können, ohne besondere Ansprüche, und dazu reichte der Lohn. Die Arbeit war nicht besonders anstrengend, aber trotzdem war er am Abend so müde, dass er schon früh zu Bett ging und meist sofort einschlief. Er war das nordische Meeresklima nicht gewohnt und brauchte lange, bis er die Müdigkeit, die ihn manchmal auch am Tage überfiel, überwunden hatte. Da er aber fast immer traumlos durchschlafen konnte und nicht mehr von diesen entsetzlichen Albträumen geplagt wurde, ging es ihm bald um ein Vielfaches besser.

Mit seiner Arbeit war man sehr zufrieden, auch mit seiner Verlässlichkeit, sodass er schon recht bald Anerkennung und auch viele ihm wohlgesonnene Bekannte fand – und Silke.

Sie war Lehrling im Betrieb. Für ihn war es etwas ganz Ungewöhnliches, dass ein Mädchen das Maler- und Tüncherhandwerk erlernen wollte. Aber sie war nicht nur begabt, sondern auch fleißig und immer gut gelaunt und kräftiger als so mancher Junge. Ihr Händedruck ließ dies schon ahnen, aber wenn man sie sah, wie sie die schweren Farbeimer oder die Pakete mit den Tapetenrollen schleppte oder die nicht gerade leichten Holzleitern schulterte, war er überrascht, woher dieses junge Mädchen diese Kraft nahm. Sie hatte zwar starke Schultern und Oberarme, breite Hüften und recht stämmige Beine, aber da sie klein war, fiel das nur auf, wenn man sie genau betrachtete. Und das tat er schon am zweiten Arbeitstag, als sie in seiner Nähe eingesetzt wurde. Sie sprachen noch kein Wort miteinander, aber sie gefiel ihm sehr. Vor allem ihr frisches freundliches Gesicht mit den strahlenden tiefblauen Augen und der Stupsnase, die wie die Wangen und die Stirn voller kleiner Sommersprossen war, beeindruckte ihn sofort. Sie hatte sehr helles, rotblondes Haar, aber ihre Augenbrauen und ihre Augenwimpern waren glücklicherweise dunkel und nicht von diesem albinotischen Weißblond, wie man es bei vielen Leuten auf der Insel sah. Auch ihre Haut war nicht ganz so unpigmentiert weiß, was ihn immer an Sauermilch erinnerte. Silke sprach nicht sehr viel, sie hörte lieber zu. Ihre Stimme hatte eine mittlere Tonlage, nicht zu hell und nicht zu dunkel, nur wenn sie sich freute oder böse war, wurde ihre Stimme heller und ein wenig piepsig, sodass er immer lachen musste und sie *uccellina*, »Vögelchen«, nannte.

Es war für beide äußerst angenehm, wenn sie gemeinsam zu einer Arbeit eingeteilt wurden. Da er als ausgezeichneter Fachmann galt und unendliche Geduld hatte, konnte sie viel von ihm lernen, und er fühlte sich in seinem Selbstbewusstsein sehr gestärkt, wenn er ihr die Techniken und den einen oder anderen Kniff, den man im Norden nicht kannte, beibringen konnte. Sie bewunderte ihn aber vor allem, weil er nie ein Wort verlor, wenn ihr eine Arbeit misslang, sondern einfach den Schaden behob und nie wieder davon sprach. Und er war fasziniert von ihrer Art zu arbeiten. Sie war geschickt und voll konzentriert, blieb dabei aber stets ganz entspannt und gelöst, und wenn etwas richtig gut gelang, summte sie sogar eine kleine Melodie vor sich hin. Gesprochen wurde kaum. Selbst wenn er sie einmal von der Seite betrachtete, wenn sie mal wieder so ganz in ihrer Arbeit versunken war und sie es bemerkte, lächelte sie ihm nur ganz kurz zu und errötete meist ein wenig, um aber gleich wieder mit derselben Konzentration weiterzuarbeiten. Es ging ihm gut, er schlief fest und traumlos und so lange wie kaum in letzter Zeit, und hatte guten Appetit. Die Leute, die anfangs sehr zurückhaltend waren, änderten ihr Verhalten, als sich herumsprach, dass er nicht nur wegen seiner mangelnden Gesundheit hier war, sondern dass er auch jeden Tag fleißig arbeitete, sehr höflich und hilfsbereit, pünktlich und zuverlässig war, also gar nicht so, wie man es sonst von Ausländern hörte, vor allem von den Südländern. Darum machte ihm auch seine Arbeit Freude, besonders wenn er mit Silke zusammen eingeteilt wurde, was in letzter Zeit sehr häufig vorkam. Während sie bei der Arbeit nur das Nötigste sprachen, wurden nun die Frühstückspausen und auch die Mittagspausen immer mehr zu ihrem schönsten Beisammensein.

Anfangs war er es, der vieles über die Insel und die Menschen, die dort wohnten, wissen wollte, denn er fühlte sich schon recht heimisch. Einiges war ihm aber noch fremd. Sie versuchte, ihm alle seine Fragen zu beantworten. Was sie nicht wusste, ließ sie sich zu Hause oder woanders erklären und erzählte ihm am nächsten Tag freudig, was sie herausgefunden hatte.

Dann aber war er an der Reihe. Silke war erst zweimal auf dem Festland gewesen. Von Sizilien zu hören, von einer Insel, die mehr als zwölftausendmal größer war als Helgoland, über dreitausendmal mehr Einwohner hatte und fast dreitausend Kilometer entfernt im Mittelmeer lag, fand sie so spannend, dass sie immer mehr Einzelheiten wissen wollte.

Einmal standen sie im Unterland am Hafen und schauten einem auslaufenden Schiff nach, als sie ihn an der Hand nahm und ganz schüchtern mit leiser, kaum hörbarer Stimme fragte, ob er sie einmal auf so einem Schiff nach Sizilien mitnehmen würde. Fast als schämte sie sich für ihren Mut, ihm solch ein Ansinnen anzuvertrauen, drehte sie sich um und lief weg, ohne seine Antwort abzuwarten. Er ging ihr nach, legte seinen Arm um ihre Schulter und zog sie ganz sanft an sich. Sie ließ es widerstandslos geschehen, schaute aber erst dann kurz zu ihm auf, als er ihr erklärte, dass man mit einem solchen Fährschiff nicht nach Sizilien fahren könne und mit dem Schiff würde es sicher viel zu lange dauern, viele Tage, vielleicht sogar über eine Woche. Besser wäre es mit dem Zug und der würde bestimmt von Hamburg aus zwei Tage und eine Nacht brauchen. Sie nickte nur, sprach aber nichts mehr, bis sie sich im Oberland verabschiedeten. Als sie sich die Hand gaben, merkte er, dass sie leicht zitterte.

»Was ist denn, Silke«, fragte er sie, »was hast du denn? Sag es mir doch!« Aber sie sah ihn nur ganz kurz an, betrübt, wie er meinte, drehte sich um und ging nach Hause. Minutenlang stand er unschlüssig da und schaute ihr nach, ohne zu verstehen, was passiert war.

Als sie am nächsten Morgen beim Frühstück immer noch so wortkarg und zurückhaltend war, bat er sie inständig um eine Erklärung für ihr verändertes Verhalten, sodass sie ihm schließlich gestand, dass sie sich sehr über ihre Anmaßung schämte, ihn gefragt zu haben, ob er sie mit nach Sizilien nehmen würde. Er musste erleichtert lachen, machte sie aber dadurch noch verlegener. Erst als er ihr erklärte, dass er sie natürlich mitnehmen könnte, sehr gerne sogar, aber dass ihre Eltern es wohl nicht erlauben würden, da sie ja noch so jung sei, ging ein Strahlen über ihr Gesicht und sie lächelte ihn verschmitzt an, als wollte sie sagen: »Kommt Zeit, kommt Rat.«

Aber dass dies keineswegs fatalistisch gemeint war, sondern sie sicherlich schon ganz konkrete Pläne schmiedete, zeigte ihr Lächeln, das auch während der schweren Arbeit ihr hübsches Gesicht noch strahlender machte. Sie hatte etwas vor, das bemerkte er in den nächsten Tagen von Mal zu Mal mehr. Kleine Ereignisse oft nur: Sie ließ ihre Hand ein wenig länger in der seinen, wenn sie sich nach der Arbeit verabschiedeten, nahm seinen Arm, wenn sie gemeinsam ein Stück schlenderten und hatte morgens häufig ein Rosinenbrötchen zu viel dabei, das sie ihm beim Frühstück anbot. Dass sich in ihrer Beziehung doch manches geändert haben musste, wurde ihm aber erst ganz überraschend bewusst, als sie eines späten Nachmittags von der Arbeit nach Hause gingen und sie, bevor sie in die Straße einbogen, in der sie wohnte, sich bei ihm einhakte. Das hatte sie noch nie getan. Im Gegenteil, in der Nähe ihres Hauses hatte sie immer auf einen gebührenden körperlichen Abstand geachtet.

Er war erstaunt, schaute sie fragend an und meinte lächelnd: »Ist das nicht gefährlich?«

»Aber nein, sie wissen es doch alle schon«, erwiderte sie, drückte nochmals seinen Arm an sich, sodass er ihren warmen weichen Körper spürte, und lief strahlend ins Haus. Völlig überrascht stand er sicher noch eine gute Minute bewegungslos da, um sich dann endlich zum Gehen zu wenden. »Sie wissen es doch alle schon«, wiederholte er sich immer wieder, ohne begreifen zu können, was sie damit gemeint hatte. Er würde sie fragen müssen, sagte er sich, ja, gleich morgen früh! Aber die kommenden Tage arbeiteten sie nicht zusammen, sodass er vergaß, das Geheimnis zu ergründen. Doch schließlich wurde er noch mehr in das Netz ihrer Pläne verwickelt, das sie schalkhaft, aber äußerst zielstrebig knüpfte. Als nächstes eröffnete sie ihm, dass ihre Eltern ihn gerne am Samstag nach der Arbeit zum Nachmittagskaffee einladen würden und vergaß nicht zu erwähnen, dass auch sie sich freuen würde, wenn er die Einladung annähme. Auf seine erstaunte Frage, was denn der Grund dafür sei, erklärte sie ihm so belanglos wie möglich, dass sich seine Kunst als Maler so weit herumgesprochen habe, dass auch ihre Eltern neugierig geworden seien, zumal ihre Tochter mit diesem kleinen Michelangelo zusammenarbeitete.

Es war kein Nachmittagskaffee. Es gab Tee, der knisternd über Kandiszucker gegossen und mit Sahne verfeinert wurde. Dazu reichte man

Plätzchen, die kleine Kuchen genannt wurden. Aus seiner Erfahrung auf Helgoland wusste er bereits, dass das Vorurteil, die Norddeutschen seien so schweigsam, genauso wenig zutraf wie die Vorurteile gegenüber Italienern. Seine Gastgeber entsprachen diesem Klischee in keinster Weise: Sie plapperten ununterbrochen. Er brauchte erst einmal überhaupt nichts zu sagen, er musste nur zuhören. Sie erzählten ihm sehr ausführlich die ganze neuere Geschichte der Insel: dass sie erst kurz vor Ende des Krieges durch einen Bombenangriff völlig zerstört worden war, dass sie alle zwangsweise evakuiert worden waren und erst wieder, nachdem die Insel jahrelang als Übungsziel für britische Bomber gedient hatte und nach der vergeblichen Sprengung der Insel im Jahre 1952 zurückgekehrt waren, um ihre Insel wieder aufzubauen.

Aber dann stellten sie plötzlich fest, dass er so schweigsam sei. Etwas verlegen, weil er nicht wusste, was sie hören wollten, sagte er nichts und beschränkte sich auf ein höfliches Lächeln.

»Ja, wenn Sie uns nichts von sich erzählen, müssen wir Sie ganz einfach fragen«, hörte er nun, und was er dann erlebte, wäre einem Polizeiverhör gleichgekommen, wenn es nicht so lustig und freundlich gewesen wäre.

Aus seiner Gesellschaft war er gewohnt, dass man unter Fremden nie seine Neugier zeigen durfte. Auch wenn das Interesse noch so groß war, musste man geduldig warten, bis der andere etwas von sich mitteilte, was lange, sehr lange dauern konnte, selbst wenn man dann schon gute Bekannte, gar Freunde geworden war. Einfach ausgefragt zu werden, hatte er nur auf deutschen Ämtern erlebt oder von den *carabinieri* in seiner Heimat. Dies hier war nun eine ganz neue Erfahrung. Er war ihnen nicht böse, gab folgsam und erschöpfend Auskunft und war versucht, ihnen zu guter Letzt noch sein Gewicht und seine Körper- und Schuhgröße anzugeben, unterließ es dann aber doch, weil er sicher war, dass sie diesen versteckten Spaß genauso ernst genommen hätten wie all die anderen Fragen und Antworten.

Im besten Einvernehmen verabschiedete man sich schließlich voneinander und versprach, sich bald wieder zu treffen. Erlöst schlenderte er nach Hause, wobei er sich immer wieder lächelnd sagte: »Tief einatmen und ganz langsam ausatmen«. Der laue, aber recht kräftig aufkommende Abendwind half ihm, sich von der Prüfung – denn als solche hatte er diese Teestunde empfunden – zu erholen.

Die nächsten Tage zeigten eine immer stärker aufkommende Vertrautheit zwischen Silke und ihm, wobei sie die Initiative übernahm. So fragte sie ihn, ob er am Sonntag mit hinüber zur »Düne« kommen wolle, da man dort sehr schön schwimmen und am Strand liegen könne. Wie die meisten Meeresanwohner war er kein guter Schwimmer, aber er hoffte, dass auch sie keine Rekordschwimmerin war und sagte zu.

Sie ließen sich zur Düne übersetzen und verbrachten viele schöne Stunden in den recht hohen Wellen und am Strand, wo sie dann erschöpft und träge in der entspannend warmen Sonne lagen. Als es gegen Nachmittag frischer wurde und er langsam zurückkehren wollte, griff er, ohne zur Seite zu sehen, zu ihr hinüber, um ihr leicht über den Rücken zu streichen, da er annahm, dass sie schlief. Doch sie lag nicht auf dem Bauch wie er, sondern auf dem Rücken, sodass er ihren Busen berührte. Erschrocken wollte er entschuldigend seine Hand zurückziehen, aber sie hielt sie fest und drückte sie sanft auf ihre rechte Brust. Sie sagte kein Wort, aber an ihrem schneller gehenden Atem spürte er ihre Erregung. Da auch er nicht unberührt davon war, richtete er sich auf, drehte sich zur Seite, entzog ihr ganz langsam seine Hand, umfasste ihre Schultern und rückte so nahe an sie heran, dass er sich über sie beugen konnte. Sie schaute ihn mit großen Augen an, bewegungslos, ohne auch nur ein Wort zu sagen. Er küsste sie auf den Mund, nicht leidenschaftlich, nur ganz zärtlich. Sie öffnete leicht ihre Lippen, erwiderte aber nicht seinen Kuss, sondern ließ es einfach geschehen. Selbst als er sie nochmals küsste, auf den Mund und auch auf den Hals, blieb sie völlig bewegungslos. Nur ein leichtes Zittern ihres Körpers glaubte er zu spüren. Er setzte sich auf und betrachtete sie voller Zuneigung. Wie schön sie ist, dachte er, wie schön in dieser frischen, unverfälschten Jugendlichkeit und wie strahlt sie doch gleichzeitig, bestimmt ohne sich dessen bewusst zu sein, eine ungemein anziehende weibliche Erotik aus. Das verwirrte ihn. Was wird sein, wenn sie dieses Mädchenhafte ablegt und das Frauliche in ihr bestimmend wird? Und wann könnte das eintreten? Wird sie Frau oder Weibchen? *Donna* oder *arrusa*? Wie er aus seiner Kultur gewohnt war, Weiblichkeit einzuteilen. Bliebe vielleicht in diesem schönen Frauenkörper, wie er ihn jetzt zum ersten Mal fast nackt vor sich sah, nur das weiblich verborgene Mädchenhafte oder würde ihr Geist, ihr Gefühl geprägt sein von der gleichen Sinnlichkeit wie die ihres Körpers? Er wusste in diesem Augenblick nicht, was er sich mehr wünschte. Vielleicht war es auch die seltene Mischung von beidem.

Jedenfalls wurde ihm schlagartig klar, dass sich etwas zwischen ihnen geändert hatte. Plötzlich, von einem Moment zum anderen hatte sich ihre Beziehung verwirrt. Bis zu seiner unbeabsichtigt intimen Berührung war alles ganz eindeutig gewesen: Sie waren Arbeitskollegen, er der Geselle, sie der Lehrling, mit klaren Pflichten und Kompetenzen, dann gute Freunde, als sie sich besser kennenlernten, und schließlich hatte sich ein sehr kameradschaftliches Gefühl entwickelt, aber immer hatte sich ihre Beziehung in einem respektvollen Abstand bewegt, abgesehen von einem kurzen Handhalten oder Einhaken bei ihm. Dass es nun zu dieser Berührung kam, die sie so bereitwillig tolerierte und dass er sie sogar küsste, war für ihn einerseits ein erregendes Ereignis, andererseits aber auch sehr beklemmend, sodass ihm der Atem stockte. Er wusste, dass man Geschehenes nicht ungeschehen machen konnte, doch er wollte daraus auch kein Drama machen. Was war denn schon passiert? Eine kleine Liebkosung, mehr nicht. Vielleicht musste sich dadurch überhaupt nichts ändern. Das wäre das Einfachste. Er wollte einfach so tun, als sei nichts passiert, es einfach überspielen. Und vielleicht war es ja für sie ebenso belanglos. Die Menschen im Norden sind doch viel ungezwungener, vielleicht sogar gleichgültiger, was das Körperliche betrifft, es hat doch nicht diese überragende Bedeutung wie im Süden Europas, sagte er sich.

Auf der Rückfahrt zur Hauptinsel gab er sich darum ganz gelöst und heiter, wie nach einem üblichen Badeaufenthalt auf der »Düne«, obwohl er nicht übersehen konnte, dass sie auffallend schweigsam war und ihn immer wieder von der Seite beobachtete, erwartungsvoll, wie es den Anschein hatte. Für ihn schien es nichts Interessanteres und Wichtigeres zu geben, als mit voller Konzentration den Flug der Möwen zu betrachten, wie sie sich Mal für Mal von den Aufwinden hochtragen ließen, um danach im Sturzflug hinabzustoßen und dann ohne Flügelschlag lange Strecken über die Wasseroberfläche zu streichen, begleitet von einem durchdringenden krächzenden Geschrei. Sie dagegen schien von diesem Schauspiel zwar völlig unbeeindruckt, aber am Druck ihres bei ihm untergehakten Arms spürte er, dass sie alles andere als entspannt war.

Schließlich fragte sie ihn, ohne ihn dabei anzugucken: »Warum hast du mich geküsst?«

So direkt hatte er diese Frage nicht erwartet und wusste im ersten Moment keine Antwort. Warum hatte er sie geküsst? Er wusste es selbst nicht. Ganz einfach so, ohne Plan, ohne zu überlegen. »Ich weiß selbst nicht genau warum, eben einfach so«, antwortete er.

»Hast du denn nichts gefühlt?«, wollte sie wissen.

»Doch, natürlich, du hattest meine Hand auf deiner Brust festgehalten, deine leuchtenden Augen blickten so verlangend, du warst so schön, wie ich dich vorher nie gesehen habe, das war alles so erregend für mich, darum ist es einfach geschehen. Ich war selbst überrascht. Habe ich dich beleidigt?«

»Aber nein, es war schön, aber fremd. Es war das erste Mal... dass mich ein Mann auf den Mund geküsst hat.«

Drüben auf dem Mittelland gingen sie dann schweigend am Ufer entlang. Beide hingen ihren Gedanken nach. Erst später – es wurde schon langsam dunkel –, als sie oben auf einer der Bänke an der Küste saßen, gelang es ihnen wieder, miteinander zu sprechen.

»Könntest du dir vorstellen, für immer hier auf der Insel zu leben und zu arbeiten?«, begann sie. Ihre Stimme war so leise und zögernd, dass er sie kaum verstand. »Könntest du hier für immer sein, oder willst du wieder zurück auf deine Insel, in deine Heimat?«

Er überlegte einige Augenblicke, ehe er antwortete.

»Natürlich möchte ich wieder zurück, vielleicht nicht gleich nach Hause, aber wieder dahin, woher ich kam. Ich habe keine Pläne gemacht, wie lange ich hierbleiben kann oder hierbleiben muss. Es muss sich etwas ändern in meinem Leben.«

»Aber warum kann dies nicht hier sein? Alle mögen dich, keiner spricht schlecht über dich, unser Meister lobt dich überall und selbst der Pastor, der dich mit Handschlag vor der Kirche begrüßt und mit dir gesprochen hat, als du zum ersten Mal beim Gottesdienst warst, obwohl du doch katholisch bist, spricht nur im Guten von dir.«

»Das mag alles stimmen. Es freut mich sehr, wenn es so ist. Aber bedenke, ich bin ein Fremder hier, ein Ausländer aus dem Süden und dazu noch ein Sizilianer, nicht blond und nicht blauäugig und mit einer Haut, die ihr als dunkel bezeichnet. Ich bin hierhergekommen, um eine bestimmte Zeit zu bleiben, nicht ganz freiwillig. Nun habe ich auch Arbeit gefunden, weil es zu viel davon gab und zu wenig Arbeiter. Ich habe also niemandem etwas weggenommen, ich habe nichts Ungebührliches verlangt, im Gegenteil. Ich bin sehr bescheiden, wie man sagt, und ich lebe sehr bescheiden. Ich beanspruche keine Wohnung, sondern nur ein kleines Fremdenzimmer für Feriengäste. Wenn ich aber länger oder für immer hierbleiben würde, bräuchte ich eine Wohnung, wo ich leben könnte, wie ich es möchte und ich es gewohnt bin. Meinst du, man würde mich akzeptieren, so anders wie ich bin? Bis jetzt habe ich mich angepasst, voll und ganz habe ich mich so verhalten und in allem so gehandelt, wie es die Leute hier von mir erwarteten, obwohl vieles meinen Vorstellungen und Lebensgewohnheiten widerspricht. Eine Zeit lang ist das sicherlich möglich, aber nicht für alle Zeiten. Es gibt hier Normen, die ich sehr gerne übernehme, und viele habe ich während meines Aufenthaltes in Deutschland bereits übernommen, teilweise auch ohne mir dessen immer bewusst zu sein. Andere aber kann ich bestimmt nicht austauschen, weil ich die meinigen als moralischer empfinde, als menschlicher. Ich glaube kaum, dass ihr das akzeptieren würdet. Dies würde doch bedeuten, dass ihr mich nicht nur als ›anders‹ tolerieren müsstet, sondern natürlich auch, dass ihr euch an mich anzupassen hättet, aber bestimmte Zugeständnisse der Menschen hier würde ich doch auch erwarten, wenn ich hier länger oder gar für immer bleiben würde. Und glaubst du, dass ihr dazu bereit wärt?«

»Bitte, denke doch nicht, dass wir unbewegliche Insulaner sind, gefangen in unserer Welt. Jahr für Jahr kommen Hunderttausende hierher, die in unserem Seebad Erholung suchen. Du wirst sehen, welch ein Betrieb hier im Sommer herrscht. Wir lernen Leute aus aller Herren Länder kennen, die oft sehr verschieden sind in ihren Vorstellungen, in ihrem Verhalten und in ihren Ansprüchen. Wir haben uns auf sie einzustellen, und das können wir auch. Wir sind an Fremde gewöhnt, glaube mir.«

»Nun ja, das mag stimmen, aber das sind Gäste, wie du sagst, Erholungssuchende, die ein paar Tage hier bleiben oder auch ein paar Wochen, nicht aber hier für immer leben und arbeiten wollen, jahrein und jahraus, und nicht nur in der Ferienzeit. Sicher seid ihr in bestimmtem Maße angepasst, aber das nicht bis zur Selbstverleugnung. Ein Fremder wie ich ist kein Gast, auch wenn er Gastarbeiter genannt wird. Wie lange würde es dauern, bis er als Gleichberechtigter akzeptiert wäre? Aber sag mir, meine große Diplomatin, könnte es sein, dass du insgeheim Pläne machst, die mich betreffen?«

Sie antwortete nicht, aber an ihrem plötzlichen Erröten ahnte er, dass er mit seiner Vermutung nicht falsch lag.

»Sag«, wiederholte er, »verfolgst du eine bestimmte Absicht mit deiner Frage? Komm, sag doch, um was geht es dir?«

Nun schaute sie ihn an, die Röte wich langsam aus ihrem Gesicht und sie antwortete ihm mit leiser Stimme: »Ja, ich möchte, dass du hier bleibst, bei uns hier, hier bei mir, für immer. Bitte gehe nicht fort, bitte«, und mit noch leiserer Stimme flüsterte sie, indem sie den Kopf so tief senkte, dass ihr Kinn fast ihre Brust berührte, »bitte, bleibe hier... denn... ich liebe dich.«

Das traf ihn trotz allem aus heiterem Himmel. Er wusste, dass sie ihn mochte, das hatte sie ihn schon früher spüren lassen und heute am Strand hatte sie ihm mehr als nur ein Zeichen ihrer Zuneigung gegeben. Dass aber ihre Gefühle für ihn so tief waren, dass sie von Liebe sprach, überraschte ihn und machte ihn gleichzeitig beklommen. Wenn ein Mädchen wie sie sich so offenbarte, so war das nicht Ausdruck eines Flirts oder einer Teenager-Schwärmerei. Dazu war sie viel zu ernsthaft, zu reflektiert, das wusste er.

Was aber sollte er ihr jetzt antworten, was sollte er tun? Er legte ihr den Arm um die Schulter und zog sie sanft an sich.

»Ich weiß, dass du mich magst«, begann er zögernd, »oft habe ich deine Blicke bei der Arbeit gesehen... Und ich habe deine Zuneigung gespürt, wenn du meine Hand genommen oder dich bei mir untergehakt hattest, wenn wir spazieren gingen. All das hat mich sehr berührt und froh gemacht, ja, auch stolz, denn du bist ein außergewöhnliches Mädchen. Und natürlich hast du mich heute Nachmittag, drüben auf der ›Düne‹, deine Gefühle zu mir so tief empfinden lassen wie nie zuvor. Aber ich bin eben doch unsicher... ist das wirklich Liebe? Du bist doch noch so jung, ein Mädchen noch, das gerade anfängt, das Leben zu verstehen, und ich bin doppelt so alt wie du, ein Fremder zudem, der hier nicht für immer bleiben kann. Du sagst, du liebst mich, und ich glaube dir auch, dass das, was du für mich empfindest, ein großes und tiefes Gefühl ist. Aber Liebe, die Liebe zu einem Menschen sucht doch immer eine Erfüllung in dem anderen, den diese Liebe einschließt und Liebe soll nicht nur auf den Moment gerichtet sein, sondern auf die Zukunft, auf so lange Zeit wie möglich. Ich mag dich, ich mag dich wirklich sehr gerne. Das hast du sicher auch gemerkt. Aber von Liebe möchte ich nicht sprechen. Bitte, verzeih mir, wenn ich dir das so unverblümt sage. Vielleicht, weil unser Altersunterschied so groß ist und ich in dir nur ein Mädchen sehe. Aber ich als dein Mann, du als meine Frau, wie sollte das gehen? Lass uns Freunde bleiben und du wirst sehen, dass du eines Tages anders denkst von diesem Gefühl, das du jetzt Liebe nennst, und dann sicherlich auch anders empfindest.«

»Ich bin kein Mädchen, ich bin eine Frau«, erwiderte sie. »Man muss nicht dreißig sein, um zu wissen, was man will und was man kann. Vielleicht sind eure Frauen im Süden in meinem Alter noch Kinder, weil ihr ihnen keine Freiheit und kein Selbstbewusstsein zugesteht.«

»Nein, meine Liebe, es ist vielleicht gerade umgekehrt. Es ist in Sizilien keine Seltenheit, dass ein Mädchen mit sechzehn heiratet, manchmal noch jünger, denn die Geschlechtsreife beginnt ja viele Jahre früher als bei euch. Ihre Pubertät setzt schon mit neun oder zehn Jahren ein, hier doch meist erst mit vierzehn oder noch später. Ich habe dich als Mädchen bezeichnet, weil du weniger Lebenserfahrung zu haben scheinst als die meisten italienischen Mädchen deines Alters, die sich bereits auf das Heiraten konzentrieren. Daher habe ich dich als liebes, schönes und herzliches Mädchen und nicht als reife, heiratsfähige Frau wahrgenommen. Verzeihe mir, wenn ich dich nun verletzt haben sollte. Das war nie meine Absicht, aber so waren meine Gefühle zu dir.«

Es war ein sehr langes, sehr bedrückendes Schweigen, das auf seine Worte folgte. Er fühlte sich plötzlich so leer, so kraftlos, als habe er irgendeine besondere Leistung vollbracht, keine glänzende, sondern eine ihn bedrückende, fast beschämende. Musste er sie so offen zurückweisen? Er konnte sie doch aber nicht belügen. Sollte er ihr vielleicht Hoffnung machen? Welche und für wann? Nein, er konnte sie nicht lieben, zumindest jetzt nicht. Er war vor einer bösartigen Frau geflüchtet, um zur Ruhe zu kommen, was ihm bisher in all diesen Monaten ja auch gelungen war. Warum musste nun alles wieder zerbrechen? Konnte er Silke davon überzeugen, dass sie zwar für ihn schwärmte, für ihn, den großen, fremden Unbekannten, den Exoten aus dem fernen Süden, aber dass das doch keine Liebe war? Und wenn sie sich nicht überzeugen ließ, wie sollten sie weiterhin zusammen arbeiten, täglich zusammen sein, viele Stunden? Und wie sollte sich ihre Freizeit gestalten, die sie in letzter Zeit immer mehr gemeinsam verbracht hatten? Mein Gott, wie würde es weitergehen? Alles schien ihm noch schlimmer, als er bemerkte, dass sie wohl weinte, lautlos, von ihm abgewandt, aber leise zitternd und hin und wieder tief seufzend. Er war nicht in der Lage, sie zu trösten. Er zog sie nur fester an sich, und sie ließ es geschehen.

Schließlich wurde sie ruhiger, entzog sich seinem Arm, schaute zu ihm auf und fragte ihn mit ruhiger Stimme: »Gibt es eine andere Frau, die auf dich wartet? Bist du verlobt oder gar verheiratet? Du hast nie darüber gesprochen, du trägst keinen Ring, aber das tun viele in unserem Beruf. Ach, wie dumm von mir, dass ich mich das nie gefragt habe. Für mich warst du einfach frei, ungebunden, frei für mich. Vielleicht bin ich doch noch nicht so erwachsen wie ich meinte. Ich habe einen schönen Traum geträumt, aber wahrscheinlich einen Jungmädchentraum. Vergiss, was ich dich gefragt habe... Wenn du diesen Traum schon zerstören musst, so lasse mir bitte noch ein Stückchen, ein ganz kleines Zipfelchen davon, damit es nicht zu sehr weh tut, wenn ich nun mit einem Schlag daraus aufwache.«

Mit einem Ruck stand sie auf, trat hinter die Bank und stützte sich mit beiden Händen auf die Rückenlehne und wiederholte immer und immer wieder: »Mein Gott, was für einen Traum habe ich geträumt, was für einen wunderschönen Traum, oh mein Gott, was habe ich mir nur eingebildet? Verzeih mir, ich habe dich einfach in Besitz genommen, ganz für mich, ohne dich zu fragen, ob du willst oder ob du überhaupt kannst. Wie einfältig von mir, mein Gott, was bin ich doch für eine Närrin, ja, ich bin verrückt, vollkommen verrückt!«

Die letzten Worte schrie sie fast heraus, laut weinend, indem sie ihre Faust vor den Mund presste und, wie um sich zu strafen, in die Fingerknöchel biss.

Es schien, als wollte sie nicht nur sich und ihm, sondern dem großen weiten Meer vor ihr und der ganzen Welt ihr Leid klagen, so verzweifelt und weinend ließ sie ihrem Schmerz freien Lauf. Es war so erschütternd für ihn, dass er es nicht mehr ertragen konnte. Er stand auf, ging zu ihr und holte sie wieder auf die Bank, setzte sich neben sie und legte seinen Arm um ihre Schulter. Langsam beruhigte sie sich.

»Kann ich mit dir reden oder wollen wir erst später oder morgen miteinander sprechen?«

Sie nickte nur kurz und sagte: »Nein, jetzt.«

»Nun gut«, begann er, »es wartet in meiner Heimat keine Frau auf mich, ich bin mit keiner Frau verlobt oder verheiratet. Es gab eine Frau, mit der ich sehr verbunden war. Leider waren aber ihre Vorstellungen und meine, wie man miteinander leben sollte, so verschieden, dass ich mich trennen musste. Das hat sie jedoch nicht akzeptiert und versucht mit allen Mitteln, die möglich sind, mich weiterhin an sich zu binden. Da es nicht die üblichen Möglichkeiten waren, sondern bösartige Mittel, bin ich geflohen und hierher auf eure schöne Insel gekommen, weil ihr Einfluss nicht bis hierher reicht. Wie du siehst, habe ich unbeschadet gesund und glücklich hier leben können, vor allem auch, weil wir beide uns so gut verstehen. Die letzte Zeit mit dieser Frau war so schlimm, dass mir nur noch die Möglichkeit blieb, zu fliehen oder zu sterben. Du siehst, ich habe Ersteres vorgezogen, ich lebe noch, aber ich habe so sehr unter ihr gelitten, dass jetzt allein die Vorstellung, mit einer anderen Frau in Beziehung zu treten, in mir eine krampfartige Abwehr erzeugt. Das heißt nicht, dass ich nun Frauen hasse oder sie auch nur ablehne, nein, bestimmt nicht. Nur in nähere Beziehung zu treten ist mir derzeit völlig unmöglich. Dass wir bisher so gut miteinander auskamen, dass ich dich so gern haben konnte, hat seinen Grund sicher darin, dass ich mir nicht vorstellen konnte, dass du mich tiefer an dich binden wolltest, ja, mich gar lieben würdest. Meinst du nicht, dass wir unsere Beziehung in dieser Art fortsetzen könnten, bis du dir klar wirst über deine Gefühle zu mir, dass sie bestimmt nur ein Verliebtsein sind und nicht die große Liebe zwischen Mann und Frau?«

»Bitte glaube mir, ich bin mir klar, sehr klar darüber. Meine Liebe zu dir kam nicht plötzlich über Nacht, nein, sie ist ganz langsam gewachsen und immer fester und tiefer geworden. Ich bin kein schönes, liebes Mädchen mehr, sondern eine Frau oder besser gesagt, reif genug, um eine Frau zu werden. So oft habe ich mir in allen Einzelheiten vorgestellt, dass du der Mann bist, der mich zur Frau macht, denn ich hatte bisher noch keine sexuellen Erfahrungen, und der mich dann auch behalten wird, für immer. Es war aber, wie ich nun sehe, ein Traum, ein sehr schöner Traum zwar, aber doch nicht die Wirklichkeit. Ich weiß nicht, wie ich jetzt damit leben soll, aber ich muss ja wohl. Hätte ich dich doch nur verführt, dann wäre wenigstens ein Stück meines Traums Wirklichkeit geworden. Jetzt aber ist es zu spät, ich fühle es. Und ich fühle auch, dass du mit dieser Frau, deretwegen du hier bist, keineswegs ins Reine gekommen bist, denn sonst wärst du nicht geflohen. Glaubst du, Flucht löst Probleme?«

»Natürlich weiß ich, dass Flucht nicht grundsätzlich Probleme löst, aber in der Beziehung zwischen zwei Menschen, die dermaßen zerstritten sind, dass all ihre Auseinandersetzungen nur noch darum gehen, wer Schuld hat und wer nicht schuldig ist, wer recht hat und wer nicht – ist es da nicht besser, wenn wenigstens einer von beiden so vernünftig ist und geht? Natürlich ist damit ihr Problem nicht gelöst. Aber wenigstens doch vermieden, dass sie sich dauernd gegenseitig beleidigen, erniedrigen, sich verletzen und sich immer und immer wieder tiefe seelische Wunden beibringen und letztlich ohne fremde Hilfe von außen ihre Probleme doch nicht lösen können.«

»Aber bist du denn geflohen, weil man dich töten wollte?«

»Nein, es war wohl nicht ihr Vorsatz, mich zu töten, aber die Methoden, die sie eingesetzt hat, um mich wieder zurückzugewinnen, waren so brutal, dass ich bestimmt daran zugrunde gegangen wäre.«

»Hat man dich denn gefoltert? Wer tut dir so etwas an?«

»Es handelt sich um eine Deutsche und ihren Helfer, ein norditalienischer Priester, der uns Südländer ohnehin nicht versteht und sogar die üblichen Vorurteile gegen uns ›Afrikaner‹ hat.«

»Die beiden haben dich gefoltert, eine Frau und ein Priester? Und du hast dich nicht gewehrt?«

»Oh nein, es gibt nicht nur körperliche Folter. Es gibt viele andere Methoden, die noch schlimmer sind, weil sie lange, unendlich lange angewendet werden können. Eine nie enden wollende Qual ist viel schlimmer als eine schwere Tortur, die aber nur kurze Zeit andauert.«

»Entschuldige bitte, aber ich verstehe gar nichts. Wie hat man dich denn gefoltert, wenn nicht körperlich?«

»Vielleicht sollten wir es lieber ›quälen‹ nennen. Aber wie man das macht, wird für dich sehr schwer zu verstehen sein. Bei uns ist der Verlust eines geliebten Menschen das Schrecklichste, was passieren kann.

Darum versucht man auch alles zu tun, um dies zu vermeiden. Und um seinen Partner wieder zurückzugewinnen, haben wir in Sizilien einen Reichtum an magischen Möglichkeiten. Was die Frauen anwenden, Männer tun das seltener, ist meist eine *fattura d'amore*, ein Liebeszauber, wie diese Praktik bei uns genannt wird. Und davon hat jene Frau Gebrauch gemacht.«

»Oh, ich glaube ich weiß, was du meinst. Auch bei uns gibt es Menschen, die bestimmte Fähigkeiten haben, in die Zukunft sehen zu können, sie können wahrsagen oder auch Tiere beeinflussen, damit sie Bestimmtes tun oder anderes nicht tun. Wir nennen sie ›Spökenkieker‹. Ich weiß nicht viel von ihnen, man spricht auch nicht gern davon, weil die Leute Angst haben. Aber foltern oder quälen tun sie nicht, glaube ich.«

»Nun, so einfach ist das bei uns nicht. Unsere Spökenkieker sind doch wohl viel potenter. Sie heißen bei uns *fattucchieri*. Sie können Menschen helfen, aber dadurch anderen auch sehr schaden. Wenn sie einer Frau zum Beispiel helfen, einen untreuen Mann zurückzugewinnen, so mag dies ja noch verständlich sein, wenn der Mann dadurch leidet, denn seine Frau zu betrügen ist unmoralisch und verwerflich. Aber das Schlimme dabei ist, dass man sich nicht einfach weigern kann, wenn die Gegenseite über große Zauberkraft verfügt. Je mehr man sich widersetzt, umso stärker werden die Zwänge des Gegners und die können so schlimm sein, dass sie zur Folter werden.«

»Aber wie macht man denn einen solchen Zauber? Was ist das denn für eine Kraft und wie wirkt sie denn?«

»Jeder Mensch hat magische Fähigkeiten, mit denen er einen anderen beeinflussen kann. Bei bestimmten Menschen, Hexern und Zauberern, ist diese Kraft jedoch so stark ausgebildet, dass sie andere zwingen können, etwas zu tun oder etwas zu lassen. Sie wenden dazu entsprechende Praktiken an oder verabreichen ihrem Opfer ein Zauberphiltrum, um es gefügig zu machen. Das können verschiedene Stoffe sein, je nachdem, was der andere tun oder lassen soll oder wie stark sein Widerstand oder sein Gegenzauber ist. Ja, auch das ist möglich, gegen einen Zauber gibt es natürlich auch entsprechende Gegenzauber. Wer den stärksten Zauber hat, wird gewinnen. Mein Gegenzauber war zu schwach, vor allem auch, weil ich allein war und sie eben zu zweit. Sie waren dadurch nicht nur stärker, sondern konnten sich auch abwechseln, mal der eine, mal der andere, was für beide weniger ermüdend und weniger zeitgebunden war. So haben sie mich wochenlang, monatelang gequält, weil ich nicht nachgeben wollte und, wie gesagt, ich eben einen viel weniger potenten Gegenzauber einsetzen konnte.«

»Aber was haben sie dir getan? Du sagst, sie haben dich gequält, es sei eine Tortur gewesen, wie haben sie das denn gemacht?«

»Sie haben mir ständig von den *spiriti maligni*, den bösen Geistern, einflüstern lassen, dass ich zurückkommen soll. Da ich mich weigerte, haben sie mein Herz und meine Lunge gestört, sodass ich keine Kraft mehr hatte, mein Blut nicht mehr zirkulierte und meine Lunge schrumpfte, sodass ich kaum mehr atmen konnte. Mein Magen war verschlossen, so weit, dass ich nur noch Flüssiges zu mir nehmen konnte. Meine Muskeln zuckten, schmerzten und schrumpften. Ich sah nur noch wie durch einen feinen Schleier, unscharf und verschwommen. Ich wurde immer müder, kraftlos, ohne Willen und ohne Lust, irgendetwas zu tun. Am liebsten wollte ich einfach im Bett bleiben, die Decke über den Kopf ziehen und nichts mehr hören und sehen. Du hättest mich vor alldem, was man mir angetan hat, sehen sollen. Ich war kräftig und stark. Mein Gesicht war voll, mein Hals stark und straff, meine Schultern waren breit und muskulös, meine Arme stark und sehnig, wie auch meine Hände. Und du hättest meine Beine sehen sollen: Oberschenkel und Waden, die ich kaum umfassen konnte. Und jetzt? Nun, du hast mich ja in Badehosen am Strand gesehen und ich bin überzeugt, dass du bei dieser klapprigen Jammergestalt nicht gerade an Apollo gedacht hast. Und vielleicht hast du auch bemerkt, dass ich mich in dieser kurzen Zeit schon recht gut erholt habe. Ich werde dir ein Bild zeigen, wie ich ausgesehen habe, bevor das Zerwürfnis mit dieser Frau und ihren schrecklichen Pfeilen, die sie mir ins Fleisch geschossen hat, begann.«

»Du sagst, sie hätten dir eingeflüstert, was du tun sollst. Wie kann man dir denn etwas einflüstern, wenn du vermieden hast, sie zu sehen?«

»Das geschieht, wie gesagt, durch die *spiriti maligni*, durch böse Geister, denen sie Befehle erteilen, morgens, mittags, abends, nachts, immer und immer wieder, ununterbrochen, dass du fast verrückt wirst, dir die Ohren zuhältst, die Bettdecke über den Kopf ziehst, laute Musik hörst, um die Stimmen zu überhören. Aber nichts hilft, die Stimmen sind da, sind immer in den Ohren, was immer du auch machst.«

»Aber auch hier auf der Insel, auch jetzt in diesem Augenblick?«

»Nein, seit ich hier bin, hat es aufgehört, denn über weites und tiefes Gewässer kann man keinen Zauber schicken. Darum habe ich ja eine Insel im Meer gesucht und mich für Helgoland entschieden, weil sie weit genug vom Festland und im tiefen Meer liegt.«

»Dann bleibe doch hier, dann geht es dir doch gut. Sie können dich nicht erreichen, du brauchst keine Angst mehr vor ihnen zu haben und hier kannst du ganz gesund werden. Auch wenn du mich nicht liebst, so werde ich doch immer an deiner Seite sein und dir immer helfen, wenn du es willst und vielleicht wirst du mich sogar eines Tages, wenn ich kein so kleines Mädchen mehr bin, auch lieben. Nein, bitte sage jetzt nichts. Ich sage doch nur vielleicht. Bestimmt aber kannst du hier gesund werden.«

»Ja, glaubst du denn, dass ich krank bin? Was soll das denn für eine Krankheit sein?«

»Ich verstehe nichts von Magie und schon gar nichts von euren Zaubereien. Aber das kann doch krank machen, und du hast mir ja erzählt, dass du krank wurdest und geflohen bist, um diesem Einfluss zu entkommen und gesund zu werden. Bist du denn nun wirklich gesund oder hast du nur, um es einmal so zu sagen, kein Fieber mehr und keine Schmerzen, weil du ein Medikament genommen hast? Und ist dadurch deine Krankheit denn geheilt? Sind es nicht nur die Krankheitszeichen, die du beseitigt hast, nicht aber die Krankheit? Das Medikament ist diese Insel. Würde die Krankheit wieder ausbrechen, wenn du diese Insel verlassen würdest? Wenn du nicht ganz sicher bist, dass dies geschehen könnte, so bleibe hier. Ich und sicherlich auch viele andere würden dir helfen, ganz gesund zu werden. Bleibe hier bei mir. Ich werde dich nicht belästigen, dich nicht bitten, mich zu lieben, wenn du es nicht kannst, aber ich hoffe, dass es einmal so sein wird. Bleibe hier. Ich habe Geduld. Mein Gefühl zu dir kennst du, es wäre schön, wenn auch dein Gefühl zu mir wachsen und stärker würde. Ich werde nicht mehr davon sprechen und alles vermeiden, was dich veranlassen könnte, zu glauben, ich würde ununterbrochen warten, bis du auch mich liebst. Du hast gesagt, ich sei noch zu jung, noch ein Mädchen, also habe ich noch sehr viel Zeit zu warten und noch mehr, noch sehr viel mehr Geduld.«

»Aber meine liebe Silke, wie soll das denn gehen? Wir sehen uns täglich und nun weiß ich, dass du mich liebst und dass du geduldig wartest, bis ich dich endlich auch liebe. Auch wenn du vermeiden wirst, darüber zu sprechen, ja, nicht einmal Andeutungen machen wirst, so weiß ich doch, was dein Wunsch ist und dein Ziel – und woher soll ich wissen, ob ich dir diesen Wunsch je erfüllen kann? In diesem Moment, verzeih mir bitte, kann ich es dir nicht versprechen, ich kann es mir ja nicht einmal vorstellen. Ich weiß, dass dich das nicht froh, ja, nicht einmal hoffnungsvoll stimmen kann, aber soll ich dich denn belügen?«

»Nein, natürlich nicht. Ich danke dir für deine Ehrlichkeit, aber wie soll ich mich denn nun verhalten? Ich kann doch nicht einfach sagen: Schluss, dann eben keine Liebe zu ihm, es war nur eine Täuschung, morgen ist alles vorbei, vergessen.«

Mit tränenerstickter Stimme verabschiedete sie sich, stand auf, trat hinter die Bank, umarmte ihn wie ein verzweifelt Rettung Suchender, der sich festklammert, um nicht zu ertrinken und lief dann ohne ein weiteres Wort die Straße hinunter.

Er blieb sitzen. Unbeweglich, wie erstarrt, vorgebeugt, die Ellenbogen auf die Oberschenkel und den Kopf in die Hände gestützt, schaute er auf die tosende Brandung, die jetzt gegen Abend immer heftiger und lauter wurde und fragte sich, immer und immer wieder: Was soll ich nur tun? Ich kann doch nicht neben diesem Mädchen arbeiten, meine Freizeit mit ihr verbringen, vielleicht in ihrem Elternhaus ein und aus gehen und immer daran denken, dass sie wartet, geduldig darauf wartet, dass ich ihr endlich sage, dass nun auch ich sie liebe und heiraten werde. Wie sollte ich das aushalten? Und wer weiß, was die Zukunft bringen wird? Werde ich sie denn jemals lieben können? Vielleicht werde ich sie sogar hassen, wenn ich ihre Erwartung irgendwann nicht mehr ertragen kann, nur noch als Druck empfinde. Nein, oh Gott, das darf nicht sein, das kann ich ihr nicht und auch mir nicht antun. Was soll ich nur tun, mit wem kann ich denn reden? Wer kann mir raten, was ich tun soll? Ich habe ja keine Freunde, nicht einmal gute Bekannte, niemand, der mir ehrlich raten könnte.

Und um seine Verzweiflung noch unerträglicher zu machen, wurde ihm plötzlich klar, dass er als Fremder gekommen und bis heute ein Fremder geblieben war. Niemand war gegen ihn, aber auch niemand für ihn, er war da wie irgendein Gegenstand, der niemanden störte, dem man aber auch keine besondere Bedeutung beimaß. Ja, er war wirklich allein, einsam. Außer mit Silke und deren Eltern, mit seinem Meister, den Arbeitskollegen und dem Pastor hatte er mit all den anderen kaum mehr als hin und wieder ein paar Worte gesprochen. Mit wem also könnte er jetzt sprechen?

Aber der Pastor könnte es sein, sagte er sich, ja, das ginge. Er ist ein gebildeter Mann und war immer sehr freundlich, obwohl er wusste, dass ich katholisch bin, und schließlich gehört es ja auch zu seinem Beruf, Rat zu geben und Beistand zu leisten. Ja, mit ihm werde ich sprechen. Gleich morgen nach der Arbeit werde ich zu ihm gehen.

Diese Lösung riss ihn aus seiner Erstarrung. Tief aufatmend lehnte er sich auf der Bank zurück. Es war bereits Nacht geworden. Der Mond spiegelte sich in einem hellen Silberstreifen auf dem dunklen Meer. Schwerfällig erhob er sich, frierend, mit schmerzenden Armen und Beinen und steifem Rücken machte er sich auf den Heimweg.

Sein Zimmer war kalt und ungemütlich. Er ging sofort zu Bett und schlief ein, kaum dass er sich richtig zurecht gelegt hatte. Während der

Nacht schreckte er mehrfach aus schweren Träumen auf, hatte Schmerzen in Armen und Beinen und sein Rücken tat ihm so weh, dass er sich kaum bewegen konnte. Er führte die Schmerzen auf die Verkrampfung und die Unterkühlung zurück, die er sich beim langen Sitzen auf der Bank am Felsen über dem Meer zugezogen hatte.

Seine Arbeit am nächsten Tag ging ihm nicht so gut von der Hand wie sonst. Er musste sich sehr konzentrieren, denn ununterbrochen war er mit seinen Gedanken bei dem Gespräch, das er mit dem Pastor nach der Arbeit führen wollte. Aber vor allem, dass Silke nicht kam, machte ihm Sorgen. Sie sei krank, informierte ihn sein Meister. Mehr erfuhr er nicht.

Er war froh, als endlich Feierabend war. So schnell er konnte, ging er nach Hause, wusch sich, zog sich um und ging zum Pfarrhaus. Die Frau Pastorin öffnete ihm die Tür. Sie war sichtlich erstaunt über sein Kommen, bat ihn aber sehr freundlich herein, führte ihn ins Arbeitszimmer ihres Mannes und lud ihn ein, Platz zu nehmen und sich ein paar Minuten zu gedulden. Der Pastor werde gleich kommen. Und so war es. Auch er war nicht weniger erstaunt über diesen außergewöhnlichen Besuch. Mit Spannung vernahm er dessen verworrene Geschichte, ohne auf Anhieb alles zu verstehen und den richtigen Rat geben zu können. Zwar fragte der Pastor nicht direkt nach, ob er Silke verführt habe und ob sie vielleicht gar schwanger sei, doch schien das seine Besorgnis zu sein, obwohl seinen Umschreibungen leicht zu entnehmen war, dass es zu keinem sexuellen Kontakt gekommen war.

Da die Atmosphäre jedoch sehr formal, sogar recht reserviert blieb, nahm er an, dass er wohl doch nicht überzeugend wirkte, ja, dass man ihm nicht unbedingt glaubte. Dieses Gefühl verstärkte sich noch, als der Pastor ihm bedeutete, dass er auch auf jeden Fall mit Silke sprechen müsse und auch mit seiner Frau, die in solchen Dingen die größere Erfahrung habe und daher meist auch die besseren Ideen. Wenn man sich eine klare Meinung gebildet habe, würde man sich gerne nochmals mit ihm unterhalten.

Dann plauderten sie höflicherweise noch ein wenig über sein Heimatland und seine Erfahrung in Deutschland. Sie wollten sich gerade verabschieden, als das Telefon läutete.

Der Pastor ging in die Eingangsdiele, wo der Telefonapparat stand und meldete sich. Mehrmals bat er den Teilnehmer auf der anderen Seite, das Gesagte zu wiederholen, weil die Verbindung sehr schlecht sei. Das Gespräch dauerte eine ganze Weile und schließlich hörte er, wie der Pastor mehrmals wiederholte: »Ja, der ist hier, ja doch, er ist hier.« Dann hängte der Pastor wieder ein und kam ins Zimmer zurück. Mit einem eigenartig gespannten Ausdruck im Gesicht und der Entschuldigung, noch sehr viel Arbeit zu haben, verabschiedete ihn der Pastor dann, freundlich zwar, aber doch recht abrupt.

Auf dem Heimweg versuchte er sich darüber klar zu werden, was das alles zu bedeuten habe. Sicher glaubte man ihm nicht, dass seine Beziehungen zu Silke nur freundschaftlicher Natur waren und dass nicht er, sondern nur Silke von Liebe sprach. Aber natürlich, er war Ausländer, Italiener, heißblütiger Sizilianer gar, ein *pappagallo*, der jeder Frau nachstellte und natürlich umso mehr den Blondinen aus dem Norden. Wenn sie mit Silke sprachen, ob sie ihm dann eher glaubten? Wohl kaum. Anstatt Rat und Hilfe zu erhalten, war jetzt alles noch komplizierter geworden.

Und was hatte dieses »Er ist hier, ja doch, er ist hier« zu bedeuten? Damit war doch gewiss er gemeint gewesen! Wer aber wusste denn, dass er hier war? Wer interessierte sich für ihn und warum hatte der Pastor ihm nicht gesagt, wer sich nach ihm erkundigte? Wieso hatte man ihn so schnell verabschiedet? Hatte der Pastor zurückrufen müssen, weil er in seinem Beisein nicht offen sprechen konnte? Aber mit wem?

Diese Frage beschäftigte ihn noch den ganzen Abend. Warum hatte sich dieses Mädchen in ihn verlieben müssen und warum gab man ihm die Schuld? Er hatte sie nie ermuntert. Er konnte sich jede Veränderung in seinem Leben vorstellen, nur keine neue Beziehung zu einer Frau, zu sehr fürchtete er, wieder nur Erniedrigungen und Verletzungen erleiden zu müssen. Und konnte er wissen, ob er den Fängen und Nachstellungen der anderen denn schon entkommen war, ob sie aufgegeben hatte, ob sie ihn endlich in Ruhe lassen würde? Und was bedeutete: »Er ist hier, ja doch, er ist hier«?

Es war eine fürchterliche Nacht. Er schlief kaum. Immer wieder wurde er von Albträumen aufgeschreckt und von Krämpfen im ganzen Körper gequält. Er dankte Gott, als endlich diese Nacht überstanden war und er aufstehen und zur Arbeit gehen konnte. Es war das erste Mal, seit er auf der Insel weilte, dass ihm so Schreckliches widerfuhr.

Auch während der Arbeit wurde es nicht viel besser. Er konnte kaum den Pinsel richtig halten und nur mit größter Willenskraft gelang es ihm, sich auf seine Tätigkeit zu konzentrieren. Woher konnten sie wissen, dass ich mich auf diese Insel verkrochen habe? Und wieso der Anruf bei diesem Pastor? Was hat der damit zu tun? Der ist doch nicht katholisch, kein Kollege, kein Amtsbruder von Don Anselmo. Aber wenn es um diese *scienze occulte*, um verborgene magische Mächte geht, dann halten diese schwarzen Raben, gleich welchem Verein sie angehören, doch alle zusammen.

Er hatte keinen Appetit. Ohne zu essen ging er an diesem Abend zu Bett. Da es noch früh war, versuchte er ein bisschen zu lesen, aber er konnte sich überhaupt nicht auf den Text konzentrieren. Immer wieder quälte ihn die Frage: »Wie haben sie mich gefunden und wie wollen sie mich hier mit ihrer *fattura* erreichen, hier auf der Insel, übers Wasser hinweg?« Schließlich legte er das Buch weg, löschte das Licht und versuchte zu schlafen.

Er schlief zwar schnell ein, schreckte aber durch einen wilden Traum bald wieder auf. Er hatte das Gefühl, dass man ihm die Kehle zudrückte. Da er keine Luft bekam, stand er auf, ging ans Fenster und versuchte, tief und lange durchzuatmen. Es wurde ihm ein wenig besser, aber er bekam den Gedanken nicht aus dem Kopf, dass er schuld sein sollte an Silkes Zustand und dass man ihn ausfindig gemacht hatte. Er fühlte sich zerschlagen, wie damals, als *sie* ihn mit ihrem Liebeszauber gequält hatte. Aber wieso jetzt, konnten sie ihn denn übers Meer erreichen?

Dann ging er wieder zu Bett, aber er vermochte nicht mehr einzuschlafen. Er grübelte und grübelte und kam zu keinem Ziel. Die Schmerzen in den Armen und Beinen und den Schultern wurden immer stärker. Er rang nach Luft, setzte sich im Bett auf, um besser atmen zu können, es half jedoch nicht viel. Er stand wieder auf und setzte sich in seinen Sessel. Alles schwirrte ihm im Kopf herum: *sie* in Heidelberg, *er* in Mannheim, Silke hier, fliehen oder bleiben, weiterleben oder sterben. Er fühlte sich elend, so elend. Sie quälten ihn wie zuvor. Er sah sie alle deutlich vor sich und hörte auch wieder ihre Einflüsterungen: »Bleib nicht bei Silke, komm zurück nach Heidelberg.« Er hielt sich die Ohren zu, konnte aber dadurch die Stimmen nicht abschalten.

Sie haben mich erreicht. Ja, der Zauber hat wieder Besitz von mir ergriffen. Aber wie schaffen sie das? Und dann fiel es ihm wie Schuppen von den Augen: Natürlich, so ist es! Der Anrufer war Don Anselmo, und er hat diesem Pastor alles erklärt. Wer weiß, was für eine Geschichte er daraus gemacht hat. Und er hat den Pastor gebeten, die *fatture* weiterzumachen, da er selbst es von Mannheim aus über das Wasser nicht schafft. Jetzt haben sie mich erwischt. Darum dieses finstere Gesicht des Pastors, ja, so ist es, ganz genau so!

Und was jetzt? Ich bin nicht mehr in Sicherheit hier! Ich muss weg. Sofort weg, aber wohin? Auf eine andere Insel oder zurück nach Heidelberg? Ja, das ist die Lösung, ich muss nach Heidelberg und sie beide töten. Warum bin ich geflohen, warum habe ich es damals nicht getan? Und wenn sie mich nun hier quälen, ist es noch viel schlimmer. Hier kenne ich fast niemanden, hier habe ich keine Landsleute, nicht einmal Bekannte. Nein, ich muss weg, *jetzt sofort*.

Er packte seine wenigen Habseligkeiten in seinen Koffer, räumte hastig sein Zimmer auf, schrieb seinem Arbeitgeber und seinen Wirtsleuten jeweils ein paar Zeilen – er müsse aus familiären Gründen sofort nach Hause –, legte die Hausschlüssel zusammen mit dem ersten Zettel auf den Tisch, nahm seinen Koffer und ging leise aus dem Haus. Beim Büro seines Meisters warf er den anderen Zettel ein und ging dann langsam, aber erleichtert, zur Anlegestelle der Fähren. Er wollte das erste Schiff nehmen, das am frühen Morgen die Insel verließ, ganz gleich welchen Hafen auf dem Festland es anlaufen würde. Von dort könnte er dann den Zug nehmen. Auch wenn er umsteigen müsste, spät abends würde er bereits in Heidelberg sein.

Die Schlossbeleuchtung

Und so war es auch. Es war schon dunkel, als er endlich die Tür seiner Wohnung in Heidelberg aufschloss, seinen Koffer abstellte und sich mitsamt den Kleidern und Schuhen auf sein Bett warf – müde, schwindlig, verschwitzt und am ganzen Körper leicht zitternd. Die Reise lief noch immer wie ein Film vor seinem inneren Auge ab. Mit Schrecken erinnerte er sich an die stürmische Überfahrt, an die endlos langen Stunden im Zug, an das viele Bier, das er aus Verzweiflung getrunken und an die strohig schmeckenden Würstchen und trockenen Brötchen, die man ihm im Zug verkauft hatte.

Nun lag er da, schaute an die Decke und versuchte, all diese bedrückenden Bilder zu verscheuchen und sich wieder an sein Zuhause zu erinnern, das ihm nach so langer Zeit der Abwesenheit fast fremd geworden war. Denn irgendwann im Laufe der Nacht wachte er auf und stellte völlig verwirrt fest, dass er mit Kleidern und Schuhen in einem Bett lag, aber nicht wusste, wo. Vergeblich versuchte er seine Nachttischlampe auf dem kleinen Tisch neben seinem Bett zu ertasten. Auf der linken Seite seines Bettes, von der aus er in den letzten Monaten immer aufgestanden war, befand sich jetzt eine Wand. Entsetzt ließ er sich zurückfallen, versuchte, sich zu beruhigen und zu überlegen, was mit ihm geschehen war. Als sich seine Augen an die Dunkelheit gewöhnt hatten, fiel ihm der helle Fleck an der gegenüberliegenden Wand auf. Er rollte sich nun auf der anderen Seite aus dem Bett, erhob sich und ging auf diese Helligkeit zu. Es war ein Fenster. Er öffnete es und blickte ein paar Augenblicke hinaus in die mondhelle Nacht, bis er überrascht feststellte, dass er nicht auf Helgoland war, sondern, wie ihm nun nach und nach klar wurde, er sich in Heidelberg befinden musste, in seiner alten Wohnung. Er kam in einen ganz eigenartigen Gefühlszustand: Helgoland war noch zu nahe, als dass er sich tatsächlich darüber im Klaren sein konnte, wo er sich wirklich befand. Er schaltete die Deckenbeleuchtung ein, setzte sich in seinen Sessel und musterte seine kleine Wohnung, als hätte er sie gerade erst eingerichtet und noch keine Beziehung zu seiner Umgebung aufgebaut. Dann ging er in das andere Zimmerchen, schaute in die Küche, in die Dusche, in jeden Winkel, so als wollte er alles nach seiner Rückkehr wieder begrüßen. Lächelnd setzte er sich in seinen Sessel, zündete sich eine Zigarette an und lehnte sich behaglich zurück.

»Also wieder daheim«, murmelte er vor sich hin, »wieder daheim, in einem fremden Land und doch wieder daheim? Was wird es wohl jetzt bringen?«

Als er merkte, dass er kaum mehr die Augen offen halten konnte, zog er sich aus, wusch sich und ging wieder ins Bett. Trotz seiner großen Müdigkeit lag er noch lange mit offenen Augen in der Dunkelheit und versuchte Klarheit zu gewinnen, was er morgen tun musste, um sich vor ihnen in Sicherheit zu bringen. Viel Zeit würde ihm dafür nicht bleiben, denn der Pastor würde ja bald erfahren, dass er geflohen war und es natürlich sofort Don Anselmo melden. Einen oder zwei, vielleicht sogar drei Tage würde er noch Ruhe haben, was aber dann? Wohin, wo sich vor ihnen in Sicherheit bringen? Wieder weglaufen, um für kurze Zeit ruhig leben zu können, um dann wahrscheinlich aber wieder gefunden zu werden, und immer so weiter? Wie sollte das gehen? Sollte er es doch nochmals mit der Pistole versuchen? Bei ihr würde er es wohl schaffen, aber bei Don Anselmo würde es kaum gelingen. Er war zu stark und zu schlau. Aber vielleicht würde er aufhören, wenn sie tot war. Wozu sollte er dann noch helfen, dann brauchte sie keine Hilfe mehr, und ihm hatte er doch nichts getan, wozu sollte er ihn denn weiter verfolgen? Schließlich schlief er wieder ein.

Sehr spät, es war schon gegen Mittag, wurde er wach. Er fühlte sich besser, aber noch sehr müde und vor allem sehr hungrig. Da er nichts Essbares zu Hause hatte, beschloss er, zum Bahnhof zu fahren, dort ins Restaurant zu gehen und sich im Bücherkiosk eine italienische Zeitung zu kaufen, denn er hatte schon lange nichts mehr von zu Hause gehört. Nach dem Essen suchte er sich eine Zeitung. Die Auswahl war nicht sehr groß, so nahm er die nächstbeste, blätterte sie kurz durch, um zu sehen, ob es sich lohnte, sie zu kaufen. Oft waren es für einen Italiener, der im Ausland lebte, nur unbedeutende Artikel, viele Skandale oder rein regional bezogene Nachrichten und unendlich viel banale Reklame, die die Blätter füllte.

Während er noch unschlüssig da und dort herumlas, fragte plötzlich eine Stimme hinter ihm: »Schon wieder eine neue Regierung in Italien?« Er kannte die Stimme. Erschrocken drehte er sich um. Da stand *sie*. Er brachte kein Wort heraus. Er war wie gelähmt. Woher wusste sie, dass er wieder in Heidelberg war? Doch dann begann sie das Gespräch, erzählte ihm, dass sie gerade mit dem Zug aus Mannheim gekommen sei und ihn hier hatte stehen sehen, und da sie ihn schon so lange nicht gesehen habe, wolle sie ihm doch wenigstens Guten Tag sagen. Sie habe gewusst, dass er in Norddeutschland gewesen war, das habe sie im *Centro Italiano* erfahren, aber auch von Don Anselmo. Sie fand, dass er sehr gut aussah, richtig erholt, wie nach einer Sommerfrische am Meer. Dabei lächelte sie und erzählte ihm, dass sie gerade an einem Fortbildungskurs teilnehme und daher etwas Freizeit habe. Sie lud ihn ein, im Bahnhofsrestaurant eine Tasse Kaffee zu trinken. Er lehnte es höflich ab, weil er dort gerade gegessen habe und froh sei, dieser schlechten Luft entflohen zu sein. Sie schlug vor, in der Stadt in ein Café zu gehen, da sie ja beide die Straßenbahn in die Innenstadt nehmen mussten. Er stimmte zu, nicht gerade begeistert, aber es fiel ihm keine passende Ausrede ein. Am Bismarckplatz stiegen sie aus und einigten sich, die paar Schritte die Hauptstraße hinauf zu gehen, um ihren Espresso in einem der italienischen Cafés zu trinken. Er steuerte das *Dolomiti* an, wohin er besonders gerne ging.

Dort saßen sie sich gegenüber, wie alte Bekannte zwar, doch wollte kein unbefangenes Gespräch aufkommen. Sie berichtete von ihrer beruflichen Zukunft, die sie durch Kurse und Weiterbildung aller Art ausbauen und sichern wolle, von gemeinsamen Freunden und Bekannten – belangloses Zeug, wie er dachte. Er dagegen versuchte, möglichst wenig von sich preiszugeben. Auf ihre Fragen antwortete er immer ausweichend oder mehrdeutig, sodass sie es schließlich aufgab, etwas Genaueres aus ihm herauszubekommen. Nur als sie fragte, ob ihm die Meeresluft gut bekommen sei, da sie aus seiner wettergebräunten Gesichtsfarbe schloss, dass er nicht irgendwo in Norddeutschland gewesen sei, sondern doch wohl am Meer, gab er es unüberlegt zu. Im selben Moment fragte er sich bestürzt, woher sie wissen konnte, dass er am Meer, auf einer Insel gewesen war? Da wurde ihm klar, dass sie alles wusste, auch den Anruf in Helgoland mitgeplant und bestimmt auch von seiner Abreise gewusst hatte. So war denn auch ihr Treffen vorhin am Bahnhof bestimmt nicht so zufällig gewesen, wie sie es dargestellt hatte.

Er vermochte kaum mehr, ihr zuzuhören, so sehr beschäftigte ihn diese neue Situation. Dass auch sie immer nervöser und zerfahrener wurde, bemerkte er zwar, aber nur wie durch einen Schleier.

Sie rauchte unablässig, strich laufend ihre Haare aus dem Gesicht, wobei sie jedes Mal den Kopf leicht nach hinten warf, dann rückte sie ihren Stuhl seitlich an die Tischecke und schlug ihre Beine übereinander, sodass er sie sah. Dass sie noch genauso lang und wohlgeformt wie damals waren und ihr Minirock so gewagt wie möglich, bemerkte er natürlich, aber die Bedeutung ihres Gehabes verstand er erst, als sie ihm ziemlich laut vorwarf, dass er ihr ja gar nicht zuhöre. Da bemerkte er, dass er völlig abwesend war und nur seinen Gedanken nachhing.

»Willst du oder willst du nicht? Du brauchst doch nur Ja oder Nein zu sagen, so schwer dürfte die Entscheidung doch nicht sein, oder?«, fragte sie ihn.

Aber er hatte nicht zugehört und wusste nun nicht, was er entscheiden sollte. Er tat so, als ob er es sich ernsthaft überlegen würde und zermarterte sein Hirn, von was sie wohl gesprochen haben könnte. Sie bestellte sich einen Campari-Soda, trank einen Schluck und schaute ihn erwartungsvoll an.

Anstatt jedoch zu einem brauchbaren Gedanken zu kommen, starrte er sie jetzt gebannt an, wie sie in der linken Hand ihr Glas hielt, an dem sie genussvoll nippte und mit der anderen Hand ununterbrochen an ihrem Busen spielte, mal die eine und dann die andere Brust umfasste, mal vor und mal zurück strich, so ganz spielerisch wie unabsichtlich. Auch ihren Blicken war nicht zu entnehmen, ob das provozierend wirken sollte oder ob dies ganz spontan ablief, ohne dass ihr die Wirkung bewusst wäre, ob es einfach eine Bewegung war, die sie aus Nervosität, aus Langeweile oder aus Gewohnheit machte. Dabei wippte sie mit dem übergeschlagenen Bein und entschuldigte sich jedes Mal, wenn sie ihn dabei berührte. Dieses Körperspiel faszinierte ihn ungemein, vor allem weil es so unbeteiligt, fast gleichgültig ablief, dass er kaum seinen Blick abwenden konnte und völlig vergessen hatte, dass er ihr eine Frage beantworten sollte und dass sie auf seine Entscheidung wartete.

Erst als sie den letzten Schluck aus ihrem Glas nahm, ihn fest ansah, beide Hände auf den Tisch legte und eindringlich sagte: »Nun gut, du kannst es dir ja überlegen. Die Schlossbeleuchtung beginnt auch heute nicht vor zehn, halb elf, wenn es ganz dunkel ist. Ich möchte sie gerne auf einem der großen Schiffe erleben, wo man etwas essen und trinken kann. Da spielt auch eine Kapelle und man kann vorher und nachher tanzen. Es wird bestimmt voll werden, es sind viele Amerikaner in der Stadt, deshalb muss ich Plätze reservieren. Die Schiffe legen um halb neun ab. Wenn du Lust hast, komm mit, es wird sicher sehr schön.«

Wenigstens wusste er nun, was er entscheiden sollte. Aber die Entscheidung fiel ihm, so ganz ohne Überlegung, gar nicht leicht. Er hatte nicht mehr als eine Tasse Kaffee mit ihr trinken wollen, und das nicht einmal gerne. Und nun saßen sie schon über eine Stunde hier, in dieser eigenartigen, verworrenen Situation. Sie stand auf, fuhr ihm zärtlich mit der Hand über den Kopf und sagte: »Dann vielleicht um halb neun an der Anlegestelle, auf der Höhe der Stadthalle«, drehte sich um und ging.

Er sagte nichts. Unbeweglich saß er da und blickte ihr nur kurz nach, wie sie aufreizend hüfteschwingend das Café verließ.

Was sollte er tun? Was hatte sie mit ihm vor? Warum diese Einladung? Hingehen, mit ihr einen Abend auf einem Vergnügungsschiff verbringen? Sie war dermaßen aufreizend und gab sich doch so kühl und unbeteiligt, wie passte das zusammen? Und wie passte diese Haltung zu ihrer aufreizenden Aufmachung? Und *zufällig* war sie am Bahnhof angekommen und hatte ihn ganz *zufällig* getroffen und gerade *zufällig* viel Zeit, um ins Café zu gehen, mitten am Tag, wenn alle arbeiteten? Wer sollte das glauben?

Er bestellte sich ein Bier, um nochmals in Ruhe zu überlegen, ob er die Einladung annehmen sollte oder nicht. Zu einer klaren Entscheidung kam er aber nicht. Wieder einmal waren zwei Seelen in seiner Brust. Die eine sagte ihm, sich auf jeden Fall von ihr fernzuhalten, die andere dagegen neigte dazu, sie nicht kompromisslos zurückzuweisen, sondern ihr die Hoffnung zu lassen, dass er seinen Widerstand aufgegeben habe, dass er nur noch ein wenig Zeit brauche, um mit sich ins Reine zu kommen. Vielleicht würde sie ihn dann nicht mehr quälen und auch Don Anselmo würde dann sicher mit seinen Zauberpraktiken aussetzen oder sie gar ganz einstellen.

Was aber war der richtige Weg? Vielleicht sollte er erst einmal seine Siesta halten, denn nach dieser fast schlaflosen Nacht war er zu müde, um eine solch weittragende Entscheidung zu treffen.

Er schlenderte langsam nach Hause, um zu sehen, was sich in der Zwischenzeit im Straßenbild seiner Umgebung geändert hatte. Zu Hause öffnete er das Schlafzimmerfenster so weit wie möglich, zog die Vorhänge zu und legte sich aufs Bett. Zu langen Überlegungen kam er aber nicht. Er schlief sofort ein.

Als er aufwachte, war es schon dämmeriger Abend. Es ging ihm gut. Der Schlaf hatte ihn erfrischt. Er fühlte sich richtig unternehmungslustig, sprang vom Bett hoch, kochte sich Kaffee und stellte fest, dass er nichts Ess- und Trinkbares zu Hause hatte. So ging er eilig weg, um noch vor Ladenschluss einkaufen zu können.

Dass heute die Schlossbeleuchtung mit dem großen Feuerwerk stattfand, hatte er vorher nicht gewusst. Er freute sich sogar darauf, denn es war lange her, dass er das Spektakel erlebt hatte. Auf jeden Fall würde er hingehen. Aber mit ihr? Wenn er nur wüsste, was sie vorhatte. Wollte sie ihn verführen? Ihr Verhalten im Café heute Mittag war ja schon fast eine Verführung gewesen, auch wenn sie dabei ganz unbeteiligt getan hatte. War das ein neues Spiel? Oder wollte sie nun nachgeben, wollte sie sich seinen Forderungen beugen? Wer weiß? Vielleicht sollte er es doch probieren. Wie sonst sollte er ihre Absicht erfahren? Er konnte sie ja schlecht fragen, was sie mit ihm vorhabe.

Und was konnte schon passieren? Es konnte gut gehen und es konnte schlecht gehen. Ging es schlecht, war er eben genauso weit wie jetzt. Also konnte er es genauso gut darauf ankommen lassen! Da er sich nun nach seinem Entschluss noch stärker und auch wohler fühlte, beschloss er, nicht zu Hause zu essen, sondern in eine Kneipe zu gehen. Es würde die richtige Einstimmung in den Abend sein.

***

Schon vor halb neun war er am Neckarufer bei der Anlegestelle. Es lagen viele Boote hintereinander vor Anker, die meisten schon voll besetzt. Das Durcheinander der Melodien der vielen Musikkapellen war zwar nicht besonders wohlklingend, doch das störte niemanden. Alle waren lustig und gut gelaunt.

Da er nicht wusste, auf welchem Boot sie reserviert hatte, schlenderte er die lange Anlegestelle entlang, in der Hoffnung, sie zu finden. Es war nicht ganz einfach bei dieser Menschenmenge, die sich am Ufer drängte. Aber plötzlich hörte er sie von einem Schiff herab seinen Namen rufen. Sie kam herunter und brachte ihm seine Einlasskarte. Sie hatte sogar Plätze auf dem Oberdeck reserviert. Er wurde den anderen am Tisch vorgestellt und der Herr ihm gegenüber fragte ihn, ob er Bier oder Wein trinken wolle, denn er wollte gerade Nachschub holen. Er entschied sich für Bier. Sie hatte sich bereits eine Flasche Wein bestellt.

Später, als er gegen Mitternacht dann in seiner Kneipe saß und sich betrank, erschien ihm der Abend in lauter eindringlichen Bildern, die aber einfach nicht zusammenpassen wollten: Kaum dass man anfing zu tanzen, forderte sie ihn ununterbrochen auf, schmiegte sich an ihn, fast so wie es die Amerikaner taten, Wange an Wange, engste Körperberührung, ein bisschen theatralisch. Doch von Mal zu Mal wurde es schöner. Er war wirklich glücklich. Dann aber, von einem Moment zum anderen, ohne dass sich der Rhythmus der Musik geändert hätte, begann sie sich von ihm zu lösen, hielt anfänglich noch seine Hand, um sich dann aber frei in wildesten Bewegungen zu verrenken, die Arme gespreizt nach beiden Seiten, hinterm Kopf, in die Höhe gereckt, hinterm Rücken verschränkt oder aufreizend ihren Busen umfassend. Noch bizarrer waren ihre Beinbewegungen. Sie war eine gute Sportlerin, das wusste er, dass man aber solche Verrenkungen nach allen Seiten machen konnte, nach rechts und nach links, nach vorne und nach hinten, mit kleinen Schritten und größten Ausfallschritten, hätte er nie zu glauben vermocht. Und in diesem Rhythmus bewegte sich ihr ganzer Körper, vor allem ihr Kopf und ihre Hüften, auf eine unendlich laszive Weise. Natürlich gehörte innerhalb von Minuten die Tanzfläche ihr allein. Man stand im Kreise um sie herum und war fasziniert von diesem erotischen Schauspiel. Er war vergessen. Sie tanzte zu einem Mann, forderte ihn durch Gebärden auf, mitzumachen, um ihn nach ein paar Minuten stehen zu lassen und einen anderen in ihren Tanz einzubeziehen. Noch im Nachhinein und selbst im trunkenen Zustand schauderte es ihn, wenn ihm jetzt diese Bilder wieder erschienen.

War sie außer Atem, lief sie zu ihm hin, setzte sich auf seinen Schoß und genoss den Beifall, den man ihr freigiebig spendete. Dann trank sie hastig Wein und Wasser, ruhte sich ein wenig aus, um das gleiche Spiel bald danach zu wiederholen. Sie konnte aber auch, wenn sie bemerkte, dass ihr Publikum auf weitere wilde Einlagen wartete, fast völlig bewegungslos inmitten der Tanzfläche stehen und nur durch leichtes Zucken ihrer Hüften, ihrer Schultern und ihres Kopfes, durch eine ruckartige Bewegung ihres Busens, mit gesenktem Kopf und schlaff herabhängenden Armen den Anschein erwecken, in Trance zu sein. Danach saß sie oft eine ganze Zeit lang neben ihm, ohne ein Wort zu sagen. Wahrscheinlich wartete sie auf eine Reaktion von ihm, aber er brachte kein Wort heraus, ja, nicht einmal jetzt, Stunden später, hatte er Worte dafür.

Anfangs schämte er sich, dass sie sich in der Öffentlichkeit wieder so haltlos, auffallend, diesmal sogar äußerst provozierend benahm. Aufgrund der Reaktion des Publikums, das ihr immer wieder begeistert Beifall spendete, sie noch anspornte und von dem die meisten sogar mitmachten, musste er aber einsehen, dass dies hier wohl nicht als vulgär, ja, nicht einmal als ungezogen aufgefasst wurde. Dass man sie sogar bewunderte, ihr Wein und ihm Bier anbot, mehr als sie beide zu trinken vermochten, und dass nicht nur die Männer, sondern auch die Frauen ihre Tänze schön fanden und unbedingt mit ihr ins Gespräch kommen wollten, verwunderte ihn maßlos.

Das ist doch eine andere Welt hier, sagte er sich. Hier sind solche Frauen Stars und können sogar sehr berühmt und reich werden. Aber als meine Frau, bei uns zu Hause, wäre das unmöglich. Muss es denn aber gleich Frau, Ehefrau, Mutter meiner Kinder sein? Was bin ich doch für ein *cafone*, wie sie es mir vorgeworfen hat, rückständig, Afrikaner eben. Und wollte sie denn überhaupt meine Frau werden? Vielleicht ist es ihr genug, Freundin zu sein, Geliebte? Ja, warum nicht, warum nicht Geliebte? Als Geliebte ist sie doch großartig, als Geliebte kann sie sich so benehmen, dafür bin ich dann nicht verantwortlich und ich muss sie nicht mit nach Hause zu meiner Mutter nehmen, sondern nur dahin, wo Menschen ihr Benehmen nicht anstößig, sondern sogar großartig finden, wie man sieht.

»Das ist die Lösung!«, murmelte er vor sich hin. »Ich kehre zurück zu ihr. Sie hat ihren Willen durchgesetzt und es muss keinen Streit mehr geben, kein Zerwürfnis und keine *fattura.*« Und darauf prostete er sich zu.

Und dann, so sah er sich nun wie in einem zweiten Bild, musste er so beflügelt von seiner neuen Lösung gewesen sein, dass er aufstand, auf sie zuging, den Jungen, der gerade versuchte, ihre schnellen, abrupten Bewegungen nachzuahmen, wegscheuchte und mit ihr tanzte, bis das Feuerwerk begann.

Der Rest des Abends verdichtete sich zu einem eindrucksvollen, aber unverständlichen dritten Bild: Sie standen an der Reling, sie vorne, er hinter ihr. Erst zaghaft, dann immer zudringlicher näherte er sich ihr, um ihr wortlos seine Erregung zu verstehen zu geben. Er rieb seinen Körper an ihr und ließ seine Hände über den ihren gleiten, mal zärtlich, mal sehr fordernd, manchmal so gewagt, dass er nach links und rechts schaute, ob jemand zusah. Aber alle Lichter waren gelöscht, alle schauten gebannt an den nachtschwarzen Himmel, wo ein spektakuläres Feuerwerk abgebrannt wurde.

Je weniger sie auf seine Berührungen reagierte, umso zudringlicher wurde er. Sie tat jedoch, als ob sie überhaupt nichts spürte, kein Zugestehen und keine Abwehr, überhaupt keine Reaktion. Nicht einmal an ihrem Atem konnte er feststellen, ob sie es gerne hatte, ob es sie vielleicht erregte, oder ob sie sich gar belästigt fühlte. Nichts, gar nichts. Nicht einmal einen kleinen Schritt nach rechts oder links, wie es all die anderen taten, um einen besseren Blick auf das Spektakel zu haben. Nein, sie stand unbeweglich mit beiden Armen auf die Reling gestützt und bewegte nur hin und wieder einmal den Kopf. Eine völlig unwirkliche Situation, die ihn auch jetzt, noch Stunden danach, überaus erregte.

Nach Ende der Schlossbeleuchtung saßen sie nebeneinander, tranken noch ein Glas, sprachen aber kein Wort miteinander. Sie sah ihn so ungerührt an, gleichgültig regungslos, so als ob überhaupt nichts

Nennenswertes passiert wäre. Sie gingen mit den anderen von Bord. Er legte seinen Arm um ihre Schulter, sie entzog sich ihm jedoch. Dann versuchte er, sie wenigstens unterzuhaken, aber auch das vereitelte sie, indem sie seine Hand nahm.

So schlenderten sie dann wie zwei verliebte Jugendliche den Neckar entlang, dann hinauf über den Bismarckplatz und noch ein Stück weiter, wo sich ihre Wege hätten trennen müssen, wenn jeder in seine eigene Wohnung gehen wollte. Er blieb stehen und schaute sie fragend an. Sie nickte nur und schlug die Richtung zu ihrer Wohnung ein. Immer noch Händchen haltend kamen sie zu dem Baum, der schräg gegenüber von ihrem Haus stand und an dem sie sich früher immer verabschiedet hatten, wenn er nicht über Nacht hatte bleiben können. Er wollte weitergehen, doch sie blieb stehen und sagte nur: »Nein.«

»Wollen wir denn nicht zu dir hoch?«, fragte er sie, erhielt aber nur ein weiteres »Nein« als Antwort. »Aber warum, was ist denn?« Die Antwort war nur wieder »Nein«. Er zog sie an sich, liebkoste sie zärtlich, um sie umzustimmen, sie reagierte jedoch überhaupt nicht. Sie blieb unbeweglich stehen, genau wie auf dem Schiff. Er konnte mit ihr machen, was er wollte, sie schaute ihn nur an, ohne ein Wort zu sagen. Er küsste sie auf den Mund und spürte nicht die geringste Reaktion. Er öffnete ihre Bluse, küsste sie auf den Hals, auf die Schultern, auf ihre Brüste und versuchte, sie mit den Händen zu stimulieren. Sie ließ alles geschehen und blieb völlig ungerührt.

Er schüttelte sie in seiner Verzweiflung bei den Schultern, um irgendeine Reaktion bei ihr hervorzurufen. Sie schaute ihn aber nur teilnahmslos an. Dann, völlig erregt und außer sich, versuchte er sie mit Gewalt zu nehmen. Sie wehrte ihn entschieden ab, ohne jedoch in Panik zu geraten oder aggressiv zu werden. Sie schob ihn einfach nur bestimmt zurück, drehte sich zur Seite und sagte eindringlich: »*No, no, basta!*«

»Ist es ein anderer?«, fragte er.

»Nein.«

»Was dann?«

»Eben nicht nur einer, nicht nur ein anderer. Nie wieder nur einer, der mich ändern will, der mich als seinen Besitz betrachtet, der mir vorschreibt, was ich tun darf und was nicht und wie ich es tun muss, der eifersüchtig ist und streitet, mir nachstellt und mich heimlich beobachtet. Nein, so nicht.«

»Es sind mehrere?«

»Ja, genau, und du kannst mitmachen, wenn du willst. Wenn ich dich brauche, sage ich es dir, wenn du dann kommen willst, gut, wenn nicht, auch gut. Überlege es dir.«

»Also, das heißt, wenn einmal die anderen nicht können, dann bin ich gut genug, nicht wahr?«

»Ja, genau so, und wenn du einmal nicht kannst, dann ist eben ein anderer gut genug, Männer sind nicht für alles gleich gut geeignet. Mit dem einen kann ich vielleicht tanzen gehen, aber niemals ins Theater, mit dem anderen kann ich gut am Strand liegen, stundenlang, aber nicht zu einem öffentlichen Vortrag gehen. Was ich mit dir kann und was nicht, weiß ich ja gut genug und du siehst, heute warst du an der Reihe. Überlege es dir. Danke für den Abend!«

Sie drehte sich um und ging über die Straße, schloss ihre Haustür auf und verschwand, ohne noch einmal zurückzuschauen. Er stand noch da, als oben das Licht anging, starrte hinauf und wusste nicht, ob er lachen oder weinen sollte, oder laut schreien, ganz laut schreien.

***

Und jetzt saß er in dieser verräucherten Kneipe, trank ein Bier nach dem anderen und hatte nur immer diese Bilder vor sich, eines nach dem anderen: ihn zufällig am Bahnhof getroffen, gewusst, dass er am Meer, auf einer Insel gewesen war, sicher auch gewusst, auf welcher. Auch Don Anselmo hatte es gewusst, denn von ihm hatte sie es ja erfahren. Also arbeiteten sie zusammen und hatten von diesem Pastor gehört, dass er ihm entkommen war, zurück nach Heidelberg.

Und zufällig hatte wohl keiner der anderen Liebhaber für eine romantische Bootsfahrt bei der Schlossbeleuchtung gepasst. So hatte *er* anstelle der anderen diese außergewöhnlichen Tanzvorstellungen genießen dürfen, die beinahe ekstatischen Trancezustände und ihr Anschmiegen auf seinem Schoß. Wollte sie ihn provozieren, oder ihn, der dies nicht einfach tolerieren konnte, erniedrigen?

Und was bedeutete dieses geduldige teilnahmslose Über-sich-ergehen-Lassen seiner Berührungen, absolut ungerührt, ohne die geringste Regung, als triebe er es mit einer Schaufensterpuppe? Hier hast du mich, hier bin ich, vergnüge dich, mir macht es nichts aus, es stört mich nicht einmal. Wie konnte man sich so unglaublich beherrschen? Oder konnte man wirklich so gefühlskalt sein?

Als Kontrast hatte sie aber auf dem Heimweg dieses mädchenhafte Verhalten an den Tag gelegt: wie zwei Verliebte Händchen haltend durch die Stadt schlendernd; er in freudiger Erwartung, mit seiner nun wiedergewonnenen »Geliebten« die Nacht zu verbringen, und sie ganz gelöst, heiter wie einstmals, als sie sich gerade kennengelernt hatten.

Das schrecklichste Bild aber, das ihn nun nicht mehr losließ, war der Abschied vor ihrem Haus. Wieder dieses völlig unbeteiligte Gewährenlassen und dann ihr Vorschlag, in den Kreis ihrer Paladine einzutreten, um bei Gelegenheit gebraucht zu werden.

Was sind das für Männer? Es wollte einfach nicht in seinen Kopf gehen, dass sie ihm diesen Vorschlag gemacht hatte. Gute Bekannte, Freunde, Geliebte? Männer, die bereit stehen, um mit ihr auszugehen, wenn sie ruft, und dann geschieht nichts weiter? Nur tanzen, Händchen halten und dann ein nettes Dankeschön, auf Wiedersehen und nicht mehr? Warum durfte ich nicht die Nacht mit ihr verbringen, das ist doch kaum zu glauben nach einem so schönen Abend. Hat da oben vielleicht ein anderer Mann auf sie gewartet, dem nichts am Feuerwerk gelegen war oder der sich für einen solchen Abend nicht eignete? Oder gibt es diese Männer überhaupt nicht? Hat sie mal wieder nur geschwindelt? Ist das vielleicht die neue Taktik, mich eifersüchtig zu machen, um mich so besser zurückzugewinnen, weil es bisher nicht nach ihren Wünschen gegangen ist? Sicher sind die beiden frustriert, dass ich ihnen entkommen bin und der Zauber auf der Insel nicht wirksam war. Ja, das ist sicher die neue Eroberungsmethode. Ihr Tanzen sollte mich doch provozieren, genau wie dieses unbewegliche und teilnahmslose, aufreizende Gewährenlassen, um mich dann einfach vor der Tür stehen zu lassen wie einen bösen Buben, das war geplant.

Sie musste wissen, dass ihn dies aufs Schwerste treffen würde, ihn stundenlang so zu reizen und ihm dann die Befriedigung zu verweigern. Sich ihm so brutal zu entziehen, sollte ihm zeigen, welche Macht sie über ihn hatte. Sie war wirklich eine Hexe. Kaum einen Tag war er wieder hier, schon trat sie wieder in sein Leben – und mit welcher Wirkung! Sie würde ihn nie in Ruhe lassen, sie war eine wirkliche Hexe.

Und nun saß er hier, allein, armselig allein in dieser rauchigen Kneipe. Nicht einmal der Wirt wollte diese Geschichte nochmals hören und Bier wollte er ihm auch nicht mehr geben. Er zahlte, wankte hinaus und stand dann unschlüssig vor der Wirtschaft. Sollte er zu ihr gehen, läuten, Sturm läuten, bis sie aufmachte, und sie wirklich vergewaltigen? Das stand ihm schließlich zu. Sie wusste doch, wie ein Mann auf ein solch aufreizendes Verhalten reagierte. Sie wollte ihn doch verführen, zurückerobern, ihn wieder an sich binden! Sollte er ihr wieder nachlaufen wie ein Hund, wie schon einmal, ihr aus der Hand fressen? Nein, diesmal nicht.

Es gibt auch noch andere Frauen, die nicht so grausam sind, die Männer verstehen und wissen, was Männer nötig haben. Voller Genugtuung, dass er sie nicht brauchte, versuchte er, so aufrecht und geradlinig, wie es seine Trunkenheit zuließ, Richtung Römerkreis zu gelangen. Aber selbst dort im Bordell hatte man keine Nachsicht mit seinen Sorgen. Man empfahl ihm, erst einmal seinen Rausch auszuschlafen und dann wiederzukommen, »die Damen mögen keine Betrunkenen, die sich nicht zu benehmen wissen«.

Wie er nach Hause und ins Bett kam, wusste er am nächsten Tag, als er gegen Mittag aufwachte, nicht mehr. Er war unruhig und unzufrieden mit sich und der Welt.

***

In den folgenden Tagen und Wochen suchte er Menschen, mit denen er über diese neue Situation sprechen konnte, suchte Hilfe im *Centro* und bei anderen Bekannten, ließ sich von zu Hause Amulette und sonstige Schutz- und Abwehrmittel gegen alle üblichen Zauberpraktiken schicken, fand dadurch eine gewisse Ruhe, ging wieder arbeiten, hielt aber nicht lange durch und nahm schließlich wieder ärztliche Hilfe in Anspruch, die ihm der Sozialarbeiter des *Centro* vermittelte. Da man ihn jedoch in fachärztliche neurologisch-psychiatrische Versorgung überwies, fühlte er sich als Verrückter abgestempelt. Er klagte fortwährend, dass man ihn und seinen Zustand nicht verstehe und wiederholte immer wieder, dass die Ursachen seines Leidens in den ihm zugefügten magischen Beeinflussungen lägen, die aber hier nicht einmal die Ärzte verstünden. Daher vermittelte ihm der Sozialhelfer ein Gespräch mit einem Assistenten am Institut für Soziologie und Ethnologie der Universität. Als Mitglied des dort bestehenden »Sizilien-Teams« arbeitete dieser über die unterschiedlichen gesellschaftlichen Formen des Krankheitsverstehens, des Erlebens und Äußerns des Krankseins. Im Rahmen dieser Untersuchungen hatte sich dieser Assistent auch eingehend mit den kulturspezifischen Vorstellungen von Krankheit und Kranksein der bäuerlichen sizilianischen Gesellschaftsschicht beschäftigt.

Zum ersten Mal fühlte er sich verstanden. In diesem Team waren junge Wissenschaftler, die versuchten, durch die in jahrelanger Forschungsarbeit in Sizilien erhobenen Daten und durch ihre Erfahrungen vor Ort in ihrem Institut die kulturellen, sozialen und ökonomischen Ursachen, Formen und Auswirkungen der südeuropäischen Arbeitsmigration exemplarisch herauszuarbeiten.

In vielen langen Gesprächen hatte er die Gelegenheit, dem Assistenten von seinem Zustand und den von ihm vermeinten Ursachen zu berichten. Es ging ihm zusehends besser.

Leider hielt diese positive Phase nicht lange an. Nach wiederholten unbefriedigenden Treffen mit seiner Freundin blühten die alten Verhexungsvorstellungen so stark auf, dass eine hausärztliche Empfehlung ausgestellt wurde, einen Facharzt hinzuzuziehen. Man wollte sichergehen, dass sich unter den kulturspezifischen Mustern, mit denen das unbewältigte Liebestrauma von ihm gedeutet wurde, nicht etwa doch eine gravierende psychiatrische Erkrankung entwickelt hatte. Da eine adäquate Einstellung mit Neuroleptika nicht möglich war, empfahl man eine kurzfristige Einweisung in die Psychiatrische Universitätsklinik.

Teil 2

Hoffnung auf Heilung: In der Psychiatrischen Klinik

Er und der Assistent des Soziologischen Instituts verabredeten sich morgens um neun Uhr in einem Stehcafé in der Sophienstraße. Er hatte inzwischen eine besonders vertrauensvolle Beziehung zu dem Assistenten entwickelt und ihn daher gebeten, ihn in die Psychiatrische Klinik zu begleiten. Aufgrund seiner psychiatrischen Ausbildung kannte der Assistent dort bereits einige Ärzte und würde ihm außerdem bei sprachlichen Barrieren behilflich sein können.

Sie gingen über den Bismarckplatz Richtung Bergheimer Straße und bogen dann in die Hospitalstraße ein, die zur Voßstraße führte. Dort befand sich die Psychiatrische Klinik. Schon nach wenigen Metern blieb er stehen und betrachtete mit sichtbarer Ängstlichkeit die Kliniken auf beiden Seiten der Straße. Diese düsteren, aus dem neunzehnten Jahrhundert stammenden, aus geschliffenem gelben Sandstein errichteten Gebäude ermutigten den Betrachter keineswegs, freiwillig einzutreten. Diese abweisende Wirkung verstärkte sich noch durch die überhohen, schwarzen, mit geschmiedeten Spitzen bewehrten Eisengitter, die die Vorgärten der Kliniken, die nun bereits weitgehend asphaltiert als Autoabstellplatz genutzt wurden, von der Straße abtrennten. Nirgendwo ein Farbtupfer, nichts Blühendes, überall nur diese schmutziggelbbraune Farbe. Dazu die dunkle Straße, die dunklen Dächer und die dunklen Fenster- und Türleibungen, ja, selbst das Holz der Fenster und Türen war dunkelbraun und sogar das Grün der wenigen Bäume, die hinten, am Ende der Straße, die Bürgersteige säumten, schien viel dunkler zu sein als sonst wo. Sie blickten sich gegenseitig verstehend an, ohne jedoch ein Wort zu sagen und gingen dann, noch langsamer als zuvor, an dieser tristen Kulisse entlang zur Psychiatrischen Klinik.

Es war die letzte am Ende der Straße, auf der rechten Seite. Sie lag etwas weiter zurück und war durch einen kleinen, mit hohen Hecken bepflanzten Vorgarten zwischen den von rechts und links zum Hauptportal führenden Zufahrtswegen von der Straße abgetrennt. Es schien, als wollte man sie hinter den Sträuchern und Bäumen verstecken. Die

Alten, die Behinderten und vor allem die Geisteskranken versteckte man immer gern. Sie störten das Bild von der gesunden, jugendlich-dynamischen Gesellschaft.

Zumindest für das Erdgeschoss hatte man dies wenigstens für diejenigen Jahreszeiten erreicht, in denen die Sträucher und Bäume belaubt waren und den Blick von der Straße her versperrten. Schließlich musste ja nicht jeder sehen, wie man Kranke in eine psychiatrische Klinik einlieferte.

So standen sie vor dem rechten Gittertor und schauten zur Klinik.

»Ist sie das?«, fragte er zaghaft mit kaum hörbarer Stimme.

»Ja, das ist die Psychiatrische Universitätsklinik.«

»Da hinein also«, sagte er, wie zu sich selbst. »*Bene, per accontentarvi*, gut, um euch zufriedenzustellen.«

Er betrachtete die übergroße Eingangspforte, die bis hinauf zur Decke des Erdgeschosses reichte und sagte lächelnd: »Hier werden also nicht nur kleine Italiener reingebracht, sondern auch große Deutsche.«

Gleich hinter der Eingangstür rechts war der Schalter des Pförtners. Sie klopften. Man öffnete ihnen das Glasfenster. »Zugang?«, fragte der Pförtner den Assistenten, den er kannte, indem er mit dem Kopf in Richtung des Patienten zeigte.

»Ja, richtig, Aufnahme auf eigenen Antrag.«

»Was, auf eigenen Wunsch will der uns beehren? Weiß er denn, was ihn hier erwartet?«

»Nein, das nicht, aber ich hoffe, dass es mir gelingt, seinen Aufenthalt so kurz und so erträglich wie möglich zu machen.«

»Ihr Wort in unseres Ritters Ohr! Aber manchmal scheint es mir, dass der immer schwerhöriger wird. Na ja, es wird schon gut gehen. Ich gebe auf der Station Bescheid, damit man Ihnen aufschließt. Er kommt auf MR. Die Aufnahme wird dann vom Stationsarzt gemacht, ich rufe ihn gleich an.«

So stiegen sie die Treppen hinauf in die düstere, katakombenähnliche Eingangshalle. Das kreuzförmige Tonnengewölbe, das in seiner Längsachse aus zwei Segmenten bestand, deren Gurte sich in der Mitte auf eine Säule sowie an den Wänden auf rechteckige Pilaster stützten, und das sich im ersten Segment nach beiden Seiten ebenso tonnenförmig fortsetzte, ließ bei ihm, wie bei allen, die zum ersten Mal diese Halle betraten, ein kaum beherrschbares Gefühl der Beklemmung entstehen. Die dunkel verwohnten graugelben Wände und Decken, die Säulen, Pilaster und Gurte aus dunkelrotem Sandstein und ebenso die dunklen Bodenfliesen verliehen diesem schmucklosen Raum eine so deprimierende Atmosphäre, dass man sich unwillkürlich fragte, wie es dann erst hinter den dicken Mauern und den verschlossenen Türen aussehen mochte. Und wer hierhergebracht wurde und wessen getrübter Geist zumindest noch die Umgebung wahrnahm, fragte sich gewiss auch: »Was wird hier mit mir geschehen? Werde ich jemals wieder diese Halle verlassen können?«

So stand er mitten in diesem trostlosen Raum und wagte nicht, dem Assistenten zu folgen, der schon ein paar Schritte voraus zur Treppe ging, die in die oberen Stockwerke zu den Stationen führte.

Als dieser bemerkte, dass er ihm nicht folgte, drehte er sich zu ihm um und fragte ihn, ob er seine Entscheidung rückgängig machen wolle. »Jetzt können Sie noch zurück. Es sind nur sechs Stufen und zehn Meter bis vors Haus. Sie sind freiwillig hier. Sie können auch freiwillig wieder gehen. Noch sind Sie nicht auf der Station, noch sind alle Türen offen.«

Er nickte nochmals, ohne jedoch einen Schritt zur Treppe oder zum Ausgang hin zu machen. So standen sie sich eine Zeit lang unbeweglich und schweigend gegenüber. Dann hob er den Kopf, schaute den Assistenten an und fragte: »Wie lange muss ich hierbleiben?«

»Ich weiß nicht«, antwortete der, »aber ich werde versuchen zu erreichen, dass Ihr Aufenthalt so kurz wie möglich sein wird.«

»Versprechen Sie mir, dass Sie mich hier wieder herausholen?«

»Ja, ich verspreche es Ihnen und ich hoffe, dass es mir bald gelingt, aber mein Einfluss hier ist nicht allzu groß.«

»Aber Sie versprechen es?«

»Ja, ganz sicher.«

»Ehrenwort?«

»Ja, Ehrenwort.«

»Und Sie lassen mich nicht allein, Sie besuchen mich auch?«

»Natürlich, vielleicht nicht jeden Tag, aber so oft ich kann. Ich bin schließlich ohnehin mehrmals pro Woche hier. Ich lasse Sie nicht allein.«

»Gut, dann in Gottes Namen, schlimmer als bis jetzt kann es hoffentlich nicht werden.«

Sie stiegen die Treppe hinauf. Es waren nur fünfzehn Stufen bis zum ersten Absatz und dann nochmals so viele bis zum ersten Obergeschoss, aber er blieb mehrmals stehen, versuchte, tief durchzuatmen und sich ein wenig zu beruhigen und ging dann weiter.

Vor der Stationstür verharrten sie einen Moment, damit er wieder zu Atem kommen konnte, dann klingelte der Assistent. Ein Pfleger öffnete ihnen und bat sie herein.

»Sie bringen den Neuzugang? Ich weiß Bescheid, er ist angemeldet. Er ist Italiener, oder? Spricht er Deutsch?«

»Nicht perfekt, aber ich werde hierbleiben, bis Sie ihm sein Bett gezeigt und die Stationsregeln erklärt haben. Sollte es Verständigungsschwierigkeiten geben, werde ich dolmetschen. Weiß der Stationsarzt Bescheid? Wann wird er die Anamnese erheben? Wenn es noch heute Vormittag sein kann, werde ich warten, wenn nicht, komme ich heute Nachmittag wieder, denn das wird nicht ganz ohne sprachliche Schwierigkeiten möglich sein.«

Der Pfleger zeigte ihm sein Bett. Von der Tür des Schlafraums aus gesehen war es das dritte von links. Ob die anderen acht Betten belegt waren, konnte er nicht feststellen, denn es war sonst niemand im Raum und alle Betten waren nach dem gleichen System gemacht: Die Deckbetten waren hochgezogen bis zur Mitte der Kopfkissen, dort nach außen umgeschlagen und auf beiden Bettseiten unter die Matratzen stramm eingesteckt. Wie beim Militär, dachte er. Alles, was er in den Taschen seines Anzugs hatte, legte er in den Nachttisch, zog seinen Schlafanzug und seine Hausschuhe an, faltete seine Kleider und Wäsche zusammen und legte sie auf sein Bett, so wie es der Pfleger angeordnet hatte.

»Ihre Uhr und Ihr Waschzeug dürfen Sie behalten, alles andere bewahren wir Ihnen bis zum Tag Ihrer Entlassung auf«, sagte der Pfleger, packte alles in eine Tasche und trug sie weg.

So saß er auf seinem Bett in Schlafanzug und Pantoffeln, sein Waschzeug auf dem Schoß und seine Uhr in der Hand. Das war nun sein ganzer Besitz. Mehr hatte er nicht. So arm und machtlos war er noch nie gewesen. Die Tür war verschlossen, die Fenster hatten zwar hornförmige Griffe, diese waren aber nach unten gebogen und ließen sich nicht öffnen. Nicht einmal aufhängen konnte man sich hier.

Die haben an alles gedacht. Eingeschlossen, aus der Welt verschwunden und bald wohl auch vergessen, wenn keine Hilfe von außen kommt. Wenn man freiwillig gekommen ist, ob man wohl auch freiwillig wieder gehen kann? Der Assistent hat ja versprochen, dass er mich wieder herausholen wird. Er hat sogar sein Ehrenwort gegeben. Er wird mir sicher helfen. Hoffentlich hören sie dann auch auf ihn. Aber er ist wenigstens draußen und kann mich befreien, wenn sie mich nicht mehr gehen lassen wollen. Er kennt sich aus. Er kann sicher von dem Schlüssel des Arztes einen Abdruck machen, danach einen Schlüssel feilen und mich nachts, wenn alle schlafen, herausholen. Hier kann ich nicht ewig bleiben. Was kann ich denn machen? Hier im Schlafsaal im Bett liegen und zur Decke gucken, oder draußen im Flur an dem Tisch sitzen oder an den verschlossenen Fenstern stehen? Und was werden sie bloß mit mir machen? Mich nur herumsitzen oder herumstehen lassen? Das ist doch ein Krankenhaus, da muss man doch was tun, dafür bin ich doch hier!

Da sich niemand um ihn kümmerte, blieb er auf seinem Bett sitzen, fröstelnd in seinem dünnen Schlafanzug und barfuß in seinen Hausschuhen und versuchte, eine Antwort auf die vielen Fragen zu finden, die sich ihm in dieser neuen und unwirklichen Umgebung stellten.

Hin und wieder kam der eine oder andere Mitpatient herein, betrachtete ihn, meist lächelnd, und ging dann wieder, ohne ein Wort zu sagen, hinaus. Oder sie standen in kleinen Grüppchen in der Schlafsaaltür, wobei die hinteren die vorne Stehenden gegen deren Willen nach innen schoben und die dann aber wieder zurückdrängten, sodass es manchmal zu einem turbulenten Hin- und Hergeschiebe kam, wobei ihn alle neugierig musterten, aber nicht mit ihm sprachen. Als er einmal aufstand, um ihnen entgegenzugehen, wichen sie scheu zurück in den Korridor und kamen nicht wieder.

Nur einer kam dann doch herein, ging langsam auf ihn zu, streckte ihm die Hand hin, die er ergriff, hieß ihn mit leiser schleppender Stimme willkommen in ihrer Runde und fragte ihn, ob er Mensch-ärgere-dich-nicht spielen könne. Als er das verneinte, lächelte der andere und bedeutete ihm tröstend, dass man ihm die Regeln sehr schnell beibringen könne, denn sie seien sehr einfach; außerdem sei es das einzige Spiel, das zur Verfügung stehe. Zu Weihnachten hätten sie sich noch ein anderes Spiel gewünscht, Domino oder Mühle oder irgendein anderes, aber sie hätten keines bekommen. »Ja, ja«, sagte er seufzend, »nicht einmal das Christkind kommt in dieses fest verschlossene Verlies.«

Im Weggehen drehte er sich nochmals um und fragte ihn fast flüsternd: »Wirst du auch geschockt?« Und als er darauf nichts zu antworten wusste, da er nicht verstand, was der andere mit »schocken« meinte, erklärte der ihm, indem er seine beiden Fäuste links und rechts an die Schläfen hielt und ein krampfartiges Zucken imitierte: »Immer donnerstags werden alle geschockt.« Da er bemerkte, dass er nicht verstanden wurde, zuckte er mit den Achseln und murmelte vor sich hin: »Besser, du weißt noch nicht, was Elektroschocks sind, du wirst es noch früh genug erfahren.« Damit ging er nickend hinaus.

Wenige Minuten später kam der Pfleger und bat ihn, mitzukommen. Der Stationsarzt würde ihn erwarten. Der Pfleger hatte fast genau denselben schlurfenden Gang wie die Patienten. Unwillkürlich ahmte er es ihm nach, als er hinter ihm her ging.

Der Pfleger schloss die Stationstür auf und hinter ihnen wieder zu, ging ihm voraus bis an die Tür des Stationsarztes, klopfte an, öffnete die Tür, schob ihn mit einem gedämpften »Hier bringe ich ihn« ins Zimmer und zog hinter ihm die Tür von außen wieder zu.

So stand er mit dem Rücken zur Tür und schaute die beiden Männer an, die vorne am Schreibtisch saßen, der eine davor und daneben der andere.

Mit leichtem Nicken des Kopfes sagte er in der an die übliche Lautstärke angepassten Stimme: »Guten Morgen!«, was die beiden ebenso gedämpft dankend erwiderten. Sie baten ihn, näherzukommen und auf dem dritten Stuhl, der zwischen ihnen stand, Platz zu nehmen. Den einen kannte er. Es war der Assistent. Seine Anwesenheit beruhigte ihn und gab ihm das Gefühl, nicht völlig alleingelassen und hilflos zu sein. Sie hatten ja ein paar Stunden zuvor einen ehrenwörtlich versicherten Vertrag abgeschlossen. Da ihm der Assistent zuzwinkerte, galt ihm das als verschwörerisches Zeichen der Bestätigung ihres Geheimabkommens, was ihm unwillkürlich auch ein beinahe fröhliches Lächeln entlockte.

Den anderen hatte er noch nie gesehen. Er musste sich sehr beherrschen, dass sich sein Lächeln bei dessen Anblick nicht noch verstärkte. In seinem karierten Hemd und in den amerikanischen Blue Jeans sah er aus wie ein Cowboy aus den Westernfilmen, die er im Fernsehen oder im Kino gesehen hatte. Allerdings passten weder die Nylonsocken noch die komischen Sandalen, die er an den Füßen trug, in dieses Bild. Aber da stand dieser »Psychiatriecowboy«, wie er ihn für sich nannte, auf, schüttelte ihm die Hand und stellte sich als Stationsarzt vor.

Er schaute den Assistenten fragend an, als wollte er sich vergewissern, dass dies wirklich stimme, und als dieser ihm beruhigend zunickte, gab er sich verwundert zufrieden und setzte sich, so gut es ging, in dem wackeligen Stuhl zurecht.

Komisches Krankenhaus, dachte er, wo die Pfleger weiße Ärztekittel tragen und die Ärzte sich als Cowboys verkleiden. Ärzte kannte er aus den Praxen oder den Kliniken fast immer ganz weiß gekleidet: weiße Hosen, weißes Hemd und weiße Schuhe und natürlich darüber den weißen Arztmantel. Und hatten sie mal keine weiße Hose an und nicht diese weißen Arztgaloschen, so trugen sie doch immer fein gebügelte Anzugshosen und glänzend geputzte Straßenschuhe. Nun, vielleicht ist dies eine ganz lustige Klinik: Die Patienten spielen Mensch-ärgere-dich-nicht und die Ärzte spielen Cowboy. So schlimm kann es also gar nicht sein, wie man immer über diese »Irrenhäuser« spricht. Oder vielleicht können die hier alles anders machen, weil das eine Universitätsklinik ist. Wer weiß. Aber der erste Eindruck ist gar nicht so schlecht. Auch das Arztzimmer passte zum Stil des Psychiatriecowboys. Abgesehen von einer komischen alten Liege, auf der außer einem Leinentuch nichts lag, türmten sich auf jedem Möbelstück im Zimmer Bücher und Akten, mal mit losen, mal mit zusammengehefteten Papieren, es lagen Locher herum und Hefter, eine offene Schachtel mit Büroklammern komplettierte das Ganze. Bleistifte und Kugelschreiber standen in einem kleinen Henkelglas, dazwischen eine Schere, ein Brieföffner und zwei indische Räucherstäbchen. Zwischen alldem stand eine riesengroße leere Kaffeetasse und auf einem Stapel Akten balancierte ein Tonbandgerät mit einem Mikrofon. Überall wucherten diese langweiligen Blattpflanzen in hellerem und dunklerem Grün, die in keinem deutschen Büro fehlen durften. Auf der Fensterbank stand eine zierliche Gießkanne aus Messing mit einer dünnen, überlangen Zotte und einem bogenförmigen Henkel. Das alles konnte er, indem er die beiden anschaute, mit einem Blick erfassen, ohne unhöflicherweise den Kopf nach rechts oder links zu drehen. Aber dass es seitlich oder hinter ihm ähnlich aussehen würde, bezweifelte er nicht. Nur eine Sache faszinierte ihn an all dem Durcheinander: die farbigen Ansichtskarten, die rechts von ihm an der Wand aufgehängt waren. Er konnte sie eigentlich nur sehen, wenn er sich weit nach rechts drehte, wodurch er sich aber von den beiden abwenden musste. So verlegte er sich auf die Finte, sich bequemer auf seinen Stuhl setzen zu wollen, um dabei einen kurzen Blick auf die Karten zu erhaschen. Bei manchen war die Herkunft ganz klar, denn es stand groß und deutlich »Gruß aus Capri« oder »Rom« darauf, von anderen musste er erraten, woher sie kamen. Obwohl er mit aller Kraft der Versuchung zu widerstehen suchte, war er fast wie von einem magischen Zwang besessen, immer wieder einen Blick auf diese bunten Karten werfen zu müssen. Er war richtig erleichtert, als der Stationsarzt, der einige Minuten lang in eine frisch angelegte Krankenakte verschiedene Eintragungen machte, sich nun an ihn wandte und so von dem Zauber, der von den Karten ausging, ablenkte: »Sie sind auf eigenen Antrag zu uns gekommen und sind mit einer stationären Aufnahme einverstanden. Ist das richtig so?«

»Man hat mir gesagt, mit bestimmten Medikamenten ginge es mir besser, weil man damit die *fattura* abwehren könne, aber dass diese Medikamente nur hier in dieser Klinik angewendet werden können.«

»Dem haben Sie zugestimmt und sind freiwillig hierhergekommen. Man hat Sie nicht gezwungen?«

»Nein, niemand hat mich gezwungen. Ich hoffe, dass Sie mir helfen können.«

»Ja, das hoffen wir auch, darum werden wir Sie hier aufnehmen. Aber sagen Sie mir doch, warum sind Sie hierhergekommen, welche Beschwerden haben Sie?«

»Sie quälen mich Tag und Nacht, im Kopf, im Rücken, im Magen, im Herz und in der Lunge, aber auch in den Beinen und in den Augen, nicht überall gleichzeitig und auch nicht immer gleich stark. Es kommt darauf an, wie sie Zeit haben und wie es ihnen gefällt.«

»Und wer sind die?«

»Meine Freundin hier in Heidelberg und ihr Helfer in Mannheim.«

»Aber wie quälen die Sie denn, schlägt man Sie? Wie geht das vonstatten?«

»Nein, nein, die schlagen mich nicht selbst, nicht physisch. Nein, dazu bemühen sie die *spiriti*. Es sind *spiriti maligni*, böse Geister, aus der *magia nera*, aus der schwarzen Magie.«

»Und die können Ihre Freundin und ihr Helfer einfach rufen und Ihnen befehlen, Sie zu quälen, je nach Art, wie sie es wollen?«

»Nein, so einfach geht das nicht. Nur mit Hilfe einer *fattura*, einer *legatura* oder einer *attaccatura* kann man das machen, wenn man genau die Regeln kennt.«

»Und was sind das für Praktiken, diese *fattura* und die anderen und welche Regeln muss man kennen?«

»Ich weiß es auch nicht so genau. Aber es sind Zauberpraktiken, Verhexungen, die man in meiner Heimat anwendet, um einen anderen zu beeinflussen, gut oder schlecht. Es ist bei uns nicht einfach, dass eine Frau einem Mann zeigt, dass sie an ihm interessiert ist oder ihn liebt. Darum macht sie ihm eine *fattura d'amore*, einen Liebeszauber, und wenn sie es richtig kann, wird er plötzlich auf sie aufmerksam werden und sich vielleicht auch in sie verlieben.«

»Und das machen auch Ihre Freundin und ihr Helfer mit Ihnen?«

»Ja, genau so.«

»Aber warum quälen die beiden Sie denn? Sie sollten Ihre Freundin doch lieben und nicht hassen, da ist doch schlagen oder quälen nicht das geeignete Mittel.«

»Wir haben uns geliebt, sehr sogar, aber dann hat sich meine Freundin so vulgär in der Öffentlichkeit benommen, dass ich es nicht ertragen konnte und sie gebeten habe, das nie wieder zu tun. Sie aber meinte, dass ich mich hier an deutsche Sitten anpassen müsse und nicht sie sich an meine sizilianischen Vorstellungen von gutem Benehmen. Aber ihr Benehmen ist ja auch hier nicht üblich oder bestenfalls bei den großen Wein- und Bierfesten, wo auch Frauen – nicht alle natürlich – zu viel trinken und sich danebenbenehmen. Bei uns in Sizilien wäre das aber absolut unmöglich. Wie sollte ich sie meiner Mutter, meiner Familie vorstellen? Nun, das ist eine lange Geschichte. Ich habe also unsere Beziehung abgebrochen. Meine Freundin will sich damit aber nicht abfinden und versucht nun mit allen Mitteln, mich zurückzugewinnen und da ich mich weigere, versucht sie es auch mit diesen quälenden Methoden.«

»Woher kennt Ihre Freundin denn diese magischen Praktiken? War sie schon einmal in Sizilien?«

»Nein, sie hat doch diesen Helfer in Mannheim, der ist Spezialist in diesen Dingen. Er scheint alles zu kennen von den ›Sieben Büchern Moses‹ bis zum *malocchio* und den verschiedenen *fatture*.«

»Was ist ein *malocchio*?«

»Wissen Sie das nicht? Das ist der ›böse Blick‹. Lernt man das hier nicht, wenn man Arzt in der Psychiatrie werden will? Nun, ich muss ja sicher noch einige Zeit hierbleiben, ich kann Ihnen dann eine Vorlesung halten über Magie und die verschiedenen magischen Praktiken und Wirkungen, denn wie wollen Sie mir helfen, wenn Sie davon keine Ahnung haben!«

»Das ist eine gute Idee. Wir werden also versuchen, Ihnen im Teamwork zu helfen.«

»Einverstanden, ich mache gerne mit, ich habe hier ja ohnehin nicht viel zu tun, außer mir mit diesem komischen Klötzchenspiel, das die da draußen andauernd spielen, meine Zeit zu vertreiben oder vielleicht einmal eine italienische Zeitung zu lesen, wenn jemand so freundlich ist, mir eine von der Bahnhofsbuchhandlung mitzubringen. Ich bezahle auch Holgeld – so heißt das bei den Handwerkern, wenn jemand für die anderen Frühstück holt.«

»Was ist das für ein Spiel am Tisch, von dem Sie reden?«

»Ich kenne es nicht. Auf einem Karton sind runde Felder mit Zahlen, glaube ich, oder auch nicht. Man würfelt und nimmt dann eines von diesen farbigen Klötzchen, die wie Türmchen aussehen und rückt dann auf diesen Feldern hin und her.«

»Ah ja, natürlich. Sie spielen Mensch-ärgere-dich-nicht.«

»Ein guter Name für ein Spiel in einer psychiatrischen Klinik. Gehört es zur Therapie, dass die Patienten damit lernen sollen, sich nicht zu ärgern und schön brav zu sein?«

»Nein, so ist es wahrscheinlich nicht gemeint, aber wenn es hilft, wäre es ein sogenannter kotherapeutischer Effekt. Aber was ich Sie noch fragen wollte: Wie hat sich Ihre beiderseitige Trennung denn genau abgespielt?«

»Wie ich Ihnen sagte, wir konnten uns nicht einigen, wie sich eine Frau in der Öffentlichkeit zu benehmen hat. Sie wollte nicht meine sizilianisch-bäuerlichen Vorstellungen akzeptieren und ich nicht ihre großstädtisch-deutschen, modernen Verhaltensweisen.«

»Und dann haben Sie sich die Hand gegeben und *ciao* gesagt, und das war es dann? Keine Versöhnungsversuche, kein Kompromiss? Warum dann aber die Hexerei, wenn beide mit der Trennung einverstanden und völlig zufrieden waren?«

»Es gab verschiedene Versöhnungsversuche, die aber jedes Mal in Streit ausarteten. Ich habe doch diese Frau geliebt, so sehr, dass ich kaum einen Tag ohne sie sein konnte. Ich wollte sie heiraten, um immer mit ihr sein zu können, hier in Deutschland oder irgendwo in Italien, wohin sie auch wollte. Sie war für mich alles geworden: Familie, Freunde, meine Arbeit, diese Stadt, die so wunderschön ist, meine neue Heimat, Deutschland, alles eben.«

»Aber das konnten Sie so mir nichts, dir nichts plötzlich aufgeben?«

»Oh nein, so einfach war das nicht. Ich habe lange mit mir gerungen, ob es mir vielleicht möglich wäre, mich mit ihrem Benehmen abzufinden. Aber wenn sie meine Frau werden sollte, wäre das ganz unmöglich. Selbst deutsche Bekannte haben mir zu verstehen gegeben, dass ihr Betragen bestimmt nicht das übliche Verhalten deutscher Frauen ist. Ich musste unsere Beziehung abbrechen, da sie sich nicht ändern wollte und ich mich nicht ändern konnte. Die Trennung war schmerzlich, sehr sogar, aber ich hätte sie überwunden, wenn sie und ihr Helfer mir nicht diesen Liebeszauber gemacht hätten. Dagegen war ich, trotz der *controfattura*, die ich durchgeführt habe, völlig machtlos. Sie haben mich ganz und gar beherrscht. Was sie befahl, musste ich tun. Tage-, wochen-, ja, monatelang musste ich ihr wie ein Hund nachlaufen. Tag und Nacht habe ich versucht, sie zu sehen, wenn auch nur einen Moment, einen kurzen Augenblick. Ich konnte nicht mehr arbeiten, nicht mehr essen, nicht mehr trinken, nicht mehr meine Freunde treffen, hatte keinen Sinn mehr für Feste, für Unterhaltung, ja, nicht einmal mit meiner Familie in Italien konnte ich telefonieren. Ich konnte eigentlich nichts anderes mehr, als nur versuchen, sie zu sehen, irgendwie, irgendwann, egal zu welcher Tages- oder Nachtzeit und egal an welchem Ort. In meinem Kopf, nein, nicht nur da, in meinem ganzen Körper war nur sie.«

»Aber da sehen Sie doch, dass Sie sie lieben und sie nicht aufgeben wollten. Hat sich nicht etwa Ihre Freundin von Ihnen getrennt und nicht umgekehrt, und Sie konnten die Trennung nicht ertragen?«

»Nein, ich musste sie aufgeben, ich habe Ihnen doch gesagt, warum. Und eine Frau gibt doch nicht einen Mann auf, sondern immer umgekehrt. Und dass das auch bei uns so war, sehen Sie doch daran, dass sie es nicht wollte und mir mit Hilfe dieses schwarzen Raben aus Mannheim die *fattura d'amore* gemacht hat. Oder würden Sie sagen, es sei normal, dass ein gesunder, junger Mann, der jederzeit eine andere Frau finden kann, einer Frau, von der er sich getrennt hat, nachläuft und winselt wie ein Hund, den man durch einen Fußtritt aus dem Haus jagt, ich frage Sie, ist das normal? Nein, das ist doch irre. Dass man sich so verrückt verhalten kann, dass ein Mann sich so benimmt, ist nur möglich, wenn eine Frau ihm einen Liebeszauber gemacht, wenn sie ihn verhext hat.«

»Und wieso wissen Sie so genau, dass man Ihnen diesen Liebeszauber gemacht hat?«

»Die Ölprobe war positiv, ganz eindeutig. Ein Landsmann, der sich in diesen Dingen sehr gut auskennt, hat die Ölprobe durchgeführt und den Verdacht bestätigt: Zweifelsfrei lag eine Verhexung vor. Und ich weiß auch, wie es geschehen ist, wie sie es fertig gebracht hat.«

»Was ist diese Ölprobe und wieso ist sie ein Beweis für eine Verhexung?«

»Ah, Sie wissen nicht einmal, was das ist? Ja, ich sehe, Ihr Vorschlag, zusammenzuarbeiten, ist sehr vernünftig, ich werde Ihnen noch viel erklären müssen. Eine Vorlesungsstunde wird dafür wohl nicht reichen. Nun ja, ich habe ja Zeit, und nebenbei kann ich dann vielleicht auch noch was verdienen, damit ich meine Zeitungen und den Holdienst bezahlen kann. Was verdient man denn für eine Vorlesungsstunde?«

»Die Studenten müssen Studiengebühren bezahlen, pro einstündige Vorlesung im Semester drei Mark, für zweistündige sechs Mark und so weiter, dann für die Praktika, für die Labors und für alles, was sie sonst noch benutzen, ebenfalls ein entsprechendes Entgelt.«

»Oh, das ist nicht viel. Drei Mark für eine Vorlesung über das ganze Semester! Ach was, ich bin großzügig, ich mache es umsonst, schließlich bekomme ich ja hier auch täglich ein frisch gemachtes Bett, dreimal Essen und vor allem doch sicher auch besonders gute medizinische Hilfe, nicht wahr? Ich bin großzügig, ich bin doch Italiener und Italiener sind großzügig, ganz besonders die Süditaliener.«

»Nun, Spaß beiseite, was ist eine Ölprobe? Und wie glauben Sie, dass man Ihnen diesen Zauber gemacht hat?«

»Der Reihe nach, Herr Doktor. Einige Zeit nach der Trennung bat sie mich um eine Unterredung. Da ich hoffte, dass sie zu einem Kompromiss bereit sei und ich große Sehnsucht nach ihr hatte, stimmte ich sehr gerne zu. Sie brachte Wein mit, eine Flasche unserer Lieblingsmarke, die wir immer bei diesem freundlichen und großzügigen Türken in der Häusserstraße kauften und noch dazu von dem teuersten. Ich habe das als sehr gutes Zeichen gewertet, vor allem, weil sie auch sehr gut zurechtgemacht war. Sorgfältig ausgewählter Pullover und Rock, schöner Schmuck und sehr aufreizend geschminkt. Für mich war klar, dass es einen schönen Abend und ein noch schöneres Ende geben würde.

Abgesehen vom Ende war es auch so. Wir verbrachten ein paar sehr schöne Stunden, bis sie mich plötzlich ganz unverhofft fragte, ob ich es mir überlegt hätte. Auf meine Frage, was sie denn genau damit meine, erklärte sie mir wieder ihre alte Forderung, die nicht den geringsten Kompromiss zeigte, dass wir Ausländer uns den Deutschen anzupassen hätten, vor allem die ausländischen Männer den deutschen Frauen und nie und nimmer umgekehrt.

Ich versuchte ihr klar zu machen, dass doch solche einseitigen Forderungen nicht geeignet seien, ein friedliches und beidseitig bereicherndes Zusammenleben zu ermöglichen. Ich ging sogar so weit, dass ich sie bat, mir noch Zeit zu lassen, um das Leben hier besser zu verstehen und vielleicht dann auch gewisse Kompromisse machen zu können. Ich gab ihr auch zu verstehen, dass ich hoffte, wenn sie öfter mit mir nach Italien fahren würde, sie vielleicht doch einsehen könnte, dass unsere Sitten in dieser Hinsicht doch nicht die schlechtesten sind und auch sie dann vielleicht einen Kompromiss machen könnte.

Das brachte sie völlig gegen mich auf. Zornig warf sie mir vor, dass ich insgeheim versuchen würde, sie zu den sklavischen italienischen Frauen erniedrigen zu wollen. Ich widersprach dem und wollte ihr verständlich machen, dass italienische Frauen nirgendwo Sklavinnen seien, weder im Norden noch im Süden Italiens. Sie aber stand empört auf und fragte mich: ›Versprichst du, deine Meinung zu ändern, dich mir anzupassen und mich nicht zu zwingen, mich zu ändern?‹ Ich erwiderte ihr, dass ich mich in vielem ändern könne und dass ich mich doch auch schon in sehr vielem geändert habe, aber dass es mir nicht möglich sei, mich in allem zu ändern. Sie sagte: ›Gut, dann eben nicht. Dann musst du halt die Konsequenzen tragen, du wirst schon sehen, wie es dir ergehen wird‹, stand auf und verließ ohne Gruß meine Wohnung.

Wie es mir dann ging, können Sie sich bestimmt vorstellen. Und ein paar Tage später begannen diese Qualen. Erst leicht, dann immer stärker. Bald war es mir klar, dass dies nicht mit rechten Dingen zugehen konnte. Die genannte Ölprobe bestätigte schließlich auch, dass eine *fattura* vorliegt.

Sie ist ganz sicher nur zu mir gekommen, um mir das entsprechende Zauberphiltrum beizubringen. Sie hatte es bestimmt in den Wein getan. Leider habe ich die Flasche weggeworfen und konnte nichts mehr beweisen, aber anders kann es doch nicht gewesen sein.«

»Ja, dann hat doch Ihre Freundin Sie verlassen und nicht umgekehrt!«

»Wieso denn? Ich bin doch nicht auf ihre Forderungen eingegangen und habe sie somit sozusagen fortgeschickt, nicht wahr?«

»Nun, wenn Sie das so sehen, dann lassen wir das mal so stehen. Aber Sie haben mir noch nicht verraten, was die Ölprobe ist und nun würde ich auch noch gerne wissen, was man unter einem Zauberphiltrum zu verstehen hat.«

»Muss das alles heute sein? Wir haben doch noch so viel Zeit.«

»Ja, ich sehe, dass Sie sehr müde sind. Wir können unser Gespräch ja bald fortsetzen. Ich höre auch Tellerklappern, es gibt Essen. Ich lasse Sie auf die Station zurückbringen.«

»Habe ich denn mein Essen schon verdient? War mein Vortrag dafür ausreichend? Ölprobe und Zauberphiltrum dann für die nächsten Mahlzeiten! Vielen Dank.«

Der Stationsarzt rief den Pfleger an, um ihn zurück auf die Station bringen zu lassen. Bis dahin konnte er sich endlich so wenden, dass er all die farbigen Ansichtskarten bewundern konnte, auf die er während des Gesprächs immer wieder versucht hatte, einen kurzen Blick zu werfen. Es waren, wie er meinte, überwiegend Grußkarten aus Italien.

Die waren doch alle in Italien und darum wahrscheinlich auch der Stationsarzt, dachte er, und der will keine Ahnung haben, was eine *fattura*, eine Ölprobe und ein Zauberphiltrum sind? Ich muss aufpassen, wer weiß, auf welcher Seite er steht. Er ist ja ganz sympathisch, dieser Psychiatriecowboy, er kann so herzhaft und oft lachen, aber wer weiß? Vorsicht hat noch nie geschadet, schließlich bin ich immer noch Sizilianer!

***

»Nun, was sagen die psychiatrisch und ethnologisch ausgebildeten Medizinsoziologen mit langer Feldforschungserfahrung in Sizilien?«, fragte der Stationsarzt den Assistenten, nachdem sie wieder allein waren.

»Aus meiner Sicht«, antwortete der Assistent, »sind es die Symptome eines Liebestraumas, präsentiert in dem traditionellen kulturspezifischen Deutungsschema seiner sizilianischen Gesellschaft.

Wenn wir das Gesagte rekapitulieren, ergibt sich folgendes Bild: Er wurde von seiner Freundin verlassen, die er sehr geliebt hat, so sehr, wie er sagte, dass er keinen Tag ohne sie sein wollte. Sie war für ihn ›alles‹, wie er es dargestellt hat, seine Familie, seine Freunde, seine Arbeit, die Stadt, seine neue Heimat, eben alles. Das ist kein seltener Fall, dass Migranten, weil sie sich im Aufnahmeland so allein, einsam und verlassen fühlen, sich einem Partner oft extrem eng anschließen, ja, sogar eine fast kindliche Abhängigkeitsbeziehung aufbauen, sodass es für beide Seiten nicht selten zu einer konfliktträchtigen Enge kommt, unter der dann vor allem der inländische Partner leidet.

Geht dann eine solche Beziehung in die Brüche, ist der Trennungsschmerz meist hoch traumatisch. Einen solchen Fall haben wir, denke ich, auch hier. Unser Patient ist keine starke autonome Persönlichkeit, die ihren individuellen Freiraum braucht und der Partnerin diesen auch zugesteht. Ihr Verhalten ist deshalb intolerabel, weil es sich nicht mit den gesellschaftlichen Normen seiner Herkunftsgesellschaft vereinbaren lässt. Was würden die anderen in der Heimat dazu sagen, vor allem seine Mutter, dann aber auch die Freunde und Bekannten, eben seine soziale Gruppe? Er beansprucht also mehr den gesellschaftlichen Freiraum als den individuellen. Und in dieses Bild passt denn auch das Problem der Trennung: Er hat sich getrennt, weil eben, wie er sagte, eine Frau nicht einen Mann aufgibt, sondern immer umgekehrt. Dass eine Frau einen Mann verlässt, dass er als Mann verlassen wird, ist nicht vereinbar mit den Normen seines gesellschaftlichen Systems, in dem er sozialisiert und enkulturiert wurde. Und da er eine eher schwache Persönlichkeit ist, dürfte er diese Werte umso tiefer verinnerlicht haben.

Somit steht aus seiner Sicht auch fest, dass nicht er einer Frau nachläuft, sondern dass sie ihn nicht verlieren will. Da er ihr aber doch nachläuft, tags und nachts, wochen- und monatelang, wie ein Hund nachläuft, wie er es dargestellt hat, um sie wenigstens einen Augenblick sehen zu können und kaum noch einen anderen Sinn in seinem Leben findet, kann für ihn nur bedeuten, dass er durch eine fremde Macht bestimmt wird. Dass dies ›die Macht der Liebe‹ sein kann und zudem sicher auch die provozierende Erotik dieser Frau, die ihn so abhängig gemacht hat, vielleicht sogar in gewissem Sinne hörig, passt natürlich nicht in sein männlich dominiertes sizilianisches Weltbild. Was liegt daher näher und was ist im Sinne magischen Denkens und Weltverstehens naheliegender und logischer, als die Annahme, von bestimmten okkulten magischen Mächten beeinflusst oder gar völlig bestimmt zu werden. Dies gilt insbesondere, da gerade in den mediterranen Kulturen magische Deutungsschemata für alle unerklärlichen Vorkommnisse im leiblich-seelischen und sozialen Feld vorhanden sind.

Wo solche Schemata zur Verfügung stehen und in den vielfältigen Formen der magischen Bannungen, Bindungen, Verhexungen und Verzauberungen, die er Ihnen ja gerade genannt hat, auch den Menschen meist intensiv bekannt sind, lässt sich natürlich für ein jeweiliges Missbefinden das entsprechende Erklärungsmodell finden, denn dafür haben diese Gesellschaften es schließlich geschaffen. Niemand kann eine plötzlich auftretende schwerere psychische oder somatische Beeinträchtigung einfach nur als gegeben hinnehmen, ohne sie nach Ursache, Therapiemöglichkeit und Prognose zu hinterfragen. Ist eine solche Abklärung nicht baldmöglichst zu erreichen, setzen Ängste mit meist negativen Fantasien und Befürchtungen ein, die schließlich schwer schädigend wirken können. Wir setzen zur Vermeidung eines solchen pathologischen Prozesses die vielfältigen Möglichkeiten unserer psychologischen und medizinischen Systeme ein. Die mediterranen Gesellschaften, vor allem die bäuerlichen, sowie die urbanen Unterschichten, die auf ein solches Gesundheitssystem nicht zurückgreifen können, praktizieren dann eben ihre kulturspezifischen traditionellen Erklärungsmuster.

Während wir die psychischen und physischen Auswirkungen eines Liebestraumas, wie es hier bei unserem Patienten vorliegt, bei deutschen Patienten psychotherapeutisch angehen, im schlimmsten Fall auch mit Psychopharmaka unterstützt, hat unser Patient konsequenterweise die Erklärung seiner Störung mit den von seiner Gesellschaft bereitgestellten Mustern geleistet. Er hat als Ursache das dafür in Frage kommende Modell der *fattura d'amore*, des Liebeszaubers, übernommen, was somit gleichzeitig auch die Möglichkeit der adäquaten Therapie, eben die dafür mögliche *controfattura*, der Gegenzauber, eröffnet.«

»Das klingt einleuchtend und ist in sich, in diesem magischen System gedacht, auch schlüssig. Ist es aber wirklich nur ein traumatisch erlebter Liebesverlust, und wenn, sind die Wirkungen, seine massiven psychophysischen Beeinträchtigungen, nur als systemimmanente Folgen dieser *fattura d'amore* zu sehen? Und wie ist das mit der Gestaltung dieses Zaubers durch seine Freundin und ihrem Helfer, dem Hexer, und wie mit der Übertragung durch diese *spiriti maligni*? Gehört das auch zum System oder ist das Eigenproduktion? Und vor allem, wie erklärt man in diesem magischen Kontext, dass jemand sehr, sehr leidet, völlig involviert ist in diesem System und gleichzeitig ein eigenständiges Sein leben kann, wie wir gesehen haben, geistvoll, spritzig, voller Humor, und vor allem in einem völlig geordneten logischen Denken, entspricht das nicht der bei Schizophrenen allgemein existierenden Depersonalisation?«

»Um mit Letzterem zu beginnen: An eine Schizophrenie zu denken ist schon naheliegend. Aus Ihrer traditionellen psychiatrischen Sicht gleicht sein Verhalten sehr wohl dem, was Sie mit Depersonalisation der Schizophrenen bezeichnen, eben dass sich diese Kranken verändert fühlen, dass sich ihr Wille verändert hat, dass sie meinen, ferngelenkt, hypnotisiert, besessen und verzaubert zu sein. Und dass sie auch ihren Körper verändert fühlen: abgemagert, verstümmelt und in seinen Organfunktionen gestört, passt ebenso in dieses Gefühl der Depersonalisation. Unser Patient hat sich mir in verschiedenen Situationen als *scheletro camminando*, als wandelndes Skelett, beschrieben. Und ferner, dass neben diesem neuen subjektiv veränderten Erleben die Primärpersönlichkeit in ihrem ursprünglichen Erleben fortexistieren kann, ja, beide Lebens- und Erlebensformen oszillieren können, also dass je nach den Erfordernissen der jeweiligen Situation einmal die eine und einmal die andere Form verhaltens- und handlungsbestimmend wird, ist gleichfalls Inhalt schizophrener Depersonalisation.

So gesehen könnten nun diese beiden von Ihnen angesprochenen Verhaltensweisen, die unser Patient gerade demonstriert hat, als Form schizophrener Depersonalisation verstanden werden. Aber das würde doch nur gelten, wenn dies der individuellen Eigenproduktion entstammt. Unser Patient wurde aber in einer Gesellschaft sozialisiert und enkulturiert, die solche Muster ganzheitlich zur Verfügung stellt und die er nun übernommen hat, um sich seine individuelle Störung verständlich zu machen. Durch dieses Trauma fühlt er sich verändert, ohne sich aber eingestehen zu können, dass er eine Frau geliebt hat und immer noch liebt, die ihn verlassen hat, und dass der Verlust für ihn überaus traumatisch wirkt, sodass er zu Verhaltensweisen gezwungen ist, die mit seinem verinnerlichten Bild vom ›richtigen‹ Verhalten eines Mannes nicht zu vereinbaren sind.

Natürlich liegt bei ihm eine Störung vor, die aus dem Liebestrauma resultiert und sich in seinen zwanghaften Handlungen manifestiert, sie unbedingt sehen zu müssen, ihr nachlaufen und Kontakt zu ihr suchen zu müssen, und sei es auch nur für einen kurzen Moment und aus der Ferne. Aber diese Störung dürfen wir nicht schlechthin als schizophrene Psychose auffassen, nur weil seine kulturspezifischen Erklärungsmuster sich mit unserem Muster der Depersonalisation Schizophrener decken.

In seiner Heimat ist es nichts Außergewöhnliches, dass bestimmte Persönlichkeiten, die vor allem unter psychischen Störungen oder Erkrankungen leiden, sich von den genannten magischen Mächten beeinflusst wähnen und auch von ihrer sozialen Gruppe als ›Fatturierte‹ bezeichnet werden. Verhext zu gelten oder vom *malocchio*, dem bösen Blick, getroffen zu sein, führt daher auch zu keiner negativ sanktionierten sozialen Stigmatisierung. Vielmehr bleiben solche Persönlichkeiten immer sozial gut integriert, da sie im Bewusstsein ihrer Mitwelt keinerlei Schuld an ihrem Zustand haben. Irgendein neidischer, missgünstiger oder auch ein liebender Mensch hat ihnen das angetan, wofür sie keine Verantwortung tragen und keinesfalls als gefährlich gelten. So werden auffällige Verhaltensweisen bestimmter Individuen, für die ihre soziale Mitwelt keine eindeutige Erklärungsmöglichkeit zur Verfügung hat, weitgehend als durch solche magischen Beeinflussungen verursacht aufgefasst. Zahlreiche Neurosen und hysterische Störungen werden auf *fatture* zurückgeführt, so vor allem Zwangsneurosen wie die Grübelsucht, die Platzängste und die neurotischen Zwangsantriebe, die, wenn sie mit großen Ängsten verbunden sind, von der Mitwelt erfahren werden können.

Am meisten jedoch scheinen die Störungen aus dem manisch-depressiven Formkreis mit den magischen Mustern der *fatture* ursächliche Erklärung zu finden. Hierbei ist das Schwanken zwischen Phasen des gehobenen lustbetonten, oft euphorischen Selbstgefühls und den Phasen des schmerzlich-ängstlichen Gehemmtseins so imponierend und weicht vom Alltagsverhalten so stark ab, dass die Annahme einer außergewöhnlichen Verursachung naheliegt. Erstaunlich ist dabei, wie sehr sich die ›Symptome‹ der einzelnen *fatture* mit den Krankheitszeichen der depressiven Zustandsbilder decken. So haben die verschiedenen körperlichen Schwächen, aber auch die veränderte Wahrnehmung und die Störungen der Bewegungen, das Auftreten akustischer und visueller Halluzinationen und schließlich die vielfältigen organbezogenen Störungen des Magen-Darm-Traktes, des Herzens und der Lunge ihre Entsprechungen in den ›Symptomen‹ der *fatture*.

Was nun wirklich mit den traditionellen Deutungsschemata der *fatture* oder des ›bösen Blicks‹ erklärt wird und um welche zugrunde liegende Störung oder Erkrankung im psychologischen oder medizinischen Verständnis es sich eigentlich handelt, kann nur durch eine umfassende Anamneseerhebung eruiert werden, die neben der Persönlichkeitsstruktur des Betroffenen sein soziales Umfeld und insbesondere die akuten Lebensumstände einzubeziehen hat. Man kann also nicht einfach davon ausgehen, dass eine Depression zugrunde liegt, wenn eine Person, die vermeint, von einer *fattura* betroffen zu sein, ›Symptome‹ angibt, die auch typisch für eine depressive Erkrankung sind. Und dies gilt natürlich auch für die genannten anderen Störungen.

Was nun Ihre Frage betrifft, ob diese massiven psychophysischen Beeinträchtigungen, die unser Patient erleidet, systemimmanente Folgen des Liebeszaubers sind, so ist dies nur zu bestätigen. Die Eingeweihten, die Kenner der Materie – und das sind nicht wenige in Süditalien – ›wissen‹, dass solche Beschwerden durch eine *fattura d'amore* verursacht werden können. Und derjenige, der dies kennt und daran glaubt, wird auch – in mehr oder minder ganzheitlichem Umfang – diese genannten Beeinträchtigungen an sich erleben. Es sind zahlreiche Fälle bekannt, dass Menschen, die sich von einer *fattura a morte*, von einem Todeszauber, betroffen fühlten und keine entsprechende *contro-fattura* durchzuführen vermochten, in eine solche Verzweiflung und Hoffnungslosigkeit gerieten, dass sie gestorben sind. Sie sind gewissermaßen an der ausweglosen Gewissheit des bevorstehenden Todes gestorben.

Durch die Option, sich psychische Krankheiten durch eine *fattura* zu erklären, wird auch die Möglichkeit der entsprechenden Diagnose und Therapie geschaffen. Und das wiederum eröffnet einerseits dem Betroffenen die Möglichkeit, zu erkennen, ›was er hat‹ und ›was er dagegen tun kann‹, damit er sich einen angstfreien Raum schaffen kann und nicht von einem unbekannten, unerklärbaren Leiden bis zur existentiellen Gefährdung ›annihiliert‹ wird – wie unser verehrter Chef des Hauses hier zu sagen pflegt.

Und andererseits ermöglicht diese Erklärungsweise dem betroffenen Individuum die Möglichkeit der familialen und sozialen Integration, da *fatturiert* zu sein keineswegs die gleiche unheimliche, beängstigende und zurückweisende Qualität besitzt wie die Leidensformen, die als Geisteskrankheiten etikettiert werden, sondern vielmehr appellativ und protektiv auf die Mitwelt wirkt, die diesem Ersuchen um Schutz und Hilfe uneingeschränkt Folge leistet.«

»Aber verführt die eingehende Kenntnis dieser magischen Schemata und Praktiken nicht schlechthin dazu, bei jeder Störung, die man sich nicht sofort ursächlich erklären kann, eine Verhexung, magische Bannung oder Bindung anzunehmen? Und dient diese magische Institution für viele, auch wenn sie nicht, nicht mehr oder nur sehr eingeschränkt daran glauben, sozusagen als Möglichkeit zur ›doppelten Buchführung‹?«

»Nein, es ist keineswegs so, dass magische Beeinflussungen, gleich welcher Art, gerne oder auch nur leichtfertig übernommen werden. Ganz im Gegenteil, man hat allgemein Angst vor magischen Einflüssen. Eben nur, wenn der Leidensdruck einer Störung oder Erkrankung sehr hoch ist, sich keine entsprechende Diagnose stellen lässt und auch die üblichen volksmedizinischen Therapien versagen und selbst auch die ›ärztliche Kunst‹, so kann die Ursache des Leidens auf magische Einflüsse zurückgeführt werden. Somit ist zwar die aus der Ungewissheit entstandene Angst gelöst, dafür werden aber die genannten ›Symptome‹ der jeweiligen magischen Beeinflussung übernommen, die dann nicht selten verstärkend auf die Symptome der zugrunde liegenden Störung wirken.«

»Man treibt also den Teufel mit dem Beelzebub aus?«

»Nein, die Rechnung geht nicht ganz Null zu Null auf. Ein gewisser Vorteil wird dadurch aber doch erreicht. Man weiß nun, was man hat, das ist beruhigend, die Angst lässt sich dadurch abbauen. Was besonders positiv zu Buche schlägt: Mit der Übernahme eines dieser Systeme ist auch gleichzeitig die entsprechende Therapie gegeben.

Aber seien wir ehrlich. Wie verhält sich dies denn in unseren so überaus aufgeklärten westlichen Gesellschaften? Halten wir denn wirklich nur das für wahr, was wir wissenschaftlich beweisen können? Und wie benehmen wir uns, wenn wir uns in existentiellen Krisen befinden? Sind wir dann nicht auch bereit, uns an den kleinsten Strohhalm zu klammern, wenn der die Rettung verspricht? Und welche Fehlleistungen begehen wir unhinterfragt in solchen Ausnahmesituationen, die wir entrüstet zurückweisen würden in Situationen, in denen wir gesund und munter sind? Sehen Sie doch mal auf unsere Krebsstationen; wie viele rote Säfte werden dort von unseren verzweifelten Patienten getrunken, die an Blutkrebs leiden? Werden dabei nicht Dinge, die ähnlich sind oder sich gleichen, als identisch gesetzt? Bei uns existiert auch im paramedizinischen Bereich, bei Heilern und Okkultisten, das gleiche Phänomen. Es ist ja durchaus menschlich, sich in der Not an alles zu wenden, was Hilfe verspricht, auch an Gegensätzliches. Das eine tun und das andere nicht lassen, oder wie es die Sizilianer ganz pragmatisch verstehen: *Una candela al santo, un'altra al serpente* und meinen damit, dass man in der Not dem Heiligen Georg eine Kerze opfert und gleichzeitig auch eine dem Drachen, also sowohl dem Prinzip des Guten als auch dem des Bösen. Einer von beiden muss doch helfen, ganz gleich welcher das ist. Und hat uns nicht unser Dichterfürst gezeigt, was man selbst in der guten alten Zeit dem Teufel um persönliches Wohlergehen zu opfern bereit war: ›Meine Seele sollst Du haben, schrieb ich hin mit eignem Blut‹?«

»Nun, was doch hier im Sinne der homöopathischen Magie getrunken oder sonst wie durchgeführt wird, ist doch weitgehend individuell bestimmt oder von speziellen Gruppen, aber doch kein schlechthin kulturelles System.«

»Das ist sicher richtig. Aber auch wir fahren doch zweigleisig, wenn es sein muss. Eigentlich müssten wir doch wissen, dass roter Obst- und Gemüsesaft unsere Leukämie nicht bekämpfen kann und trinken ihn doch, in der Hoffnung oder sogar in der Gewissheit, dass er hilft. Bei uns ist diese Form des Denkens kein allgemein gültiges normatives System mehr, aber auch wir haben in dieser Hinsicht zwei Seelen in unserer Brust. Viele haben heute hoffnungsvoll praktiziert, was sie gestern noch als Hokuspokus bezeichneten. Wir sind doch durch die Aufklärung und die Reformation geprägt und durch die exakten Wissenschaften. Brechen wir also nicht den Stab über andere Kulturen, deren Denken, Erkenntnismöglichkeit und Weltverständnis in anderen Bahnen verlaufen ist.«

»Aber die Südeuropäer sind doch wohl nicht nur einem archaisch-magischen Denken und Handeln verhaftet. Sie leben doch auch heute, in unserer modernen, durch vielfältigste Technik und durch die Medien geprägten Welt. Wie lassen sich denn diese beiden Welten miteinander vereinbaren?«

»Vielleicht kann ich Ihnen dies am Beispiel des apulischen Tarantismus verdeutlichen: Seit dem frühen Mittelalter ist die Tarantel, die *Lycosa tarantula*, eine Wolfsspinnenart, beschrieben, die in ganz Südeuropa vorkam – vor allem aber in Apulien, in Süditalien. Ihr Biss wurde als sehr schmerzhaft beschrieben und die Wirkung des dabei eingeführten Giftes als generalisiertes Unwohlsein mit Brechreiz, Magenbeschwerden, Kältegefühl mit Schüttelfrost, aber auch mit heftigem Schwitzen und Zittern, insbesondere der Beine. Anfänglich waren die Betroffenen eingetrübt, dann unruhig bewegt und schließlich hemmungslos agitiert. Schafften es die von der Tarantel Gebissenen, die *tarantati*, auf die Beine zu kommen und sich gehend, laufend oder tanzend zu bewegen oder gelang es Helfern, sie wieder auf die Beine zu stellen, konnten sie fast immer gerettet werden. Da dies viele Stunden dauern konnte, haben sich bestimmte Tanzschritte herausgebildet, die am besten an den Bewegungsdrang der *tarantati* angepasst waren. Und weil dieser ›Tanz‹ wiederum am besten von Musik begleitet gelang, mit Melodien im Dreiachtel- oder Sechsachteltakt mit steigendem Tempo, wurde er schließlich zum speziellen Heiltanz der von der Tarantel Gebissenen, zur Tarantella, wie wir sie nun kennen.

Heute gibt es so gut wie keine Tarantel mehr, aber trotzdem jedes Jahr noch eine bedeutende Zahl von *tarantati*. Man weiß also in den apulischen Dörfern, dass schon lange niemand von der Tarantel gebissen wurde, dennoch werden alle, insbesondere Frauen, die über unerklärlichen Kräfteverlust klagen oder über nervöse Störungen, über diffuse Schmerzen im Magen- und Darmtrakt, über Schlaflosigkeit, Atemnot, Konzentrationsschwäche, über Umtriebigkeit und vor allem aber die, die unter starken Ängsten leiden, als *tarantati* bezeichnet. Dass diese Beschwerden durch den giftigen Biss der Tarantel verursacht wurden, beweist, im Verständnis der apulischen Landbevölkerung, die *prova dei suoni*, die Musikprobe, der nicht zu beherrschende Zwang der Leidenden, tanzen zu müssen, wenn man ihnen die Tarantella vorspielt. Erweisen sie sich dadurch als *tarantati*, müssen sie sich dem rituellen Tarantella-Heiltanz unterziehen.

Nach der Tarantella geht es allen zunächst besser. Ihre Symptome sind verschwunden, aber wirklich geheilt sind nicht alle Betroffenen. Sind sie weiterhin *tarantati*, erleben sie einen Rückschlag im nächsten Juni oder Juli, eben zu der Zeit, in der die Tarantel immer am häufigsten auftrat und ihre Opfer fand. Diese Krisen können sich viele Jahre, nicht selten auch Jahrzehnte wiederholen. Sie kündigen sich durch die üblichen Symptome an, die von Tag zu Tag stärker werden, bis sie schließlich durch die Tanztherapie wieder völlig verschwinden. Zwischen den Krisen fühlen sich die *tarantati* während des Jahres allgemein sehr wohl. Ist ein Kranker nach der Tarantella definitiv geheilt, unterstellt man, dass die Tarantel, die ihn gebissen hat, gestorben sei. Wenn es aber zu den jährlichen Rückfällen kommt und wenn sich diese gar über ein Jahrzehnt oder noch länger hinziehen, ist man überzeugt, dass die Tarantel zwar gestorben sei, vorher aber ihre krankmachende Kraft an ihre Kinder und möglicherweise noch an ihre Enkel übertragen habe. Die Tarantel bleibt nämlich nach ihrem Biss mit dem *tarantato* in einer magischen Beziehung. Er ist von der Tarantel besessen und unterliegt ihrem Einfluss oder dem ihrer Nachkommen, sofern nicht San Paolo, der Heilige Paulus, die Heilung veranlasst. Er ist nämlich der Beschützer sowohl der Tarantel als auch der *tarantati*. An seinem Namenstag, dem 29. Juni, kommen daher die *tarantati*, die mit einer Tarantella nicht geheilt werden konnten, aus nah und fern nach Galantina, einem kleinen Ort in Apulien, um dort in der Kapelle dieses Heiligen Befreiung von ihrer Besessenheit zu erflehen. Am Nachmittag des Vortages treffen die *tarantati* ein, zu Fuß, auf Pferdekarren oder auch in Autos, allein oder in Begleitung ihrer Angehörigen. Vor der Statue des Heiligen beten sie, flehen ihn mit lautem Rufen und Schreien um Heilung an und geraten nicht selten in völlige Verzückung. Die rituellen Tänze beginnen, nach einer im Freien oder in der Kapelle verbrachten Nacht, am frühen Morgen und ziehen sich mit bestimmten Unterbrechungen bis zum Abend hin. Unterbrochen wird der Heiltanz nur, damit die Musikanten etwas ausruhen und essen können. Gespielt wird die Tarantella mit Geigen, Akkordeons und Gitarren, begleitet von Tamburinen und manchmal auch Kastagnetten, so schnell und so lange, bis die *tarantati* erschöpft aufgeben müssen. Nach den meist ekstatischen Hinwendungen an den Heiligen und dem nachfolgenden, fast bis zum psychophysischen Zusammenbruch gehenden Tanz, fühlen sich die *ta-*

rantati ›geheilt‹ und treten erschöpft, aber wohlgestimmt, wieder den Heimweg an.«

»Aber glauben Sie denn wirklich an eine Heilung? Viele kommen doch, wie Sie erzählt haben, mehrere Male, ja, selbst jahrelang. Und was sagen denn die Ärzte dieser Gegend dazu?«

»Doch, man glaubt an Heilung, da es ja allen viel besser geht. Zumindest ist die Hoffnung sehr groß, dass San Paolo geholfen hat. Wenn nicht letztes Mal, nicht vorletztes Mal, dann vielleicht diesmal, warum nicht? Absolute Gewissheit kann man immer erst in einem Jahr haben. Wenn die Beschwerden nächsten Juni, Juli ausbleiben, dann ist man endgültig geheilt. Wenn nicht, dann muss man eben wieder nach Galantina gehen. Die Macht der Tarantel ist sehr groß. Man muss hoffen, dass sie alt wird, schwach und kraftlos und vielleicht auch stirbt, bevor sie ihre Macht weitergegeben hat. Und die Hoffnung, die Berge versetzt, kann auch helfen, zu heilen, vor allem, wenn sich San Paolo erbarmt.

Die Ärzte? Nun, die meisten sehen darin nur ein Relikt eines archaischen Weltverständnisses, Zeugnis dieser im Süden allgemein verbreiteten Mischung aus Glaube und Aberglaube, aus christlichen und heidnischen Riten, die hier ihren kollektiven Ausdruck findet. Für sie sind die *tarantati* Neurastheniker, aber auch Neurotiker, Hysterische, manisch Depressive und sicher auch einfach nur Publikum suchende Exhibitionisten. Da das Tanzen der Tarantella bei den meisten als kollektive Psychotherapie wirkt und gleichzeitig auch noch einen Festcharakter hat, konnte man sich widerspruchslos miteinander arrangieren. Die Landbevölkerung kennt die Diagnosen und die Einstellungen der Ärzte, da sie – nach dem genannten Prinzip: das eine tun und das andere nicht lassen – natürlich auch erfolglos in deren Behandlung war. Was liegt also näher, als auf ihre traditionellen Therapien zurückzugreifen, die nicht grundsätzlich immer heilen, jedoch mehr Heilerfolge aufweisen als die Therapien der Ärzte? Sollten die Ärzte um Galantina denjenigen, die im Tarantismus ihr Heil suchen, eine schnell wirkende und anhaltende Therapie anbieten können, wird man sicher recht bald San Paolo die Gefolgschaft verweigern.«

»Aber, wie gesagt, niemand wurde in letzter Zeit von einer Tarantel gebissen und doch tut man so, als ob dies immer noch passieren würde. Ist das nicht Selbstbetrug, kollektiver Selbstbetrug sogar? Das ist noch mehr als ›doppelte Buchführung‹, wie ich es genannt habe.«

»Aber das ist ein Wahrheitsanspruch, der uns in unserer alltäglichen Wirklichkeit nur höchst selten einmal leitet. Im Allgemeinen betrügen, um nicht zu sagen, belügen wir uns doch ununterbrochen. Das Privileg der Wahrheitssuche kommt bestimmten Wissenschaften zu. Wir alle, einschließlich der Wissenschaftler, gehen doch – wenn es um unser aller individuelles Sein geht – den Weg des geringsten Widerstandes, unbewusst überwiegend, denn wer macht sich schon um der Wahrheit willen unglücklich. Um es mit Wilhelm Busch zu sagen: ›Ein holder Wahn, der mich beglückt, ist eine Wahrheit wert, die mich zu Boden drückt.‹ Ich bin mir bewusst, dass dies in diesen ehrwürdigen Hallen hier, wo man jedem noch so bescheidenen Wahn mit allen zu Gebote stehenden Mitteln zu Leibe rückt, kein Leitmotiv sein kann. Aber sind nicht die Wahnformen, von denen man die Patienten hier in der Klinik zu befreien sucht, Flucht aus Wirklichkeiten, die unerträglich, ja, krank machend waren?

Werden die übernommenen Rollen inhaltlich entsprechend erfüllt, werden sie sozial legitim. Die *tarantati* erfüllen eine Rolle, entsprechend den traditionellen, von der Gesellschaft geformten Inhalten. Ihr Verhalten ist normiert, läuft zeitlich und der Form nach ritualisiert ab, erfährt die Unterstützung der Mitwelt und dadurch auch den entsprechenden therapeutischen Erfolg. Die Gesellschaft hat sich dadurch eine Möglichkeit gegeben, unerklärliches Verhalten und Handeln bestimmter Individuen aus ihren Reihen ursächlich erklären zu können, dadurch diesem abweichenden Verhalten den Grund für die Angst zu nehmen und somit eine soziale Ausgrenzung zu vermeiden. Dass das ursprüngliche Ereignis, das zu diesem Verhalten führte, also der Biss der Tarantel, gar nicht mehr empirische Wirklichkeit ist, spielt dabei keine Rolle. Im Sinne der homöopathischen Magie, nach welcher Gegebenheiten, die sich gleichen, identisch gesetzt werden, zeigen die Betroffenen all die ›Symptome‹, die nach einem Tarantelbiss eintreten und sind somit *tarantati*. Auch die Therapie ist keineswegs nur symbolisch gemeint und vollzogen, sondern als die traditionell verbriefte, adäquate Heilbehandlung, die sich ja auch durch ihren Erfolg bestätigt. Darum dürfen wir solche Formen spezifischen Weltverständnisses und Handelns natürlich nicht als kollektiven Wahn verstehen, obwohl wir in unserem psychopathologischen Sinne solches Verhalten als abnorme Erlebnisweisen und Realitätsverkennung bezeichnen, die wir bestimmten Wahnformen zuordnen.«

»Klingt alles sehr überzeugend. Aber kann man in unserem Falle davon ausgehen, dass unser Patient zur Erklärung seines Befindens ein Deutungsmuster aus seiner Kultur übernommen hat, das er wieder ablegen kann, wenn er seine Beziehungskrise überwunden hat? Wäre also das, was wir in unserem psychiatrischen Verständnis als Wahn verstehen, korrigierbar mit der Überwindung seiner Störung, seiner Krise?«

»Warum denn nicht? Er hat doch auf Helgoland, wo er sich vor dem Zauber sicher wähnte, über Monate beschwerdefrei gelebt und gearbeitet. Natürlich war sein Liebestrauma noch nicht verarbeitet. Er war aber auf dem besten Weg dahin. Ich gehe jede Wette ein, dass unser Patient, sobald er seine Krise überwunden hat, seinen sogenannten Wahn nicht mehr braucht und ihn reflektierend als Abenteuer und als Lebenserfahrung abbuchen kann, sofern wir ihm psychotherapeutisch helfen, diesen prekären Abschnitt in seinem Leben bearbeiten und verstehen zu können. Das wird für ihn nicht leichter sein als für uns, da auch er diese doppelten kulturellen Forderungen integrieren muss.«

»Nun, es ist kein stimulierendes Gefühl, eine wissenschaftliche Wette zu verlieren. Aber diese Wette nicht zu gewinnen, wäre sogar Anlass zu besonderer Freude: Wir könnten hier in dieser Klinik einen bescheidenen Anfang transkultureller Psychiatrie machen, nachdem der Anstoß dazu von Emil Kraepelin nirgendwo in der Welt den ihm gebührenden Durchbruch schaffte. Na, wäre das was?«

»Ganz sicher. Und so schlecht stehen unsere Chancen vielleicht gar nicht. Im Institut für Soziologie und Ethnologie knüpfen wir schon seit Jahren an die einstmals in diesem Land entwickelte und bis zum letzten Krieg sehr erfolgreiche und weltweit anerkannte Kulturanthropologie an. Sie beschäftigt sich auch transkulturell mit dem Problem psychischer und physischer Krankheit und Gesundheit. Unter diesem Aspekt steht nun meine medizinsoziologische Untersuchung in Sizilien mit dem Schwerpunkt des magischen Krankheitsverständnisses.«

»Aber wenn wir schon das Problem der Symptomatologie der Psychosen relativieren wollen und behaupten, dass es Individuen gibt, die exakt die Symptome präsentieren, nach denen hier Psychosen diagnostiziert werden, es sich bei ihnen aber keineswegs um eine psychotische Erkrankung handelt, müssten wir dann dies nicht an einer größeren Patientenzahl demonstrieren? Wird man heute, da doch alle geradezu beseelt sind von diesem naiven US-Positivismus mit seinen computeraufbereiteten Riesensamples, einen auf einen einzigen Fall gegründeten Beweis auch nur anhören wollen?«

»Ja, das wäre wirklich zu wenig. Aber mehrere Fälle in den psychiatrischen Landeskrankenhäusern, draußen in Wiesloch und drüben in Landeck in der Pfalz, können wir darstellen und vor allem auf die Monographie von Michèle Risso und Wolfgang Böker verweisen. Sie haben in sechzehn Schweizer psychiatrischen Kliniken und Heil- und Pflegeanstalten siebenhundertneun italienische Patienten untersucht. Sie fanden darunter viele süditalienische Kranke, die über schwere Körperveränderungsgefühle und andere Erscheinungen klagten, die sie auf magische Beeinflussungen zurückführten. Es waren genau die gleichen *fatture* mit den gleichen ›Symptomen‹, wie wir sie hier bei unserem Patienten sehen. Und auch die Gründe für die Übernahme solcher magischen Erklärungsmuster waren bei diesen Patienten weitgehend gleich. Es sind gescheiterte Beziehungen, die dort wie hier vor allem ihre Ursache in den missverstandenen geschlechtlichen Begegnungen mit Frauen haben.«

»Kommt diese Untersuchung zu dem gleichen Ergebnis wie Ihre Forschungsarbeit in Sizilien?«

»Weitgehend, aber nicht in letzter Konsequenz. Es ist eben nur eine Untersuchung, die in der Schweiz durchgeführt wurde an Patienten, teils in persönlichem Kontakt, teils aufgrund ihrer Krankengeschichten, die aber bereits stationär behandelt wurden. Dadurch wird die Diagnosestellung, möglicherweise unbewusst, in eine bestimmte Richtung gelenkt, in die der Psychosen und dabei vor allem der Schizophrenien. Das ist verständlich, weil die Annahme der Patienten, magisch beeinflusst zu sein, hier grundsätzlich als wahnhaft aufgefasst wird und im Zusammenhang mit den geäußerten und erkennbaren Symptomen als psychotisch gelten muss. So versuchen die beiden Autoren eine diagnostische Einreihung ihrer Fälle als echten schizophrenen Schub, als schizophrenieähnliche Emotionspsychose, als schleichende, krankhafte, vorwiegend hypochondrische Entwicklung und vielleicht auch nur als eine einfache akute abnorme Erlebnisreaktion. Das kann es alles sein und noch vieles mehr. Das muss, wie gesagt, eine intensive Sozialanamnese einschließlich der Persönlichkeitsstruktur des Betroffenen, seines sozialen Umfeldes und besonders seiner akuten Lebensumstände erhellen.

Aber allein die Aussage des Betroffenen, man habe ihn verhext, kann keinesfalls als Wahn verstanden werden, sondern nur als ein Hinweis auf die Übernahme eines traditionellen volksmedizinischen Erklärungsmusters für seine Missbefindlichkeit.«

»Sie sind also der festen Überzeugung, dass bei unserem Patienten kein Wahn vorliegt?«

»Natürlich, denn hier handelt es sich doch nicht um eine subjektive Wahrnehmungstäuschung, die durch das Erleben der Realität und durch Aufführen von Beweisen nicht korrigiert werden kann. Hier wurde doch auf ein komplettes Schema – als Denk-, Handlungs- und Verhaltensform – zurückgegriffen, das in seiner Gesellschaft als solches existiert und jederzeit von jedem, mehr oder minder ganzheitlich, übernommen werden kann.«

»Und da wir ja gewettet haben, dass unser Patient seinen Wahn korrigieren wird, also seine Meinung, von einer *fattura d'amore* beeinflusst zu sein, ändern kann, wenn er seinen traumatischen Liebesverlust verarbeitet oder wenigstens verdrängt oder vergessen hat, so würde ich vorschlagen, ihn jetzt einmal ruhigzustellen, eine Schlafkur einzuleiten, damit man ihn eventuell psychotherapeutisch unterstützen kann. Vorher werde ich aber nochmals mit ihm sprechen, wahrscheinlich in mehreren Sitzungen eine eingehende Anamnese erheben, soweit dies aufgrund seiner nicht gerade sehr differenzierten deutschen Sprachkenntnisse möglich ist. Wir werden sehen. Ich kann ja auch ein wenig Italienisch. Ich war schon zweimal in Italien im Urlaub und in der Schule habe ich auch Latein gelernt. Sollte es Schwierigkeiten geben, darf ich Sie doch wohl bitten, uns zu helfen?«

»Natürlich gerne. Möglicherweise ist Ihr Urlaubsvokabular nicht so geeignet zur Erhebung einer differenzierten Sozialanamnese, selbst unter Zuhilfenahme Ihrer Lateinkenntnisse. Ich werde jetzt unseren Patienten auf der Station besuchen, um zu sehen, wie er sich zurechtfindet.«

***

Er stand am Ende des Flurs am Fenster, mit dem Rücken an die Wand gelehnt und ganz in die Ecke gedrängt, als wolle er sich so klein wie möglich machen und sich noch den letzten Rest von draußen bewahren, von Freiheit, von Nichteingesperrtsein, und sei es auch nur in der trügerischen Illusion, dies durch dieses fest verschlossene Fenster erreichen zu können. Er trug wie die meisten hier einen Schlafanzug und Hausschuhe, was seiner ausgemergelten, leicht nach vorn geneigten Gestalt mit dem tief in die Schultern eingezogenen Kopf und dem starren Blick, einen traurigen und gleichzeitig komischen Aspekt verlieh. Als er den Assistenten auf sich zukommen sah, drehte er sich langsam zu ihm hin und versuchte ein Lächeln, das aber kaum mehr war als eine gequälte Grimasse.

»Sie erinnern sich doch hoffentlich noch an Ihr Versprechen, mich hier auch wieder herauszuholen? Hier ist alles verschlossen, verriegelt und vergittert, schlimmer als in einem Gefängnis. Jetzt bin ich doppelt gefangen: einmal durch den Zauber, und nun befinde ich mich auch noch hinter diesen Gittern. Kann man mehr Gefangener sein als ich? Wahrscheinlich soll mich diese Beziehung lehren, was die Liebe zu einer Frau alles an Leid und Schmerz zu bewirken vermag. Und ich habe doch alles erlitten: Trennung und Verzweiflung, Hilflosigkeit, Verachtung, Erniedrigung und Schmerzen, wie viele Schmerzen in meinem ausgezehrten, fast vertrockneten Körper und in der Seele, irgendwo da drinnen, die gequält wurde bis zum Verrücktwerden. Nun, damit es nicht bis zum völligen Verlust meines Verstandes kommen soll, bin ich ja hier, nicht wahr? Hier hat man doch Erfahrung, solche Qualen zu lindern und uns am Schopf zu packen, damit wir nicht in Schmerz und Wahnsinn versinken.«

»Ja, darum wurden Sie hier stationär aufgenommen. Der Stationsarzt wird heute Nachmittag nochmals mit Ihnen sprechen, vielleicht ein zweites Mal morgen Vormittag, um Ihnen das therapeutische Vorgehen darzustellen, das er vorschlägt. Sollten Sie Schwierigkeiten haben, ihn zu verstehen, bitten Sie ihn, mich anzurufen. Ich habe auch ihm versprochen, zu kommen, um das Gespräch zwischen Ihnen beiden zu dolmetschen, wenn es Verständigungsschwierigkeiten gibt.

Es ist nicht einfach, Ärzte zu verstehen, das haben Sie sicherlich schon gemerkt. Das gilt vor allem für Psychiater. Während ihres Studiums haben sie nie oder nur sehr selten eine Sprachschulung wie zum Beispiel durch Referate gehabt und nicht gelernt, ein Problem allgemein verständlich abzuhandeln. Entweder ist ihre Darstellung zu verkürzt, zu abstrakt oder zu abschweifend, und oft verwenden sie ihre Fachsprache auch im Gespräch mit ihren Patienten, sodass sie von medizinischen Laien meist überhaupt nicht verstanden werden. Das wird nicht selten bewusst gemacht, um Unliebsames weniger direkt aussprechen zu müssen, oder um zu verstecken, dass der Arzt ganz einfach überfragt ist. So etwas kommt leider oft bei jungen unerfahrenen Ärzten vor; sie hoffen, dadurch ihr noch geringes Prestige erhöhen zu können.

Dass diese Missverständnisse aber immer noch vorkommen, daran sind auch die Patienten nicht ganz unschuldig, wenn sie immer ›Ja, Herr Doktor‹ antworten, obwohl sie kaum etwas oder überhaupt nichts verstanden haben. Die meisten Ärzte fragen daher ausländische Patienten gar nicht mehr, ob sie verstanden haben oder nicht, weil sie doch immer nur Zustimmung hören. Die meisten Patienten, deutsche und umso mehr noch ausländische, haben Angst, für dumm gehalten zu werden, wenn sie zugeben würden, nichts verstanden zu haben.

Bitte machen Sie diesen Fehler nicht! Sollten Sie heute Nachmittag im Gespräch mit Ihrem Stationsarzt und auch sonst mit Ärzten und Pflegern Verständnisschwierigkeiten haben, fragen Sie nach, lassen Sie es sich nochmals erklären, um das nötige Vertrauensverhältnis aufzubauen und zu verstehen, welche Behandlung man bei Ihnen durchführen wird. So werden Sie sich nicht nur als Objekt psychiatrischer Manipulationen fühlen. Sollte es aber grundsätzliche Verständnisprobleme geben, werde ich immer gerne kommen, um alles noch einmal mit

Ihnen zu besprechen. Sie können mich immer anrufen lassen, aber ich werde sicher sehr häufig, wenn möglich jeden Tag, nach Ihnen sehen.«

»Wissen Sie vielleicht, was man mit mir machen wird? Hier werden alle geschockt, hat man mir erzählt, und alle haben davor Angst. Was ist das denn? Man wird unter Strom gesetzt, bis man bewusstlos ist, sagen sie. Einen elektrischen Stuhl scheint es aber nicht zu geben, ich habe mich schon überall umgesehen. Sind das alles Verbrecher hier oder warum quält man sie mit Strom und macht sie damit besinnungslos? Was haben die denn angestellt? Muss ich Angst haben, dass sie mich nachts überfallen, mich vielleicht umbringen? Das ist doch eine Klinik, nicht wahr, oder hat man mich in ein Gefängnis gebracht? Bitte sagen Sie mir die Wahrheit!«

»Natürlich ist das eine Klinik. Es ist, wie Sie doch am Eingang lesen konnten, die Psychiatrische Klinik der Universität. Sicher, sie sieht recht düster und nicht gerade einladend aus, aber es ist ganz sicher kein Gefängnis und hier gibt es auch keinen elektrischen Stuhl. Die Männer, die Sie hier auf der Station sehen, sind Patienten wie Sie auch und natürlich keine Verbrecher. Es sind leidende Menschen wie Sie, die hoffen, hier Hilfe zu finden.

Was Ihre Mitpatienten ›schocken‹ nennen, ist ein nicht gerade schöner Ausdruck für eine bestimmte Therapie, die man Elektrokrampfbehandlung nennt. Sie wird auch ›Elektroschock‹ genannt. Es ist ein therapeutisches Verfahren, das von zwei italienischen Ärzten, von Lucio Bini und Ugo Cerletti, 1937 eingeführt wurde und bei bestimmten geistigen Erkrankungen eingesetzt wird. Sie sollen damit jedoch nicht behandelt werden. Ihr Stationsarzt wird Ihnen nachher die Therapie erklären, die er bei Ihnen durchführen möchte. Er wird seinen Vorschlag auch mit dem Oberarzt besprechen. Zuvor aber wird er Sie, wie gesagt, nochmals zu eingehenden Gesprächen bitten, um sich eine genaue Vorstellung von Ihrem Zustand machen zu können.«

»Was, italienische Ärzte haben diese Therapie erfunden?«

»Ja, die beiden, die ich Ihnen genannt habe.«

»Und ihre Methode wird hier von deutschen Ärzten genauso angewendet? Mit italienischen Apparaten? Und die funktionieren? Und damit kann man wirklich Kranke heilen? Hoffentlich hat man Sie nicht reingelegt. Na ja, vielleicht ist der italienische Volkssport – *fregare gli altri*, jeden reinzulegen – unter Ärzten noch nicht so verbreitet. Vielleicht haben die auch weniger Zeit, um sich feine Mogeleien auszudenken, vielleicht auch weniger Fantasie. Hoffen wir es!«

»Sie haben aber eine schlechte Meinung von Ihren Landsleuten und auch von italienischen Ärzten. Ganz so schlimm wird es doch wohl nicht sein?«

»Aber doch, es ist noch viel, sehr viel schlimmer. Und nun haben Sie gleich ein Beispiel von der zweitschlechtesten italienischen Tugend bekommen, nämlich: Wo immer es geht und so oft wie möglich schlecht über den Nächsten zu reden. Diese *diceria* beherrschen wir – wahrscheinlich wir im Süden noch besser als unsere Landsleute im Norden – mit einer Meisterschaft, wie wohl kaum ein anderes Volk auf dieser Erde. Indem jeder den anderen ein bisschen ankratzt, ein bisschen geringer, ein bisschen kleiner macht, glaubt er doch ganz automatisch ein bisschen größer zu werden. Und weil das alle in unserem Lande tun, werden wir alle größer und sind also das größte, das höchste, eben das überlegenste Volk der Welt. Oder haben Sie einmal einen Italiener gehört, der dies abstreitet? Sollte er das tun, dann schmeichelt er Ihnen – und somit hätten Sie schon wieder eine meisterliche italienische Eigenschaft. Na ja, wenn man schon seit dreißig Jahren diese Behandlung anwendet, dann werden doch die Ärzte hier deutsche Apparate haben und auch Erfahrung damit, sodass wir hoffentlich keine Angst zu haben brauchen, dass man uns umbringt.«

»Nein, davor brauchen Sie wirklich keine Angst zu haben. Die Geräte sind hier hergestellt worden und außerdem gibt es aufgrund der langen Erfahrung mit dieser Behandlung kaum noch Zwischenfälle und nur noch wenige Nebenwirkungen. Aber wie gesagt, eine Elektroschockbehandlung ist bei Ihnen nicht vorgesehen. Sie brauchen sich also nicht zu beunruhigen. Und mit einer Stromdurchleitung wie auf dem elektrischen Stuhl hat das auch nichts zu tun. Die Durchströmungsdauer beträgt nur ein Fünftel bis höchstens zwei Fünftel Sekunden, also eine sehr, sehr kurze Zeit und die Spannung beträgt nur zwischen siebzig und hundertzwanzig Volt. Dabei soll niemand gequält werden. Man bekommt eine Kurznarkose und merkt von dem ganzen Vorgang fast nichts. Aber bitte, seien Sie beruhigt, bei Ihnen wird diese Therapie nicht durchgeführt.

Heute Nachmittag werden wir uns sehen, entweder bei Ihren Unterredungen mit dem Stationsarzt oder später, wenn ich nicht hinzugebeten wurde, hier auf der Station. Wir können dann noch mal alles besprechen.«

Da kein Telefonanruf am Nachmittag kam, vermutete der Assistent, dass das Urlaubsitalienisch zusammen mit den Lateinkenntnissen des Stationsarztes anscheinend doch ausreichte, um die Anamnese zu erheben. Er wurde nicht gebraucht.

Als er gegen Abend nochmals auf die Station ging, um seinen Schützling zu besuchen, fand er ihn wieder am gleichen Platz, hinten in der Ecke am Fenster, in der gleichen Haltung wie morgens und mit dem gleichen starren nach außen gerichteten Blick.

»Ist das nun Ihr Lieblingsplatz geworden?«, sprach er ihn etwas verlegen an.

»Ja, er ist nicht schlecht und anscheinend der einzige, der noch frei war.«

»Wieso? Werden die Plätze hier im Aufenthaltsraum etwa verteilt?«

»Als ich mich an diesen großen Tisch setzen wollte – wir essen alle an diesem Tisch da vorne – hat man mich auf einen bestimmten Platz verwiesen, der gerade frei geworden sei. Dort und nur allein dort darf ich beim Essen sitzen und wenn wir Mensch-ärgere-dich-nicht spielen. Das ist sozusagen jetzt mein Platz. Niemand darf sich auf diesen Stuhl, auf meinen Stuhl setzen, wie auch ich mich nicht auf den Stuhl eines anderen setzen darf. Ja, ja, wir sind in Deutschland. Diese Armen hier, die alle ganz schön verrückt sind, haben selbst hier ihren guten deutschen Ordnungssinn nicht verloren. Und hier in der Ecke am Fenster war der einzige Platz, den man mir nicht streitig gemacht hat. Ich fand ihn schön, hier am Fenster und geschützt durch die Wand im Rücken. Alle kamen vorbei und begrüßten mich. Keiner hat diese Ecke beansprucht, also gehört sie mir. Hier hat man doch sonst nichts. Alles hat man uns abgenommen. Das Bett da drinnen und das Plätzchen hier draußen sind alles, was wir noch haben. Die wichtigsten Plätze sind die an der Eingangstür, links und rechts davon, dann die zwischen den Fenstern, die in der Nähe des Tisches, direkt dahinter an der Wand und die am Eingang zum Schlafraum. Auch wenn man im Bett liegt oder nicht auf der Station ist, bleibt der Platz reserviert, das scheint ungeschriebenes Gesetz zu sein in dieser komischen Gemeinde. Mal sehen, ob das auch für mich zutrifft, denn man will mich jetzt für einige Tage ›schlafen machen‹, wie unser Cowboyarzt mir erklärt hat. Ich bin einverstanden. Besser ein paar Tage schlafen als hier herumzustehen oder Mensch-ärgere-dich-nicht zu spielen. Morgen wollen sie sehen, ob ich gesund genug bin, um schlafen zu können. Haben Sie schon mal von so etwas gehört? Man muss gesund sein, um schlafen zu können. Na ja, hier ist eben alles ziemlich verrückt. Bei uns muss man schlafen, wenn man müde ist und vor allem, wenn man krank ist, dann muss man sich gesund schlafen, wie wir sagen.«

»Ja, so sehen wir hier auch den Sinn des Schlafes. Sie sollen aber länger schlafen, viele Tage vielleicht, auch Wochen, Tag und Nacht, um ruhig zu werden und entspannt. Vielleicht sind Sie dann auch schon fast gesund, wenn Sie wieder aufwachen.«

»Die machen es sich aber leicht hier. Legen mich ins Bett, lassen mich etwas schlucken oder geben mir eine Spritze, lassen mich schlafen, gucken hin und wieder mal nach mir, ob ich auch schön schlafe, und das ist dann die Behandlung. Hätte ich das nicht auch zu Hause in meinem Bett machen können? Jetzt bin ich halt mal hier, also wird hier geschlafen und – wissen Sie, was das Tollste dabei ist? Nein? Nun, ich werde ja mein Geld im Schlaf verdienen. Ich bekomme doch sicher Krankengeld. Oder? Also, wenn ich aufwache, bin ich ein reicher Mann und habe nichts dafür tun müssen. Wenn es mir dann sogar besser geht, wenn die beiden es aufgegeben haben, mich zu quälen, weil sie sicher bemerkt haben, dass sie mir in diesen Tagen und vielleicht Wochen nichts antun konnten, dann werden wir feiern. Ich lade Sie zu einem italienischen Abendessen ein, denn Geld haben wir dann ja im Schlaf verdient. Wie schön. So habe ich mir ein Krankenhaus in Deutschland nicht vorgestellt.«

»Hat Ihnen der Stationsarzt gesagt, wann die Therapie, Ihr Schlaf also, beginnen wird?«

»Wahrscheinlich hat er das gesagt.«

»Und wann soll es beginnen, heute schon oder morgen?«

»Welchen Tag haben wir heute? Stimmt es, dass wir heute den dritten August haben?«

»Ja, das ist richtig, heute ist der dritte August.«

»Dann werde ich übermorgen zu schlafen beginnen. Ich erinnere mich, er sprach öfter vom fünften dieses Monats. Aber Sie sagten, dass mein Schlaf viele Tage, vielleicht sogar Wochen dauern soll, davon habe ich nichts gehört. Mister Cowboy hat zwar viel gesprochen, sehr viel sogar und hat mich auch viel gefragt und ich habe auch immer brav geantwortet, aber – um ehrlich zu sein – verstanden habe ich eigentlich nichts. Er wollte meine ganze Geschichte wissen, ja, fast mein ganzes Leben, vor allem hat ihn meine Freundin und unsere Beziehung interessiert, auch noch einmal, was Magie ist, was der *malocchio* ist und was die *fatture* sind und die *controfatture*, auch was die Ölprobe ist, und vor allem, wer und was die *fattucchieri* sind, denn von alldem versteht er leider gar nichts.«

»Aber wenn Sie ihn nicht verstanden haben, so hätten Sie doch nachfragen können! Sie hätten ihm ehrlich sagen können, was Ihnen nicht klar war, er hätte es Ihnen problemlos nochmals erläutert! Das habe ich Ihnen doch erklärt und empfohlen!«

»Da haben Sie recht. Aber Sie wissen doch, dass wir Gastarbeiter bei euch als Analphabeten gelten, die nie in der Schule waren oder vielleicht nur ein, zwei Jahre und alles wieder vergessen haben. Und wo sollen wir unsere Intelligenz denn her haben? Von unseren Eltern? Die waren doch auch nur wieder Analphabeten und völlig unintelligent, diese Ärmsten. Also, woher sollen wir unsere Intelligenz haben? Vererbt kann sie doch nicht sein und gelernt haben wir doch auch nichts, also? Das ist doch eure Meinung, nicht wahr? Und wer möchte denn immer nur als blöd gelten? Darum sagen wir eben ›ja, ja‹, wenn man uns fragt, ob wir verstanden haben. Und meist fragt man uns schon gar nicht, weil man doch annimmt, dass wir ja sowieso nichts verstehen. Und fragt man uns mal, dann ist die Frage doch mehr ein Befehl als eine Erkundigung, ob das Erklärte klar geworden sei. Bei uns einfachen *cafoni* fragt, wer wenigstens die einfachsten Anstandsregeln gelernt hat: *Mi sono spiegato*? ›Habe ich mich verständlich machen können?‹ Bei uns liegt es also am Fragenden, ob er verstanden wurde, während es beim hiesigen ›Haben Sie mich verstanden?‹ an demjenigen liegt, an den sich die Frage richtet.

Und unser Cowboy-Stationsarzt hat nicht einmal wirklich gefragt, ob ich verstanden habe, sondern hat nach jedem Satz ganz nach Cowboyart nur ›okay?‹ gefragt, und ich habe darauf ›okay‹ geantwortet. Das hat er als Zustimmung genommen. Wie gesagt, verstanden habe ich aber nichts, denn es war ein wirres Durcheinander von Italienisch und Deutsch, was viel schlimmer war, als wenn er nur Deutsch gesprochen hätte. Er war zweimal in Italien und meinte vielleicht, dass ein Urlaub ausreichen würde, um unsere Sprache zu beherrschen. Sicher ist Italienisch nicht ganz so schwer wie das Deutsche, aber man braucht schon sehr viel mehr als einen Urlaub, um es zu erlernen. Es hat mich aber trotzdem sehr gefreut, dass er sich überhaupt die Mühe gemacht hat, mit mir in meiner Muttersprache zu sprechen. Und dass er so großes Vertrauen in meine Intelligenz hatte, dass er nur ›okay‹ gefragt hat und ich nur ›okay‹ zu antworten brauchte. Sie werden sicher mit ihm darüber sprechen und können mir doch dann das Wichtigste über die geplante Langschläferei berichten. Bitte sagen Sie ihm aber nicht, dass ich nichts verstanden habe, er hat sich doch so große Mühe gegeben. Er wäre sicher enttäuscht, wenn er wüsste, dass sein Urlaubsitalienisch doch nicht ausreicht, um einem simplen Gastarbeiter wie mir so komplizierte medizinische Behandlungen zu erklären.«

»Ja, ich werde mir morgen Vormittag nach der Frühbesprechung die anstehende Therapie erklären lassen und Sie dann anschließend darüber informieren.«

»Sie wollen eine Schlaftherapie mit unserem Patienten durchführen?«, fragte der Assistent wie versprochen am nächsten Morgen den Stationsarzt. »Ist das nicht ein zu hoher Einsatz gegen eine relativ einfache Störung?«

»Sie wären also gegen einen medikamentösen Dauerschlaf?«

»Auf jeden Fall, denn ich bin überzeugt, wie Sie wissen, dass hier keine wirkliche Psychose vorliegt. Es ist richtig: Der Patient ist unruhig, oft sehr unruhig sogar, er ist hin und wieder verstimmt, sogar hoffnungslos verstimmt, wenn er glaubt, dass er sich von diesem Liebeszauber nicht befreien kann. Seine Vorstellung, dies jedoch nur tun zu können, indem er die beiden Hexer umbringt, zeigt sicher auch ein nicht geringes aggressives Potential, wobei jedoch zu berücksichtigen ist, dass seine moralische Hemmschwelle so hoch ist, dass er letztlich die Tat doch nicht vollbringen kann. Auch waren zeitweise, am Anfang der Episode, bestimmte Unrastsituationen gegeben, die nun aber deutlich rückläufig oder ganz verschwunden sind. Andererseits waren aber nie Selbstbeschädigungs- oder Selbstmordtendenzen zu bemerken, er war nie verwirrt oder autistisch und nie wirklich somnolent. Und was das ›Wahnhafte‹ seiner Darstellung anbelangt, so möchte ich nochmals darauf hinweisen, dass seine Befindlichkeitsstörungen von ihm eben in den volksmedizinischen traditionellen Mustern seiner Gesellschaft aufgefasst und verstanden werden.

Soll man also, in Anbetracht seiner Beeinträchtigungen, die ja nicht allzu dramatisch sind, die erheblichen Risiken einer Schlaftherapie in Kauf nehmen? So eine Schlaftherapie wäre doch auch nicht mehr als eine symptomatische Behandlung und ruft neue körperliche Beschwerden hervor. Schon die Injektion der Schlafmittel führt doch oft zu Schwellungen und nicht selten gar zu Gewebsnekrosen, immer jedoch zu erheblichen Schmerzen. Er könnte von den blutdrucksenkenden Medikamenten kollabieren, und es könnte zudem ein Parkinsonsyndrom ausgelöst werden. Ganz zu schweigen von der häufig auftretenden Gelbsucht, die Wochen oder gar Monate dauern kann und allgemein einen schweren Verlauf zeigt, wobei es auch zu Todesfällen kommen kann. Wenn wir dazu all die leichteren Nebenwirkungen zählen, wie die Magen-Darm-Störungen, die unterschiedlichen allergischen Reaktionen, das Fieber und die verschiedenen Anginen, die fast immer auftreten, so ist es doch fraglich, ob das hier die angemessene Therapie sein kann.«

»Das ist sicher richtig. Wenn ich es mir nochmals durch den Kopf gehen lasse, sollten wir vielleicht anstelle der eigentlichen Schlafkur eine leichtere Form wählen, die Dämmerkur. Sie wird zwar mit denselben Medikamenten durchgeführt, aber so dosiert, dass die Patienten weckbar bleiben. Sie können zur Nahrungsaufnahme aufgeweckt werden und auch ihre hygienischen Notwendigkeiten selbst vornehmen. Sie müssen nicht aufwendig, rund um die Uhr, gepflegt werden. Man kann vor allem mit ihnen die notwendigen psychotherapeutischen Beziehungen aufrechterhalten. Was aber besonders für diese Behandlung spricht und was Sie gar nicht als Risiko der Schlafkur angesprochen haben: Man kann die oft eintretenden Lungenentzündungen und insbesondere aber das gefährliche sogenannte ›verlängerte Koma‹ vermeiden. Wie Sie wissen, kann es trotz sorgfältigstem Seitenlagern und dauerndem Umbetten der Patienten sowie trotz kontinuierlicher Freihaltung der Atemwege immer wieder zu ungesunder Atmung, zu Fieber und schließlich zum genannten verlängerten Koma kommen, aus dem die Patienten nicht mehr weckbar sind und das schließlich zum Tode führt. Durch die Antibiotika, die uns nun zur Verfügung stehen, können wir vor allem die Entzündungserkrankungen beherrschen und somit das hohe Fieber, aber die Mortalitätsrate ist trotzdem zu hoch.

Nun, ich werde vorschlagen, eine abgemilderte Schlaftherapie, eine Dämmerkur, durchzuführen. Im morgigen Fortbildungsseminar werde ich den Fall darstellen und hören, wie man zu dieser Therapieform steht. Sie kommen doch auch? Ich brauche Ihren Beistand, wenn es darum geht, die transkulturelle Sichtweise zu vertreten. Vielleicht schaffen wir es, die Relativität der Psychose einsichtig machen zu können, wer weiß.«

»Natürlich werde ich kommen. Schließlich ist es seit Jahren mein Arbeitsgebiet und ich stehe ja mit meiner Auffassung des Problems nicht allein da. Eine Reihe ausgewiesener Wissenschaftler und zahlreiche Untersuchungen zu diesem Sachverhalt stärken uns sicher den Rücken. Wir werden schon nicht einknicken und vielleicht sogar den einen oder anderen Verbündeten gewinnen!«

***

Anschließend besuchte der Assistent seinen Schützling auf der Station, wo er ihn wieder auf seinem Platz in der Ecke am Fenster fand. Er bot diesmal das Bild eines Greises. Vornüber gebeugt, an die Wand gelehnt, den rechten Arm auf die Fensterbank aufgestützt und die Schultern eingezogen, starrte er zum Fenster hinaus, so als ob er draußen etwas Faszinierendes aufmerksam verfolgen würde. Beim Näherkommen sah man jedoch, dass sein Blick einfach ins Leere ging. Sein Schlafanzug, den er auch diesmal wieder trug, hing noch schlaffer an ihm als tags zuvor, er war auch nicht richtig zugeknöpft. Der sonst so auf sein Äußeres achtende junge Mann sah recht ungepflegt aus, unrasiert, mit schlecht gekämmten Haaren und Strümpfen, die über seine an den Fersen heruntergetretenen Hausschuhe hingen. Sein Gesicht war hohlwangig wie das eines Alten, der seine Zahnprothese vergessen hatte, den Mund hielt er leicht geöffnet, als ob er nur so und nicht durch die Nase atmen könne, und dabei fuhr er ständig mit der Zunge über seine Lippen, wie wenn er sie immer wieder befeuchten müsste. Tiefe Falten zogen sich beiderseits des Mundes von der Nasenwurzel bis ans Kinn hinunter und trafen sich mit den von den Mundwinkeln ausgehenden Furchen. In seinem bleichen Gesicht zeichneten sich diese dunklen Linien wie tief eingeschnittene Kerben ab.

Am erschreckendsten aber waren seine Augen. Wie geschrumpft und eingefallen lagen sie, dunkel umrändert, in tiefen Höhlen, fast ausdruckslos mit müdem matten Glanz, unbeweglich traurig unter schweren, halb geschlossenen Lidern, ohne Zeichen von Erkennen oder Erwartung, von Ergebenheit oder Ungeduld – nichts, einfach ausdruckslos! Seine Hände waren feucht und kalt und sein Händedruck schlaff und kraftlos, nur eine Berührung ohne den geringsten affektiven Ausdruck. Er schien über Nacht ein alter Mann geworden zu sein, ein Greis, antriebslos, leblos.

»Sie sehen nicht gerade gut aus. Was ist passiert?«

»Was passiert ist? Wollen Sie es wirklich wissen? Ja? Nun, ich habe die ganze Nacht nicht eine Stunde schlafen können. Bringen Sie doch mal ein Tonbandgerät mit und lassen Sie es heute Nacht laufen. Ein schrecklicheres Konzert werden Sie nirgendwo sonst zu hören bekommen.«

»Wird denn so laut geschnarcht?«

»Geschnarcht? Das wäre ja noch erträglich, wenn nur geschnarcht würde. Natürlich wird geschnarcht, und wie. In allen Tonlagen und in allen Lautstärken vom leise wimmernden Röcheln bis zum explosionsartigen Knattern. Aber wie gesagt, das alles ginge ja noch. Wenn das Geschrei nicht dermaßen schaurig und angsteinflößend wäre... Sie können sich das bestimmt nicht vorstellen. Der eine jammert ganz weinerlich, ununterbrochen, ein anderer hat Albträume und schreit, dass einem vor Schreck das Herz stehen bleibt, andere wieder sprechen im Schlaf, ein fürchterliches unverständliches Gebrabbel, und einer hat wirklich geweint, lange, lange und so trostlos, dass es mir selbst zum Weinen war, weil mir so plötzlich mein ganzes Elend bewusst wurde: dieses Immer-weniger-Werden, von einem glücklichen, gut verdienenden und anerkannten Arbeiter mit einem gemütlichen Zuhause hier in einer wunderschönen Stadt mit guten Freunden und einer geliebten Frau, zu einem Gequälten und Verfolgten, hinfälligen Kranken, eingesperrt in einer psychiatrischen Klinik unter lauter Verrückten und ohne jede Zukunftsaussichten... Was wird nach der Schlaftherapie sein? Werde ich befreit sein von diesem schmutzigen Zauber und in Frieden mein bescheidenes, aber zufriedenes Leben weiterführen können?

Irgendwann habe ich dieses schauerliche Konzert nicht mehr ertragen, bin hinausgegangen und habe mich an den Tisch gesetzt. Dort hat mich der Pfleger vom Nachtdienst gefunden. Ich habe ihm gesagt, dass ich im Saal nicht schlafen könne. Er hat mir eine Pille gegeben und mich wieder ins Bett geschickt. Bald darauf bin ich wohl eingeschlafen. Heute Morgen musste man mich wachrütteln. Von allein wäre ich bestimmt nicht aufgewacht. Ich war völlig benommen. Auch jetzt noch nach dem Frühstück kann ich kaum denken. Ich bin wie gelähmt, am Körper und im Kopf. Sie merken es ja, dass ich um jedes Wort kämpfen muss, die Gedanken bleiben ja nicht. Wenn ich etwas sagen oder einfach nur für mich denken möchte, schiebt sich gleich wieder ein anderer Gedanke dazwischen, den ich gar nicht will. Und wenn ich den wieder verscheucht habe, weiß ich oft nicht mehr genau, was der andere war. Bis ich den dann wieder gefunden habe, brauche ich Zeit, manchmal viel Zeit. Es ist sehr mühsam und kostet so viel Kraft. Und immer denke ich an mein Elend. Ich möchte an etwas Schönes denken, an mein Dorf, an meine Familie, an die Sonne und an eine große Schüssel Pasta mit einem dicken Sugo und viel geriebenem Käse darauf. Aber bestimmt fünfmal habe ich versucht, mir dies vorzustellen, bis es mir endlich gelungen ist. Immer wieder ist etwas dazwischengekommen. Ich bin auch so leer, ich habe keine Ideen mehr und das Wenige, das ich mit großer Mühe noch in meinem Kopf zusammenbekomme, ist nie ganz und kommt auch selten wirklich an, wenn Sie wissen, was ich meine?«

»Nein, ganz klar ist es mir nicht. Meinen Sie, dass Sie Ihre Vorstellungen nicht ganz bilden können, und dass sie nicht ankommen? Sind die Bilder in Ihrem inneren Auge, die Sie sich vorstellen, nicht komplett? Heißt dies, dass ein Ziel Ihres Denkens nicht zu erreichen ist, und wenn ja, kann es nicht erreicht werden, weil es zu lange dauert, bis Sie zum Ziel kommen und Sie vorher durch etwas von außen her abgelenkt werden?«

»Nein, ganz so ist es nicht. Wenn ich vielleicht ans Essen hier denken würde, so sehe ich nur Kartoffeln und alles drum herum ganz unscharf – und das ist gut so. Nein, es geht um mein Leben. Was wird aus mir werden? Wird man mir hier helfen? Nach dieser Pille geht es mir noch schlechter als davor. Vorgestern und auch gestern noch habe ich über mich und mein Elend nachdenken können. Jede Kleinigkeit kam, wenn ich wollte. Es ging langsam, oft sehr langsam, aber es ging doch. Jetzt ist alles, wie ich gesagt habe, nicht mehr ganz. Es sind nur noch Stücke und ich komme nicht mehr ans Ziel… an was immer ich denken will, ich komme nicht hin. Sofort schiebt sich mein ganzes Elend dazwischen: sie, er, *questa sporcizia occulta*, dieser okkulte Schmutz, mit dem sie mich traktieren, diese Einflüsterungen, was ich tun soll und was nicht. Immer drängt sich dies in meine Vorstellungen, sodass ich andere Gedanken, andere Bilder, die ich mir ausmalen möchte, nie zu Ende bringen kann. Es bleibt alles nur in Stücken. Und neue Ideen kommen sowieso kaum noch. Ich habe keine Fantasien mehr, ich kann mir nichts Schönes mehr ausmalen. Es ist so langweilig und traurig. Was haben die mir nur gegeben? Hier ist nichts zu tun. In der Ecke stehen, zum Fenster hinausschauen, auf das Frühstück warten, auf das Mittagessen und auf das Abendessen, hin und her laufen oder aufs Bett legen. Sonst nichts. Es ist so langweilig. Und nun hat man mir auch noch mein Denken zugedreht, wie einen Wasserhahn, der so weit zugedreht ist, dass nur noch ganz wenig Wasser ganz, ganz langsam herauströpfelt.

Wenn man mir noch so eine Pille gibt, wenn ich heute Nacht wieder nicht schlafen kann, dann kommt gar nichts mehr, dann bin ich leer, dann habt ihr mich auslaufen lassen, fertig. Ich sehe so schlecht, ich zittere, ich kann mich kaum bewegen und mein Mund ist so trocken, dass ich nicht mehr sprechen kann. Zu trinken gibt es hier nichts. Das Wasser im Waschraum ist immer lauwarm und schmeckt ekelhaft nach Rost und Chlor. Und wissen Sie, was das Allerschlimmste ist? Ich kann mir nicht einmal mehr eine Flasche Wein vorstellen. Ist das nicht traurig? Was habt ihr mit mir gemacht? Ihr wolltet mir doch helfen. Jetzt schaltet man mich ab. Natürlich, wenn ich leer bin, ausgelaufen, dann geht es mir vielleicht gut, nicht wahr? Dann kann ich nicht mehr denken, an nichts Schlechtes, aber auch an nichts Gutes, einfach an gar nichts, fertig, aus. Aber wie soll ich denn weiterleben? Kann man leben, ohne zu denken, ohne Vorstellungen, ohne Fantasien? Und kann man dann auch nicht mehr sprechen? Ist man dann stumm? Und gibt es dann die Welt noch? Wo bin ich denn dann? Schon im Himmel oder gar in der Hölle? Oder bin ich dann wie ein Blinder, der mit seinem weißen Stöckchen immer am Boden hin und her streicht, damit er nicht irgendwo anrennt und der dazu noch taub ist und stumm? Bin ich dann so? Nichts mehr sehen, nichts mehr hören und nichts mehr sprechen? Dann stimmt unser sizilianisches Sprichwort: *Cu è surdu, orbu e taci, campa cent'anni 'n paci*, ›Wer taub ist, blind und stumm, kann hundert Jahre in Frieden leben‹. Wir gebrauchen dieses Sprichwort zwar in einem ganz anderen Sinne, aber vielleicht ist das mein Schicksal, vielleicht kann ich nur in Frieden leben, wenn ich nichts mehr bin. Aber was ist das denn dann für ein Leben? Ein Leben in Frieden, ja, aber lebt man denn in solch einem Leben überhaupt?«

»Ganz so schlimm wird es nicht sein. Man hat Sie sediert, wie man hier sagt. Diese Pille, die man Ihnen gegeben hat, sollte Sie beruhigen, dämpfen, damit Sie schlafen können, sich beruhigen und entspannen. Dass sie so lange wirkt und auch so stark, ist selten. Sie können aber ganz sicher sein, die Wirkung wird bald nachlassen, dann werden Sie wieder klar denken können.«

»Ich soll doch schlafen. Werde ich dadurch all dieses schreckliche Zersäbeln meiner Gedanken und meiner Vorstellungen loswerden? Werde ich anfangen können und auch zum Ende kommen mit meinen Gedanken? Werde ich mir auch wieder mal was anderes, was Schönes vorstellen können und nicht nur diese beiden Zauberer im Kopf haben mit all ihren Schikanen? Und werde ich dann wieder aufrecht stehen und mit voller Brust durchatmen können und nicht mehr so zusammengefallen, krumm und buckelig, schlapp und zittrig sein? Ob ich dann auch wieder aussehen werde wie ein Mensch, wie ein junger Mann, der sich wiedererkennt, wenn er in den Spiegel schaut, und ihm nicht wie jetzt eine Fratze entgegenblickt? Vergessen Sie nicht, bei uns sollen auch die Männer schön sein und nicht nur die Frauen, wie hier. Apollo, der schönste Gott und ein Mann dazu. Ich will ja kein Apoll werden. Es reicht, wenn ich wieder so aussehe wie früher. Wann werde ich nun mit meinem langen Schlaf beginnen?«

»Ich nehme an, morgen Nachmittag. Im Laufe des Vormittags wird man noch die Elektrokrampfbehandlung bei Ihren Mitpatienten durchführen. Die schlafen alle nach der Behandlung und da sie dann noch müde und benommen sind, bleiben sie im Bett. Dann ist es ruhig hier auf der Station, sodass wir Sie in Ruhe behandeln können. Sie werden Tabletten und Tropfen einnehmen müssen und dann ganz ruhig und entspannt einschlafen. Zu den Mahlzeiten werden Sie geweckt und zwischendurch können Sie immer wieder schlafen. Ich werde mit dem Stationsarzt sprechen und Ihnen dann nochmals alles genau erklären. Sie werden heute schon Tropfen und Tabletten bekommen, damit Sie sich entspannen und auch heute Nacht gut schlafen. Es werden andere Tabletten sein als die, die Sie von dem Pfleger bekommen haben.«

»Sie waren wieder bei unserem Verhexten. Es geht ihm nicht besonders gut, wie ich heute früh gesehen habe«, sprach der Stationsarzt den Assistenten an, der gerade vorbei kam, als er die Station verließ.

»Ja, das stimmt, ich würde sagen, es geht ihm sogar recht schlecht. Womit hat man ihn denn heute Nacht sediert? Er sagte, der Pfleger hätte ihm eine Pille gegeben, da er im Flur saß und wegen der Geräusche im Saal nicht schlafen konnte. Er ist noch völlig benommen, verlangsamt, ja, fast gehemmt im Denken und auch in der Motorik. Er hat gerade mal vierzig Pulsschläge pro Minute und sein Blutdruck ist auch sehr niedrig. Vor allem sein psychischer Zustand ist beunruhigend. Es wird Zeit, dass mit seiner Therapie begonnen wird. Was meinen Sie?«

»Ja, die Sedierung heute Nacht war wohl ein wenig zu gut gemeint. Der Pfleger hat ihm fünfzehn Milligramm Truxal gegeben. Eigentlich wenden wir diese starken Neuroleptika zur Einleitung des Dämmerschlafes oder auch bei den Schlafkuren an. Fünfzehn Milligramm sind aber nicht zu hoch dosiert. Dass er so stark reagiert, ist erstaunlich. Das müssen wir bei der morgen beginnenden Therapie berücksichtigen, für die wir hoffentlich Zustimmung von den Oberärzten erhalten.

Heute beginnen wir auf jeden Fall mit Haloperidol und zur Vermeidung der Nebenwirkungen auf die Motorik mit einer Tablette Akineton, denn damit können wir weitgehend die Dyskinesien in seiner Mimik ausschalten. Die dauernden schmatzenden Mundbewegungen sind Ihnen ja sicher auch aufgefallen? Gleichzeitig möchte ich noch mit fünfundzwanzig Milligramm Atosil beginnen, das wird dann während der Dämmerschlaftherapie in dieser Dosis dreimal am Tag, jeweils nach den Mahlzeiten, verabreicht. Dieses Neuroleptikum hat sich dabei als sehr effizient erwiesen, da es Erregungs- und Unruhezustände, aber auch die Durchschlafstörungen beseitigt. Außerdem gilt es als ein hervorragendes Therapeutikum bei der neuroleptischen Behandlung von Psychosen. Im Falle, dass wir es doch mit einer echten Psychose zu tun haben, liegen wir besonders gut. In diesem Cocktail setzen wir dann für die Dämmerschlaftherapie noch täglich dreißig Milligramm Truxal zu, damit er nach den Aufweckphasen problemlos wieder einschläft. Mit dieser Medikation haben wir die Möglichkeit, die Beziehung zu ihm aufrechtzuerhalten, vor allem im psychotherapeutischen Sinne. Individuell für ihn dosiert – das müssen wir dann aus der Erfahrung während der Therapie erkennen – werden seine Denkfunktionen kaum eingeschränkt sein, sodass er uns immer über sein jeweiliges Befinden berichten kann, und wir werden auch gesprächstherapeutisch Einfluss auf ihn nehmen können.

Hoffen wir, dass es so ablaufen kann. Wenn heute Nachmittag alles so läuft, wie wir es geplant haben, dann werden wir morgen nach den

Schockbehandlungen mit ihm anfangen können. Jetzt drücken Sie die Daumen, dass wir das ›hohe Haus‹ von unserer Meinung überzeugen können und seine Zustimmung erhalten!«

***

Die Mittagskonferenz begann pünktlich wie immer. Und wie immer war auch die Sitzordnung, nach der alten Tradition der Klinik, strikt eingehalten. Am Kopfende des langen Konferenztisches saß der Chef der Klinik und zu seiner rechten Seite seine Frau, die Diplompsychologin war. Ihr gegenüber der leitende Oberarzt, Professor, Doktor der Medizin und Doktor der Philosophie, hochgebildet, aus einer alten deutschen Gelehrtenfamilie. Neben ihm und ihm gegenüber die drei Oberärzte, habilitierte Privatdozenten, alle drei sehr erfahrene Psychiater, jedoch völlig unterschiedliche Charaktere und selbst unterschiedlich in ihrem äußeren Erscheinungsbild. Ihnen schlossen sich die nichthabilitierten Oberärzte an, die wissenschaftlich arbeiteten, aber auch für die Patientenversorgung zuständig waren, wie die neben ihnen sitzenden Funktionsoberärzte. Dann folgten die älteren und danach die jüngeren Assistenten und schließlich die »Paria«: Medizinalassistenten, Psychologen, Soziologen, Sozialarbeiter und Praktikanten und all diejenigen, die zufällig teilnehmen konnten.

Als der große Zeiger der Uhr auf Zwölf sprang, verstummte das respektvoll zurückhaltende Gemurmel im Raum. Der Chef des Hauses, adlig, zum Ritter ernannt, in seiner inneren und äußeren Haltung seiner Noblesse entsprechend, schob wie immer, wenn er in die Weite zu blicken hatte, seine Brille auf die Stirn, schaute in die Runde, bis absolute Stille herrschte. Dann holte er seine Brille wieder zurück auf die Nase, zog einen Zettel aus der Tasche seines weißen Kittels, blickte konzentriert darauf, schob seine Brille wieder nach oben und verkündete der Runde: »Wir hören heute von einem Neuzugang, einem äußerst interessanten Fall, nämlich einem sich verhext fühlenden Sizilianer. Ich darf um Ihre besondere Aufmerksamkeit bitten, denn ich vermute, dass wir anschließend eine sehr angeregte Diskussion haben werden. Bitte, Herr Kollege, fangen Sie an.«

Der Stationsarzt bedankte sich, schaute nach links und rechts nickend in die Runde, wobei sein Blick etwas länger im Kontakt mit dem Assistenten blieb, so als wolle er sich nochmals dessen Unterstützung versichern, und begann dann mit der Falldarstellung.

Er berichtete, dass der Patient auf Empfehlung seines Hausarztes auf eigenen Antrag in die Klinik gekommen war und beschrieb den derzeitigen psychischen und somatischen Aufnahmezustand.

Aus der Sozialanamnese ergebe sich kein Hinweis auf die Ursache der jetzigen Störung des Patienten, ebenso wenig eine familiale Belastung hinsichtlich geistiger Erkrankungen. Weder zu Hause in seinem familialen und sozialen Umfeld noch am Arbeitsplatz sei er durch abnorme Verhaltensweisen auffällig geworden.

Sehr ausführlich ging der Stationsarzt auf die Beziehung zu der deutschen Frau in Heidelberg ein, die anfänglich wohl von beiderseitiger Zuneigung und Unterstützung geprägt gewesen sei, sich mit der Zeit zu einem engen und intimen Liebesverhältnis entwickelte habe und schließlich aufgrund unvereinbarer Verhaltensvorstellungen zerbrochen sei. Er beschrieb die fehlgeschlagenen Versöhnungsversuche und das Scheitern des Patienten beim Versuch, eine neue Beziehung einzugehen, da er die Trennung nicht hatte verarbeiten können und überhaupt nicht in der Lage gewesen war, adäquate Trauerarbeit zu leisten. Besonders eingehend beschrieb er den Konflikt zwischen der Annahme des Patienten, dass der Abbruch der Beziehung durch ihn veranlasst worden sei und somit eine eindeutige Erledigung gefunden hätte und andererseits dem unlösbaren Gebundensein an diese Frau, das sich in einem geradezu hörigen Zwang, ununterbrochen, Tag und Nacht, ihre Nähe suchen zu müssen, ausdrückte. Dabei stellte er gezielt heraus, dass dies ebenso eindeutig aus dem Vorstellungs- und Verhaltensmuster der Herkunftsgesellschaft zu verstehen sei, da es danach eben an dem Mann liege, ob eine Verbindung aufgelöst werde, wie auch der Zwang, dass er »ihr nachlaufen müsse wie ein Hund«, fraglos nur aufgrund einer Verhexung, eines Liebeszaubers, einer *fattura d'amore*, erfolgen könne.

Er erklärte, dass diese aus der volksmedizinischen Vorstellungswelt stammenden magischen Beeinflussungen Deutungsschemata für bestimmte, vom Individuum erlebte belastende Befindlichkeitsstörungen im leiblich-seelischen und sozialen Felde verantwortlich seien und dass sich diese magischen Beeinträchtigungen durch vielfältige systemimmanente Symptome ausdrückten. Dezidiert wies er darauf hin, dass nun gerade aber diese Symptome wie Magen-Darm-Störungen, schwere funktionelle Herz- und Kreislaufprobleme und Störungen der Lungen- und Atemwegsfunktion, befehlsautomatisches Stimmenhören, visuelle Störungen, Muskelschwäche, aber auch Antriebslosigkeit, allgemeines Schwächegefühl und Vitalitätsverlust Symptome der *fatture* seien, die in der psychiatrischen Nosologie als Krankheitszeichen schwerer Depression oder Psychosen verstanden würden. In diesem Zusammenhang ging er darauf ein, dass aber solche kulturspezifischen Deutungsschemata keinesfalls schlechthin als Wahnvorstellungen gedeutet werden dürften.

Anschließend schilderte er die schweren physischen und psychischen Befindlichkeitsstörungen, die mit der Übernahme dieser Verhexungsidee verbunden waren und die Vorstellung des Patienten, dass die *fattura* nicht von dieser Frau allein ausgehen könne, da sie als Deutsche diese Praktiken nicht im Einzelnen beherrsche, sondern dass sie einen Helfer haben müsse, den er schließlich in einem italienischen Priester erkannte, was durch bestimmte magische Feststellungspraktiken aufgedeckt wurde.

Wie er weiter ausführte, habe der Patient wegen der andauernden unerträglichen Quälereien keinen anderen Ausweg mehr gesehen, als seine Peiniger zu erschießen, was er auch zweimal in die Tat habe umsetzen wollen, jedoch aufgrund seiner hohen moralischen Über-Ich-Stärke nicht auszuführen in der Lage gewesen sei. Seine Rettung habe er dann nur in der Flucht auf eine Insel gesehen, auf Helgoland, da der Zauber über tiefes Wasser hinweg unwirksam sei.

Er schilderte seinen ausgezeichneten Gesundheitszustand auf Helgoland, seine Beziehung zu einer Arbeitskollegin dort und schließlich seine Flucht zurück nach Heidelberg, aufgrund der Episode im Hause des Pastors. Dort habe er ein Gespräch, das er mitgehört hatte, auf sich bezogen und die Worte des Pastors »er ist hier« dahingehend interpretiert, dass man seinen Aufenthalt herausbekommen habe. Da die Macht der Hexer übers Meer hinweg versage, habe man wohl den Pastor gebeten, den Zauber dort weiterzuführen.

Weiterhin berichtete der Stationsarzt von der durch einen angeblichen Zufall erfolgten Wiederaufnahme der Beziehung zu dieser Frau hier, von deren Vorschlag, ihn in die Gruppe ihrer diversen Partner aufnehmen zu wollen, von seiner Zurückweisung dieses Angebotes und der darauf erfolgten gravierenden Verschlechterung seines Gesundheitszustandes und damit wieder der Rückfall in diese magische Welt der Verhexung und der bösen Geister. Dies habe schließlich seinen Hausarzt dazu veranlasst, ihm eine stationäre psychiatrische Behandlung zu empfehlen, da eine ambulante Therapie an der mangelnden Compliance des Patienten scheiterte.

»Was nun die Diagnose anbelangt«, fügte der Stationsarzt am Ende der Fallvorstellung aus, »haben wir es uns nicht leicht gemacht. Wir haben intensive Gespräche geführt mit den Medizinsoziologen und Ethnomedizinern, die sich seit Jahren mit den Problemen des Krankheitsverstehens und Krankheitserlebens der süditalienischen Gesellschaften beschäftigen. Die Erkenntnisse darüber aus ihrer Feldforschung in Sizilien und auch die von anderer Seite vorgelegte Literatur zu diesem Problem haben wir berücksichtigt, da es sich bei unserem

Patienten ja um volksmedizinische Krankheitsvorstellungen aus einer uns sehr fremden Kultur handelt, die wir nicht mit unseren Kriterien, wie eine Krankheit einzuordnen sei, einfach beurteilen können.

Der Patient glaubt, wie gesagt, verhext zu sein, einem Liebeszauber zu unterliegen. Er weiß, von wem die *fattura d'amore* ausgeht und warum sie gegen ihn gerichtet ist. Seine physischen und psychischen Befindlichkeitsstörungen werden von ihm als die spezifischen Wirkungen dieser Verhexung verstanden. Eine Besserung seiner Befindlichkeit oder gar eine Wiederherstellung seines einstmals normalen Zustandes wird von ihm nur in der Abwendung des Zaubers gesehen, in der Flucht auf eine Insel oder gar nur in der Eliminierung derjenigen, die ihn verhext haben. Anderen Erklärungsversuchen ist der Patient nicht zugänglich. Seine Übernahme dieses komplexen magischen Systems und die damit mögliche Erklärung seiner massiven Beschwerden sind anders nicht korrigierbar. Das ist einleuchtend, denn diese Deutungsschemata aus seiner volksmedizinischen Kultur sind in seiner Herkunftsgesellschaft anerkannt, als wirksam verbrieft und ihm im vollen Umfang vertraut. Andere Erklärungsmechanismen für die Wirkungen eines traumatischen Liebesverlusts sind ihm nicht zugänglich. Auch die Akkulturation an unsere Gesellschaft war nicht ausreichend, um ihm einen Erklärungsersatz bieten zu können für seine aus seiner Kultur übernommenen Deutungsschemata. Es stellt sich nun die prinzipielle Frage: Haben wir es hier mit einem Wahn zu tun und somit auch mit einer Psychose oder führt uns die Aussage des Patienten, einem Liebeszauber mit all den dafür spezifischen ›Symptomen‹ und Wirkungen zu unterliegen, auf eine falsche Fährte und zu einer Fehldiagnose?

Und dementsprechend stellt sich dann auch die Frage: Musste er die Erklärung für seinen Zustand unbedingt in diesem Liebeszauber finden? Konnte er sich nicht einfach zugestehen: Ich wurde von einer Frau verlassen, die ich liebte und immer noch liebe, von der ich so sehr abhängig bin, dass mich der Verlust so schmerzlich verwundet hat, dass ich ihn kaum überwinden kann? Warum hat er die Wirklichkeit nicht akzeptieren können und sich auf eine Irrealitätsebene geflüchtet?

Selbstverständlich steht dieses Deutungsschema zur Verfügung, wie auch in unserer Kultur und in all den anderen Kulturen auf dieser Welt spezifische Vorstellungen dessen vorgegeben sind, was als normal gilt und was als verrückt und woran sich die Entwürfe des Einzelnen für seine Entgleisung, für seine Dekompensation orientieren. Aber ist der Aufforderungscharakter dieser Erklärungsmuster so zwingend, dass keine Alternative dazu möglich ist? Hatte unser Patient keine andere Möglichkeit, musste er dieses Muster in seiner Krise übernehmen? War er außerstande, die Wirklichkeit zu akzeptieren? Aus den Gesprächen mit ihm müssen wir dies annehmen. Er konnte sich nicht über die traditionellen Wertvorstellungen und Normen seiner Gesellschaft hinwegsetzen. Es liegt also zumindest ein partieller Wirklichkeitsverlust vor und ein deutliches Pendeln von der Realitäts- auf eine Irrealitätsebene, natürlich von unserem Verständnis her gesehen. Wir gehen daher von einer schizophrenieformen Psychose aus.

In unserer Diagnose sehen wir uns unterstützt durch die Arbeit von Michèle Risso und Wolfgang Böker, die in ihrem Krankengut von siebenhundertneun in psychiatrischen Institutionen der Schweiz stationär aufgenommenen und untersuchten Italienern viele süditalienische Patienten fanden, die haargenau diese magischen Beeinflussungen angaben. Die beiden Autoren konnten sich nicht auf eine einheitliche Diagnose festlegen, gingen aber davon aus, dass es sich möglicherweise um einen schizophrenen Schub, eine schizophrene Reaktion oder aber vielleicht doch auch um eine nichtpsychotische abnorme Reaktion handeln könnte.

Da wir uns diagnostisch noch nicht endgültig festgelegt haben – wir erwarten Ihr Urteil – haben wir vorab einmal eine sedierende Behandlung eingeleitet, damit der Patient zur Ruhe kommt und sich an die für ihn sehr schwer erträglichen Verhältnisse auf der Station anpassen kann. Sollten wir uns auf ein psychotisches Geschehen festlegen, könnten wir ab morgen vielleicht mit einer Dämmerschlaftherapie beginnen. Wenn wir damit keinen Erfolg haben, so wäre natürlich im weiteren Verlauf auch an eine Elektrokrampfbehandlung zu denken.

Die körperliche Untersuchung zeigt, abgesehen von dem stark reduzierten Ernährungs- und Allgemeinzustand, keine besonderen Risiken, die etwa gegen die Durchführung der genannten Therapien sprechen könnten. Das Gewicht des Patienten beträgt 68 kg bei einer Körpergröße von circa 181 cm. Herzfrequenz 64/min. Halsvenen nicht gestaut. Pupillen rund, seitengleich, nicht vergrößert. Reine Herztöne, keine pathologischen Geräusche. Lunge frei, seitengleich belüftet. Abdomen gespannt, leichter Druckschmerz, lebhafte Peristaltik. Nierenlager und Wirbelsäule klopfschmerzempfindlich.

Extremitäten: Sehr schlanke Beine. Druckschmerz der Waden, Kniekehlen und Oberschenkel. Pulse nur schwach tastbar. Insgesamt sehr starke Rückbildung der Muskelformationen. Ebenfalls deutliche Atrophie der Muskulatur der Ober- und Unterarme und der Schultern. Elektrokardiogramm: Sinusrhythmus, Herzfrequenz 64/min, Linkstyp. Röntgenthorax: Symmetrischer Brustkorb, Zwerchfell glatt berandet. Lunge: Seitengleiche regelrechte Belüftung, keine pulmonal-venösen

Stauungszeichen, keine Infiltrate. Herz: Grenzwertig linksbetontes Herz ohne Zeichen kardialer Dekompensation. Labor: Blutsenkung 8/26, Hepatitis-B-Serologie negativ, Harnsäure leicht erhöht. Serumkreatinin grenzwertig. Sonst alle Blutwerte in der Norm. – Soweit dieser Fall. Vielen Dank für Ihre Aufmerksamkeit.«

Der Klinikdirektor blickte von seinen Notizen auf, die er sich während der Fallvorstellung des Stationsarztes gemacht hatte, schob seine Brille auf die Stirn, blickte in die Runde und fragte mit erwartungsvoller Stimme: »Nun, wer möchte etwas zu diesem Fall bemerken?«

Der Assistent aus der Medizinsoziologie hob sofort seinen Arm. Er wurde aber nicht bemerkt. Er hob seinen Arm noch höher, doch obwohl er genau in Blickrichtung des Fragenden am anderen Ende des Tisches saß, würdigte der Chef ihn keines Blickes. Einige blickten ihn verstohlen an, andere schauten fast schuldbewusst auf die Tischplatte vor sich. Erst als er sah, dass der Chef wieder seine Brille auf die Nase senkte und er annahm, dass man ihn nun erst recht nicht mehr beachten würde, senkte er resigniert seinen Arm.

»Nun, dann wollen wir doch vorankommen«, sagte der Chef und schaute seine Frau an, die Psychologin, die neben ihm saß. So angesprochen, ergriff sie auch gleich das Wort und gab zu bedenken, dass man das Leid einfacher Menschen und dementsprechend auch die Reaktionen darauf nicht unterschätzen sollte. Diese sollten, wenn sie so vehemente Formen annehmen, auch nicht schlechthin als schwerst pathologisch verstanden werden, nur weil sie einem Großteil der Menschen aufgrund der den Betroffenen zugesprochenen geringen Leidensfähigkeit als absolut inadäquat gelten.

»Wie stark jedoch der Aufforderungscharakter zur Übernahme dieses Verhexungsschemas ist, müssen unsere Ethnomediziner und Medizinsoziologen klären. Denn wenn es so zwingend ist, dass es schlechthin eine eigenproduktive Erklärungsmöglichkeit verhindert, ist die Frage, ob dann ein Wahn vorliegt, ganz anders zu stellen.«

Der leitende Oberarzt, Professor, Arzt und Philosoph, schloss sich – wie fast immer – ihr an und führte aus, dass Urteile über bestimmte ritualisierte Verhaltensweisen aus fremden Kulturen nur möglich seien unter Thematisierung des eigenen nomologischen Wissens über einen speziellen Verhaltensbereich. »Dabei ginge es jedoch nicht nur um eine Zurückdrängung, um ein Absehen subjektiver Wertvoraussetzungen im Sinne der Wertfreiheitsforderung Max Webers. Vielmehr müssen in einer ›phänomenologischen Reduktion‹ die Objekte der Betrachtung aus dem Gesamtzusammenhang ausgeklammert werden – in die ›Epoche‹ gesetzt, wie Husserl es nennt – um die zuvor als objektiv, nun als hypothetisch geltenden Objekte zu akzeptieren und sie wissenschaftlicher Betrachtung zugänglich zu machen. Erst nach diesem Schritt sollten wir die entsprechenden Objekte – diese bestimmten Verhaltensweisen aus der anderen Kultur – zu beurteilen versuchen. Da dieses Prozedere aus Zeitmangel jedoch jetzt nicht möglich ist, werden wir es in unserem Methodenseminar in den nächsten Stunden behandeln.«

»Ich meine«, warf der erste der habilitierten Oberärzte ein, »dass wir doch jetzt schon sagen können, dass dieses Pendeln von der Realitäts- zur Irrealitätsebene und umgekehrt ein deutliches Symptom eines schizophrenen Erlebniswandels ist. Mit welcher Form wir es hier zu tun haben, wäre vor allem im Hinblick auf die entsprechende Therapie noch abzuklären.«

»Auch ich bin der Meinung«, führte der zweite aus, »dass wir es bei diesem Patienten mit einer Psychose zu tun haben. Auch wenn die Übernahme dieses Deutungsschemas aus seiner Kultur kein eindeutiges Symptom dafür sein mag, so sind doch die zahlreichen Beeinträchtigungen, die ihn quälen, insbesondere die akustischen und visuellen Pseudohalluzinationen, vor allem die im Sinne einer eindeutigen Befehlsautomatie wirkenden Stimmen, die er hört, ein klarer Hinweis für das Vorliegen einer Psychose.«

Der dritte der Habilitierten mahnte zur Vorsicht im Umgang mit Verhaltensweisen fremder Kulturen, wenn nicht eindeutig geklärt sei, was nun automatisch aus einem vorgegebenen Verhaltensmuster übernommen sei und was dabei einer Eigenproduktivität entspringe. »Das muss anhand von möglichen Vergleichsfällen geklärt werden. Sicher können uns die Medizinsoziologen darüber berichten.«

Hierauf kam es zwischen den Assistenten zu einer lebhaften Diskussion für oder wider die Diagnose einer Psychose und der eines Wahns, wobei die älteren zur vorgeschlagenen Diagnose einer schizophrenieformen Psychose tendierten, die jüngeren Assistenten hingegen diese Diagnose nur mit großem Vorbehalt akzeptieren wollten.

Schließlich wurde die Diskussion vom Direktor der Klinik unterbrochen. Er schob seine Brille auf die Stirn, schaute einen Moment schweigend in die Runde und führte schließlich aus, dass in diesem Sinne nicht die formale Existenz der Schemata und Praktiken von besonderer Bedeutung sei, sondern ihre Wirkung, die von der Position des Vorstellungsglaubens her dem Individuum einen angstfreien Raum schaffen oder es bis zur existentiellen Gefährdung beeinflussen könne. Dann ließ er seine Brille wieder auf die Nase gleiten, machte sich ein paar Notizen und schob, da keine Reaktion auf seine Ausführung kam, abrupt seine Brille wieder auf die Stirn, hob den Kopf und bewegte seinen Oberkörper mehrmals nach links und rechts, dabei schaute er starr zum Tischende hin, als ob er etwas suche. Dann, nach einem kurzen Blick auf seine Papiere, gefolgt von einem kurzen Verrücken seiner Brille, richtete er seinen Blick wieder suchend auf die hinteren Reihen und fragte, sich wieder mit aufgerichtetem Kopf hin- und herbewegend: »War dort hinten nicht noch eine Wortmeldung?«

Die »Paria« schauten sich gegenseitig an, etwas erstaunt, unschlüssig, bis schließlich einer von ihnen dem Assistenten der Medizinsoziologie zu verstehen gab, dass wohl er gemeint sei. Als auch andere ihm auffordernd zunickten, hob er zögernd die Hand, wie um sich zu vergewissern, dass auch wirklich er gemeint sei, der doch am Anfang der Stunde geflissentlich übersehen worden war. Ja, diesmal war er gemeint: »Natürlich, unseren Spezialisten für die magische Welt Süditaliens hätten wir ja beinahe vergessen. Ich bin gespannt, was Sie uns zu diesem Fall zu sagen haben. Bitte.«

»Danke. Um der Reihe nach auf die Beiträge einzugehen«, begann der Assistent, »kurz ein paar Worte zur angesprochenen Leidensfähigkeit in anderen Gesellschaften und Kulturen: Wie so viele menschliche Verhaltensweisen, die allgemein als psychisch bedingt angesehen werden, sind auch die Leidensfähigkeit und die Formen, wie Leiden erlebt und empfunden wird, weitgehend gesellschaftlich normiert. Dass alle menschlichen Individuen unter bestimmten Bedingungen leiden, etwa bei Trennung oder bei Verlust, bei Krankheit und Schmerzen, aber auch unter Ungerechtigkeit und Unterdrückung oder unter Frustration, um nur einige Bedingungen zu nennen, ist in allen Gesellschaften und in allen Kulturen zu finden. Wie nun aber der Einzelne unter oder an bestimmten ihn beeinflussenden Noxen oder Umständen leidet, erwirbt er sich im Laufe seiner Sozialisation und Enkulturation in seiner Gesellschaft. Dabei kennen wir Gesellschaften, die das Leid ihrer Mitglieder zulassen, es aus der Intimsphäre befreien und durch institutionalisiertes Mitleid das Äußern sowie die Überwindung des Leides und die Leidensverarbeitung unterstützen.

Andere Gesellschaften dagegen können geradezu leidensfeindlich sein. Leid ist bei ihnen strikt in die Privatsphäre des Einzelnen verbannt und Leidensäußerungen sind weitgehend tabuisiert. Selbst Äußerungen bei schwersten Schmerzen sind verpönt und bei erwachsenen Männern mit Verlust ihres sozialen Prestiges verbunden. Dies traf besonders auf die nordamerikanischen Indianer zu. Die aufmunternd tröstenden Worte: ›Ein Indianer kennt keinen Schmerz‹, die man bei uns für kleine Jungen findet, die sich schmerzend verletzt haben, kommen aus den Erfahrungen mit diesen Indianern, als deren Stammeskulturen noch nicht vom ›weißen Mann‹ zerstört waren. Die männlichen Jugendlichen mussten bei ihren Mutproben während der Initiationsriten die ihnen dabei zugefügten schwersten Schmerzen unbewegt ertragen, um in die Stammesgesellschaft der Erwachsenen aufgenommen zu werden. Dieses Verhalten galt dann als sittliche Norm für ihr ganzes Leben.

Natürlich bedeutet dies nicht, wie oft daraus fälschlich geschlossen wurde, dass nordamerikanische Indianer weniger schmerzempfindlich und leidensfähiger seien als Europäer. Es ist der Umgang mit Schmerz und Leid und die damit verbundene psychosoziale Einstellung, die das spezifische Erleben und Äußern prägt. Denken wir an die Fakire, die sich schwere körperliche Verwundungen beibringen und dabei ihre Schmerzen auszuschalten verstehen, wie sie angeben.

Aber wir brauchen gar nicht in exotische Welten zu schauen. Wir haben doch Beispiele genug, direkt hier in unseren Kliniken: unsere kranken Gastarbeiter. Im Klinikjargon kennen wir ein ›Mamma-mia-Syndrom‹, das abwertend ausdrückt, dass im Verständnis des Stationspersonals italienische Patienten, vor allem die männlichen, äußerst wehleidig sind und ihr empfundenes Leid laut klagend und zeternd zum Ausdruck bringen. Sie kommen eben aus einer Gesellschaft, die das Äußern von Weh und Schmerz und die Darstellung des Leidens zulässt, ja, sogar durch institutionalisiertes Mitleiden fördert, während dieses Verhalten beispielsweise bei unseren türkischen Patienten geradezu ins Gegenteil verkehrt ist. Diese liegen, stoisch in sich gekehrt, lautlos im Bett und zeigen auch bei großen Schmerzen kaum Regungen nach außen, was ihnen den Ruf eingebracht hat, schmerzunempfindlicher und leidensfähiger zu sein. In ihrer Gesellschaft definiert sich Männlichkeit vor allem in äußerster Selbstkontrolle und in der Zurücknahme ihrer emotionalen Regungen.

Es gehört in der Psychologie zu den großen Problemen, transkulturell geltende Aussagen über Gefühle zu treffen und sie abgrenzen zu können von anderen psychischen Erscheinungen. Auch wenn wir davon ausgehen, dass die Grundlagen unserer Gefühle weitgehend in gehirnphysiologischen Prozessen zu sehen sind, so werden sie aber doch von äußeren Einwirkungen, von wahrgenommenen Reizen aus der physischen Umwelt und der sozialen Mitwelt in Gang gesetzt.

Die Differenzierung der Gefühlsvielfalt aus einer angeborenen unspezifischen Erregungsmöglichkeit im Laufe des Lebens menschlicher Individuen erfolgt aber gerichtet durch das soziokulturelle Normsystem der einzelnen Gesellschaften. Was als auslösender Wahrnehmungsreiz wirkt und in welcher Intensität die entsprechende emotionale Äußerung darauf zu erfolgen hat, erlernt das Individuum im Laufe seiner Entwicklung in seiner Gruppe und seiner Gesellschaft.

Wenn dies natürlich auch jeweils von der individuellen Erregbarkeit der Person abhängt, so sind Urteile über emotionale Prägung und emotionales Verhalten von Menschen aus fremden Kulturen nur dann möglich, wenn das entsprechende Normsystem der Gesellschaft intensiv bekannt ist. Nur so können wir Fehlurteile und somit falsche Diagnosen vermeiden und hoffentlich auch die Vorurteile abbauen, die sich gegen diese fremden Kulturen richten. Und grundsätzlich gilt es, die Einstellung strikt zurückzuweisen, dass Emotionen und – hier in diesem Zusammenhang – Leid und Leidensfähigkeit gebunden seien an eine höhere kulturelle Prägung und einer daraus entstehenden besonderen Sensibilität, dass also Leidempfindung und Leidensfähigkeit in Hochkulturen, und da wieder vor allem in den Oberschichten, sensibler ausgeprägt seien als bei sogenannten ›einfachen Menschen‹.

Diese Vorurteile haben letztendlich auch zu den schwersten Exzessen der Menschheitsgeschichte geführt. So wurde der Genozid an den mittel- und südamerikanischen Indianern von den spanischen und portugiesischen Eroberern damit gerechtfertigt, dass sie annahmen, es mit primitiven unzivilisierten, heidnischen Untermenschen zu tun zu haben, die keinerlei hehrer, christlich-kultureller Gefühle mächtig seien, mit Wesen, die sie kaum höher einschätzten als die Affen in den Urwäldern, weshalb sie ihre Versklavung und letztlich ihre fast völlige Ausrottung nicht als unmoralisch empfanden.

Selbst die katholische Kirche hat die Sklaverei aufgrund einer vom Neuen Testament anerkannten weltlich-rechtlichen Einrichtung nicht verurteilt, sondern bestenfalls versucht, ihre unmenschlichen Auswirkungen zu mildern. In diesem Sinne hat der Vatikan im sechzehnten Jahrhundert *ex cathedra* wenigstens verkündet, dass Heiden auch Menschen seien. Und aus diesem ethnozentrischen, rassistisch-kulturellen Überlegenheitsdenken heraus ist auch die Sklaverei zu betrachten: Ganze Regionen Afrikas wurden entvölkert und Millionen Afrikaner nach Amerika als Plantagenarbeiter verkauft. Und so ist auch die weitgehende Ausrottung der nordamerikanischen Indianer zu erklären, die von den gottesfürchtigen Siedlern und deren willfähriger Armee als primitive, grausame und gefühllose ›Rothäute‹ bezeichnet wurden und daraus ihre Tötungslegitimation herleiteten. Wissenschaftlich fundierte Untersuchungen gehen allein von dreiundzwanzig, wahrscheinlich bis dreißig Millionen getöteter schwarzafrikanischer Sklaven aus.«

Da schob am anderen Ende des Tisches der Klinikchef seine Brille auf die Stirn, lehnte sich in seinem Stuhl zurück und unterbrach den

Assistenten mit einem leicht ungehaltenen Unterton in seiner Stimme: »Lieber Herr Kollege, das ist ja alles ganz schön, was Sie uns da berichten, auch in vielem recht interessant, aber meinen Sie nicht auch, dass all dies ein wenig weit hergeholt und doch längst Geschichte ist, die wir in unserem Zusammenhang nicht unbedingt bemühen müssen, ganz abgesehen davon, dass die Zahlen, die Sie uns da nennen, sicher um einiges, um nicht zu sagen, um vieles zu hoch gegriffen sein dürften. Bitte kommen Sie nun auf die gehörten Meinungen zum Krankheitsbild unseres italienischen Patienten zu sprechen. Und bitte denken Sie an die Zeit.«

»Besten Dank, ich werde mich kürzer fassen. Nur noch einen Satz zu den Zahlen: Ich liefere Ihnen gerne die entsprechende internationale Literatur dazu.

Nun aber zu den Ausführungen des leitenden Oberarztes: Es ist sehr richtig, erst einmal eine eigene Standortbestimmung zu erarbeiten, also aus dem unendlich komplexen Sachverhalt, aus dem ›heterogenen Kontinuum‹, wie das Max Weber nennt, einen einheitlichen Gegenstand, einen Begriff, einen Wert zu formulieren – hier also den Begriff Psychose – und ihn dann in die genannte ›Epoche‹ zu setzen, ihn auszuklammern und wissenschaftlich zu thematisieren. Wir müssen uns also klar werden, was wir in dem ganzen Begriffsumfang darunter verstehen und ob wir dafür – transkulturell gesehen – wirklich objektive Geltung beanspruchen können oder ob mit unserem Begriff nicht etwa nur hypothetisch für unsere Kultur Geltendes gemeint sein kann. Ich möchte gerne diesen mutigen Ansatz des leitenden Oberarztes noch etwas mutiger weiterführen und behaupten, dass – transkulturell überprüft – unser Begriff keine Absolutheitsgeltung beanspruchen kann. Und dies gilt auch für die Annahme, dass das Hin- und Herpendeln von einer Realitäts- auf eine Irrealitätsebene grundsätzlich Symptom eines schizophrenen Erlebniswandels sei. In seiner Gesellschaft ist doch das Schema, von einem Liebeszauber betroffen zu sein, absolut nichts Irreales, sondern gehört zur Geisteswelt, zum Glaubenssystem der bäuerlichen Kultur und ist somit Gewissheit, ebenso wie der Glaube an Gott und die stets präsenten, schützenden Heiligen sowie an die Madonna. Das sind Glaubenserkenntnisse wie die anderer Religionen, nach deren Verständnis etwa Menschen nicht entsprechend unserer Schöpfungsgeschichte entstanden sind, ja, nicht einmal durch einen Schöpfungsakt, sondern gar wie in den totemistischen Religionen von einem tabuisierten Totemtier abstammen. Weil all dies unserer Glaubensgewissheit widerspricht, kann es doch nicht irreal sein, als Wahn bezeichnet werden – soll hier etwa kollektiver Wahn vorliegen?

Und was nun die Beeinträchtigungen anbelangt, über die der Patient klagt und die in Ihrem Verständnis Symptome einer Psychose sind, so gehören doch die meisten dieser Symptome eben zu diesem Glaubenssystem. Die Organsensationen und die befehlenden Stimmen der Geister sind integraler Bestandteil des Systems. Sie können nun aber, sozusagen in einer Rückkopplung, in einer Eigendynamik verstärkend wirken, so wie etwa jeder äußere oder innere Reiz, der lange auf uns wirkt, uns antreiben oder dämpfen kann, uns etwa aggressiv oder passiv zu stimmen vermag.

Das nun beantwortet wohl auch die Frage, was hierbei Inhalt dieses Deutungsmusters ist und was Eigenproduktion. Dabei ist aber besonders zu beachten, dass die von unserem Patienten möglicherweise selbst produzierten Anteile immer im Zusammenhang mit diesem System stehen und keine individuellen Neuschöpfungen mit wahnhaftem Charakter sind. Und abschließend erlaube ich mir noch, daran zu erinnern, dass sich unser Patient während seines Aufenthalts auf Helgoland frei fühlte, unbeeinflusst von dem Zauber, da er ja sicher war, dass der ihn übers Meer nicht erreichen kann. Er war arbeitsfähig und problemlos angepasst, selbst an eine ihm unvertraute Umwelt und an eine ihm doch sehr fremde Gesellschaft. Ist es denn möglich, dass eine Psychose nur dadurch, dass der Betroffene den Inhalt der Wahnidee als nicht mehr wirksam vermeint, sozusagen von jetzt auf nachher verschwindet?«

»Nun«, erwiderte der Chef, indem er seine Brille auf die Stirn schob, »wir wissen nicht genau, wie gesund der Patient wirklich auf Helgoland war. Sicher wäre es sehr erstaunlich, wenn er völlig symptomfrei gewesen wäre, wie er angibt. Aber schließlich erfolgte dann doch wieder der Rückschlag, als er glaubte, dass die Verhexung nun doch weitergehen würde nach diesem ominösen Telefongespräch, das er im Hause des Pastors mithörte. Geheilt war er also sicher nicht, sondern doch wohl nur in einer prekären Remissionsphase. Ich meine daher doch, dass wir mit der vorgeschlagenen Therapie beginnen sollten. Wir werden dann ja sehen, wie die Reaktion ist. Können Sie sich damit zufriedengeben? Wir werden sie vorläufig auf ein bis zwei Wochen begrenzen und dann weitersehen. Einverstanden?«

»Wenn Sie meinen. Aber ist es nicht denkbar, dass dieses mitgehörte Telefongespräch nur die willkommene Gelegenheit war, der neuen Situation, der Liebe dieses Mädchens, zu entfliehen, weil er immer noch nicht das alte Trauma überwunden hatte, also sich noch nicht von seiner hiesigen Freundin gefühlsmäßig befreien konnte? Diese Bindung war noch zu stark, als dass er eine neue hätte eingehen können. Und somit ist es ja nur logisch, dass er das verbriefte Muster wieder aktivierte.

Wenn wir davon ausgehen, dass dieses Deutungsmuster eine im kulturellen Glaubenssystem seiner Gesellschaft fraglos gegebene Norm darstellt, also kein Wahn sein kann, so kann es doch auch nicht krankhaft sein, wenn dieses Schema, solange es sich als nützlich erweist, immer wieder eingesetzt wird. Sicher liegt hier eine massive Befindlichkeitsstörung vor, die sich aus dem schmerzlichen Liebesverlust herleitet und die vielleicht doch mit psychotherapeutischen Mitteln eher zu lösen ist als mit invasiven Therapien wie Dämmerschlaf- oder Elektrokrampfbehandlung.

Zweckmäßigerweise könnte eine psychotherapeutische Behandlung in Italien durchgeführt werden, da sich gezeigt hat, dass viele italienische Patienten, die angeblich unter diesen schizophrenen Schüben oder an schizophrenieähnlichen Emotionspsychosen litten, bereits nach wenigen Monaten Aufenthalt in ihrem Heimatland, sogar ohne Therapie, symptomfrei waren.

Und andererseits, im Sinne des heutigen so modernen kapitalistischen Denkens, ist es doch auch wesentlich wirtschaftlicher, solchen Patienten in ihrem Heimatland das Krankengeld zu bezahlen als hier die unverhältnismäßig höheren stationären Krankenhauskosten.«

»Aber wollen Sie ihn denn in diesem Zustand so einfach nach Hause schicken? Abgesehen davon, dass ich das für unethisch halte, wird man uns doch sofort wieder vorwerfen, wir würden schwerstkranke Gastarbeiter, die uns nichts mehr nützen, einfach abschieben und sie zu Hause unbekümmert ihrem Schicksal überlassen. Denken Sie doch an unsere dunkle Vergangenheit und mit welch wachsamen Augen wir von unseren Nachbarländern, ja, von der ganzen Welt, beobachtet werden. Haben Sie noch nie etwas von Kollektiv- und Erbschuld gehört? Nein, in diesem Zustand möchte ich ihn nicht in sein Heimatland verlegen. Ich möchte ihn unbehandelt überhaupt nicht entlassen, denn schließlich hat er sich mit dem Gedanken getragen, die beiden vermeintlichen Hexer zu ermorden. Bis jetzt hat zwar sein kontrollierendes Über-Ich gut vereitelnd funktioniert. Wir können uns aber nicht darauf verlassen, dass dies immer so sein wird. Wir werden mit einer sehr schwach sedierenden Schlaftherapie beginnen und dann den Erfolg abwarten. Zwischenzeitlich werden wir uns intensiv mit diesem Fall beschäftigen. Für heute haben wir unsere Zeit schon reichlich überschritten. Ich danke Ihnen allen für Ihre Aufmerksamkeit und Mitarbeit.«

Nach diesem Schlusswort rückte der Klinikchef seine Brille wieder auf die Nase und stand auf, was das Zeichen für alle war, sich zu erheben und den Raum zu verlassen.

Vor der Tür kam einer der Oberärzte auf den Assistenten zugeschossen und bat ihn, sichtlich erregt, ihm doch folgen zu wollen. Es war der »Kammerjäger«, wie er von den respektlosen niederen Chargen der Klinik genannt wurde. Er war ein ausgesprochener Gourmet und lud hin und wieder besonders Auserwählte zu einem erlesenen vielgängigen Gastmahl ein, nach welchem er erst dann zufrieden aufzuatmen vermochte, wenn der letzte Gast sich verabschiedet hatte und er alle Sitzmöbel akribisch mit dem Staubsauger behandeln konnte, um sie von allen eventuell zurückgebliebenen ansteckenden Keimen zu säubern.

»Sagen Sie mal, sind Sie jetzt ganz wahnsinnig geworden?«, begann er, kaum dass sie in seinem Zimmer waren.

»Da ich nicht einmal bemerkt habe, dass ich halb wahnsinnig war, kann ich Ihnen nicht bestätigen, ob ich ganz wahnsinnig bin. Sie wissen ja, selbst merkt man es nicht – aber die anderen. Aber können Sie mir sagen, was ich in meiner tiefen geistigen Umnachtung verbrochen habe?«

»Das ist nicht spaßig. Wie kommen Sie dazu, sich als Erster zu melden?«

»Nun, ganz einfach, weil sich auf die Frage, wer etwas zu dem vorgetragenen Fall bemerken wolle, niemand meldete und ich aber etwas, ja, sogar mehr als nur etwas, bemerken wollte. Deshalb habe ich die Hand gehoben, ganz naiv, bescheiden und ohne jede böse Absicht. Was war daran ungebührlich oder gar wahnsinnig?«

»Nun, dann will ich es Ihnen sagen: Sie haben ja ganz richtig gesehen, dass sich niemand meldete. Das Wort geht grundsätzlich immer vom Chef an seine Frau, wenn sie anwesend ist, dann an den leitenden Oberarzt und dann genau der Reihe nach, wie Sie es heute gesehen haben, an die drei Habilitierten und dann an die anderen Oberärzte, weiter an die Assistenten, dabei immer die älteren zuerst, und schließlich an die ›Paria‹ ganz hinten, die dann unter sich einig werden können, in welcher Reihenfolge sie sprechen wollen, insofern sie was zu sagen haben. Hoffentlich ist Ihnen das klar geworden!«

»Ich hoffe doch, dass ich diese höchst komplizierte Regelung verstanden habe. Ich gebe Ihnen mein großes Ehrenwort, dass ich mich streng danach richten werde, wenn ich mich bei meinem verwirrten Geist nächstes Mal hoffentlich noch daran erinnere. Natürlich muss alles seine Ordnung haben, denn wo kämen wir denn hin, wenn jeder nach seinem Gutdünken handeln würde. In diesem Haus, wo man doch alle Störungen und Erkrankungen, die so etwas verursachen, mit allen erdenklichen Mitteln zu therapieren sucht, kann man sich das nicht erlauben. Ich habe verstanden und bitte um Entschuldigung.«

***

»Ist der Kammerjäger auf unserer Seite?«, fragte ihn der Stationsarzt, als sie sich wenig später in dessen Zimmer trafen.

»Nein, vermutlich nicht. Er hat mir nur meinen unverzeihlichen Fehler klargemacht, mich als Erster gemeldet zu haben.«

»Ja, auf diese eherne, absolut unverzichtbare Regel wollte ich Sie auch noch freundschaftlich hinweisen. Nun sind Sie ja sicher umfassend belehrt. Heute Abend werde ich also mit seiner Therapie beginnen. Könnten Sie dabei sein? Sicher muss man ihm Verschiedenes erklären.«

»Ja, natürlich, ich werde kommen. Jetzt besuche ich ihn auf der Station, um ihm mitzuteilen, was entschieden wurde und dass Sie heute Abend seine Therapie einleiten werden.«

***

Der Patient lag im Bett, zusammengekrümmt, die Beine angezogen, sodass die Oberschenkel seine Brust berührten. Mit den Armen hielt er die Beine umschlungen und den Kopf bis fast zu den Knien gesenkt. Er schien sich so klein gemacht zu haben, wie es ihm überhaupt möglich war, so als suche er eine beschützende Geborgenheit.

Als der Assistent ihn begrüßte, blickte er nur kurz zu ihm auf und lächelte, kuschelte dann seinen Kopf aber wieder fest an die Brust und bedeckte ihn mit dem angewinkelten rechten Arm.

»Sind Sie müde, wollen Sie schlafen?«, sprach ihn der Assistent an, »ich kann noch mal kommen, wenn Sie jetzt nicht gestört werden wollen. Ich wollte Ihnen mitteilen, dass heute Abend Ihre Therapie beginnt und Ihnen erklären, wie das geschehen wird. Aber wir können das auch später besprechen.«

Er schüttelte den Kopf, blickte aber nicht auf. Dann streckte er wie zum Gruß zaghaft seinen Arm nach oben mit abgewinkelter Hand und leicht gespreizten Fingern. Der Assistent ergriff die Hand, die schlaff und kalt war, drückte sie ein wenig und als er sie loslassen wollte, merkte er, dass der andere sie festhielt. Er überließ ihm seine Hand, und als sie nach unten gezogen wurde, gab er nach, zog einen Stuhl herbei und setzte sich ans Bett. Seine Hand wurde weiter festgehalten, nicht gedrückt, nicht einmal richtig umschlossen, nur gerade so, dass er spürte, dass sie gehalten wurde.

»Haben Sie Schmerzen?«, fragte er ihn.

»Keine Schmerzen«, war die Antwort, begleitet von einem leichten Kopfschütteln.

»Ist etwas passiert, haben Sie sich verletzt oder hat man Ihnen weh getan, hat man Sie beschimpft oder beleidigt?«

»Nein, nichts passieren. Hunger haben und kalt.«

»Aber haben Sie heute nichts zu Mittag gegessen?«

»Nein, kein Essen bringen, alle essen, mir nichts bringen.«

»Aber warum sind Sie denn nicht an den Tisch gegangen? Es war doch sicher wie immer auch für Sie gedeckt?«

»Kann nicht gehen, sehr krank.«

»Oh, das ist aber sehr schlimm. Niemand wusste, dass Sie so krank sind, dass Sie nicht aufstehen und nicht mehr gehen können. Ich werde es dem Arzt und den Pflegern sagen. Was ist denn das für eine Krankheit? Vielleicht haben wir ein Mittel dagegen. Kommen Sie, stehen Sie auf, ich begleite Sie zum Stationsarzt, damit Sie ihm Ihre Krankheit erklären können. Er wird Ihnen sicher helfen.«

»Nein, nicht aufstehen kann, auch nicht gehen. Soll kommen, ich krank.« Er zog seine Hand zurück, schüttelte den Kopf, drehte sich noch mehr zur Seite und murmelte immer wieder: »Krank, ganz krank. Vielleicht sterben. Bitte helfen, helfen bitte. Noch nicht sterben, noch zu jung.«

»Natürlich werden wir Ihnen helfen. Beruhigen Sie sich. Heute Abend wird man mit der Therapie beginnen, die Ihnen helfen wird, damit Sie wieder gesund werden. Ich gehe jetzt, werde aber wieder dabei sein, wenn der Stationsarzt Ihnen die Medikamente gibt. Jetzt schlafen Sie noch ein wenig. Ihr Abendessen wird man Ihnen ans Bett bringen.«

Er zog ihm die Bettdecke hoch bis über die Schultern, streichelte ihm zum Abschied über den Rücken und verließ ihn dann.

***

»Er ist ja völlig regrediert«, berichtete er später dem Stationsarzt. »Er liegt im Bett, zusammengekauert in Embryonalstellung. Sein Verhalten ist völlig kindlich: Seine Sprache ist leise, lallend und auch grammatikalisch falsch. Er spricht im Allgemeinen sehr gutes Italienisch, manchmal etwas dialektal durchsetzt, aber jetzt spricht er wie ein Kind. Weil man ihm sein Essen nicht gebracht hat, will er auch nichts essen. Ich habe ihm versprochen, dass er sein Abendessen ans Bett bekommt. Aufzustehen lehnt er trotzig ab. Er sei krank, schwer krank und habe Angst zu sterben. Wir werden Schwierigkeiten haben, ihm seine Therapie zu vermitteln und seine Mitarbeit zu gewinnen.«

»Ja, das ist kein seltenes Phänomen. Die Patienten haben Angst, oft ohne sagen zu können, wovor. Es ist also keine Furcht, sondern eine undefinierte, eine sogenannte ›frei flottierende Angst‹. Es ist die unerträgliche Ungewissheit vor ihrer Zukunft und vor dem, was hier passieren wird, was man mit ihnen vorhat, was man mit ihnen tun, ihnen antun wird, wie es die meisten sehen. Dazu dieses Ausgeliefertsein an die Klinik, schutz- und wehrlos, fremdbestimmt und eingesperrt. Die einen rebellieren dagegen, die anderen ergeben sich in ihr Schicksal und lassen sich zurückfallen auf eine frühere Entwicklungsstufe, um auf kindliche Weise Mitleid wachzurufen. Und ich kann mich des Eindruckes nicht erwehren, dass wir durch die Verabreichung der schweren Neuroleptika diesen Prozess ausgelöst haben und womöglich auch noch fördern werden. Da wir noch gar nicht genau wissen, wo diese Medikamente angreifen, höchstwahrscheinlich im Zentralnervensystem, können wir dies auch nicht ausschließen. Dadurch, dass sie auch noch blutdrucksenkend und muskelrelaxierend wirken, tritt zu dem dämpfenden Effekt noch die körperliche Schwächung hinzu.«

»Es ist beängstigend, denn er wusste bisher noch sehr genau, wer er ist. Er hat seinen Verlust und dessen Auswirkungen in Mustern seiner Gesellschaft gedeutet. Das ist für ihn nichts Außergewöhnliches, nichts Fremdes, denn so tut man es in seiner Gesellschaft. Das Gefühl des Selbst, des Wer-bin-ich, war nicht erschüttert, seine Identität blieb erhalten, leidend zwar, aber ihm in vollem Umfang bewusst. Nun scheint es, dass seine Grenzen verschwimmen, dass er nicht mehr ganz bei sich selbst ist. Er sucht eine neue Identität und findet sie nun im Kindsein. Er gibt Verantwortung ab und Selbstvertrauen und kompensiert seine Hoffnungslosigkeit und Zukunftsangst, indem er Zuwendung und Hilfe erreicht. Ob er sich wieder selbst findet? Was meinen Sie? Wird Ihre Behandlung ihn wieder zu sich selbst bringen?«

»Zu dem, was er vor seiner Depression war, ganz sicher. Aber er soll ja in seinen präpsychotischen Zustand gelangen. Ich weiß, Sie wollen seinen Verhextheitszustand nicht als psychotisch begreifen. Dann soll er eben in die Lage versetzt werden, in der er war, bevor er sich von diesem Liebeszauber betroffen wähnte. Wir sehen uns dann nachher.«

Als sie sich später an seinem Bett trafen, lag er noch immer so zusammengekauert da. Sein Abendbrot hatte er nicht angerührt. Auf seinem Nachttisch stand ein Teller mit zwei Scheiben Brot, beide in der Mitte durchgeschnitten. Zwei der Hälften waren mit Käse belegt, auf der einen mit einer Scheibe hellem, cremig-weißen Käse, der etwas verlaufen war. Der Käse auf der anderen Hälfte war von einem intensiven Gelb und sah aus, als schwitze er. Die Ränder waren ausgetrocknet und nach oben gebogen, die Butter darunter war schon fast vollständig in das Brot eingesogen. Auf dem Teller befanden sich noch drei Radieschen, alle schon recht welk zerklüftet, und zwei Tomatenviertel, deren Saft bereits ausgelaufen war und eine wässerig-rote Pfütze auf dem Teller bildete. Im Glas, das daneben stand, war eine rötlich-violette Flüssigkeit, sicher Hagebutten- oder Malventee, den es je nach Wunsch gesüßt oder ungesüßt gab und der als traditionelles Klinikgetränk zu allen Mahlzeiten gereicht wurde. Appetitanregend war dieses Essen nicht!

Der Stationsarzt versuchte, den Patienten zum Aufstehen zu bewegen, indem er ihn an der Schulter rüttelte und ihn bat, sich zu erheben. Der Erfolg war sehr gering. Nur ein Zucken und ein leises piepsendes Jammern war die Antwort. Auch dem Assistenten, der ruhig, aber eindringlich auf Italienisch mit ihm sprach, gelang es nicht, ihn zum Aufstehen zu bewegen. Schließlich verlor der Stationsarzt die Geduld. Er ging kurz weg und kam dann mit zwei Pflegern zurück. Er erklärte ihnen, dass der Patient sich nicht aufsetzen wolle, aber seine Medikation bekommen müsse. Sie sprachen ihn an, da er sich aber nicht rührte, nahmen sie ihn hoch und setzten ihn auf den Bettrand. Dort blieb er genauso verkrümmt und zusammengesunken sitzen, ohne sich zu bewegen. Der eine Pfleger holte eine Schüssel Wasser, einen Waschlappen und ein Handtuch. Das Wasser war sicher recht kalt, denn als man ihm Gesicht, Hals und Rücken wusch, zuckte er heftig zusammen und stöhnte laut. Aber dann zog er fröstelnd die Schultern hoch und schaute erschrocken in die Runde. Er begann zu lächeln und wollte sich wieder zusammenkrümmen. Der eine Pfleger drückte ihm jedoch den klatschnassen Waschlappen auf dem Kopf aus. Das Wasser lief ihm übers Gesicht und den Hinterkopf, auf die Schultern, den Rücken und die Brust. Es war merklich kühl im Raum, und man sah ihm an, dass er fror. Er zitterte und fing an, leise zu weinen, ein kindliches, verlassenes Weinen. Man trocknete ihn ab. Gequält fragend schaute er den Assistenten an, als wolle er ihn um Hilfe und Beistand bitten. Der Assistent setzte sich zu ihm aufs Bett und sprach leise und behutsam auf ihn ein, erklärte ihm, dass er nun seine Medikamente bekommen müsse und bat ihn, sie einzunehmen. Er würde dann bald tief schlafen. Dreimal am Tag, jeweils vor den Mahlzeiten, würde er geweckt und bekomme dann, nachdem er gegessen habe, seine Tabletten, wonach er sofort weiterschlafen könne. Ohne ein Wort zu sagen, schaute er fragend den Stationsarzt an und als dieser zustimmend nickte, gab er zu erkennen, dass er einverstanden sei.

»Sie bekommen jetzt drei Tabletten und die Tropfen, die in diesem Gläschen sind. Sie können alles zusammen mit dem guten Tee da hinunterschlucken. Die Tabletten schmecken Sie kaum, die Tropfen haben einen leicht beißenden Geschmack. Wenn Sie sie aber gut mit Tee verdünnen, merken Sie fast nichts.«

Folgsam schluckte er die Tabletten einzeln mit etwas Tee, wobei er jedes Mal sein Gesicht zu einer komischen Grimasse verzog und wie hilfeflehend die Umstehenden anschaute. Schließlich trank er auch noch die acht Tropfen, die man ihm mit Tee verdünnt hatte. Als er es geschafft hatte, lächelte er zufrieden und sah Anerkennung suchend den Stationsarzt an, der dies auch verstand und ihn lobte, wobei er ihm leicht auf die Schulter klopfte.

Die Pfleger zogen ihm seinen nassen Schlafanzug aus, trockneten ihn ab, was er wie ein liebes Kind freudestrahlend über sich ergehen ließ, und zogen ihm ein Klinikhemd an, das sie ihm hinten zuknöpften, sie wechselten auch das nass gewordene Leintuch und legten ihn dann ins Bett zurück. Anscheinend zufrieden und entspannt lag er dann auf dem Rücken und strahlte alle lächelnd an.

»Jetzt denken Sie an etwas ganz Schönes, an Sizilien, vielleicht ans smaragdene Meer, an den blauen Himmel, an die Sonne und an viele Blumen, denn Sie werden jetzt bald ganz ruhig und entspannt einschlafen«, redete ihm der Stationsarzt zu.

Man verabschiedete sich, als er die Augen schloss und sich wahrscheinlich all die Bilder suggerierte, die ihm der Arzt empfohlen hatte, denn er schien ganz entspannt zu sein und lächelte – vielleicht schon im Traum.

Ein Pfleger blieb zurück, setzte sich auf den Stuhl am Bett und gab den anderen mit dem Kopf ein Zeichen, dass sie gehen könnten und er als Wache hierbleiben würde.

»Er wird bei ihm sitzen bleiben, bis er tief schläft«, sagte der Stationsarzt zum Assistenten, als sie hinausgingen. »Dieser Cocktail wirkt zwar fast wie eine oberflächliche Narkose, aber bei manchen Patienten kann es auch zu einer paradoxen Reaktion kommen. Sie schlafen nicht, sondern werden unruhig, oft agitiert und manchmal sogar aggressiv. Darum muss man aufpassen. Bei ihm scheint dies wohl nicht der Fall zu sein. Ich werde nochmals nach ihm sehen, bevor ich nach Hause gehe, bis dahin bleibt der Pfleger bei ihm. Morgen früh wird ihn die Nachtwache wecken, damit man ihn waschen und er ein bisschen frühstücken kann. Anschließend bekommt er wieder seine Medikation und schläft sofort wieder ein. Das Truxal wirkt sehr schnell, und zudem ist er anfangs nie ganz hellwach. Vielleicht muss man ihn füttern. Wir müssen ihn die ersten Tage genau überwachen, um zu sehen, ob die Dosis richtig ist. Wenn er zwischenzeitig von selbst aufwacht oder nur sehr schwer aufzuwecken ist, müssen wir die Dosis entsprechend anpassen. Nun, es wird schon gut gehen. Wir sehen uns dann morgen früh.«

***

»Wir hatten große Schwierigkeiten, ihn wach zu bekommen«, berichtete der Pfleger, als der Assistent am nächsten Morgen auf die Station kam. »Er hat ein bisschen gefrühstückt. Da er nach Ihnen gefragt hat, haben wir ihm noch nicht seine Tabletten gegeben. Ich habe sie auf den Nachttisch gestellt, Sie können ja sehen, dass er sie einnimmt.«

Er saß auf dem Stuhl vor seinem Bett, den Kopf auf die Brust gesenkt, die Arme schlaff herunterhängend und schien zu schlafen. Er sah frisch aus, gewaschen und gekämmt. Sein Hemd hatte Kaffeeflecken und auf seinem Schoß lagen Brotkrümel. Als der Assistent ihn ansprach, machte er die Augen auf, sah ihn lange unbeweglich mit leerem ausdruckslosen Blick an, so als ob er ihn nicht erkennen könne. Aber dann kam plötzlich eine winzige Spur eines Aufleuchtens in seine Augen und sein Mund verzog sich ein wenig. Vielleicht sollte es ein Lächeln sein, aber es war kaum mehr als ein müdes Anheben der Mundwinkel.

»Wie war die Nacht?«, fragte ihn der Assistent. Und als er keine Antwort erhielt, wiederholte er seine Frage. Aber er schaute ihn nur an und nickte mit dem Kopf. Dann aber, mit weit aufgerissenen Augen und offenem Mund nickte er wieder und wieder und sagte dann ganz leise und schleppend, als bereite ihm jedes Wort unsägliche Mühe: »Jetzt sind sie alle tot. Oh Gott ja, alle, alle tot.«

»Wer ist denn tot? Wer sind alle? Was ist denn geschehen?«

»Es war doch das Erdbeben. Haben Sie es nicht gehört, diesen Lärm, dieses schreckliche Krachen? Oh Gott, und alle liegen da drunter, alle tot, alle tot. Durst. Wasser.«

Der Assistent nahm das Glas mit dem Tee, das auf dem Nachttisch stand und hielt es ihm an den Mund. Er trank es mit gierigen Schlucken fast leer.

»Kommen Sie, nehmen Sie gleich auch Ihre Tabletten und Ihre Tropfen. Ich gebe Ihnen alles auf den Löffel, dann geht es auf einmal. Und trinken Sie den Rest des Tees hinterher.«

Er öffnete den Mund ein wenig und der Assistent führte ihm den Löffel zwischen die Lippen, kippte ihm den Inhalt langsam in den Mund und hielt ihm sofort das Glas mit dem Tee hin, das er gierig austrank.

»So, jetzt legen Sie sich wieder hin. Ich bleibe bei Ihnen, bis Sie schlafen. Es wird nichts passieren. Es gab kein Erdbeben und niemand ist umgekommen. Das war ein böser Traum, ein Albtraum. Das haben Sie alles nur geträumt, wahrscheinlich wegen der Medikamente.«

»Niemand tot?«, murmelte er, »niemand, wirklich keiner?«

»Nein, niemand ist tot, keiner, kein Mensch. Schlafen Sie jetzt ruhig.«

Er legte sich auf die Seite, schob seinen angewinkelten Arm unter den Kopf, bewegte sich noch ein-, zweimal und schien sich dann zu entspannen. Bald darauf zeigten seine regelmäßigen ruhigen Atemzüge, dass er eingeschlafen war.

***

Nach der Frühbesprechung berichtete der Assistent dem Stationsarzt von den Albträumen des Patienten und seinen Vorstellungen, dass »alle« dabei umgekommen seien. Sie waren sich einig, dass die Bildung solcher Albträume sicher auf die Verabreichung dieser schweren Medikamente zurückging, dass die Inhalte jedoch nicht zwangsläufig unterbewusste Einflüsse eines wahnhaften Geschehens sein mussten. Gerade Erdbeben und deren Opfer waren im Denken eines Menschen aus Sizilien, wo kleinere wie schwerere Beben direkt oder indirekt miterlebt wurden, nichts Außergewöhnliches. Dass solche Vorstellungen dann in Krisensituationen albtraummäßig erlebt wurden, war einleuchtend. Da er mittags selbst mit großem Einsatz kaum aufzuwecken war, ließen sie ihn bis zum Abend schlafen. Danach machte er einen ruhigen, fast entspannten Eindruck und meinte, dass der Zauber kaum mehr wirksam gewesen sei. Er aß, sogar mit gutem Appetit, schluckte brav seine Medikamente, legte sich ins Bett und schlief, anscheinend sehr zufrieden, ein. Hin und wieder kam einer der Mitpatienten ans Bett, leise und vorsichtig, um zu sehen, ob er schon schlief. Die anderen draußen waren ruhig oder lagen bewegungslos, ohne miteinander zu sprechen, auf ihren Betten. Erst als sie ihn schnarchen hörten, sagte derjenige, der dies als Erster bemerkte: »Die Mafia pennt«, was als Zeichen galt, dass sie nun wieder lauter sein konnten.

Nur an den »Schocktagen« konnten sie keine Rücksicht auf ihn nehmen, denn die waren den ganzen Vormittag über voller Hektik, erfüllt von Jammern und Weinen, voll tröstender und auch befehlender Stimmen und dazu ein dauerndes Hin und Her, Rein und Raus. Vor der Tür zwischen ihrem Schlafraum und dem »Aufenthaltsraum«, die immer offen stand, warteten all diejenigen, die »geschockt« wurden. Einer nach dem anderen wurde dann vom Pfleger aufgerufen. Manche kamen ganz allein, gingen zu ihrem Bett, legten sich auf den Rücken und warteten auf die »Schocker«, wie die Ärzte und Pfleger genannt wurden, die mit dem Gerät kamen und die Krampfbehandlung durchführten. Andere wieder mussten draußen abgeholt und zu ihrem Bett geführt werden und die ganz Ängstlichen, die noch am Anfang der Behandlung waren und sich vor den künstlich gesetzten epileptischen Krämpfen sehr fürchteten, mussten beinahe hineingeschleppt und auf dem Bett festgehalten werden.

Da er der Einzige war, der an diesem Morgen Frühstück bekam, konnte er draußen am Tisch sitzen und beruhigt zuschauen, wie die anderen entweder schon in einer Reihe an der Tür standen oder am Tisch saßen, um zu warten, bis sie aufgerufen wurden. Fast alle fürchteten sich. Sie waren nervös, standen auf und setzten sich wieder hin, liefen auf und ab oder saßen wie versteinert auf ihrem Stuhl und blickten mit großen ängstlichen Augen von einem zum anderen. Alle hatten einen trockenen Mund und fuhren sich unablässig mit der Zunge über die Lippen. Dazu machten sie diese komischen Mundbewegungen, indem sie ihre Wangen zusammenzogen und die Lippen vorwölbten, als wollten sie eine Schnauze bilden – und das immer und immer wieder, um das letzte bisschen Speichel im Munde zusammensaugen zu können.

Als er all dies zum ersten Mal sah, ging er in sein Bett, schluckte aber nur seine Tropfen und steckte die Tabletten in seine Schlafanzugtasche, denn er wollte sehen, was bei dem »Schocken« gemacht wurde. Er konnte auch kurz zur Tür hineinschauen wie die anderen, die dann, je nachdem wie die Einzelnen sich unter den Stromstößen aufbäumten oder auch nur zuckten, fachmännisch die Reaktion heute mit der vom letzten Mal verglichen und beurteilten. Wenn es den Pflegern aber zu bunt wurde, jagten sie sie in den Vorraum zurück, wo sie sich aber bald wieder an die Tür drängten.

Er stellte sich schlafend. Unter dem über den Kopf hochgezogenen, abgewinkelten Arm heraus konnte er genau sehen, wie sie das machten, dass alle, wie auf Befehl, durch eine unsichtbare Kraft im Bett hochgeworfen wurden und dann wieder zurückfielen und regungslos, wie bewusstlos, liegen blieben.

Jetzt sah er es genau. Sie bekamen erst eine Injektion in die dicke Vene in der Armbeuge. Fast alle hatten Angst davor. Entweder starrten sie mit weit aufgerissenen Augen wie gebannt genau hin oder zogen den Kopf tief in die nach hinten gestreckten Schultern, so als ob sie dadurch die Spritze abwehren wollten, oder aber sie schlossen die Augen ganz fest, um nichts von dieser Prozedur zu sehen. Aber der Arzt hatte die Injektion kaum beendet, als sich auch schon die Anspannung löste und sie langsam und schlaff zurücksanken. Dann prüfte der Arzt, ob die Narkose schon wirkte, indem er mit dem Finger leicht über die Augenwimpern strich oder die Augenlider anhob und mit einer kleinen Taschenlampe in die Augen leuchtete. Anschließend schob man ihnen ein Gummistück zwischen die Zähne, damit sie sich beim Krampfen nicht auf die Zunge bissen. Der Stationsarzt las dann aus der betreffenden Krankenakte laut eine Zahl ab: Achtzig Volt, neunzig, manchmal auch hundert und mehr, manchmal aber auch nur siebzig und stellte diese Zahl an dem Gerät ein. Der andere Arzt presste dann dem Patienten gleichzeitig links und rechts an die Schläfen je eine kleine runde Platte, die er an einem Griff hielt, blickte den Stationsarzt an und sagte leise: »Jetzt!« Dieser legte dann einen kleinen Hebel an dem Gerät um und sofort, wie wenn unter ihm das Bett explodiert wäre, wurde der ganze Körper des Patienten zentimeterweit hochgeschleudert, wobei der Kopf zurückfiel, der Rumpf sich bog und Arme und Beine ruckartig angezogen wurden. Dann lag er wieder ruhig auf dem Rücken. Man nahm ihm das Gummistück aus dem Mund, streckte ihm die Beine lang aus, legte ihm die Arme seitlich an den Körper und deckte ihn zu. So lagen dann die »Geschockten« einige Zeit, bis sie langsam wieder zu Bewusstsein kamen, sich zur Seite drehten und schließlich die Augen aufmachten.

Bei der ersten Behandlung, die er so mitverfolgte, musste er fast lachen, denn es war so komisch, wie der Behandelte plötzlich hochhüpfte, als der Arzt den Strom einschaltete. Auch beim zweiten und dritten war es genauso, ein bisschen schwächer, ein bisschen stärker, aber alle schnellten hoch. Nur dann, als sie wach wurden und alle jammerten und klagten, weil ihnen die Muskeln schmerzten, an den Armen, an den Beinen und am ganzen Rücken, sodass sie sich kaum bewegen konnten, nach Wasser riefen und über Kopfschmerzen und Übelkeit klagten, fand er es gar nicht mehr komisch, sondern eher wie eine Folter, und hatte Mitleid mit ihnen. Natürlich wusste er, dass man diese Prozedur nicht durchführte, um die Patienten zu quälen, dass es ja eine medizinische Behandlung war, die eine Krankheit heilen sollte, aber warum war es eine solche Methode? Gab es keine andere Möglichkeit, ging davon nicht das Gehirn kaputt? Aber vielleicht wollte man auch nur denjenigen Teil des Gehirns, der von der Krankheit besetzt war, zerstören? Gingen dabei aber nicht auch andere Teile kaputt? Er musste den Arzt oder den Assistenten fragen. Und als er nun sah, wie die Behandelten sich hochquälten, benommen, unsicher, fühlte er sich ganz elend. Nein, komisch war das ganz und gar nicht.

Hoffentlich meinen sie nicht, ich sei auch so krank und brauchte diese Behandlung. Nur das nicht. Und plötzlich überkam ihn eine fürchterliche Angst. Er wurde fiebrig-heiß und schwitzte. Sein Herz pochte so heftig, dass er es bis in den Hals hinauf spürte und so, als schlüge es gleichzeitig innen an seine Rippen. Hätte ich doch meine Tabletten geschluckt und geschlafen, dachte er. Da fiel ihm ein, dass er ja alle Tabletten noch in der Tasche hatte. Er schaute verstohlen nach links und rechts, um sicherzugehen, dass ihn keiner beobachtete, nahm die Flasche Mineralwasser vom Nachttisch, holte die Tabletten aus seiner Schlafanzugtasche, schob sie alle auf einmal in den Mund und trank verborgen hinter der Decke.

Erlöst drehte er sich zur Seite und wartete auf den Schlaf. Aber so schnell, wie er gehofft hatte, ging das nicht. Die Bilder, die er gerade gesehen hatte, ließen sich nicht verscheuchen und bedrückten ihn immer stärker, je länger er sich damit beschäftigte. Was er anfangs komisch, ja, sogar lustig gefunden hatte, wurde nun zu einer entsetzlichen Vorstellung. Sie waren ja bewusstlos. Erst als sie nicht mehr bei Besinnung waren, hatte man ihnen Strom ins Gehirn geleitet, was dann den ganzen Körper in die Höhe schleuderte. Oh mein Gott, seufzte er voller Angst und Entsetzen, ob sie das auch mit mir machen, wenn ich schlafe? Ich muss wach bleiben und nur so tun, als ob ich schlafe. Wenn sie dann mit der Maschine kommen, weiß ich ja, was mit mir geschehen wird. Ich werde ganz ruhig mit geschlossenen Augen liegen bleiben und erst, wenn man mir diese Dinger an die Schläfen hält, werde ich laut schreien, die Augen aufmachen und aus dem Bett springen. Die werden sich wahrscheinlich zu Tode erschrecken, aber das geschieht ihnen ganz recht. Warum haben sie mich belogen und gesagt, ich würde nur schlafen müssen? Ich muss wach bleiben, darf nicht einschlafen, muss wach bleiben, wach bleiben, sagte er sich immer wieder. Aber die Medikamente waren schließlich stärker als sein Wille. Er merkte es nicht mehr, als ihn der Schlaf übermannte.

Vor dem Mittagessen schafften sie es nicht, ihn zu wecken; da er die Tabletten erst gegen Mittag eingenommen hatte, war die Wirkung noch zu stark. Sie ließen ihn schlafen. Es war ein hektischer Vormittag, sie hatten genug zu tun. Dann würde er sicher am Abend wach, das war umso besser.

Und so war es dann auch. Kurz vor dem Abendessen brauchten sie ihn nur anzustoßen, schon fuhr er erschreckt hoch. Als Erstes prüfte er seine Armbeugen, ob er eine Einstichstelle hatte. Als er keinen Hinweis fand, sagte er sich, dass sie ihm ja nichts spritzen müssten, damit er schlafe, wie bei den anderen; er schlief ja tief und fest durch seine Medikamente. Er versuchte aufzustehen, beugte mit aller Kraft seine Arme und seine Beine und verspürte keine Muskelschmerzen. Vielleicht haben sie mir doch nichts getan, sagte er sich und nahm sich vor, beim Abendessen den einen oder anderen zu fragen, ob sie etwas bemerkt hätten, als er schlief. Er wollte ganz scheinheilig tun, nur so nebenbei fragen, ob er ruhig geschlafen hätte, ob er geschnarcht oder im Schlaf gesprochen hätte oder ob sonst irgendetwas passiert sei, einfach so. Es sollte ganz nebensächlich klingen, denn vielleicht hatte man ihnen verboten, darüber mit ihm zu sprechen, wenn sie ihn im Schlaf elektrisierten. Er musste vorsichtig sein, dass sie keinen Verdacht schöpften. Es konnte ja ein Komplott sein.

Aber niemand wusste etwas. Anscheinend war nichts Außergewöhnliches aufgefallen. Langsam kam er zur Überzeugung, dass man doch wohl nichts anderes vorhatte, als ihn, wie ausgemacht, schlafen zu lassen. Und das tat er dann auch wieder nach dem Abendessen, nachdem er seinen Medikamentencocktail brav geschluckt hatte.

***

Seine Schlaftherapie lief in den nächsten Tagen und Wochen nach dem festgelegten Schema ab. Zwei- oder dreimal am Tage wurde er aufgeweckt, damit er essen und trinken sowie seine hygienischen Bedürfnisse erledigen konnte und um nicht den Bezug und die Orientierung an seine Therapeuten und seine klinische Umwelt zu verlieren.

Aber mit fortschreitender Behandlung wurde, trotz immer wieder versuchter therapeutischer Gespräche, seine räumliche, zeitliche und soziale Orientierung zusehends schlechter. Oftmals musste ihm erklärt werden, wo er sich befand und warum er an diesem Ort war, wie lange schon und weshalb. Selbst der klare Bezug zu seinem traumatischen Liebesverlust und der vermeinten magischen Beeinflussung als Grund für seine schweren Befindlichkeitsstörungen ging ihm mehr und mehr verloren, ohne jedoch völlig aufgegeben zu werden. Es war doch mehr eine amnestische Erscheinung als ein erledigtes Verarbeiten, wobei sich die Erinnerung sofort wieder, wenigstens partiell, aktivieren ließ, wenn der magische Komplex im therapeutischen Gespräch berührt wurde. Umso stärker war er aus dem Bewusstsein verdrängt, je intensiver und ausgestalteter die sich im Laufe der Therapie immer häufiger einstellende Antriebslosigkeit und Schwäche wurde. Sie waren verbunden mit Gangunsicherheit, Gleichgewichtsstörungen und Steifigkeit, sowie mit Zittern, vor allem an Armen und Beinen, und mit schmerzlich empfundenem Kältegefühl im ganzen Körper. Zu diesen weitgehend körperlichen Befindlichkeitsstörungen traten dann nach Ablauf von drei Wochen noch gravierende psychische Beeinträchtigungen. Er fühlte sich mutlos, ohne Hoffnung auf Besserung oder gar Gesundung, zog sich immer mehr in sich zurück, litt unter Einschränkung der Sprachfähigkeit und verweigerte die Gespräche mit dem Arzt, den Pflegern und den Mitpatienten. Er sprach nur noch mit dem Assistenten, und dieser war das Sprachrohr für die anderen, da der Patient angab, nicht mehr Deutsch sprechen und verstehen zu können. Er wurde immer ängstlicher und schreckhafter. Oft saß er in seinen Wachzeiten auf dem Boden, die Knie angezogen, die Arme darauf gestützt und den Kopf in den Armen vergraben. In solchen Situationen war er nicht ansprechbar, daher ließ man ihn einfach sitzen und wartete, bis es ihm zu kalt wurde. Da er immer fror, behielt er diese Position auch nie sehr lange inne, zog sich dann in sein Bett zurück und mummelte sich tief in seine Decken ein. Er klagte über Appetitlosigkeit und wollte kaum mehr etwas zu sich nehmen, und ließ sich auch im Allgemeinen ziemlich gehen, sodass man dachte, am Ende der kommenden Woche die Therapie abbrechen zu müssen. Es schien, als gebe ihm diese Aussicht neue Hoffnung und Lebenskraft, denn in den nächsten Tagen genoss er seine kurzen Wachzeiten sichtlich, wirkte aufgeschlossen und ruhig, war freundlich zu allen und verkündete, dass sich der Hexer »nur noch ein bisschen« bemerkbar machen würde. Er schmiedete Pläne für seine Heimreise nach Italien und lud alle dazu ein. Sein Appetit besserte sich und er legte wieder Wert auf die Pflege seines Äußeren. Er rasierte sich und bat, den Friseur zu informieren, dass er gerne seine Haare geschnitten hätte. Er willigte sogar ein, noch eine weitere Woche zu bleiben, weil es im September auch nicht mehr so heiß sei in Italien.

Diese so vielversprechende Situation nahm abrupt eine unglückliche Wende, als ein paar Tage später unverhofft, sodass man die nötigen Vorkehrungen nicht hätte treffen können, Don Anselmo aus Mannheim auf die Station kam, um einen anderen italienischen Patienten zu besuchen. Als er ihn sah, schien ihm das Blut in den Adern zu stocken. Eine eisige Wallung schoss von den Füßen her seinen ganzen Körper hoch und umspülte sein Herz, das in dieser Kälte zu erstarren drohte. Und diese Kälte umklammerte seinen Hals, sodass er kaum noch atmen konnte, breitete sich in seinem Gesicht aus und schließlich in seinem ganzen Kopf. Er stand wie erstarrt, bewegungsunfähig, obwohl er wusste, dass er fliehen sollte. Nur ein unkontrollierter Laut rang sich gurgelnd aus seinem Mund. Wie lange er so da stand, Sekunden, Minuten, eine Ewigkeit, konnte er nicht erfassen. Er wusste nur, dass es zu lange dauerte, denn er musste sich bewegen, sich verbergen, denn Don Anselmo durfte ihn auf keinen Fall sehen. Er fühlte sich wie in einem Albtraum, wenn ein reißendes zähnefletschendes Tier auf einen zustürmt und man sich nicht vom Fleck lösen kann. Aber dann fiel plötzlich diese Eiseskälte von ihm ab, Hitze durchströmte ihn und löste diese Erstarrung. Er musste fliehen. Noch war Don Anselmo nicht in seiner Nähe. Er stand noch an der Eingangstür im Gespräch mit einem Pfleger. Er sah die Tür zum Waschraum und ging so schnell wie ihn seine zittrigen Beine zu tragen vermochten, darauf zu, öffnete sie und schlüpfte hinein. Da er sich kaum mehr auf den Beinen halten konnte, ließ er sich auf einen der schäbigen weiß gestrichenen Schemel fallen, presste seine rechte Hand aufs Herz und seine linke um den Hals und versuchte, sich zu beruhigen.

»Hat er mich also doch gefunden, hat er mich jetzt doch gefunden«, murmelte er ununterbrochen vor sich hin.

Diese Schwarzen sind doch mit allen Wassern gewaschen, haben überall ihre Hände drin, haben überall ihre Augen und überall ihre *sbirri*, diese Schergen, von denen sie alles erfahren. Nicht nur bis in die Gefängnisse reicht ihr Arm, ja, selbst bis in eine noch besser abgeriegelte psychiatrische Klinik. Wer hätte das gedacht? Und jetzt? Was soll ich tun? Ich muss erst einmal abwarten, dass Don Anselmo wieder verschwindet und dann mit dem Stationsarzt sprechen, damit ich sofort entlassen werde, um gleich nach Hause, nach Sizilien zu fahren. Keinen Tag länger, damit er mich nicht findet. Ja, so kann es gehen, so muss es gehen.

So saß er, bis ihn der Pfleger, der ihn suchte, schließlich fand und ihn in sein Bett bringen wollte. Er aber bestand darauf, dass er erst den Stationsarzt sprechen wolle, bevor er seine Medikamente einnehmen würde. Als er hartnäckig darauf beharrte, rief man schließlich den Arzt, dem er von dem Besuch des Hexers berichtete. Der Stationsarzt war überrascht, denn er wusste davon nichts. Der Pfleger konnte den Irrtum aufklären: Don Anselmo habe einen ganz anderen italienischen Patienten gesucht. Er sei vom Pförtner aber auf diese Station verwiesen worden, da er von dem Patienten, der erst vormittags aufgenommen wurde, nichts gewusst hatte. Als sich der Irrtum herausstellte, habe man ihn auf die richtige Station gebracht. »Er war nur sehr kurz hier auf der Station und hat nicht zu erkennen gegeben, von unserem Patienten zu wissen«, berichtete der Pfleger.

»Und das glauben Sie? Dann kennen Sie diese Herrschaften nicht. Sie predigen uns, dass es Sünde sei zu lügen, und was tun sie selbst? Lügen, ununterbrochen lügen! Diplomatisch sein, nennen sie das. Aber woher kommt ihre ungeheure Macht über die halbe Welt? Sie säen nicht und sie ernten nicht und Gott ernährt sie doch, so wie die lieben Vögelchen vielleicht? Nein, nein. Sie säen nicht und sie ernten doch und wir, wir alle ernähren sie. Oder haben Sie einmal einen Pfarrer arbeiten sehen, richtig arbeiten, mit der Hacke in der Hand auf dem Feld, wie wir es tun? Sie machen uns Angst vor dem Fegefeuer und der Hölle und dafür ernähren wir sie, weil wir das alles glauben, Wort für Wort. Und damit das klappt, dafür haben sie ihre *sbirri*, die Großen ihre großen *sbirri*, die Kleinen ihre kleinen *sbirri*! Dieser Don Anselmo wusste, wo ich bin und er wusste, dass ich entlassen werden soll. Und nun kommt er und will hören, wann das genau sein wird und welche Pläne ich dann habe, damit die beiden nun wieder ihre schmutzige Arbeit aufnehmen können! Bis hier herein reicht ihre Kraft nicht. Ich kann nicht erklären, warum, aber ich hatte Ruhe vor ihnen. Vielleicht habe ich auch nichts bemerkt, ich habe ja nur immerzu geschlafen. Wir werden sehen, was passiert, wenn ich entlassen werde. Wann wird das sein?«

»Nun, wir haben es so verstanden, dass Sie noch bis September bleiben wollten. Das würden auch wir von der Therapie her sehr zweckmäßig finden«, meinte der Stationsarzt. »Wenn Sie noch bis nächste Woche durchhalten, dann sind Sie fast auf den Tag genau einen Monat hier gewesen.«

»Ein ganzer Monat war das? Na ja, ich habe ja die meiste Zeit geschlafen. Gut, nächste Woche darf ich also nach Hause, abgemacht?«

»Ja, versprochen, nächste Woche werden Sie entlassen. In den nächsten Tagen schleichen wir die Medikamente aus. Wir verringern die Dosis dann von Tag zu Tag, sodass Sie einige Tage vor Ihrer Entlassung keine Medikamente mehr nehmen müssen, um dann ganz wach zu sein, damit Sie wieder richtig reagieren und Ihnen nichts passiert, wenn Sie arbeiten oder auch nur über die Straße gehen.«

»Dann muss ich ja nicht mehr lange schlafen. Gott sei Dank, ich weiß ja gar nicht mehr, wer ich bin und wo ich bin. Hoffentlich erinnere ich mich noch, wo ich wohne. Werde ich mich wieder an alles erinnern? Jetzt probiere ich es schon manchmal, weil man mir nicht sagt, warum ich hier bin. Habe ich etwas Böses getan, weswegen man mich hier eingesperrt hat? Und all die anderen hier, sind sie Verbrecher? Quält man sie deswegen mit elektrischem Strom? Und meinen Totozettel habe ich auch nicht mehr. Ich muss ihn doch abgeben. Wenn ich gewinne, kann ich wenigstens ein paar Geschenke mit nach Sizilien nehmen. Er muss doch in meiner Jacke sein. Aber wo sind meine Kleider? Und meine Tasche? Wie komme ich nach Hause? Meinen Sie, jemand kann mit mir kommen, der weiß, wo ich wohne?«

»Aber natürlich lassen wir Sie nicht allein nach Hause gehen. Wir finden schon jemanden, der Sie begleitet. Und alle Ihre Sachen sind doch hier aufgehoben: Ihre Kleider, Ihre Schuhe und auch Ihre Tasche. Nur Ihren Totozettel habe ich nicht gesehen. Vielleicht haben Sie ihn in Ihrer Jacke. Beruhigen Sie sich erst einmal. Noch haben Sie eine Woche vor sich. Ab morgen bekommen Sie schon weniger Medikamente und so weiter, jeden Tag weniger. Sie werden dann auch nicht mehr so lange schlafen. Jetzt schlucken Sie nochmals all Ihre Pillen und die Tropfen und gehen dann zu Bett. Wir sehen uns morgen wieder.«

***

Die kommende Woche verlief für ihn voller Erwartung, obwohl es ihm gesundheitlich nicht immer gut ging. Trotz des langsamen Ausschleichens der Medikamente kam es zu Entzugserscheinungen, wie ein heftiges Stechen und Zucken der Muskeln und, vor allem in der Ruhelage nachts, erhebliche Muskelkrämpfe in den Beinen. Übelkeit, Schwindel, Gangunsicherheit und Sehstörungen belasteten ihn während des ganzen Tages, sodass er auch weiterhin die meiste Zeit im Bett verbrachte. Da ihn das helle Tageslicht und die immerwährende Geräuschkulisse störten, verband er sich die Augen mit einem dunklen Schal und stopfte sich Watte in die Ohren.

Seine täglichen Gespräche mit dem Assistenten drehten sich fast immer nur um seine erhoffte Befreiung von dieser Frau, der er immer noch seine Missbefindlichkeiten anlastete. Er schien jedoch gelöster, manchmal sogar heiter, wenn er über diese Abhängigkeit von ihr sprach und selbst dann, wenn er sich an die schweren Beeinträchtigungen des angenommenen Zaubers erinnerte.

***

Schließlich kam der Tag seiner Entlassung. Er verabschiedete sich von seinen Mitpatienten, mit denen er während seines Aufenthaltes ein recht herzliches Verhältnis eingegangen war. Im Arztzimmer erfolgte dann das Abschlussgespräch im Beisein des Assistenten, der sich erbot, ihn nach Hause zu begleiten.

»Was werden Sie tun, wenn Sie jetzt entlassen sind?«, fragte ihn der Stationsarzt. »Ich werde Sie noch vierzehn Tage krankschreiben.

Während dieser Zeit brauchen Sie nicht zu arbeiten und erhalten noch Krankengeld. Dann sind gerade sechs Wochen herum, so lange bezahlt Sie auch die Krankenkasse.«

»Ich werde in diesen zwei Wochen nach Italien fahren, meine Familie sehen, meine Mutter, meinen Vater, meine Verwandten und Freunde und vor allem in der Sonne sitzen, um ein bisschen Farbe zu bekommen, denn ich sehe ja aus wie ein armer Leichnam.«

»Wenn Sie krankgeschrieben sind, dürfen Sie nicht verreisen. Sie sollten zu Hause bleiben und weitgehend im Bett. Nun, vielleicht können wir mit Ihrer Krankenkasse vereinbaren, dass es für Ihre Gesundung förderlich ist, wenn Sie sich bei Ihrer Familie in Sizilien pflegen lassen. Man könnte es ja als Rehabilitation sehen, was es sicher auch wäre. Ich werde mit Ihrer Krankenkasse sprechen. Aber was mich besonders interessiert: Wie sehen Sie jetzt nach diesen Wochen bei uns Ihr Verhältnis zu dieser Frau und dem Pfarrer?«

»Sie wissen, dass ich diese Frau von ganzem Herzen geliebt habe. Nein, nicht nur mit meinem Herzen geliebt, sie war in meinem ganzen Körper, in meinen Armen und Beinen, in meiner Leber und in meinem Magen und vor allem in meinem Kopf, in meinem Gehirn, meinen Augen, in meinem Mund. Ich habe immer an sie gedacht, ob sie in der Nähe war oder weit weg. Ich habe sie gesehen, auch wenn sie nicht bei mir war, Tag und Nacht. Mein Mund wurde trocken und meine Lippen schwollen an, wenn sie dann zu mir kam. Und wie haben meine Beine gezittert und wie hat mein Magen sich verkrampft, als ich ihr nachlaufen musste wie ein Hund seinem Herrn.

Nun aber, nach alldem, was sie mir angetan hat, sie und er, hasse ich sie. Ich habe sie aus meinem Herzen gerissen, ich werde sie aus meinem Leben verjagen, ich hasse sie. Aber selbst das ist nicht ganz einfach, denn nun hat sich der Hass auf sie in mir genauso breit gemacht wie zuvor die Liebe. Der Hass hat Wurzeln geschlagen in meinem Herzen, er ist überall, in jede Ecke meines Herzens eingedrungen. Nun ist sie doch wieder in meinem Herzen, als Hass, als Hass auf sie. Ob ich diese Frau jemals loswerde?«

»Sie haben die Liebe zu ihr überwunden, so werden Sie doch wohl auch den Hass überwinden, um dann ganz frei zu sein. Und Sie haben doch gesehen, dass auf Helgoland Sie weder Liebe noch Hass quälte.«

»Natürlich, dahin konnten die beiden nicht einmal ihre Geister dirigieren. Sie haben aber doch einen Weg gefunden, mich aus dieser Sicherheit zu verjagen. Wer weiß, vielleicht haben sie bereits ihre Armee der *spiriti maligni* in Stellung gebracht. Der schwarze Magier war ja schon auf der Station.«

»Haben Sie hier denn auch etwas von den Geistern bemerkt? Sie haben doch nie davon gesprochen. Sind sie vielleicht nach Sizilien remigriert?«

»Sie machen sich wieder lustig über Dinge, die Ihnen fremd sind. Für uns ist aber die Welt, unsere Welt, nicht getrennt von der Welt der Geister. Wir haben noch die Fähigkeit, sie zu erkennen und mit ihnen zu leben. Und wie Sie sicher wissen, hatten doch auch die Heiligen diese Fähigkeit, mit den Geistern in Verbindung zu sein, von ihnen Hilfe zu erhalten und in ihrem Namen anderen zu helfen. Aber wo immer es Gutes gibt, gibt es auch Böses. Und so auch bei den Geistern. Nur die bösen Geister, die *spiriti maligni,* machen solche Bösartigkeiten mit. Nur sie lassen sich verwenden, Menschen zu quälen. Sie machen es sogar gerne. Es macht ihnen Freude. Da aber Geister gegeneinander kämpfen können, werde ich alle meine Kraft einsetzen, dass die guten Geister, die auf meiner Seite sind, dieses satanische Gesindel ein für alle Mal vertreiben. Und wenn es nicht gleich klappt, komme ich wieder zum Schlafen hierher, denn bei Ihnen haben die sich ja die Zähne ausgebissen.«

»Natürlich können Sie wiederkommen, wann immer Sie sich bedroht fühlen oder leiden. Sie kennen uns nun und haben gesehen, welche Therapien wir hier anwenden. Vielleicht sollten wir noch an eine Elektrokrampfbehandlung denken, wenn Sie Ihren Liebeszauber nicht loswerden. Das wird sicher helfen.«

»Nein, nein, nicht auch das noch! Ich werde jetzt so schnell wie möglich Ihre Klinik verlassen. Ich danke Ihnen und den Pflegern. Sie hatten viel Arbeit mit mir, aber ich hoffe, dass es bei diesem einen Mal bleibt. Wir Sizilianer sind sehr höfliche Leute und wollen niemandem zur Last fallen oder nur denen, für die wir dann auch etwas tun können. Und was sollte ich schon für Sie und Ihre Klinik tun können?«

»Ich sehe, Sie haben Ihren Humor nicht verloren. Ich wünsche Ihnen viel Glück und Gesundheit und erlaube Ihnen aber gerne, wann immer es nötig ist, uns zur Last fallen zu dürfen. Auf Wiedersehen und alles Gute.«

***

Als sie endlich vor dem Tor der Klinik standen, verharrte er einen Moment, blickte zurück und dann die Straße auf und ab, als wollte er sich vergewissern, dass ihm das alles noch bekannt sei.

»Endlich mal wieder richtig hell«, sagte er und blinzelte in den Himmel hinauf, geblendet von der gleißenden Septembersonne. »Und jetzt, wohin?«, schaute er fragend den Assistenten an.

»Jetzt über die Straße, dann nach rechts und wieder weiter vorne nach links und dann kennen Sie sich bestimmt wieder aus.«

So gingen sie langsam die Straßen entlang. Er blieb immer wieder erschöpft stehen, atmete tief durch und ging dann wieder ein Stück weiter. Manchmal lehnte er sich an eine Hauswand und massierte die Oberschenkelmuskeln, die sich durch das lange, ungewohnte Gehen schmerzhaft verkrampften.

»Wollen wir uns nicht da drüben in diesem Café ein wenig ausruhen? Eine Tasse Kaffee täte uns beiden sicher gut«, schlug der Assistent vor.

»Ja, das ist eine gute Idee, aber gehen wir noch ein paar Schritte weiter, zu diesem neuen Einkaufszentrum, dort gibt es ein italienisches Café, wo man auch im Freien sitzen kann. Nach diesem dünnen Klinikkaffee habe ich unglaubliche Lust auf einen starken und süßen italienischen Espresso.«

»Dann also los, hängen Sie sich bei mir ein, wenn die Beine Sie nicht mehr tragen wollen.«

»Ich würde es gerne, aber Sie wissen doch, was man hier über Männer denkt, die untergehakt gehen. Wollen Sie denn in den Ruf kommen, einen italienischen Geliebten zu haben? Die Welt ist komisch, nicht wahr? Bei uns ist es eine ganz übliche Verhaltensweise, wenn Männer, die sich kennen, untergehakt flanieren, auf der *passeggiata* am Abend oder als Zeichen von Respekt einem anderen gegenüber und vor allem auch, wenn man dadurch einem Mann sein Mitgefühl für dessen Leid ausdrücken möchte, ohne allzu viel Worte zu machen. Und hier schrecken sie zurück, wenn sie von einem anderen Mann berührt werden. Aber Sie werden sehen, ich schaffe es auch allein. Noch tragen mich meine dünnen ausgezehrten Beine.«

Und als sie dann in der Sonne saßen und ihren starken süßen Espresso tranken, zuerst einen *ristretto*, der nur einen kleinen Schluck ergab, und dann einen *caffè macchiato*, einen mit einem kleinen Schuss Grappa versetzten, taute er langsam aus einem bedrückten Schweigen auf. Er lehnte sich in seinem Stuhl zurück, beugte den Kopf nach hinten, damit ihm die Sonne direkt ins Gesicht scheine, schüttelte tief durchatmend den Kopf und sprach, fast wie nur zu sich selbst: »Eigenartig... Mir geht es schlecht, so schlecht, dass ich glaube, jeden Moment weinen zu müssen... und doch würde ich jetzt lieber hier in der warmen Sonne sitzen bleiben, an nichts denken, vor allem nicht an mein unerträgliches Elend. Ist es nicht komisch, dass man immer das eine und auch das andere ist, dass man traurig sein kann und gleichzeitig auch fröhlich?

Eigentlich müsste ich jetzt den Kopf hängen lassen, so elend ist es mir und so elend erscheint mir mein Leben. Wo bin ich, was bin ich und was ist nur passiert? Einen Monat habe ich in dieser Klinik verbracht, warum, habe ich wirklich nur geschlafen? Was war das für ein elendes Abenteuer, eingeschlossen unter lauter bizarren Gestalten, Medikamente schlucken müssen, die dich nicht nur in Tiefschlaf versetzen, sondern dir gleichzeitig alles nehmen: dein Gedächtnis, deine Vorstellung von der Zeit und von dem, was du bist, aber auch deine Gefühle... Ob die Sonne scheint oder nicht, ob es Morgen ist, Mittag, Abend oder Nacht, ob es kalt ist oder heiß, ob du Appetit hast oder nicht – es ist alles dasselbe oder überhaupt nichts. Es hat gar keinen Wert. Du fühlst es nicht gut oder schlecht, nicht angenehm oder unangenehm, es *ist* einfach, es ist und du weißt nicht, wie es ist. Du hast keinen Wunsch, kein Verlangen mehr, nicht auf ein gutes Essen, ja, nicht einmal auf eine Frau. Und diese Medikamente nehmen dir vor allem deinen Willen. Du lebst, aber du lebst kaum noch, und du hast nicht einmal mehr die Kraft, den Willen, dich dagegen zu wehren, es ändern zu wollen. Sie bestimmen dich und du schläfst und schläfst und schläfst. Und jetzt? Kann ich wieder wach werden? Ganz wach sein und wieder selbst bestimmen, was ich tun muss und was ich tun will? Ich habe Angst, sehr große Angst. Ich darf nicht zurückdenken, denn es schaudert mich, wenn ich auch nur an heute oder gestern denke. Und davor, diesen Monat lang, oh Gott, nein, daran darf ich mich nicht erinnern. Alles wird eisig in mir, wenn ich auch nur diese Gedanken aufkommen lasse.

Und was wird nun morgen, übermorgen sein? Werde ich wieder alles, was ich tun möchte und tun muss, verstehen? Werde ich wieder Lust haben und Freude und Zufriedenheit und Kraft und Ausdauer? Werde ich wieder leben können? Und werden mich die beiden leben lassen? Sie existieren, es gibt sie und ich weiß, was sie mir angetan haben, aber sie sind nun blass, unscharf und klein, wie wenn du umgekehrt durch ein Fernglas guckst. Werden sie aber größer werden und schärfer, wie wenn ich das Fernglas herumdrehe und justiere? Mein Gott, habe ich Angst vor alldem, was nun kommen wird. Darf ich Sie um etwas bitten? Sie würden mir einen großen Gefallen tun, wenn Sie mir diese Bitte nicht abschlagen würden.«

»Nun, wenn ich Ihnen die Bitte erfüllen kann, dann ja, denn heute ist doch ein besonderer Tag für Sie.«

»Ich wollte Sie fragen, ob Sie mit mir essen wollen, damit ich nicht so allein wäre. Ich hätte große Lust auf eine riesige Spaghettata, einen Topf voller Spaghetti, triefend voll Sauce, löffelweise Parmesankäse darauf und dazu eine Flasche Wein. Was meinen Sie? Wir kaufen im italienischen Geschäft da vorne ein, und ich werde kochen. Sie brauchen nichts zu tun, nur zu genießen. Sie wissen, dass ich ein guter Koch bin.«

»Einverstanden, diese Bitte ist leicht und von ganzem Herzen zu erfüllen.«

Sie kauften alles ein: Wein, zwei Pakete Spaghetti, Suppengrün, Tomaten und Tomatenkonzentrat, Zwiebeln, Knoblauch, Olivenöl, ein paar scharfe rote *peperoncini*, ein schönes Stück Parmesan. Beim Metzger gegenüber holten sie ein Pfund Hackfleisch und beim Bäcker daneben ein großes Brot und Milch für die nächsten Tage.

Es wurde eine wirklich gelungene Spaghettata: Die Spaghetti waren *al dente*, bissfest gekocht, und die Sauce war weder zu sauer noch zu süß, dafür aber richtig dickflüssig und höllisch scharf. Sie aßen schweigend, indem sie sich nur hin und wieder anerkennend zunickten oder, wenn die Gläser neu gefüllt wurden, sich ein zufriedenes *»Salute«* wünschten.

Erst als sie den Boden der Schüssel sahen und auch die zweite Flasche bedenklich zur Neige ging, lehnten sie sich wohlig erschöpft zurück, nahmen ihre nun rot besprenkelten Servietten ab, die im Hemdkragen befestigt über die ganze Brust hingen, prosteten sich nochmals zu und gaben auf. Es war wirklich eine ausgezeichnete Spaghettata, sie waren zufrieden.

»In solchen Augenblicken lehnen wir uns unter Freunden, wenn wir auf dem Lande gemeinsam eine solche Spaghettata veranstaltet haben, selig zurück und bekunden uns gegenseitig unseren Dank und unsere Zufriedenheit durch ein lautes melodisches Rülpsen. Das ist nicht vulgär, das haben unsere Vorväter schon getan und das tun wir auch heute noch – wenn keine Frauen zugegen sind, versteht sich.«

»Frauen sind heute keine da, folgen wir also dieser ›entlastenden‹ Tradition. Die galt übrigens auch einmal hier in Deutschland«, meinte der Assistent.

»Ich werde noch den Rest der Flasche leeren, dann reif fürs Bett sein und nun endlich einmal wieder normal, ohne Tabletten und in meinem Bett schlafen, einen Tag, zwei Tage vielleicht, wer weiß. Ich melde mich bei Ihnen, sobald ich mich wieder wohler fühle.«

Wohlgelaunt und zufrieden verabschiedeten sie sich voneinander.

Während der nächsten Tage hörte der Assistent von ihm nur, dass es ihm gut gehe, dass er versuche, sich wieder einzuleben, Spaziergänge mache, hin und wieder ins Kino gehe und seine Abende meist im *Centro Italiano* mit Freunden und Bekannten verbringe.

In der folgenden Woche trafen sie sich wieder. Er erzählte dem Assistenten, dass er mit seinem Arbeitgeber gesprochen habe und demnächst wieder arbeiten wolle, da dieses Nichtstun ihn nur nervös und grüblerisch mache. Von den Geistern und der Hexerei fiel kein Wort. Er wolle aber für zwei Wochen nach Italien. Jetzt, während er krankgeschrieben sei, dürfe er ja nicht, aber dann die nächste Woche. Er wolle sich zu Hause richtig erholen, um mit voller Kraft wieder arbeiten zu können.

Am Tag seiner Abreise trafen sie sich im *Centro* zum Abendessen und verplauderten die zwei Stunden, bis es Zeit war, zum Bahnhof aufzubrechen und den Nachtzug nach Italien zu erreichen. Es ging ihm gut. Er war voller Pläne und voller Erwartung, weil seine Mutter ihm bei ihrem letzten Telefongespräch angedeutet hatte, dass sie ein anständiges Mädchen aus einer *famiglia per bene*, aus einer rechtschaffenen Familie, für ihn gefunden habe und hoffe, dass sie ihm gefalle und er sie bald heiraten werde.

»Wenn meine Mutter sie ausgesucht hat, ist sie sicher untadelig, wohlerzogen und bestimmt eine perfekte Hausfrau. Wenn sie nicht zu klein und zu dünn und keins von diesen schüchternen Hühnchen ist und vor allem nicht bettelarm, werde ich sie heiraten. In meinem Alter wird es Zeit, eine Familie zu gründen, Kinder zu haben und zu wissen, wohin man gehört, für was man lebt und arbeitet. Und wenn ich verheiratet bin, dann wird den beiden hoffentlich klar, dass ich nun nicht mehr zu *ihr* zurückkomme.«

Er blieb fast drei Wochen in Sizilien. Er schrieb eine Ansichtskarte, die, obwohl bald nach seiner Ankunft abgeschickt, erst kurz vor seiner Rückkehr eintraf. Post aus Italien dauerte immer unendlich lange.

Es schien ihm sehr gut zu gehen, aber eine Entscheidung für das »anständige Mädchen« war, wie er schrieb, wohl noch nicht gefallen.

Ja, er habe sich noch nicht entschieden, berichtete er nach seiner Rückkehr. Sie sei hübsch, sehr weiblich, gut gebaut und habe alles am richtigen Ort, wie er sich ausdrückte, aber es sei dieser Typ Frau, mit der man entweder das große Los ziehen könne oder aber ein Leben führen müsse in sicherer Harmonie zwar, aber ohne besondere Höhen und Tiefen. Sie sei eine dieser anmutigen, wohlerzogenen Frauen, ergeben und zurückhaltend, die nie im Mittelpunkt stehen wollen, die aber, weil sie so stark und opferbereit seien, stets den Mittelpunkt der

Familie darstellten. Sie forderten nie. Am liebsten hätten sie es, wenn der Mann ihre Wünsche erahnen würde. Sie verstünden es, intelligent und gleichzeitig lebensklug alles zu ordnen, ohne lang und breit darüber zu diskutieren. Sie verwalteten ihr Reich und gäben ihrem Mann das sichere Gefühl, dass auch er Herrscher in seinem Bereich sei und gleichzeitig der Herr, der Beschützer des Ganzen. Sie seien untadelig aufgrund ihrer christlichen Tugenden, ohne jedoch bigott zu sein. Wenn diese starken, in sich ruhenden, immer mittelnd und vermittelnd aufbauenden, zusammenhaltenden und bewahrenden Frauen dann auch noch das innere erotische Feuer hätten, gezähmt und kontrolliert, wo es unter Verschluss gehalten werden müsse, und ausbrechend, überströmend, wo es lodern dürfe und gefördert würde, dann habe ein Mann, wenn er ein wirklicher Mann sei, das große Los gezogen.

Fehle aber dieses Feuer, das all diese wunderbaren Eigenschaften kröne, so blieben eben nur die Tugenden, die der Familie und dem Mann zwar ein warmes harmonisches Nest bereiten, in dem sich alle gerne zusammenfinden, aus dem der Mann sich aber auch gerne zu seiner Geliebten flüchten würde.

»Wie aber stellt man fest, ob sie so oder so ist?«, fragte er. »Wenn man vielleicht einmal nebeneinander sitzt und das immer im Beisein irgendwelcher Tugendwächter oder auf der *passeggiata* mitten unter allen anderen nebeneinander hergeht, ohne sich zu berühren? Und selbst, wenn sie innerlich glühen würde, darf sie es ja nicht zeigen, denn sie ist doch ein wohlerzogenes tugendhaftes Mädchen. Man müsste sie also dazu bringen, ihre Beherrschung zu verlieren, dass ihre Glut zu Feuer wird, das sie dann nicht mehr unter Kontrolle halten kann. Aber wie stellt man das in Sizilien an?«

Diesmal, während seines Urlaubs, sei es ihm nicht geglückt. Die Zeit sei zu kurz gewesen und es habe sich überhaupt keine wirkliche Gelegenheit ergeben. Er habe aber einen Plan. Sie habe Verwandte hier in Deutschland, die sie einmal besuchen wolle. Bei dieser Gelegenheit könne er sie treffen, hier wäre es sicher möglich, sie so kennenzulernen, wie es nötig sei.

Natürlich wünsche sich jeder Sizilianer eine solch tugendhafte, brave und ergebene Frau. Aber er habe nun hier gesehen, dass die erotische Seite bei Frauen nicht fehlen dürfe. Er sei eben schon zu verbildet, als dass er sich wie ein sizilianischer Bauer mit der Frau abfinden würde, die man ihm ausgesucht habe und dies ganz ohne seine eigenen Vorstellungen erfüllt zu sehen.

»Das ist auch ein Teil des Preises, den ich bezahlen muss, da ich in zwei Kulturen lebe«, sagte er. »Natürlich kann das sehr bereichernd sein, sich von beiden Seiten das Beste auszusuchen, aber erst einmal ist es verunsichernd, weil du nicht mehr weißt, was recht ist und was nicht, was richtig ist und was falsch.

Nächsten Montag werde ich wieder arbeiten. Das hilft mir. Ich kann mich dabei ablenken und vergessen, und wer weiß, was morgen ist oder übermorgen oder nächstes Jahr? Und wenn sie mich hier wieder quälen sollten, nehme ich eben Urlaub und fahre wieder nach Sizilien, wo es mir gut geht, denn so weit reicht ihr Arm wohl doch nicht, und dort habe ich auch immer Hilfe.«

***

Während des Oktobers, der wie so oft mit seiner angenehmen Wärme und seiner herbstlichen Farbenpracht das Neckartal golden verzauberte, ging es ihm recht gut. Er arbeitete regelmäßig, fand wieder einen gesunden Tagesrhythmus, hatte Erfolg, freute sich auf seinen Feierabend und auf die Wochenenden, die er mit Landsleuten verbrachte. Er pachtete ein Freizeitgrundstück mit der Option, es auch kaufen zu können, baute mit Freunden eine kleine Hütte darauf, legte Blumenbeete an und pflanzte Bäume. Dort verbrachte er viele Abende und meist auch die freien Tage mit seinen Freunden, oft aber auch ganz allein.

Sein Gesundheitszustand verschlechterte sich aber zusehends mit Beginn der regnerischen, dunklen und nebeligen Spätherbsttage. Er fühlte sich unlustig, antriebslos, hatte keinen Appetit, schlief schlecht und wäre am liebsten den ganzen Tag im Bett geblieben. Er zog sich von seinen Freunden und Bekannten zurück, ging nur noch selten ins *Centro Italiano* oder ins Kino und saß meist zu Hause und malte Bilder, die er meist verschenkte. Es waren kleine Ölstudien, düster, fast nur in den Farben Schwarz, Grau und Grün mit ein wenig weißer Höhung, ungegenständlich, an Fantasielandschaften, an wirbelsturmähnliche Wolkenformationen oder Sturmfluten erinnernd, in einer ganz eigentümlichen, sehr interessanten Maltechnik. Er verwendete Reste von Lackfarben aus seinem Betrieb, die er dünn auf Malkartons auftrug, ineinanderfließen ließ und nur bestimmte Strukturen mit dem Pinsel herausarbeitete.

Regelmäßigen Kontakt hielt er nur noch zu dem Assistenten, mit dem er sein wechselndes gesundheitliches Befinden besprach. Schließlich begann kurz vor Weihnachten, als er hörte, dass er nur wenige Tage Urlaub nehmen und darum die Festtage nicht mit seiner Familie verbringen könne, eine schwere Krise.

Sie setzte mit Atemnot ein, mit Kreislaufproblemen und Herzrasen. Wie üblich traten dann Störungen des Magen-Darm-Traktes hinzu. Mit der entsprechenden Deutung, dass seine Lunge schrumpfe, sein Herz »leer pumpe« und der Kreislauf zusammengebrochen sei sowie mit der Vorstellung, dass sein Mageneingang sich verschlossen habe, traten dann die sonstigen zum System gehörenden Symptome auf. Er sah plötzlich schlechter, oft wie durch einen Schleier, hörte wieder die bösen Geister, die in seinen Körper ein- und ausfuhren und ihm schwere Schmerzen, vor allem in der Schulter- und Beinmuskulatur verursachten. Natürlich stand für ihn fest, dass es wieder die beiden waren, die mit den Praktiken des Liebeszaubers fortfuhren. Sie wollten ihm bestimmt seine Weihnachtstage vergällen – boshaft wie die beiden seien. Dass seine depressive Stimmung, die seit Beginn der dunklen, traurigen Winterzeit bestand und sich nun noch verstärkt hatte, weil er Weihnachten nicht in Italien mit seiner Familie verbringen konnte, vielleicht schuld an seinem derzeitigen Zustand wäre, den er wieder nach dem üblichen Muster seiner Gesellschaft deutete, wies er kompromisslos zurück. Es sei doch ganz klar, was nun wieder passiere, denn die Symptome seien doch eindeutig.

Eines Abends berichtete er, dass er mit dem Stationsarzt der Psychiatrischen Klinik gesprochen habe, der ihm geraten habe, sich noch einmal stationär aufnehmen zu lassen, um eine Elektrokrampfbehandlung durchzuführen, da ihn die Schlaftherapie ja nicht hatte befreien können. Nochmals schlafen wolle er nicht und vor einer »Schockerei« habe er noch zu große Angst. Er habe daher eine Wiederaufnahme zum jetzigen Zeitpunkt abgelehnt. Er wolle zunächst abwarten, wie sich alles entwickle. In der Firma hätten sie jetzt vor Weihnachten so viel zu tun, dass er seinen Chef nicht im Stich lassen könne. Er werde vielleicht in die Klinik gehen, wenn im Januar wenig zu tun sei.

Die Weihnachtsfeiertage verbrachte er bei einer italienischen Familie in einem kleinen Dorf in der Nähe Heidelbergs. Er kam fröhlich und fast beschwerdefrei zurück. Wahrscheinlich habe sich Don Anselmo an seine christliche Moral erinnert und ihn wenigstens an diesem hohen Feste nicht quälen wollen. Nur hin und wieder habe er Schmerzen im Rücken verspürt, woran aber auch das harte Bett seiner Gastgeber schuld gewesen sein könnte. Zwischen Weihnachten und Neujahr musste er nicht arbeiten. Die Tage verbrachte er meist mit seinen Landsleuten im *Centro*, wo auch eine große Silvesterparty stattfand, die er in vollen Zügen genoss.

Im neuen Jahr aber begannen die Missbefindlichkeiten von Neuem. Während der Silvesterparty traf er eine alte Bekannte aus dem Freundeskreis seiner Freundin. Da sie schon vor Mitternacht nach Hause zu ihren Eltern wollte und sie also kaum Gelegenheit hatten, miteinander zu plaudern, verabredeten sie sich in ihrem früheren Stammcafé. Es war ein ungezwungenes, freundschaftliches Treffen, bei dem die junge Frau, ohne zu ahnen, dass er die Trennung noch immer nicht überwunden hatte, ihm von den recht ausschweifenden erotischen Beziehungen seiner Freundin berichtete. Er tat so, als nähme er es völlig ungerührt zur Kenntnis, innerlich war er jedoch so aufgewühlt, dass er sich kaum zu beherrschen vermochte. Er war froh, als er sie endlich nach Hause begleiten konnte. Er verabredete sich nicht noch einmal mit ihr. Um sich zu beruhigen, ging er zum Fluss hinunter und schlenderte langsam am Ufer entlang. Die feuchte, kalte Brise, die vom Wasser her in sein Gesicht wehte, brachte ihn wieder so weit ins Gleichgewicht, dass er sich wieder unter Menschen traute. Er ging ins *Centro*, bestellte sich seinen geliebten Käse-Schinken-Toast, einen Salat dazu und eine Flasche italienischen Wein, denn schließlich musste das neue Jahr großzügig begonnen werden, wenn es nicht zu armselig verlaufen sollte.

Er spielte noch ein paar Stunden mit seinen Bekannten Karten und ging dann zufrieden nach Hause. Durch den Wein hatte er die nötige Bettschwere, er schlief auch sofort ein, durchlebte aber eine schlechte Nacht. Er meinte, dass alle bösen Geister wieder auf ihn losgelassen seien, so sehr wurde er gequält. Schließlich war er froh, aufstehen und zur Arbeit gehen zu können.

Die folgenden Tage brachten ihm keine Ruhe, eher verschlechterte sich sein Befinden noch. Schließlich entschloss er sich, noch einmal den Stationsarzt zu sprechen, da er überzeugt war, dass man ihn nicht in Frieden lassen werde, der Zauber aber in der Klinik seine Kraft verlöre, was er während des letzten Aufenthaltes ja selbst erlebt hatte. Selbst mit einer Elektrokrampfbehandlung fand er sich nun ab, da er hoffte, dadurch gegen die *fattura d'amore* immun zu werden, wie es ihm der Stationsarzt erklärt hatte.

Einige Tage vor seiner geplanten Aufnahme in die Klinik traf er sich mit dem Assistenten zum Abendessen. Er wollte nochmals alles besprechen und wieder um Beistand bitten für die Zeit seines Klinikaufenthaltes.

»So kann ich einfach nicht mehr weiterleben. Wann wird diese Qual denn ein Ende nehmen? Wenn ich durch diese Behandlung nicht von diesem zerstörerischen Zauber befreit werde, habe ich nur noch zwei Möglichkeiten: Entweder bringe ich die beiden wirklich um oder ich begehe Selbstmord. Aber sagen Sie doch, warum soll ich mich umbringen? Nur weil diese beiden Unmenschen nicht aufhören wollen, mich zu quälen? Wenn ich sie töte, dann ist das doch Notwehr, oder nicht? Auch sie werden mich töten, wenn sie so weitermachen. Darf ich mich also nicht zur Wehr setzen? Man wird mich bestimmt einsperren, aber zu mehr als zwei oder drei Jahren Gefängnis werde ich sicher nicht verurteilt, wenn ich Don Anselmo umbringe, denn jeder Richter wird doch einsehen, dass ich aus Notwehr gehandelt habe. Und wenn man mir keine Notwehr zugesteht, so gelte ich doch sicher als geisteskrank. Meinen Sie, ich habe nicht bemerkt, was man in der Klinik über mich denkt? Nur Verrückte werden dort eingesperrt und mit allerlei Medikamenten oder mit elektrischem Strom traktiert. Da die alle nicht verstehen, was eine *fattura* ist, meinen sie, ich sei wahnsinnig. Eigentlich ist das für mich ja nicht schlecht. Zweimal in der Psychiatrischen Klinik gewesen und sogar mit dem Schlimmsten behandelt, was die auf Lager haben, und da soll einer sagen, ich sei nicht stockverrückt. Vielleicht stecken sie mich dann in ein psychiatrisches Krankenhaus anstatt in ein Gefängnis. Dann bin ich ja sozusagen zu Hause. Nicht wahr? Und dort haben sie bestimmt Arbeit für mich. Ich könnte mich nützlich machen und auch noch verdienen. Aber so weit ist es ja noch nicht. Erst will ich noch probieren, ob es geht, ohne zu morden, denn welcher christliche Mensch bringt gerne einen anderen um, wenn es nicht unbedingt sein muss?«

»Ich meine, es muss überhaupt nicht sein und es darf auch keinesfalls sein! Sie sollen kein Mörder werden. Sie sollten nach Sizilien gehen, nicht nur vierzehn Tage wie bisher, sondern vielleicht ein paar Monate, besser noch ein Jahr oder noch länger, so lange eben, bis Sie diese Frau und all das Unschöne und Quälende, das Sie bisher erleben mussten, vergessen haben. Und ich bin ganz sicher, dass Ihnen das auch gelingen wird, so wie es Tausenden und Abertausenden gelungen ist, die einen solch schweren Liebesverlust erlitten haben.«

»Aber was soll ich in Sizilien tun? Von was soll ich denn dort leben? Die warme Sonne allein macht mich nicht satt, bezahlt nicht meine Sozialversicherung und auch nicht die Beiträge zur Krankenkasse.«

»Nun, Sie haben doch auch Geld gespart, gar nicht so wenig, wie Sie mir erzählt haben. Das überbrückt die Anfangszeit, in der Sie hier auch noch versichert sind. Unser Institut ist an verschiedenen Dorfentwicklungsprojekten in Sizilien beteiligt. Ich werde Ihnen eine Anstellung besorgen, denn die Gelder zur Finanzierung dieser Projekte kommen überwiegend aus Deutschland, Holland und Schweden. Sie werden dabei nicht reich werden, aber abgesichert gut über die Runden kommen und wenn Sie sicher sind, dass all die Probleme, die Sie hier haben, vergangen und vergessen sind, können Sie ja wieder zurückkommen. Ihr Arbeitgeber hat mir versichert, dass er Sie sofort wieder einstellt, da er Ihre Fähigkeiten sehr hoch einschätzt und Sie als Mitarbeiter nicht nur von ihm, sondern auch von Ihren Kollegen sehr anerkannt sind.«

»Krank nach Hause? Alle würden mich fragen, ob das der große Erfolg war, für den ich meine Heimat verlassen habe. Sicher wäre es schön, wenn Sie mir Arbeit besorgen könnten, liebend gerne würde ich mein Brot zu Hause verdienen. Aber wann könnte das sein und für wie lange? Etwa für immer oder auch nur für eine bestimmte Zeit?«

»Natürlich wäre das nicht für alle Zeiten, sondern nur so lange wie diese Projekte laufen, aber doch lang genug, um all das Schreckliche, was Ihnen hier widerfahren ist, vergessen oder besser noch, verarbeiten zu können, und um dann gesund und stabil wieder hierher zurückzukommen. Natürlich könnten Sie dort auch psychotherapeutische Hilfe erhalten, denn in den Teams arbeiten auch Psychologen, die sich sehr gut mit den Problemen der sizilianischen Volksmedizin auskennen. Nun, was sagen Sie? Noch können Sie entscheiden, ob Sie morgen früh in die Klinik gehen oder übermorgen Abend nach Sizilien fahren.«

»Ich habe mich für morgen angemeldet. Der Stationsarzt meint, dass ich durch die Elektrokrampfbehandlung wahrscheinlich von den beiden nicht mehr angegriffen werde, dass ich dann meine Ruhe haben werde und wieder normal leben kann. Ich will es versuchen. Ich hoffe, er hat recht. Ich habe elende Angst, denn ich habe ja gesehen, wie das geht. Aber man schläft ja dabei und ein paar Male werde ich es schon aushalten.«

»Hat er Ihnen denn gesagt, wie lange die Behandlung dauern soll und wie viele Elektrokrämpfe angewandt werden sollen? Und hat er Sie auch über die Risiken informiert?«

»Nein, darüber haben wir nicht gesprochen. Er wollte mir alles erklären, aber weil es nicht ganz einfach ist, wollte er Sie bitten, bei dem Gespräch dabei zu sein, um zu dolmetschen, wenn ich nicht alles verstehe.«

»Natürlich werde ich wieder mitkommen. Schließlich sollen Sie genau verstehen, was man mit Ihnen vorhat und nur dann, wenn Sie völlig einverstanden sind, sollen Sie unterschreiben und sich aufnehmen lassen. Man versetzt nicht nur, wie Sie meinen, ein paar Schocks, sondern mindestens sechs bis acht, meist aber sogar zwölf oder mehr, das sind dann sogenannte Blocks. Die Elektrokrampfbehandlung ist eine invasive Methode und mit erheblichen Risiken verbunden. Natürlich ist sie über dreißig Jahre bekannt und, wie ich Ihnen bereits erklärte, heute eine Standardmethode, deren Risiken zwar weitgehend beherrscht sind, aber nie völlig vermieden werden können. Darüber wird Sie aber der Stationsarzt aufklären. Hören Sie sich das genau an und fragen Sie nach, wenn Ihnen etwas unklar ist. Ich werde Ihnen alles genau übersetzen. Das Gleiche gilt auch für die Durchführung der Behandlung. Sie sollen wissen, was dabei mit Ihnen geschieht. Erst wenn Ihnen alles klar ist und Sie dann noch einverstanden sind, sollten Sie Ihre Einverständniserklärung unterschreiben und sich stationär aufnehmen lassen.«

»Wie ich sehe, sind Sie nicht begeistert über meinen Entschluss, eine Elektroschockbehandlung durchführen zu lassen. Ich weiß, es wird sicher eine Qual, aber kann man nicht Schlimmes nur durch Schlimmes vertreiben? *Duluri fanno sparire duluri*, sagen wir, Schmerzen vertreiben Schmerzen. Sie haben es ja gesehen, durch Schlafen eine *fattura* zu besiegen, geht nicht. Dafür muss man schwerere Waffen einsetzen, und ich will diese hinterhältigen Miserablen besiegen. Sie werden mich nicht zerstören. So ein kleiner norditalienischer Pfaffe und eine Frau, eine deutsche Frau, wollen mich besiegen? Das glauben Sie doch selbst nicht. Ich bin schwach, verletzt, tief verwundet, weil man mich hinterrücks immer wieder erdolcht hat, mich bluten ließ, bis ich fast blutleer war und ohne Kraft. Nun habe ich mich wieder etwas erholt und schon beginnen sie wieder mit ihren Schüssen. Aber ich schieße zurück, bevor sie mich erledigen. Wir Sizilianer sind unendlich geduldig, lethargisch sogar, weil wir lernen mussten, dass sich das Schicksal immer gegen uns verschworen hat. Aber wir sind keine Gandhis, wir sind Heroen! Wir setzen uns nicht protestierend auf die Straße und lassen uns wie einfältige Schafe von den *carabinieri* wegtragen, wie im Norden unseres geliebten Vaterlandes. Nein, wir nehmen eher unsere *Lupara* in die Hand und verteidigen uns. Und wenn wir sterben müssen, dann nicht wie ein armseliges Lamm auf der Schlachtbank, sondern mit der Wolfsflinte in der Hand.

Ich nehme den Kampf auf. Schmerzen gegen Schmerzen, die stärkste Waffe, die man mir anbietet, um gegen diese heimtückische Macht angehen zu können. Ich werde dem Stationsarzt sagen, dass er nicht zu zimperlich sein soll. Volle Ladung! So viel Strom wie er hat. Ich stehe es durch und ich will immun werden gegen deren schmutzigen Zauber. Sie sollen sehen, wer triumphiert. Ich werde ihnen meinen Hintern zeigen, sie demütigen. Ich will ihr zerknirschtes Gesicht sehen, will sehen, wie sie ihre Niederlage bejammern. Ich will sie untergehen sehen!«

»Oh, ich sehe, Sie sind voller Kampfeslust. Das ist zwar eine gute Grundlage, um eine Krankheit zu besiegen, ich hoffe nur, dass der Kampf dann nicht vergebens war. Auch wir sagen: ›Weh muss Weh vertreiben‹. Aber das ist auch wieder eins dieser Sprichwörter, die uns Mut machen sollen und doch nicht für jede Situation angebracht sind. Ich weiß auch, dass die Sizilianer großartige Heroen sind, ganz besonders in ihrer Vorstellung. Aber heldenhaft kann es auch sein, auf den

Kampf zu verzichten und seine Kraft anders einzusetzen. Ich fände es sehr heroisch, den Kampf hier in Deutschland aufzugeben und die dafür nötige Kraft in Sizilien einzusetzen, um den Leuten in Ihrem Dorf klarzumachen, dass auch ein Migrant aus dem Ausland zurückkommen kann, krank, hilfebedürftig, ohne Millionär geworden zu sein. Und ich glaube, Sie würden nicht, wie Sie meinen, nur Häme und Spott erfahren.

Neben all dem Neid, der Missgunst, Schadenfreude und der *diceria* verfügen die Sizilianer doch wie kaum eine andere Gesellschaft über eine große Hilfsbereitschaft und eine besondere Zuwendung gegenüber all denen, die nicht durch eigenes Verschulden in Not geraten sind. Man würde sicher Ihr Schicksal verstehen und Ihnen Beistand gewähren – vielleicht sogar mehr als Ihnen lieb sein würde. Vergessen Sie nicht, viele würden daraus lernen und noch viele mehr wären sicher sehr stolz, dass Sie in Ihrer Heimat von alldem genesen sind, was man Ihnen im Ausland angetan hat. Und wo würde man besser verstehen, was eine *fattura d'amore* anrichten kann, als bei Ihnen in Ihrem Dorf?«

»Vielleicht haben Sie recht, möglicherweise sind wir Sizilianer gar nicht solche *menefreghisti*, vielleicht stellen wir selbst uns nur immer als gleichgültige Selbstsüchtige dar. Möglicherweise würde man mir beistehen, aber ich wäre trotzdem gleichzeitig ein Versager. Ein Mann in den besten Jahren ist durch die Liebe zu einer Frau krank geworden, hat sich nicht dagegen gewehrt, ist geflohen in Mamas Arme, auf Mamas Schoß, um wieder gesund zu werden. Hilfe, ja, Unterstützung wohl auch, aber wo bliebe mein Prestige? Was wäre mit meinem Ansehen im Dorf? Männer halten nichts von Schwächlingen und junge Frauen noch viel weniger. In unserer armen Gesellschaft muss man stark sein, um überleben zu können, und noch stärker, um für eine Familie zu sorgen, um für sie die volle Verantwortung zu übernehmen, die wirtschaftliche und die moralische.

Nein, ich weiß, Sie meinen es doch gut mit mir. Sie haben viel, sehr viel von meiner Gesellschaft verstanden, aber Sie waren nie Sizilianer. Sie mussten nie wirklich dort leben, nie dort zu Hause sein. Sie konnten bei uns sein, mit uns sprechen und uns beobachten. Richtig, dabei kann man mehr verstehen, wie wir sind, mehr als wir selbst von uns wissen und von uns kennen, aber Sie konnten wieder abreisen, konnten uns wieder verlassen, wenn Sie genug von uns hatten. Ihr Ruf und Ihr Ansehen standen nie wirklich auf dem Spiel. Natürlich mussten Sie sich anpassen, sogar sehr viel stärker, als ich es hier muss, denn wir sind viel weniger großzügig, was das Benehmen betrifft. Wir sind schließlich davon überzeugt, dass unsere Art des Benehmens und des

Umgangs die einzig wahre, christliche und menschliche überhaupt ist. Sie haben doch bestimmt bemerkt, wie man Ihnen auf die Hände gesehen hat, aber sicher auch auf die Füße und auf den Mund. Man wollte kontrollieren, was Sie machen, wohin Sie gehen und was und mit wem Sie sprechen. Wenn Sie nicht gerade etwas sehr Schlimmes tun, wird man Ihnen verzeihen, denn Sie sind doch Ausländer. Gelten Sie als sympathisch, so wird man Ihnen einen Fehler nachsehen, denn Sie Ärmster sind doch in einem Land da oben im Norden groß geworden, wo die Leute halt nicht so sind, unzivilisierter, unkultivierter, vielleicht gar protestantisch.

Aber mich wird man nicht so schnell entschuldigen. Erst, wenn ich viele, viele Jahre im Ausland gelebt habe, wird man mich, wenn ich zurückkomme, als *americano* bezeichnen und mir das eine oder andere nachsehen. Jetzt nach so kurzer Zeit aber noch nicht. Nein, ich muss gesund zurückkommen. Zumindest darf ich mich nicht wie ein Kranker benehmen. Wer würde seine Tochter einem Mann geben, der nicht all die Erwartungen erfüllen kann, die man an ihn stellt? Darum werde ich morgen dort hingehen und mit einem *cuor di leone* das alles durchstehen und stark und von diesem Zauber befreit nach Hause fahren.«

»Gut, wenn es Ihre feste unverrückbare Absicht ist, dann werde ich Sie morgen früh begleiten. Das Löwenherz werden Sie wohl brauchen. Hoffentlich ist ein *cuor di leone* auch wirklich so stark. Ich würde Sie sicher nicht geringer schätzen, wenn Sie sich doch noch für das Hasenherz entscheiden würden und ich Sie statt in die Klinik an den Bahnhof begleiten könnte.«

»Jetzt sagen Sie mir bitte ehrlich, halten Sie denn nichts von dieser Behandlung? Es gibt doch nichts Stärkeres.«

»Diese Therapie wendet man bei bestimmten geistigen Erkrankungen an und hat damit auch gewisse Erfolge. Aber von Heilung sprechen die wirklichen Spezialisten nie, sondern nur von sogenannten symptomatischen Wirkungen, also nur von positiven Einflüssen auf die Symptome dieser Krankheiten. Psychisch erregte Patienten werden dadurch beruhigt und kommen so über quälende und gefährliche Situationen hinweg. Außerdem erhofft man sich, dass diese Behandlung Menschen hilft, die sich aufgrund ihrer geistigen Erkrankung von ihren Mitmenschen, ja, von der Welt zurückziehen und sich dadurch zusätzlich noch weitere Schwierigkeiten bereiten, diesen Teufelskreis zu durchbrechen.

Da ich aber der Meinung bin, dass Ihre Beschwerden nichts mit diesen Krankheiten zu tun haben, gehe ich davon aus, dass Sie auch ohne diese Behandlung gesunden würden. In dieser Hinsicht sind Sie kein Einzelfall. Es sind viele Hundert Fälle beschrieben von italienischen Gastarbeitern, die unter diesen Verhexungen leiden und die auch ohne Elektrokrampfbehandlungen wieder genesen sind. Sie haben es ja selbst bemerkt, dass man Sie für geisteskrank, für verrückt hält und Sie haben ja auch erfahren, dass man von den sizilianischen volksmedizinischen Vorstellungen keine Ahnung hat. Darum gelten auch all diese speziellen Vorstellungen aus der sizilianischen Kultur als archaisches Denken, als Aberglaube. Dementsprechend wird es gar als Krankheit, als Geistesstörung betrachtet, wenn jemand wie Sie so fest davon überzeugt ist, verhext zu sein und nicht einsehen kann, dass er aufgrund des Verlustes einer geliebten Person so stark leidet. Verstimmt, vielleicht traurig, antriebslos, ja, selbst depressiv darf man sich nach einem schweren Verlust verstehen und benennen, weil das hier üblich und für alle einleuchtend ist. Sollte hier aber jemand behaupten, er sei verhext worden, sollte er von Geistern berichten, die mit ihm kommunizieren und ›uneinsichtig‹ auf der Vorstellung beharren, dass seine Befindlichkeitsstörungen und all die übrigen Symptome Wirkungen von Verhexungen seien, dann gilt dies hier als Wahn und er als Wahnkranker.

Bei uns gehören eben Verhexungen oder der Umgang mit Geistern nicht mehr zum Alltag wie bei Ihnen. Und kein sizilianischer Psychiater würde je einen Menschen, der sich nach einem schweren Verlust von einer *fattura* betroffen fühlt, als Psychotiker bezeichnen, wie dies hier geschieht, und ihn mit Elektroschocks behandeln. Im Gegenteil, Psychiater in Sizilien sind überzeugt, dass die *fatturati* am besten in ihrem familialen Umfeld aufgehoben sind und gesunden können.«

»Aber Sie haben es diesem Psychiater hier erklärt, wie wir das sehen und wie Sie sagten, gibt es doch auch schon Berichte von anderen Wissenschaftlern darüber. Warum will man dies hier nicht zur Kenntnis nehmen?«

»Nun, das ist das ganz große Problem in der Psychiatrie. Die Medizin im Allgemeinen ist die Wissenschaft mit der größten Beharrungstendenz. Wenn einmal eine Anschauung, eine Theorie, eine Diagnoseform oder eine Therapie sich als sinnvoll durchgesetzt hat, wird sie gegen alle Skeptiker vehement und oft sogar mit unlauteren Mitteln verteidigt, obwohl man doch aus der Geschichte der Medizin hätte lernen müssen, dass allzu viele medizinische Konzepte sich als falsch oder sogar als schädlich erwiesen haben.

Neues hat immer verunsichernd gewirkt. Auf alten, aber sicheren Gleisen zu fahren, wenn die zu einem bestimmten Ziel führten, war immer schon – wenigstens für die eine Seite – weniger gefährlich und meist auch bequemer. Dies gilt, wie gesagt, für die Medizin im Allgemeinen und besonders aber für die Psychiatrie. Hier ist das Abweichen von dem Bewährten mit viel größeren Hürden verbunden als in anderen Disziplinen der Medizin. In der Psychiatrie geht es um das Kranke der Seele, des Geistes, der Psyche, wie immer man das nennen will, und das ist eben mit unseren chemischen oder physikalischen Diagnosemethoden, die wir mit großem Erfolg einsetzen, wenn es um körperliche Leiden geht, kaum je zu erfassen. Hier sind es weitgehend einfach Meinungen, Vorstellungen und Theorien über diese Krankheiten des Geistes und deren Ursachen und nur aus der experimentierenden Praxis abgeleitete Therapien. Hinsichtlich der Frage nach ihrer transkulturellen Gültigkeit wurden nur sehr wenige ethnopsychiatrische Vergleiche angestellt. Daher stoßen heute nun, da die Welt kleiner geworden ist und Millionen Menschen in anderen Gesellschaften und Kulturräumen leben und arbeiten, spezifische Formen geistiger Störungen und Erkrankungen bei uns in Europa auf völlig unvorbereitete Psychiater, auf deren Verunsicherung und dementsprechend oft auch auf deren Abwehr! Lieber werden die alten, verkrusteten und nicht selten inhumanen Strukturen beibehalten, als dass etwas Neues, anfangs noch Unsicheres, aber Heilsames und Menschliches gewagt würde.

Sicher wird man auch in der Zukunft, vielleicht jetzt schon bald, diese Elektrokrampfbehandlung aufgeben, weil sie doch nur, wie gesagt, die Symptome kuriert, nicht aber die zugrunde liegenden Krankheiten.«

»Aber jetzt gibt es doch nichts Stärkeres für mich. Ich kann doch nicht warten, bis man eine bessere Methode gefunden hat, um mich von diesem Zauber zu befreien und er ist doch noch unmenschlicher als das, was Sie da ansprechen.«

»Ich verstehe Sie ja, obwohl ich meine, es müsste nicht dieses ›Stärkste‹, nicht diese Therapie sein. Aber Sie haben entschieden und der Stationsarzt hat es Ihnen empfohlen und Ihnen Hoffnung gemacht. Nun ja, dann soll es wohl so sein. Also bis dann, wir sehen uns morgen früh um neun Uhr vor der Klinik. Bringen Sie auch etwas zu lesen mit, denn diesmal werden Sie nicht die meiste Zeit schlafen. Sie werden viel Zeit untätig auf der Station verbringen. Vielleicht können Sie auch malen oder sonst eine Beschäftigung finden, damit es Ihnen zwischen den Behandlungen nicht zu langweilig wird.«

Sie trafen sich am nächsten Morgen vor der Klinik und gingen gemeinsam zum Stationsarzt, der bereits auf sie wartete.

»Sie kommen also heute auf eigenen Wunsch wieder zur stationären Aufnahme. Wir haben besprochen, dass wir diesmal eine Elektrokrampfbehandlung durchführen wollen, da die Schlafkur nichts oder nur sehr wenig genützt hat. Der Hexer ist wieder aktiv und auch die Geister quälen Sie weiterhin, wie Sie mir berichtet haben. Nun, wir hoffen, dass wir mit dieser Therapie mehr Erfolg haben. Vor Beginn Ihrer letzten Therapie haben Sie bereits von der Elektroschockbehandlung gehört. Man hat Ihnen schon einiges erklärt und außerdem haben Sie ja auch miterlebt, wie die Methode bei anderen Patienten auf der Station angewendet wurde.

Also: Sie wissen, dass Strom für sehr kurze Zeit von Schläfe zu Schläfe durch Ihren Kopf geleitet wird. Dabei kommt es zu einem epileptischen Krampf, zu einem ›Schock‹. Bevor Sie die Einverständniserklärung unterschreiben, muss ich Ihnen noch die bekannten Risiken dieser Behandlung erklären und mein Kollege hier wird Ihnen alles, was Sie vielleicht nicht oder nicht ganz verstehen, ins Italienische übersetzen. Fragen Sie also sofort, wenn etwas unklar ist.

Durch den elektrischen Strom, meist unter hundert Volt und weniger als eine halbe Sekunde lang, erfolgt dieser Krampf, der durch Muskelkontraktion am Rücken, an den Armen und Beinen, an der Schulter und auch am Unterkiefer Verrenkungen und sehr selten auch Brüche verursachen kann. Dies geschieht meist am unteren Teil der Brustwirbelsäule, an den Oberarm- und Oberschenkelgelenken und häufig auch an der Schulter. Wir versuchen, durch die Verabreichung von Muskelerschlaffungsmitteln die Muskulatur zu lähmen, damit diese Muskelkontraktionen verhindert werden. Auch wenn nichts Schlimmes passiert, so werden Sie doch anschließend Muskel- und Gelenkschmerzen haben, zumal dadurch die Kapselbänder der Gelenke gedehnt werden.

Sie bekommen eine Spritze, in der drei verschiedene Medikamente enthalten sind. Sie werden sofort einschlafen, denn das ist eine kurze Narkose. Sobald Sie bewusstlos sind, leitet man den Strom durch Ihren Kopf, es kommt zum epileptischen Krampf. Anschließend werden Sie noch eine Weile schlafen, dann wach werden und sich an nichts erinnern. Damit Sie sich nicht auf die Zunge beißen, bekommen Sie, bevor man den Strom einschaltet, ein Gummistück zwischen die Zähne geschoben. Können Sie mir folgen oder soll ich es noch einmal langsamer wiederholen?«

»Nein, bis jetzt ist alles klar, es wurde ja alles übersetzt. Wie viele solcher Krämpfe versetzen Sie mir? Wie lange muss ich hierbleiben?«

»Die Anzahl der Behandlungen hängt davon ab, wie gut Sie alles vertragen und dann natürlich vom Erfolg. Je schneller Sie Hexer und Verhexung und alle Schwierigkeiten, die Sie damit hatten, vergessen, desto weniger Krämpfe müssen wir Ihnen setzen. Im Allgemeinen kommen wir mit sechs bis acht Schocks aus, brauchen manchmal jedoch auch zwölf und in Extremfällen müssen wir sogar einen sogenannten ›Block‹ geben, also jeden zweiten Tag oder noch häufiger eine Behandlung und dies bis zu zwanzig Mal. Das kann dann schon sechs bis acht Wochen dauern. Aber haben Sie keine Angst, noch wissen wir nicht, wie schnell Sie die beiden Hexer vergessen. Vielleicht brauchen wir ja gar nicht so viele Behandlungen. Aber ich würde sagen, dass Sie sich doch auf zwei oder drei Wochen einrichten sollten.

Sie haben Tränen in den Augen. Ist es so schlimm für Sie? Sie haben doch beim letzten Mal die Krampfbehandlungen bei Ihren Mitpatienten gesehen. Alle haben es doch gut überstanden und den meisten ging es anschließend viel besser.

Auf ein weiteres Risiko muss ich Sie auch noch hinweisen. Diese Heilkrämpfe können ein sogenanntes amnestisches Psychosyndrom verursachen, also eine Störung des Gedächtnisses und des Gedankengangs. Wie stark diese Störung ist, hängt von der Anzahl der Krämpfe ab. Im Allgemeinen klingt sie nach wenigen Wochen wieder ab, sie kann aber auch länger dauern oder gar für immer bleiben, was aber sehr selten ist.

Ich sehe, ich habe Sie jetzt doch verunsichert. Leider muss ich Ihnen nach unseren Gesetzen alle bekannten Risiken einer solchen invasiven Behandlung mitteilen, damit Sie entscheiden können, ob Sie die Behandlung akzeptieren oder nicht, zumal Sie freiwillig zu uns gekommen sind. Sie können jetzt immer noch Nein sagen und gehen. Ich wäre Ihnen bestimmt nicht böse. Aber bitte weinen Sie doch nicht, es wird nicht so schlimm werden, ich bin immer für Sie da und wenn Sie glauben, dass Sie die Behandlung nicht durchstehen, brechen wir sie ab und entlassen Sie. Einverstanden?«

»Ich weine ja nicht, ich bin ein Mann! Aber wie kann ich fröhlich sein? Sie haben mir erklärt, was alles mit mir durch diese Behandlung passieren kann, nicht passieren muss, ich weiß, aber doch passieren kann. Knochenbrüche, Verrenkungen, Gedächtnisverlust und wer weiß, was alles noch. Ich bin voller Angst und auch voller Trauer. Ich bin so allein, so einsam, von allen verlassen. Niemand steht mir bei. Sie beide wollen mir helfen. Ich glaube Ihnen und ich bedanke mich. Aber wer ist noch an meiner Seite? Ich bin doch nun ein Verrückter. Ich war in einer psychiatrischen Klinik, wochenlang, und nun bin ich schon wieder hier. Wer will noch mein Freund sein? Wer will einen Freund, von dem man annehmen darf, dass er wahnsinnig ist? Man lässt mich leben, man erschlägt mich nicht, weil ich vielleicht gefährlich sein könnte, nein, so weit ist es noch nicht gekommen, ja, man lässt mich noch leben, irgendwo am Rande. Ich darf atmen, darf unter den anderen leben, aber nicht mit ihnen. Ich habe ein Schild umhängen, ein unsichtbares, aber doch ein gut lesbares Schild: Geisteskranker, Vorsicht gefährlich!

Wer bin ich denn jetzt und was bin ich denn? Soll ich so weiterleben? Nicht genug, dass mich diese *fattura* quält und langsam um den Verstand bringt, ich bin jetzt auch noch gebrandmarkt. Man meidet mich, man geht mir aus dem Weg. Ist das Leben? Nur noch da sein, aber nirgendwo hingehören. Nein, ich muss jetzt befreit werden von dieser schrecklichen Verzauberung durch diese Frau und von diesem Verwesungsgeruch, der mich anscheinend umgibt. Dann lieber gleich sterben, um nicht als lebendiger Toter leben zu müssen. Sie haben mir die Risiken genannt. Machen Sie sich keine Sorgen, geben Sie Strom drauf so viel Sie können! Wenn ich Pech habe, bin ich eben ganz tot, richtig tot, und das wäre immerhin besser als mein jetziger Zustand. Nur, bitte, machen Sie mich nicht zum Krüppel! Nicht auch das noch!«

»Es tut uns leid, dass Sie sich so schlecht fühlen. Ich verspreche Ihnen, dass wir alles tun, um Ihnen zu helfen und Sie nicht auch noch verletzen – und vom Sterben wollen wir nicht reden. Seien Sie beruhigt, es wird Ihnen nichts passieren. Sie haben wieder Ihr altes Bett vom letzten Mal. Der Pfleger wird Ihnen helfen, ich lasse Sie jetzt auf die Station bringen und im Laufe des Vormittags werden wir mit den Untersuchungen beginnen.«

***

Die Tage bis zum Beginn seiner Elektroschockbehandlung verbrachte er meist mit den anderen Patienten beim Spielen am großen Esstisch. Da das Mensch-ärgere-dich-nicht-Spiel für alle schon schrecklich langweilig wurde, löste er sein Versprechen ein, der Station noch ein Spiel zu schenken. Der Assistent und er kauften sogar zwei Spiele, ein Mühle-Brett und Dominosteine. Der Assistent schlug ihm vor, auch Tagebuch über seine Klinikerfahrung zu schreiben, das im Nachhinein, eines Tages, sicher eine bewegende Lektüre darstellen würde.

»Wo soll ich denn schreiben? Meinen Sie, an diesem Tisch wäre das möglich? Ich bin sicher, wenn die anderen mich schreiben sehen, werden sie alle kommen, um mich herumsitzen und sehen wollen, was ich schreibe.«

»Sie schreiben doch auf Italienisch oder Sizilianisch, das wird doch keiner verstehen.«

»Und Sie meinen, dass es sinnvoll ist, wenn ich eines Tages alles wieder lese?«

»Bestimmt, denn wenn Sie diese schreckliche Situation, in der Sie sich jetzt befinden, eines Tages, ich hoffe bald, überwunden haben, werden Sie alles, was Ihnen passiert ist, mit ganz anderen Augen sehen. Vielleicht werden Sie dann auch ganz anders über all diese magischen Dinge denken, die Sie so gequält haben. Dann werden die *fatture* und all die verschiedenen Formen und Praktiken des Gegenzaubers bestimmt in einem ganz anderen Licht erscheinen und einen wahrscheinlich völlig anderen Wert bekommen. Und vielleicht gelingt es Ihnen auch, zu verstehen, dass jeder von uns – oder die meisten jedenfalls – ein Jahr und oft noch länger brauchen, um einen solch starken Verlust, wie Sie ihn erlitten haben, zu betrauern – Trauerarbeit zu leisten, wie die Psychologen sagen – um ihn zu verschmerzen, um darüber hinwegzukommen und wieder befreiter, ausgeglichener zu sein, eben wieder ein normales Leben führen zu können. Wie dies geleistet wird, ist von Gesellschaft zu Gesellschaft, von Kultur zu Kultur, sehr verschieden. Sie haben es in den Mustern Ihrer Gesellschaft versucht. Das ging schief, weil man diese Art hier nicht versteht. Darum meine ich, Sie hätten es in Ihrer Kultur zu leisten, zu bearbeiten versuchen sollen.

Nun, Sie haben sich entschlossen, den harten Weg zu gehen, den man Ihnen hier leider angeboten hat. Darum sollten Sie Tagebuch führen. Sie brauchen ja keine Romane zu schreiben. Stichworte genügen, wie Sie sich fühlen, wie Sie alles erleben, ob sich etwas verändert. Einfach jeden Tag gerade das, was Sie als besonders wichtig empfinden, was drängend ist, was schön ist oder hässlich, so wie es Ihnen gerade in den Sinn kommt.«

»Haben Sie denn auch ein Tagebuch?«

»Ja, ich habe mir über alles, was mit Ihnen hier geschehen ist, letztes Mal in der Klinik und auch, was in der Zwischenzeit passiert ist, Notizen gemacht und ich werde nun auch weiterhin aufzeichnen, was passiert und worüber wir sprechen. Wir können ja dann eines Tages unsere Erfahrungen, die wir jetzt machen und auch die, die wir miteinander machen, gegenseitig austauschen. Natürlich will ich nicht Ihr Tagebuch lesen, aber Sie können ja dann daraus berichten, wie ich es auch aus meinem tun werde. Einverstanden?«

»Ja, ich will es versuchen. Wie gut es wird, weiß ich nicht, aber es ist eine Aufgabe, es beschäftigt mich und ist sicher sinnvoller, als nur Mensch-ärgere-dich-nicht zu spielen, vor allem, wenn man sich jeden Tag nur ärgert.«

»Nun, jetzt können Sie auch noch Mühle und Domino spielen. Ich werde morgen wieder kommen und sehen, wie es geht.«

***

Die nächste Woche verbrachte er, von den wenigen Untersuchungsstunden abgesehen, fast ausschließlich in seiner Ecke wie früher, am Spieltisch oder er war mit dem Schreiben seines Tagebuchs beschäftigt. Da er gleichzeitig Lust verspürte, zu malen, begann er das Schulheft, das ihm als Tagebuch diente, von zwei Seiten: von vorne für seine Aufzeichnungen, von hinten für seine Skizzen.

Dann kam der Tag seines Therapiebeginns. Die Nacht war unruhig gewesen, sodass er am kommenden Morgen erschöpft und nervös war. Er blieb nach dem Frühstück am Tisch, starrte auf sein Tagebuch, ohne zu schreiben oder zu zeichnen und hielt seinen Kopf auf beide Arme gestützt. Alles, was um ihn herum vor sich ging, schien er nicht zu bemerken, er war wie abwesend. Nur hin und wieder schaute er auf, immer geradeaus in dieselbe Richtung, ein paar Augenblicke nur, um dann wieder seinen Kopf in die Hände zu nehmen und nach unten zu blicken. Dabei entrang sich ihm jedes Mal ein tiefer verzweifelter Seufzer.

Als er aufgerufen wurde, erhob er sich abrupt und ging zügig auf die Tür zum Schlafsaal zu. Dort verharrte er, blickte zum Tisch zurück, ging nochmals hin, holte sein Tagebuch, steckte es in die Seitentasche seiner Schlafanzugjacke und ging dann wieder auf die Schlafsaaltür zu. Er blieb nochmals stehen, blickte wieder zurück, nach rechts und nach links, so als ob er unsicher sei, ob er jemals wieder dahin zurückkommen könne. Es war wie ein Abschiednehmen von allem und jedem da draußen. Dann gab er sich einen Ruck und schlurfte zu seinem Bett, wo man bereits mit dem Wagen auf ihn wartete, auf dem das Elektroschockgerät stand und die sonstigen Instrumente für die Narkose, für die Beatmung und die Prämedikation lagen. Er nickte dem Stationsarzt und den Pflegern zu, streifte mit einem kurzen gequälten Blick den Gerätewagen, gab dem Assistenten die Hand und flüsterte ihm zu: »*Non perdete ogni speranza...*«, worauf dieser das Sprichwort vervollständigte: »*... prima che entrate nel inferno*«, indem er ihm zulächelte und für die anderen übersetzte: »Gebt nicht alle die Hoffnung auf, bevor ihr einfahrt in die Unterwelt! Dante. Ja, haben Sie Hoffnung, so schlimm wie in der Hölle wird es bestimmt nicht.«

»Bitte bleiben Sie aber bei mir.«

»Ja sicher, versprochen.«

Dann legte er sich auf sein Bett, auf den Rücken, die Arme neben den Körper und die Hände zu Fäusten geschlossen. Er schaute nochmals den Assistenten mit einem flehenden Blick an, als ob er ihn an sein Versprechen erinnern wollte, bei ihm zu bleiben. Dann schloss er die Augen und indem er nochmals ganz tief seufzte, schien sich sein Körper zu entspannen. Man schob ihm den Ärmel seines Schlafanzugs hoch, band den Stauschlauch um den Oberarm und suchte durch Klopfen mit zwei Fingern die kaum sichtbare Vene in seiner Armbeuge.

»Wir injizieren als Prämedikation zwei Milligramm Atropin in Wasser gelöst als Vorbereitung für die Narkose, als Spasmolytikum und Sekretionshemmer, damit auch die Gefahr der Aspiration verhindert wird«, erklärte der Stationsarzt dem Assistenten, führte die Nadel der Injektionsspritze in die Vene und drückte langsam den Kolben nach unten.

»Wir haben sehr gute Erfahrungen damit gemacht, denn Atropin löst nicht nur die Spasmen, die Krämpfe, die auftreten, sondern hemmt in dieser Dosis auch sehr gut die Sekretion, vor allem des Magens, und auch den Speichelfluss, sodass er beim Schock keinen Magen- und Speichelausfluss einatmet. Es geht ihm ja schon schlecht genug, wir wollen ihm nicht auch noch eine Lungenentzündung oder gar Schlimmeres besorgen«, sagte der Stationsarzt, indem er lächelnd in die Runde blickte.

»Wenn das wirkt, leiten wir die Narkose ein. Wir geben ihm zwei Milligramm Pentobarbital und sechs Milligramm Trapanal pro Kilogramm Körpergewicht. Ersteres wirkt als Sedativum dämpfend auf alle Funktionen des Zentralnervensystems, während das Trapanal das beste Mittel für eine Kurznarkose ist. Weil dabei immer die Gefahr einer Ateminsuffizienz oder gar eines Atemstillstands besteht, haben wir hier auch apparativ alle Vorsorge getroffen, um eine künstliche Beatmung durchführen zu können. Aber es wird auch bei ihm alles gut gehen.«

Der Stationsarzt begann nun mit der Injektion dieser Narkosemittel, indem er ganz langsam einen Teil der Lösung injizierte, dann eine gute Minute wartete, die gleiche Menge nachinjizierte und dies so oft wiederholte, bis die gewünschte Narkosetiefe erreicht war.

»So, jetzt können wir anfangen, er schläft tief und fest. Wir beginnen mal sachte mit siebzig Volt über 200 Millisekunden.« Er drückte ihm die Elektroden beiderseits an die Schläfen und gab dann das Kommando: »Jetzt!«

Der Strom wurde eingeschaltet, aber der ausgelöste Anfall war recht schwach. »Wir erhöhen auf 90 Volt«, sagte der Stationsarzt, »und wenn er dann noch nicht richtig krampft, brechen wir ab und machen morgen mit hundert Volt weiter. Wir schaffen ihn schon noch.«

Aber der nächste Stromstoß riss den Körper vom Bett hoch. Die Beine wurden ruckartig angezogen und fielen dann wieder erschlafft, ausgestreckt und leicht zitternd auf die Matratze zurück. Die Arme wurden hochgerissen, höher als der Körper, machten dann noch einige Zuckungen und sanken, immer noch leicht zitternd und etwas verkrümmt, neben dem Körper aufs Bett. Als sich der Körper ruckartig aufbäumte, wurde der Kopf so stark in den Nacken geschleudert, dass die Halswirbel beängstigend knackten. Er bleckte die Zähne, die sich wie in einer Kieferstarre in das Gummistück gruben, das man ihm vorher zwischen die Zähne gesteckt hatte. Der Assistent schaute erschrocken und beängstigt fragend zum Stationsarzt hinüber, der ihn anlächelte und tief einatmend meinte: »Uff, das war ein bisschen mehr als eine beschwingte italienische Tarantella. Was doch zwanzig Volt ausmachen! Nun, morgen gehen wir auf achtzig Volt zurück. Sicher reichen auch fünf Milligramm Pentobarbital, damit er uns wieder wach wird. Er atmet gut«, sagte er zum Assistenten, »decken Sie ihn schön zu. Er wird jetzt frieren. Bleiben Sie bei ihm, bis er aufwacht. Sehen Sie mal auf die Uhr, wie lange er braucht. Er wird sich auf eine Seite legen, wenn er wieder zu sich kommt. Auf die Seite, auf die er sich jetzt dreht, wird er sich grundsätzlich bei allen weiteren Elektroschocks immer wieder wenden, wenn er aufwacht. Sie können sich auf diese Seite einen Stuhl stellen und bei ihm sitzen bleiben. Es tut ihm gut, dass er Sie sieht, wenn er wach wird, denn er ist sicher völlig verwirrt. Sprechen Sie mit ihm. Er wird Ihre Stimme erkennen, das beruhigt ihn. Fragen Sie ihn, sobald er wieder voll orientiert ist, ob er Schmerzen hat und wenn ja, wo und wie stark sie sind. Gebrochen hat er sich nichts, das hätte man gehört. Heute haben wir kaum noch Zwischenfälle – und Todesfälle überhaupt nicht mehr. Brüche kamen früher relativ häufig vor, insbesondere Kompressionsfrakturen an der unteren Brustwirbelsäule, die sehr schmerzhaft sein konnten. Nicht so häufig waren die Brüche der Enden der Oberschenkel- und Oberarmknochen. Üblich waren aber vor allem Verrenkungen des Unterkiefers und der Schultern, die durch diese abrupten Bewegungen, ausgelöst durch die Muskelkontraktionen, verursacht wurden. Nun, wie gesagt, durch die Muskelerschlaffungsmittel kann man diese Risiken heute weitgehend vermeiden.«

Es dauerte fast eine Viertelstunde, bis er die ersten Zeichen des Erwachens zeigte. Er drehte sich zur linken Seite und zog den Arm unter den Körper. Die Atmung, die zuvor recht flach und langsam gewesen war, beschleunigte sich und wurde etwas tiefer. Dabei entrangen sich ihm kurze ruckartige Seufzer, mal leiser, mal lauter, und ein leichtes Zittern ging durch seinen Körper. Er schien zu frieren, denn er zog sich tiefer unter die Bettdecke und den Kopf zwischen die Schultern.

Dann versuchte er, sich aufzurichten. Er stützte sich mit beiden ausgestreckten Armen ab und hob den Oberkörper. In dieser Stellung verharrte er einen kurzen Augenblick, um dann wieder, wie völlig entkräftet, zurückzufallen. Er probierte es trotzdem nochmals und stützte sich dabei nur auf die Unterarme, die durch die nun größere Auflagefläche geringerer Kraft bedurften, um den Oberkörper zu tragen. Mit weit aufgerissenen Augen blickte er den Assistenten an, wollte etwas sagen, aber seine Stimme versagte. Es war nur ein leises Krächzen. Ein erstauntes Lächeln ging über seine Züge, dann ließ er sich wieder zurückfallen. Er murmelte unverständliche Worte, schloss die Augen und dämmerte einige Zeit, wie im Halbschlaf, vor sich hin, wobei er ab und zu etwas murmelte. Dann schlug er die Augen auf, blickte den Assistenten an und fragte ihn mit leiser, kaum hörbarer Stimme: »Sind sie tot? Und wieso lebe ich noch?« Er wollte sich erheben, fiel aber mit schmerzverzerrtem Gesicht stöhnend wieder zurück. »Oh Gott, mein Rücken«, stammelte er. »Und was hat man bloß mit meinen Armen und Beinen gemacht? Habe ich sie umgebracht?«

»Nein, Sie haben niemanden umgebracht. Sie sind hier in der Klinik und man hat mit der Elektrokrampftherapie begonnen.«

»Hat man mich nicht bestraft?«

»Nein, natürlich wurden Sie nicht bestraft. Sie haben ja nichts Unrechtes getan.«

»Und warum hat man mich dann gefoltert?«

»Mein Gott, Sie wurden doch nicht gefoltert!«

»Und woher kommen dann diese schrecklichen Schmerzen und das Flimmern vor meinen Augen?«

»Durch die Elektroschockbehandlung. Erinnern Sie sich nicht? Sie haben zwei Injektionen bekommen, sind dann eingeschlafen und während Sie in der Narkose waren, hat man diese Krampftherapie begonnen. Die Schmerzen kommen durch die Muskelkrämpfe, die dadurch ausgelöst wurden. Sie werden bald nachlassen und wieder vergehen. Schlafen Sie jetzt noch bis zum Mittagessen. Wenn Sie aufstehen und die Schmerzen nicht nachgelassen haben, kann man Ihnen auch ein Medikament dagegen geben. Sie sollen ja nicht auch noch unter Schmerzen leiden.«

»Und jetzt soll ich schlafen? Und diese sprühenden Funken, dieses Geflimmer vor den Augen und die Schmerzen überall, meinen Sie, dass ich jetzt ganz ruhig schlafen kann?«

»Ich hoffe es, probieren Sie es. Sie werden sich dadurch sicher beruhigen.«

Als der Assistent ihn verließ, zog er sich die Decke über den Kopf und versuchte, einzuschlafen. Zum Mittagessen musste man ihn wecken. Er war noch verwirrt, aß ein wenig und ging dann, nachdem er sich gewaschen hatte, sofort wieder zu Bett. Er wollte kein Abendessen, verlangte nur zu trinken und schlief wieder.

Später stand er auf. Dem Pfleger gegenüber gab er unerträgliche Kopfschmerzen an, erhielt ein Analgetikum und den Trost, dass man immer bei den ersten Schocks Kopfschmerzen habe, später, schon bei der ersten Serie, würde man kaum noch etwas spüren und danach, bei einem richtigen »Block«, nach fünfzehn, zwanzig Schocks, würde man überhaupt nichts mehr spüren, weder im Kopf noch sonst wo. Der Pfleger meinte es ganz ernst, eben aus Erfahrung, wie er sagte, und setzte noch hinzu, man dürfe ja nie die Hoffnung verlieren.

Da das Kopfschmerzmittel nicht nur seine Kopfschmerzen linderte, sondern ihn auch müde machte, stand er nur noch wenige Minuten in seiner Ecke und legte sich dann wieder ins Bett.

»Wir lassen ihn heute in Ruhe«, meinte der Stationsarzt, »denn er klagt über verschiedene Schmerzen. Er soll ja nicht völlig verschreckt werden, sonst verweigert er die Mitarbeit und das würde uns eine Menge Schwierigkeiten machen. Aber dann müssen wir zügig weitermachen, denn wenn wir es zu zögerlich betreiben, wenn wir ihm zu viel Zeit zum Überlegen lassen, wird er sich vielleicht verweigern. Es ist ja keine angenehme Prozedur. Er stammelte was von ›umbringen‹ und von ›Tod‹ und ›Folter‹. Ich glaube, dass wir es bei ihm mit einem sehr hartnäckigen Wahn zu tun haben, den wir ihm nicht durch vier, fünf Schocks nehmen können. Ich weiß, ich weiß, Sie hören das Wort ›Wahn‹ in diesem Zusammenhang gar nicht gerne. Dann nennen wir es eben nach Ihrer Vorstellung sein ›Deutungsschema‹. Jedenfalls müssen wir uns wohl doch auf eine ganze Reihe von Schocks einrichten. Es hat bei diesem Fall keinen Sinn, ihn mit homöopathischen Dosen zu behandeln. Damit quälen wir ihn nur umsonst, ohne etwas zu erreichen. Wir werden im Laufe der Behandlung sehen, wie er reagiert, dann können wir ja weitermachen oder abbrechen.«

»Ja, er sprach von ›umbringen‹ und ›Strafe‹ und ›Folter‹. Er hat gefragt, ob er die beiden getötet habe, denn er erklärte sich sein Unwohlsein und seine Schmerzen als Folge einer Folter und diese wiederum als Strafe für die Tötung seiner beiden Hexer. Aber das war direkt nach dem Aufwachen, als er noch nicht völlig orientiert war. Er hat aber dann doch verstanden, dass die Schmerzen Folgen des Elektroschocks sind.«

»Versuchen Sie ihm aber klarzumachen, dass das nur am Anfang so schmerzhaft ist und mehr und mehr nachlässt, wenn keine Brüche auftreten. Von eventuellen Brüchen müssen Sie ihm gegenüber aber nichts erwähnen. Hören Sie, wie er nun über diese Therapie denkt und sagen sie ihm, dass heute nichts mehr passieren wird.«

***

Der Assistent fand ihn am nächsten Morgen im Bett. Blass, zusammengekauert, den Kopf in den verschränkten Armen fast verborgen, lag er auf der Seite, die Augen offen und schaute unverwandt mit starrem, leerem Blick auf seinen Nachttisch, wohl ohne ihn wirklich wahrzunehmen. Der Assistent zog sich den Stuhl heran und setzte sich ans Bett.

»Hatten Sie eine gute Nacht? Konnten Sie durchschlafen? Wie geht es Ihnen heute Morgen? Haben Sie noch Schmerzen? Wollen Sie nicht aufstehen?« Er stellte alle diese Fragen kurz nacheinander, weil der Patient bei keiner auch nur irgendeine Regung zeigte. So blieb er sitzen und berichtete ihm, dass es heute keine Behandlung geben würde, bat ihn, aufzustehen und sich ein bisschen zu bewegen, um seinen Blutkreislauf anzuregen. Dass er auf jeden Fall ein wenig zu Mittag essen müsse, empfahl er ihm noch beim Weggehen, da er nicht hoffen konnte, mit ihm ins Gespräch zu kommen.

Als er am späten Nachmittag nochmals vorbeischaute, fand er ihn immer noch im Bett, diesmal die Arme unter der Bettdecke und diese hochgezogen bis zum Kinn. Er lag noch auf der gleichen Seite, aber er hielt die Augen geschlossen. Da er auch diesmal keine Reaktion auf die Begrüßung und die Fragen des Assistenten zeigte, ließ der ihn allein.

Die Behandlung am nächsten Morgen war nicht nur für den Patienten, sondern auch für den Assistenten sehr belastend.

»Wir müssen ihm wohl mit sanfter Gewalt zu seinem Glück verhelfen«, eröffnete der Stationsarzt dem Assistenten, als er auf die Station kam. »Er hat Angst, aber wir schaffen es schon.«

Zwei Pfleger hielten ihn auf dem Bett fest und redeten beruhigend auf ihn ein. Mit großen, weit aufgerissenen Augen blickte er den Assistenten hilfesuchend an, als der an sein Bett trat. Man sah, dass der Widerstand gegen die Pfleger nun geringer wurde. Tränen liefen ihm über die Wangen und tropften vom Kinn auf den Hals und die Brust. Sein Atem ging stoßweise und schnell, und er war leichenblass. Man merkte dem Assistenten an, dass ihn dieser Vorgang zutiefst berührte. Mit monotoner, kaum beherrschter Stimme bat er die Pfleger, ihn doch loszulassen und setzte sich zu ihm aufs Bett. Sie sprachen Italienisch miteinander. Wenige Sätze nur, aber sie schienen sehr beruhigend zu wirken. Der hilfesuchende, verängstigte Blick verschwand langsam aus seinen Augen. Er nahm die Hand des Assistenten und drückte sie an sein Herz. Dabei füllten sich seine Augen wieder mit Tränen, aber der Ausdruck war nun ruhig und gelassen, schicksalsergeben, ja, fast sogar ein wenig leuchtend. Tief ausatmend legte er sich ausgestreckt aufs Bett, schob mit der linken Hand den rechten Ärmel seiner Schlafanzugjacke nach oben, über die Ellenbogenbeuge, wo die Injektion erfolgen sollte. Er schaute noch einmal den Assistenten an, wobei seinen Mund ein bitteres Lächeln umspielte. Dann schloss er die Augen.

Nach den Injektionen schlief er sofort ein. »Achtzig Volt, eine halbe Sekunde«, sagte der Stationsarzt. »Mal sehen, wie er heute reagiert. Siebzig Volt waren ja zu wenig und neunzig waren ihm doch zu viel. Ist alles klar?« Er nahm die beiden Elektroden und setzte sie, eine links und eine rechts, an die Schläfen und gab das Kommando, den Strom einzuschalten. Im selben Augenblick bäumte sich der Körper ruckartig auf und fiel gleich wieder zurück, wobei nochmals ein leichtes Zittern durch ihn hindurchging. Der Unterkiefer, der sich während des Schockkrampfes so weit nach vorne schob, dass die Gelenke knirschten, machte noch ein paar Bissbewegungen auf dem Gummistück zwischen den Zähnen und entspannte sich dann langsam.

Der Stationsarzt nahm ihm den Beißgummi aus dem Mund und beugte sich hinunter, um das Atmen zu kontrollieren. Dann fühlte er den Puls, schaute auf seine Uhr und zählte die Pulsschläge.

»Die Atmung ist etwas schwach, der Puls ist aber in Ordnung. Der Schock war gut, ich glaube, so können wir es für morgen lassen. Vielleicht gehen wir noch ein bisschen mit der Zeit zurück, mir schien, dass sein Unterkiefer schwer gekrampft hat, nicht dass er sich den noch ausrenkt. Bleiben Sie wieder bei ihm, bis er wach ist?«, fragte er den Assistenten, der dies bejahte, sich den Stuhl ans Bett rückte und sich hinsetzte.

Auch diesmal drehte er sich beim Aufwachen wieder auf die linke Seite. Und auch diesmal versuchte er, sich aufzurichten, was ihm aber erneut misslang. Er fiel stöhnend zurück, schloss die Augen und blieb so eine Zeit lang unbeweglich liegen. Sein Atem ging flach und stoßend, hin und wieder von einem tiefen abgehackten Seufzer unterbrochen. Dabei verzerrte er sein Gesicht vor Schmerz, bewegte den Kopf, indem er ihn nach hinten überstreckte und sackte schließlich wieder in sich zusammen. Manchmal öffnete er die Augen, für einen kurzen Moment nur, ohne seinen Blick auf etwas zu richten. Dann versuchte er noch ein paarmal, sich nach links drehend aufzurichten, was aber jedes Mal misslang. Schließlich gab er es auf und blieb unbeweglich auf dem Rücken liegen. Es dauerte doch noch eine geraume Weile, bis er die Augen aufschlug, den Kopf wendete und mit leiser Stimme nach Wasser verlangte.

Der Assistent reichte ihm das Glas mit dem Tee, das auf seinem Nachttisch stand. Nach dem ersten Schluck verzog er das Gesicht zu einer komischen Grimasse, trank dann aber mit großen hastigen Schlucken das ganze Glas leer. Dabei hatte er sich ein wenig aufgerichtet und ließ sich dann erschöpft wieder zurücksinken. Er atmete jetzt tiefer und regelmäßiger.

»War das wieder ein Schock?«, fragte er plötzlich den Assistenten, ohne die Augen zu öffnen oder auch nur den Kopf zu wenden. »Wann war das?«

»Jetzt, heute Morgen«, antwortete ihm der Assistent, »es ging alles sehr gut, es ist nichts passiert. Haben Sie Schmerzen?«

»Ich weiß nicht, ob man dazu Schmerzen sagen kann, ich habe das Gefühl, dass man mich auf einer Streckbank auseinandergezogen hat, wie es die Inquisition mit den Ketzern gemacht hat. Ich glaube, dass es keinen Muskel in meinem Körper gibt, der nicht sticht und brennt und zuckt und vibriert. Mein Kopf dröhnt, meine Augen wollen mir aus den Höhlen quellen und alles dreht sich um mich, ob ich die Augen auf habe oder sie geschlossen halte. Kann man das Schmerzen nennen? Ich glaube, ich muss mich übergeben.«

»Ich gebe Ihnen eine Brechschale und bringe noch Tee, ich bin gleich zurück.« Es dauerte nur zwei Minuten. »Wenn es kommt, hier ist die Schale. Ich hole jetzt den Tee und Zwieback.« Der Assistent brachte eine Kanne Tee und einige Stücke Zwieback. »So, jetzt versuchen Sie sich aufzusetzen. Ich helfe Ihnen. Atmen Sie tief durch. Hier, trinken Sie noch ein wenig Tee und essen Sie einen Zwieback. Sie haben einen leeren Magen, das verstärkt noch Ihr Unwohlsein. Probieren Sie es, essen Sie ein wenig. Sicher tut es Ihnen gut. Tief ein- und ausatmen.«

Der Assistent hatte ihm das Kopfkissen aufgeschüttelt und es ihm hinter den Rücken geschoben, damit er sich gegen das Kopfende des Bettes abstützen und so aufrecht sitzen konnte. Er aß Stückchen um Stückchen von dem Zwieback, indem er lange darauf herumkaute und den Tee in kleinen Schlucken trank.

Er atmete langsam und schwer. Kraftlos ließ er sich manchmal nach hinten fallen oder stützte sich mit dem freien Arm auf seinen Oberschenkel, indem er sich weit nach vorne beugte. Dabei entrang sich ihm jedes Mal ein schmerzhaftes Stöhnen. Er massierte sich die Beinmuskeln, was ihm sichtlich gut tat.

»Wie oft wollen die diese Tortur mit mir wiederholen?«, fragte er plötzlich unvermittelt den Assistenten.

»Es war doch erst das zweite Mal«, erwiderte der. »Man sprach von einer Serie oder von einem Blockschock, also von mehreren Behandlungen.«

»Das werde ich nicht durchstehen. Ich kann mich ja kaum noch rühren. Mein Rücken, meine Arme und Beine, meine Brust, mein Kopf, meine Augen und mein Mund, den ich kaum mehr auf und zu machen kann, alles ist wund, brennt und sticht. Die beiden haben mich mit ihrer *fattura* gequält, meinen Körper geschunden, aber nicht überall. Jetzt aber muss ich geradezu abzählen, welcher Körperteil mir *nicht* weh tut. Sicher, wie haben wir gesagt: ›Weh muss Weh vertreiben‹, aber doch nicht so. Wenn das so weitergeht, wenn diese Tortur hier immer schlimmer wird, dann werde ich bestimmt weglaufen und mich vielleicht noch mit diesen teuflischen Hexern anfreunden. Das ist so seltsam...

Vielleicht muss man alles durchmachen, um sagen zu können, wie etwas wirklich ist. Wie schrecklich war manchmal mein Durst beim Arbeiten auf den Feldern in Sizilien, als ich mit den anderen in der Reihe ging und nicht einfach weglaufen konnte, um einen Schluck aus der Wasserflasche zu nehmen. Aber vielleicht würde ich in Afrika, in der Sahara, nahe am Verdursten, denken, wie erträglich doch der Durst in Sizilien war.

Können Sie sich das vorstellen, ich werde Freund von denen, die all das angerichtet haben, worunter ich so sehr leide. Sagen Sie ehrlich, ist das vielleicht der Sinn der Therapie, dass man mir erst zeigen will, was Leiden eigentlich ist, damit ich das, was die beiden mir angetan haben, nicht mehr als Qual empfinde, sondern nur noch als kleine Belästigung?« Und dabei ging sogar ein schüchtern-erstauntes Lächeln über sein verzerrtes Gesicht.

»Natürlich ist alles relativ«, meinte der Assistent. »Das eine ist nur am anderen zu messen: Es gibt eben nur das Gute, weil es das Schlechte gibt und das Helle wegen dem Dunklen und das Sein definiert sich durch das Nichts. Aber seien Sie versichert, es ist nicht das Ziel dieser Elektrokrampftherapie, Sie zu quälen, Ihnen solche Schmerzen zu bereiten, dass Sie andere Schmerzen als relativ gering empfinden. Ich werde den Stationsarzt informieren, dass es Ihnen nicht gut geht. Er wird Ihnen ein Schmerzmittel verordnen, für heute und auch für die nächsten Tage, wenn Sie wieder behandelt werden. Ich gehe gleich und suche ihn.«

Er bekam seine Schmerztablette und schlief daraufhin bald ein. Zum Mittagessen wurde er geweckt und überredet, doch wenigstens eine Kleinigkeit zu sich zu nehmen, obwohl er anscheinend immer noch keinen Appetit hatte.

Am Nachmittag stand er einige Zeit in seiner Lieblingsecke, ging dann aber wieder ins Bett, weil er keine Kraft mehr in den schmerzenden Beinen hatte.

Die Behandlung am nächsten Morgen verlief ganz komplikationslos. Diesmal lag er bereits völlig ruhig und auf seine Behandlung wartend auf dem Bett. Sogar seinen Arm hatte er schon frei gemacht. Er sprach kein Wort. Nur die Begrüßung erwiderte er knapp. Als man mit der Behandlung beginnen wollte, schaute er auf die andere Seite, als versuchte er, das alles zu ignorieren, weil er es doch nicht abwenden konnte. Trotz derselben Einstellungen reagierte er wesentlich stärker. Beängstigend war seine schlechte Atmung, die zu flach und zu langsam und mit verschiedenen Apnoen durchsetzt war, sodass man ihm Sauerstoff gab. Danach verringerten sich zwar die Atemaussetzer, aber die Atmung insgesamt blieb über viele Minuten insuffizient. Er brauchte diesmal auch länger, um aufzuwachen. Als er dann schließlich wieder voll orientiert war, erschien er sehr teilnahmslos. Er sprach sehr wenig, fragte nach der Uhrzeit und dem Wochentag, verlangte zu trinken und bat um eine Schmerztablette, ohne aber – wie sonst – über seine verschiedenen Leiden zu klagen.

Beim Mittagessen stocherte er lustlos in seinem Teller herum und aß fast nichts. Der Pfleger brachte ihn dazu, dass er sich wusch und mal wieder rasierte und kämmte, da er einen recht heruntergekommenen Eindruck machte. Danach stand er lächelnd in seiner Ecke, schaute zum Fenster hinaus und redete leise und eindringlich mit sich selbst. Wenn einer seiner Mitpatienten sich neugierig zu ihm gesellte, lächelte er freundlich, hörte ihm zu, sprach aber kein Wort. Am Tisch schaute er den anderen beim Spielen zu, weigerte sich aber, mitzumachen. Dann lief er eine Zeit lang hin und her, gebückt, oft wie gekrümmt, schlurfend, den einen Arm auf dem Rücken und den Kopf gesenkt.

Bei der abendlichen Visite gab er an, dass es ihm allgemein schlecht gehe, eine spezielle Erklärung lehnte er aber ab.

»Vielleicht sollten wir ihn morgen nochmals in Ruhe lassen. Er scheint mir apathisch zu sein, nicht, dass er uns noch depressiv wird.«

So war es dann auch, doch die Ruhepause änderte sein teilnahmsloses Verhalten nicht. Er folgte gewissenhaft und ohne Verzögerungen allen Anordnungen: Er stand auf, ließ sich den Blutdruck messen und den Puls fühlen, wusch und rasierte sich, kam zu den Mahlzeiten an den Tisch, stand in seiner Ecke und schrieb sogar in sein Tagebuch. Er lächelte, war freundlich und höflich zu allen, schien aber völlig in sich gekehrt und nur mit sich beschäftigt.

Zur Behandlung am nächsten Tag ließ er sich willig vom Pfleger führen, ging anstandslos auf alles ein, was man von ihm verlangte, tat aber so, als ob er all dies nun zum ersten Mal mitmachen würde. Alle waren erstaunt, schauten sich gegenseitig vielsagend an, sprachen aber kein Wort, weder mit ihm, noch miteinander. Alles lief nach dem üblichen Schema ab, aber diesmal fast ohne Worte, nur mit Blickkontakt. Der Krampf kam verzögert und die Atmung war, wie beim vorigen Mal, besorgniserregend langsam und flach, sodass er auch diesmal sauerstoffbedürftig wurde. Sein Mund war so verkrampft, dass man den Beißgummi nicht herausnehmen konnte. Er zitterte und war mit kaltem Schweiß bedeckt, sein Blutdruck war niedrig und sein Puls sehr langsam und kaum zu tasten. Alle schauten sich besorgt an.

»Decken Sie ihn zu, er friert. Sie bleiben doch sicher wieder bei ihm?«, wendete sich der Stationsarzt an den Assistenten, der nur nickte und sich wieder ans Bett setzte.

War er schon die vorherigen Male nach dem Elektroschock blass gewesen, mit dunklen Ringen um die Augen, leicht verzerrtem Mund und blutleeren Lippen, so sah er jetzt wirklich krank aus. Seine Augen schienen noch tiefer in den Höhlen zu liegen und noch dunkler umrandet. Seine Wangen waren noch stärker eingefallen und seine Lippen fast so hell wie die Blässe seines Gesichtes. Nachdem der Kieferkrampf sich gelöst hatte, öffnete sich sein Mund. Diese dunkle Höhlung in diesem leichenblassen, eingefallenen Gesicht verstärkte den krankhaften Eindruck so sehr, dass sich unwillkürlich das Bild eines Toten aufdrängte. Er kam nur ganz langsam zu sich, drehte sich in seiner Weise wieder zur Seite, öffnete kurz die Augen und legte sich dann aber wieder zurück. Er sprach nicht und antwortete auch nicht auf die Fragen, die der Assistent an ihn richtete. Erst gegen Mittag, als der Assistent, der zwischenzeitlich bei Vorlesungen war, wieder zu ihm kam, hatte er die Augen offen, lag unbeweglich da und starrte zur Decke. Kaum dass der Assistent sich an sein Bett gesetzt hatte, begann er ihm mit leiser, aber erstaunlich fester Stimme darzustellen, warum es ihm seiner Meinung nach plötzlich so schlecht gehe.

»Ich habe doch die erste und zweite Behandlung recht gut vertragen. Warum fühle ich mich jetzt so schwach und hinfällig, warum werden die Schmerzen immer stärker? Ich habe viel darüber nachgedacht. Zeit habe ich ja genug. Die wissen, dass ich hier bin und dass man mich von diesem elenden Zauber befreien will. Genau das aber wollen die beiden ganz und gar nicht, denn dadurch wäre doch ihre mühsame Arbeit umsonst gewesen. Und mühsam ist ihre Arbeit. Jeden Tag an mich denken und jeden Tag diese Formeln aufsagen ist bestimmt nicht so angenehm, auch wenn man dazu nur wenige Minuten braucht. Aber Sie wissen ja sicher auch, wie hartnäckig Frauen sein können, wenn sie sich in den Kopf gesetzt haben, einen Mann zu erobern. Da ist ihnen keine Arbeit zu viel und oft auch kein Trick zu unfair, um ihr Ziel zu erreichen. Männer haben selten diese Hartnäckigkeit, meist sogar nicht einmal diese Geduld. Sie sagen sich: Wenn nicht die, dann eben eine andere. Nein, ich sage Ihnen, die weiß, dass ich hier bin. Und ihr Helfer? Nun, der hat ja nichts zu tun. Seelsorger für die armen Migranten? Um welche Seelen sorgt der sich denn? Ganz sicher mal um seine, denn so gut wie hier hat er es in Italien nirgendwo. Es ist kein Zuckerlecken, Priester in einer kleinen Gemeinde in Italien zu sein. Und wie viel verdient er dabei? Und bekommt er überhaupt jeden Monat sein Gehalt? Vielleicht in Norditalien, bei uns aber nicht.

Und was macht er bei uns Heiden? Will er uns zu anständigen Christenmenschen erziehen, zu ehrlichen, uneigennützigen, nächstenliebenden Kindern Gottes? Lächerlich. Damit käme er doch bestenfalls bei den alten Weibern an, die jenseits von Gut und Böse sind und sich nur noch um ihr warmes Plätzchen da oben kümmern. Aber hier in Deutschland leben diese Herren doch jetzt schon wie im Paradies. Keine besonderen Pflichten, keine Kontrolle, vielleicht mal hier was tun und mal dort, mal mit diesem Verein und mal mit jenem, gerade so, wie es beliebt und dafür ein ganz ansehnliches Sümmchen jeden Monat, garantiert jeden Monat auf dem Konto. Dass so einer Zeit hat, einer jungen Frau zu helfen, ihren Freund zurückzugewinnen, ist ja kein Wunder, so etwas ist ja keine besondere Arbeit. Die paar Sätze hängt er doch leicht hinter sein Brevier, das er täglich zu beten hat. Und wer weiß, vielleicht ist seine Hilfe nicht so ganz uneigennützig, vielleicht bekommt er auch einen kleinen Lohn für seine große Hilfe. Nein, Sie können mir glauben, die wissen, dass ich hier bin. Die machen weiter. So schlecht kann es mir von dem bisschen Strom doch nicht gehen. Wie oft habe ich mich elektrisiert und das mit zweihundertzwanzig Volt! Aber was kann ich tun? Ich bin ja hier eingesperrt! Ich muss ein paar Freunde, die ihn kennen, bitten, ihn auszuhorchen. Und noch habe ich ja die Chance, dass mich diese Behandlung immun macht gegen die *fattura*, wenn ich unseren Cowboy-Doktor richtig verstanden habe.«

»Wie geht es ihm?«, fragte der Stationsarzt den Assistenten, als sie sich nach diesem Gespräch trafen.

»Es geht ihm schlecht und so sieht er auch aus. Vielleicht sollten Sie ihm wieder einen Tag Ruhe gönnen, damit er sich erholt. Seine schlechte Befindlichkeit erklärt er sich damit, dass seine hexenden Peiniger wissen, dass er hier ist und ihn mit ihrer magischen Zauberkraft weiterhin quälen. An dem Strom allein könne sein schlechter Zustand nicht liegen, meint er, da er sich schon öfter elektrisiert habe und dies sogar mit zweihundertzwanzig Volt. Gleichzeitig jedoch glaubt er noch, dass diese Behandlung ihn immun gegen den Zauber machen kann.«

»Er bleibt also bei seiner Wahnvorstellung, dass diese Dame ihn verhext. Ich habe Ihnen gesagt, dass wir es mit wenigen Schocks nicht schaffen, ihn davon zu befreien.«

»Mit wenigen oder vielen, mit Elektroschocks werden wir ihn nicht überzeugen können, dass nicht seine Freundin, sondern er ein Liebestrauma erlitten hat! Gerade noch hat er mir mit tiefer Überzeugung erklärt, dass Männer im Gegensatz zu Frauen viel seltener versuchen, hartnäckig einen Partner zu gewinnen. Wenn es nicht die ist, dann eben eine andere, wie er sich wörtlich ausdrückte. Die Stromstöße haben sein Bild vom sizilianischen Mann und vom männlichen Denken und Verhalten nicht ›herauskrampfen‹ können, so hartnäckig wirken soziale Rollen, Normen, Werte und die entsprechenden Verhaltensmuster. Und daran ändern wohl auch Elektroschocks nichts.«

»Freut Sie das? Warten Sie doch mal ab. Noch sind wir am Anfang. Sprechen wir uns in ein paar Wochen wieder, dann werden wir sehen, welche Theorie sich in der Praxis als richtig erwiesen hat.«

»Mein Gott, von Freude kann doch hier keine Rede sein! Glauben Sie, dass ich mich freuen kann, wenn ich das Elend dieses Mannes sehe? Und was heißt hier recht haben oder nicht. Oh Gott, wenn diese Entscheidungen so einfach wären. Sie sehen ja, wie schwer es Ihnen fällt, Ihre psychiatrischen Vorstellungen aufzugeben oder auch nur davon abzuweichen. Dabei haben Sie diese medizinische Systematik, Ihre Theorien und entsprechenden Handlungsanweisungen erst während Ihres Studiums und Ihrer psychiatrischen Fachausbildung gelernt, vor Kurzem also, sozusagen. Es sind einfach erlernte Muster, auswendig gelernt und nicht tief internalisiert im Laufe Ihres Lebens. Sie gehören jetzt zu Ihrem Rüstzeug, das Sie nicht gerne tauschen, weil Sie das verunsichert. Schließlich muss man doch sicher sein, muss man sich verlassen können auf die Verfahren, die man an Menschen anwendet. Ich verstehe das sehr wohl. Das sind die schweren Prüfungen, denen sich der Arzt ununterbrochen stellen muss. Das ist nicht leicht, aber es ist auch eine Herausforderung. Die Geschichte der Medizin zeigt doch, wie viele der angeblich geprüften Konzepte sich später als falsch und oft genug als schädlich erwiesen haben. Dies aber nur, weil immer wieder Ärzte mit großem Mut und großer Weitsicht zu zweifeln begannen und gegen den Strom schwammen, auch wenn sie deswegen sehr angefeindet wurden und leiden mussten.

Erinnern Sie sich, was wir ganz am Anfang gedacht haben, bevor Sie mit der Diagnose und dem Therapievorschlag ankamen? Ich hatte gegen Sie gewettet, dass unser Patient seinen sogenannten Wahn nicht mehr braucht, wenn er seine Krise überwunden hat und einsehen kann, dass er sich seinen Liebesverlust in den Mustern seiner Kultur erklärt. Und Sie meinten, diese Wette gegen mich zu verlieren, sei sogar Anlass zu besonderer Freude: Wir könnten in dieser Klinik einen bescheidenen Anfang transkultureller Psychiatrie machen, Sozial- und Ethnopsychiatrie vielleicht, nachdem es Kraepelin damals nicht gelungen ist. Erinnern Sie sich noch? Und ist die Wette noch gültig? Aber ich möchte dabei nochmals betonen: Mit der Freude, eine Wette zu gewinnen, hat das nichts zu tun. Es geht mir darum, Sie und hoffentlich noch viele Ihrer Kollegen zu überzeugen, dass wir es hier mit einem Krankheitskonzept aus einer anderen Kultur zu tun haben, das in unserem psychiatrisch-nosologischen Verständnis als wahnhaft verstanden und dementsprechend therapiert wird. Wenn meine Untersuchungen stimmen und meine Schlussfolgerungen richtig sind, wurden und werden sehr viele Patienten, die aus Gesellschaften kommen, in denen diese magische Welt noch lebendig ist, in solchen oder ähnlichen Lebenskrisen falsch behandelt. Und wenn dies mit solch invasiven Therapien geschieht, wie es die Elektroschockbehandlung ist, dann wäre dies nicht nur schädlich, sondern inhuman.«

»Nun, wir werden ja sehen. Ich hoffe, dass wir keinen Fehler gemacht haben. Wenn aber doch, dann können wir nur zu unserer Entschuldigung vorbringen, dass wir nach dem besten derzeitigen Wissen gehandelt haben und dass wir aus dieser tragischen Erfahrung gelernt haben und hoffentlich zum Vorteil all der anderen, die in einer solchen Situation dann anders behandelt werden können.«

»Hoffentlich schließen Sie mich in das ›wir‹ nicht ein.«

***

Er bekam einen Tag Ruhe zugebilligt. Die darauf folgenden Behandlungen zeigten eine geringere Krampfbereitschaft des Patienten als die vorhergehenden.

»Wir müssen die Voltzahl erhöhen oder die Durchströmungszeit verlängern, sonst lösen wir bald überhaupt keinen Krampf mehr aus. Das Gehirn wird eben nicht sensibler gegen diesen Elektroreiz, sondern vielmehr unempfindlicher.«

»Ist eine geringere Empfindlichkeit nach mehreren Krampfanfällen etwa auf eine Schädigung des Gehirns zurückzuführen?«, fragte der Assistent.

»Man hat zwar nach Serien von Heilkrämpfen bei Sektionen diffuse Hirnschäden gesehen, die sind aber vor allem verantwortlich für das amnestische Psychosyndrom, also für die Störungen des Gedächtnisses und des Gedankenganges, die vorübergehend sein können, aber auch länger dauernd oder gar für immer bleibend, und wohl weniger die Ursache für die geringer werdende Krampfneigung nach einer Serie von Schocks. Wir können ja morgen nochmals die gleiche Einstellung versuchen. Sie werden sehen, dass der Krampf nur noch ganz schwach sein wird. Das Gehirn reagiert einfach nicht mehr.«

Und so war es. Daraufhin wurde erstmals die Voltzahl auf neunzig erhöht und später auch die Durchströmungszeit. Die Krämpfe erfolgten dann wieder in der ursprünglichen Heftigkeit. Der Patient jedoch zog sich immer mehr in sich zurück. Er ließ alles widerspruchslos mit sich geschehen, befolgte die Anordnungen sofort und genau, besetzte seine Ecke, wenn er nicht bei Tisch oder im Bett war, blieb aber den ganzen Tag teilnahmslos. Er sprach nur noch mit dem Assistenten, dem er sein Leid klagte, seine Schmerzen, seine Verlassenheit und seine Gewissheit von der noch immer wirkenden magischen Beeinflussung. Jedoch gerieten die aggressiven Vorstellungen völlig in den Hintergrund. Die früher geäußerten Gedanken, sich durch Eliminierung seiner Peiniger von dem Zauber zu befreien, traten nicht mehr auf. Er schien sich völlig seinem Schicksal ergeben zu haben, aber doch immer noch mit einer letzten Hoffnung, durch die Elektroschocktherapie gegen den Zauber immun und somit befreit zu werden aus dieser magischen Welt.

Auch äußerlich hatte er sich verändert. Seine Haut hatte eine fahlgelbe Blässe angenommen. Sein Gesicht war abgemagert und spitz geworden, mit umschatteten Augen, die von Woche zu Woche dunkler wirkten, und schmalen und farblosen Lippen, die einem verunglückten Strich in einem düsteren Portrait gleichkamen. Sein Hals war faltig und dünn und schien jetzt so lang, dass er den Eindruck vermittelte, als wäre er kaum in der Lage, den wackeligen Kopf noch tragen zu können. Auch er selbst fand sich verändert, hässlich, ja, so abstoßend, dass er nicht mehr in den Spiegel schauen wollte.

Und dann erfolgte nach sechs Wochen endlich die letzte der insgesamt zwanzig Elektrokrampfbehandlungen. Man hatte es ihm einen

Tag zuvor mitgeteilt. Er nahm es ohne Kommentar auf, schien aber doch erfreut oder zumindest erleichtert zu sein, denn seine Augen füllten sich mit Tränen, die er beschämt zu trocknen versuchte.

Nach dem Gespräch ging er in seine Ecke und blieb dort lange stehen, völlig unbewegt und krumm. Er schaute unverwandt aus dem Fenster, als wollte er alles, was da draußen in Hof und Garten wuchs, stand oder herumlag, als Teil seiner nun bald wieder zu erlangenden Freiheit in sich aufnehmen. Dann legte er sich wieder in sein Bett und schaute wie fasziniert an die Zimmerdecke. So traurig er auch aussah – diesmal umspielte ein ganz leichtes Lächeln seinen Mund, und auch seine Augen schienen wieder ein klein wenig ihres früheren Strahlens zurückgewonnen zu haben.

Ohne Aufforderung ging er gegen Mittag in den Waschraum, wo er so lange blieb, dass man schon Angst hatte, ihm sei etwas zugestoßen. Und als er dann endlich herauskam, war er zumindest äußerlich wie verwandelt. Er hatte sich wirklich schön gemacht, wie seine Mitpatienten fanden, und alle schnupperten in seiner Nähe die Duftwolke von Seife, Rasierwasser und Deodorant, die ihn umgab.

Die innere Veränderung hielt aber nicht Schritt mit seiner äußeren. Er blieb zurückgezogen, kontaktscheu und völlig in sich gekehrt. Er sprach mit sich selbst, leise murmelnd, unverständlich für die anderen, aber ansonsten nur, wenn er auf Fragen unbedingt antworten musste. Nur mit dem Assistenten, der ihn jeden Tag besuchte, führte er Gespräche, langsam, als müsste er jeden Satz zuvor erst gründlich überlegen, und mit ruhiger, oft schwer verständlicher, monotoner Stimme.

Am dritten Tag nach Ende seiner Schocktherapie nahm er wohl all seinen Mut zusammen, wie es schien, und fragte den Stationsarzt, wann er die Klinik verlassen könne. Man war erstaunt, dass diese Frage erst jetzt kam.

»Sie sollten noch ein paar Tage bei uns bleiben«, meinte der Stationsarzt. »Wir wollen sehen, wie Sie diese lange Behandlung vertragen haben. Wir müssen prüfen, wie es Ihnen nun körperlich geht und auch wie es um Ihr Gedächtnis und um Ihr Denken steht. Dazu sind verschiedene Untersuchungen und Tests nötig.«

»Und schließlich«, bemerkte der Pfleger lächelnd, »ist er bei uns ja so krumm geworden. Wir müssen ihm doch helfen, wieder gerade zu werden.«

Er nahm die Auskunft des Stationsarztes mit einem zustimmenden Nicken entgegen, eher zufrieden als enttäuscht. Daher fragte ihn der Stationsarzt verwundert: »Hat es Ihnen denn bei uns so gut gefallen, dass Sie gar nicht mehr nach Hause wollen?«

»Ich bleibe hier!«, war seine kurze Antwort, nicht mehr.

Auch in den Gesprächen mit dem Assistenten kam in den folgenden Tagen immer wieder diese eigentümliche Ambivalenz durch, dass er einerseits die Behandlung als große Qual erlebt hatte, das damit verbundene Umfeld als Entwürdigung und sich selbst als ein absolut fremdbestimmtes Sein auf einer geschlossenen Station. Andererseits aber schien er große Angst davor zu haben, was ihn draußen erwarten würde, wo er all dem Unvorhersehbaren schutzlos ausgeliefert sein würde. Er hatte Gedächtnislücken, was die Zeit vor der Aufnahme anging, aber auch über den Ablauf der sechswöchigen Behandlung war er nicht mehr voll orientiert. Es war das Gesamtbild, das bei ihm vorhanden war und intensiv nachwirkte und weniger die Details, aus denen es sich zusammensetzte. In den zehn Tagen von der Beendigung der Therapie bis zum Entlassungstag erholte er sich körperlich recht gut, sein psychischer Zustand war jedoch recht unverändert.

Im Abschlussgespräch, nach einem fast auf den Tag zweimonatigen Klinikaufenthalt, gab er an, dass er sich zwar immer noch vor den Böswilligkeiten des Hexers fürchte, im Moment aber keinen Einfluss von ihm spüre. Die Beziehung zwischen ihm und seinen beiden Peinigern hatte er aber kaum korrigiert oder gar vergessen. Als das Gespräch vorsichtig auf mögliche Tötungs- oder Schädigungsabsichten gelenkt wurde, war er jedoch höchst erstaunt, dass man ihm solche Handlungen zutraute. Er hatte keine Erinnerung mehr daran, dass er einmal der Meinung gewesen war, man könne sich aus einem Zauber nur durch die Tötung seiner Peiniger befreien.

Er wollte, um alldem zu entgehen und um sich zu erholen, sofort nach Sizilien, weil er sich dort – auf einer vom Meer umgebenen Insel – vor den magischen Verfolgungen in Sicherheit bringen könne. Es sei wohl der einzige Ort in der Welt, wo er wieder gesund werden und zu Kräften kommen könne. Er müsse nun aber einen schönen Teil seiner Ersparnisse angreifen, um die entsprechenden Geschenke zu kaufen und sich besser auszustaffieren, um eine »gute Figur« zu machen, damit er nicht als Versager enttarnt würde. Darum dürfe er auch nicht zu lange in seinem Dorf bleiben, höchstens einen Monat, um dann zu Verwandten in andere Teile der Insel zu gehen, sonst würde man ja merken, dass er nicht nur auf Urlaub sei.

Ob er denn nicht für immer in Sizilien bleiben könne, was für seine Gesundheit doch viel besser wäre, fragte ihn der Stationsarzt. Nein, das könne er nicht. Jetzt mit leeren Händen zurückzukommen würde bedeuten, er sei ein Versager, und das könne er sich nicht auch noch antun. Er werde wieder zurückkommen, gesund und kräftig, so wie er einstmals gekommen sei. Auch vor sich selbst könne er nicht als Versager dastehen und das auch noch wegen einer Frau. Und schließlich meinte er, sei die medizinische Versorgung in der Bundesrepublik viel besser als anderswo, vor allem – und das betonte er mit einem gewissen bitteren Zynismus: Schlafen könne man hier in der Klinik ja wochenlang und mit Strom würde schließlich auch nicht gegeizt.

»Nein, ich kann nicht für immer zu Hause bleiben. Das kann ich den Meinen und auch mir keinesfalls antun. Vielen hat diese Migration etwas gebracht. Dass sie ihre Heimat verlassen haben, um sich hier ihr Brot zu verdienen, war für sie ein Schritt ins Dunkle, aber es hat sich gelohnt. Andere aber, und gar nicht wenige, sind aus dieser Dunkelheit nicht herausgekommen. Sie haben es nicht wirklich bemerkt, weil sie, darin herumtastend, zwar zu nichts gekommen sind, aber doch überlebt haben. Und wieder andere haben versagt oder sind sogar gestorben. Für mich sollte es – wie wohl für alle, die gekommen sind – der Schritt in ein besseres Leben, in eine bessere Zukunft sein. Die ersten Schritte waren es ja auch, sie führten zur Erfüllung dieser bescheidenen Träume und sogar noch ein Stück weiter. Nicht nur zum gedeckten Tisch, sondern auch zu den Menschen hier, vor allem zu einer geliebten Frau. Aber mit ihr kam nicht nur ein Stück erfülltes Leben, sondern leider auch das Sterben.

Aber hat man uns nicht gelehrt, dass es nach dem Tod auch eine Auferstehung gibt? Ich werde auferstehen, ich muss ganz einfach, das bin ich, wie gesagt, mir und den anderen schuldig. Ich werde Sie besuchen, nicht als Patient, sondern als ein neuer, aufrecht gehender Mann, der trotz allem nicht die Hoffnung verloren hat, nicht einmal hier, während dieser wohl gut gemeinten, aber schrecklichen Behandlung. Und ich werde Ihnen ein Olivenbäumchen mitbringen. Sie wissen doch, dass diese Bäume sehr alt werden, Jahrhunderte alt, ja, man sagt, dass es Ölbäume gibt, die mehr als ein Jahrtausend alt sind. Und wenn dieses Bäumchen dann so alt ist, wird es diese Medizin von heute sicher nicht mehr geben und die Psychiatrie bestimmt überhaupt nicht mehr, denn dann werden wohl alle so verrückt sein wie diese Armen, die Sie jetzt hier drinnen eingesperrt haben.

Aber nicht nur, weil der Olivenbaum das Symbol ist für ein lebendes Wesen, das uralt wird, bringe ich Ihnen solch ein Bäumchen mit. Auch noch aus einem anderen Grund: Wenn Sie einmal die Stämme solch alter Bäume anschauen, diese knorrigen, verwachsenen, vielfach zerrissenen und verkrüppelten Gebilde, so sehen Sie, dass oft nur ein ganz kleiner Strang noch lebt, dem kaum noch Wurzeln in dem sandigen, trockenen und steinigen Boden verblieben sind. Und doch versorgt dieser Strang eine große grüne Krone, die noch immer Früchte trägt – pralle grüne oder schwarze Oliven, aus denen man grüngoldenes, kostbares Öl pressen kann.

Und genauso sind wir, die Sizilianer. Auch wir sind alt, älter als tausend Jahre. Auch uns hat die lange Zeit Schäden zugefügt und Wunden geschlagen, nicht selten furchtbare Wunden, die nur schwer und unschön vernarbt sind. Aber so lange wir noch Verbindung hielten mit unserer Erde, auch wenn es nur wenige dünne Fasern waren, in karger und ausgedörrter Erde, so lange haben wir überlebt und nicht unsere Hoffnung aufgegeben. Und das gilt auch für mich. Man hat mich sehr verwundet, fast getötet, aber ich habe noch Wurzeln in unserer Erde, die werden mir all das zuführen, was ich brauche, um mich wieder aufzurichten wie eine verdurstende Pflanze, die man begießt und deren schlaff hängende Blätter und Zweige sich dann mit neuem Leben füllen und sich wieder dem Licht entgegenrecken.

Ich muss also wiederkommen, denn ich habe ja nicht nur mich enttäuscht, sondern viele andere auch. Ich werde mir zu Hause die Kraft dafür holen aus unserer Erde, um all das Schlimme hinter mir zu lassen und mit neuem Mut noch einmal von vorne anzufangen. Ich habe viel Zeit verloren, ich habe aber auch viel gelernt. Sie werden sehen, noch in diesem Jahr werde ich wieder hier sein, vielleicht schon im Sommer.«

***

Es dauerte aber doch ein wenig länger. Zu viel ereignete sich und zu schnell verflog die Zeit zu Hause.

Das wohlanständige Mädchen aus guter Familie, dessen »Gesamtpersönlichkeit« er ja vor einer Verlobung mit ihr erst einmal, während ihres Verwandtenbesuchs in Deutschland, entsprechend testen wollte, wurde ihm von einem anderen Burschen weggeschnappt. Dieser galt schon in gewissem Sinne als *americano*, weil er bereits viele Jahre in Deutschland gearbeitet hatte und nun, zurückgekehrt, ein hohes ökonomisches Ansehen aufgrund eines prachtvollen Opel Kapitäns hatte. Da Opel eine Tochter von *General Motors* ist, galten die Autos von Opel, vor allem der Kapitän, schon als »Amerikaner«. Mit diesem fachmännisch aufgemotzten Prachtexemplar fuhr dieser Angeber nun täglich die Dorfstraßen hinauf und hinunter, um den Wagen zur Schau zu stellen.

Gegen diese geballte Ladung maskuliner und ökonomischer Potenz hatte er in seinem fragilen Zustand nicht die geringste Chance. Aber wer konnte schon wissen, was die Zukunft gebracht hätte! Schließlich wollte er doch wieder zurück nach Deutschland. Mit Frau und wahrscheinlich dann auch bald mit Kind, hätte er all das, was er sich vorgenommen hatte, bestimmt nicht in der dafür eingeplanten Zeit erreichen können. Immer kamen ihm bei solchen Gelegenheiten die mahnenden Worte seines Bekannten, des »Migrantenveterans«, in den Sinn: »Nimm dir vor, nur so viele Jahre und keinen Tag länger zu bleiben, sonst wirst auch du irgendwann merken, dass dir die Zeit davongelaufen ist und du nicht mehr weißt, wohin du gehörst und wer du eigentlich bist.«

Er würde es sich merken, sehr wohl sogar. Doch nun galt es, erst einmal die schrecklichen Erlebnisse zu vergessen, wieder gesund und kräftig zu werden und wieder Freude am Leben zu finden. Dann würde auch die Arbeit wieder Befriedigung bereiten und nicht nur quälende Mühsal sein. Und so würde auch die Zukunft ihre dunklen Schatten verlieren und wieder offen sein für all die einstigen Pläne, die er mit seiner Arbeit im Ausland verbunden hatte.

So gingen die Wochen voller Zuversicht, Freude und neuem Lebensmut dahin. Durch die geradezu überwältigende Fürsorge und Zuwendung seiner Familie und die vielen Erlebnisse zu Hause wurde der Liebeszauber so stark verdrängt, dass seine Gesundung an Leib und Seele sichtbaren Fortschritt machte. Eigentlich fühlte er sich nach einem Monat schon stark und unternehmungslustig genug, um wieder abreisen zu können, doch da er mit Schaudern an die trostlose Winterzeit in Deutschland dachte, verschob er seine Rückkehr immer wieder und genoss den warmen farbenfrohen sizilianischen Frühling.

***

Es war schon April und somit auch in Heidelberg blühender Frühling, als er zurückkam. Er brachte dem Assistenten ein *cornetto*, ein Korallenhörnchen mit, das ihn vor allen bösen Blicken, Verhexungen und Verzauberungen und all den bösen Geistern schützen solle, mit denen er immer wieder in Berührung kommen könne, wie er besorgt anmerkte.

Für den Stationsarzt hatte er wirklich ein kleines Olivenbäumchen mitgebracht, das er ihm in der Klinik überreichte. Die beiden führten ein langes und intensives Gespräch.

Der Stationsarzt setzte seine ganze anamnestische und exploratorische Kunst ein, um seine Diagnose bestätigt zu sehen. Dass eine Psychose nur durch den Wechsel des soziokulturellen Milieus ausheilen könnte, deckte sich nicht mit seinen psychiatrischen Ansichten. Andererseits vermochte er bei seinem einstigen Patienten keinerlei Symptome eines psychopathologischen Geschehens mehr zu eruieren, was ihn in eine gewisse Verlegenheit brachte, da er seine Diagnose einer »schizophrenieformen Psychose« einfach nicht aufgeben wollte. Aber wo ein Wille ist, war auch in der Medizin immer ein Weg, wenn auch nicht immer der richtige, denn die Medizin ist nicht immer grundsätzlich geleitet von der kompromisslosen Wahrheitssuche. Damit ihre Überlegenheitsposition und ihr Ansehen nicht geschmälert werden, wurden auch immer schon Kompromisse eingegangen, wenn sie nicht gerade in unethischem Maße auf Kosten der Patienten gingen.

Zumal der Patient sich noch an seine Vorstellung einer Verhexung erinnerte und von der Wahrhaftigkeit dieser Annahme felsenfest überzeugt blieb, ließen sich die gestellte Diagnose und die Therapie rechtfertigen, selbst wenn er sich gesund fühlte und keine Krankheitszeichen aufwies.

Somit konnte zwar nicht der erhoffte Durchbruch transkultureller und ethnomedizinischer Denk- und Handlungsansätze erreicht werden – was ja fast einem medizinischen Wunder gleichgekommen wäre –, aber der Kompromiss führte doch wenigstens dazu, dass in der Heidelberger Psychiatrischen Klinik kein weiterer Fall wie der seine mit einer Elektroschockbehandlung zu heilen versucht wurde.

Da sein Gesundheitszustand auch weiterhin stabil blieb und die Episode seiner Verhexung in seinem Bewusstsein abgespalten wurde und in tiefe Vergangenheit rückte – vor allem dadurch, dass er eine neue Partnerin fand, die er schließlich auch heiratete – konnte er beginnen, wieder dort anzuknüpfen, wo er sich befunden hatte, bevor er durch sein Trauma aus der Bahn geworfen worden war.

Er arbeitete noch das Jahr über bei seiner Firma, machte den Führerschein, kaufte einen kleinen Transporter – keine *lapa* – und baute schließlich eine eigene Firma auf, mit der er erfolgreich sein Auskommen fand.

Auch späterhin auf diese unglückliche und qualvolle Beziehung mit *dieser* Frau angesprochen, meinte er, dass solches nun einmal zu einem unbestimmbaren Wagnis gehöre, wenn man sich mit diesen wunderbaren, aber auch so unergründlichen Wesen einlasse. Und das sagte er mit dem überlegenen Lächeln eines scheinbar erfahrenen und abgeklärten Kenners – ganz im Stile eines leicht saturierten *pappagallo*.

Glossar

Analgetikum: Sammelbegriff für Arzneien mit schmerzlindernder oder schmerzstillender Wirkung.

Anamnese: Bezeichnung für die systematische Befragung des Patienten durch den Arzt, welche der Feststellung aktueller Beschwerden, der Krankengeschichte und verschiedenen Dispositionen dient. Bei einem besonderen Fokus auf das soziale oder familiäre Umfeld wird von *Sozialanamnese* oder *Familienanamnese* gesprochen.

Atrophie: Bezeichnung für wahrnehmbaren Gewebeschwund, welcher sich beispielsweise in Muskelrückbildung äußern kann.

Befehlsautomatismus: Dies ist ein Symptom bei manchen Formen der Schizophrenie, wobei die betroffene Person scheinbar unbeabsichtigt von außen erfolgende Anweisungen umsetzt.

Compliance: Bezeichnung für die Mitarbeit beziehungsweise Therapietreue des Patienten.

Dekompensation: Auch »Entgleisung« genannt. Bezeichnung für den Zustand eines Patienten, dessen Körper die Fehlfunktion oder den Ausfall eines Organs nicht mehr ausgleichen (kompensieren) kann, sodass die Fehlfunktion voll zutage tritt.

Dyskinesie: Begriff, welcher eine Störung oder Fehlfunktion des physiologischen Bewegungsablaufs eines Körperteils, einer Körperregion oder eines Organs bezeichnet.

Emotionspsychose: Psychose, die im Zusammenhang mit Gemütserschütterungen ausbricht oder von einer solchen ausgelöst wird.

Enkulturation: »Einbindung in eine Kultur«. Hiermit wird derjenige Teil des Sozialisationsprozesses bezeichnet, bei welchem das Individuum unbewusst in die jeweilige eigene Kultur hineinwächst. Es handelt sich um einen automatischen, nicht absichtlich durchgeführten Prozess.

Ethnomedizin: Teilgebiet der Medizin, das sich mit der Definition und Interpretation von Gesundheit und Krankheit in unterschiedlichen Kulturen sowie mit verschiedenen Heil- und Behandlungsmethoden befasst; wird manchmal auch als Medizinethnologie bezeichnet.

Ethnopsychiatrie: Ein Teilbereich der Vergleichenden Psychiatrie, der ethnologische Ursachen für die Entstehung von Krankheiten untersucht und sich vornehmlich mit der Frage beschäftigt, ob psychische Krankheiten über ethnische Grenzen hinweg vergleichbar sind.

Hepatitis-B-Serologie: Sammelbegriff für Laboruntersuchungen, welche eine bestehende oder abgelaufene Virushepatitis nachweisen.

Infiltrat: Ansammlung von Substanzen, Mikroorganismen oder sonstigen Zellen, die sich in einem gesunden Gewebe einnisten.

Linkstyp: Elektrischer Lagetyp des Herzens; bezeichnet die Richtung, in welche die elektrische Ladung, die das Herz zum Kontrahieren animiert, geleitet wird und kann mit der anatomischen Lage übereinstimmen.

Medizinsoziologie: Im Gegensatz zur Medizinischen Soziologie ist die M. Teilgebiet der Soziologie und steht mit der Gesundheitssoziologie in Verbindung. Die M. befasst sich mit der Rolle und Bedeutung von Krankheit und Gesundheit in der Gesellschaft.

Nomologie: »Gesetzeslehre«; Ansatz, welcher Erklärungen auf Grundlage von zuvor erkannten Gesetzmäßigkeiten sucht. Die Wissenschaftliche Vorgehensweise kommt der Deduktion gleich.

Nosologie: »Krankheitslehre«; Lehre von der Erscheinungsform und Klassifikation einer Krankheit. Es handelt sich um ein Teilgebiet der Pathologie.

Noxe: Bezeichnung für einen Stoff oder einen Umstand, der eine schädigende oder pathogene Wirkung auf einen Organismus hat.

Peristaltik: Bezeichnung für ein wellenförmig ablaufendes Bewegungsmuster von Hohlorganen (zum Beispiel Speiseröhre, Darm, Eileiter), das der Fortbewegungsart des Regenwurms ähnelt und bei dem eine Aktivität der glatten Muskelzellen vorherrscht.

Psychose: Allgemeine Bezeichnung für eine psychische Störung, die durch einen tiefgreifenden strukturellen Wandel im Erleben des eigenen Ichs und der Umwelt gekennzeichnet ist und mit einem Verlust des Realitätsbezugs bei der betroffenen Person einhergeht.

Pulmonalvenöse Stauung: Verlangsamung des Blutflusses in den Lungenvenen.

Remission: Temporäres oder dauerhaftes Nachlassen von Krankheitssymptomen, ohne dass eine Genesung eintritt.

Serumkreatinin: Laborparameter zur groben Abschätzung der Nierenfunktion.

Sinusrhythmus: Eine im Sinusknoten (der als Schrittmacher des Herzens fungiert) durch Depolarisation der Nervenzellen entstehende Folge von Erregungen, die bei regulärer Reizfortleitung die Herzfrequenz bestimmt.

Sozialpsychiatrie: Sozialmedizinischer Strang der Psychiatrie, der vornehmlich soziale Ursachen für die Entstehung von psychischen Störungen untersucht.

Spasmolytikum: Oberbegriff für Arzneistoffe mit einer krampflösenden Wirkung.

Transkulturalität: Gesellschaftsmodell und Bezeichnung für einen methodischen Ansatz, der die Verwischung der Grenzen zwischen verschiedenen Kulturen bei deren Begegnung postuliert. Im Gegensatz hierzu stehen die Multikulturalität, bei der die Grenzen aufrechterhalten werden – die Kulturen leben nebeneinander her – oder die Interkulturalität, bei welcher zwar ein Dialog zwischen den Kulturen existiert, diese jedoch als Einheiten mit ihren eigenen Differenzen bestehen bleiben.

Autorenangaben

Prof. Dr. Emil Zimmermann, geboren 1933 in Pirmasens, studierte zunächst Chemie, Physik und Mathematik an den Universitäten in Heidelberg, Newcastle und Cambridge. Nach seiner Promotion in Soziologie, Psychologie und Ethnologie an der Universität in Heidelberg studierte er noch Psychiatrie mit klinischer Praxis in Heidelberg, Trient und Palermo.

Nach mehrjähriger medizinsoziologischer Feldforschung in der Türkei, Spanien und Süditalien forschte er vor allem in Sizilien über sozialpsychologische und transkulturelle Probleme der südeuropäischen Migration. Wissenschaftliche Schwerpunkte bildeten hierbei die Untersuchungen zum traditionellen Verständnis von Krankheit und Kranksein sowie die speziellen Formen der laienmedizinischen und magischen Therapien der mediterranen Gesellschaften. Mit diesem Spezialgebiet war er anschließend viele Jahre in der ethnomedizinischen Versorgung und psychosozialen Betreuung ausländischer Patienten in den Universitätskliniken Heidelberg sowie Freiburg tätig.

Als Medizinsoziologe forschte und lehrte er zudem an der Evangelischen und der Katholischen Fachhochschule in Freiburg und veröffentlichte umfangreiche Publikationen. Emil Zimmermann ist Träger des Verdienstordens der Italienischen Republik (*Cavaliere nel OMRI*), der für besondere Verdienste auf den Gebieten der Wissenschaft, Literatur und Kunst verliehen wird. Er lebt heute in St. Märgen im Hochschwarzwald.

Weitere Heidelberg-Bücher aus dem
PALMYRA VERLAG

Matthias Roth
Von Minnesang bis Hip-Hop
1000 Jahre Musik in Heidelberg und der Kurpfalz
Vorwort von Cornelius Meister
496 Seiten · 13,5 x 21 cm · Gebunden
80 Schwarzweißfotos und Abbildungen
Webguide · Glossar · Diskografie · Bibliografie · Register
€ 24,- (D) · € 24,70 (A) · SFr 33,30 · ISBN 978-3-930378-90-6

»Unzählige Details aus der Heidelberger und kurpfälzischen Musikgeschichte kann man in Roths höchst verdienstvollem Buch nachlesen. Auch ausgewiesene Musikexperten werden hier viel erfahren, was sie wahrscheinlich nicht wussten.«/SWR2

»Dieser Autor weiß einfach alles.«/Rhein-Neckar-Zeitung

»Ein epochales Werk.«/Rhein Main Presse

Marion Tauschwitz
Dass ich sein kann, wie ich bin
Hilde Domin – Die Biografie
Vorwort von Beate Weber
576 Seiten · 13,5 x 21 cm · Gebunden
76 Schwarzweißfotos und Abbildungen · Register
€ 28,- (D) · € 29,80 (A) · SFr 38,20 · ISBN 978-3-930378-81-4

»Eine bewegende Biografie, die das Zeug zum Standardwerk hat.«/Die Welt

»Die Biografie von Marion Tauschwitz erzählt von einem schwer errungenen Lebenswerk – und einer großen Liebe.«
Frankfurter Allgemeine Zeitung

Georg Stein (Hg.)
Die Insel im Wald – 300 Jahre Heidelberger Kohlhof
Vorwort von Hilde Domin · Bildband · 200 Seiten · 23 x 27 cm
Gebunden · Fadenheftung · 321 Farb- und Schwarzweißfotos
sowie historische Abbildungen und Gemälde
€ 29,90 · € 30,80 (A) · SFr 40,- · ISBN 978-3-930378-71-5

»25 Autoren beleuchten in dem Buch nahezu jeden Aspekt dieser Oase mitten im Grünen.«/Rhein-Neckar-Zeitung

Silvia Barkhausen (Hg.)
Neue Alte Fremde Heimat
In 14 Erzählungen um die Welt
260 Seiten · 13,5 x 21 cm · Broschur · 14 Schwarzweißfotos
€ 19,90 (D) · € 20,50 (A) · SFr 27,90 · ISBN 978-3-930378-88-3

»In 14 interessanten Geschichten wird der Leser aus der Normalität des deutschen Alltags hinausgeführt auf eine Reise in die Fremde. Allen Geschichten ist gemein, dass sie dem Leser die fremde Kultur näherbringen.«/Informationsdienst der Einkaufszentrale für öffentliche Bibliotheken

»Die Erzählungen gewähren sehr persönliche Einblicke in die jeweiligen Kulturen und geschichtlichen Ereignisse – ein Ansatz, den Leser zur Reflexion über tradierte Vorstellungen von ›Heimat‹ anzuregen.«/Mannheimer Morgen

Inge Koch
Schicksalhafte Begegnungen
Studienjahre in Heidelberg,
Stadtgeschichte und Erinnerungen an Ilmenau
190 Seiten · 13,5 x 21cm · Broschur
€ 16,- (D) · € 16,50 (A) · SFr 22,60 · ISBN 978-3-930378-92-0

Das Buch ist eine kurzweilige Unterhaltungslektüre, ergänzt von interessanten Darstellungen zur Stadtgeschichte unter anderem von Heidelberg, Berlin, Erfurt, Gotha, Weimar und Ilmenau.

Helmut Weißkapp
»Ein wascheschter Neckarschlämer« – Kindheits- und Jugenderinnerungen aus der Heidelberger Altstadt
224 Seiten · 13,5 x 21 cm · Broschur · 55 Schwarzweißfotos
€ 17,90 (D) · € 18,40 (A) · SFr 25,30
ISBN 978-3-930378-94-4

Humorvoll, voller Anekdoten und zeitgeschichtlich sehr interessant schildert der Autor seine Kindheits- und Jugenderinnerungen aus der Heidelberger Altstadt.

Insel-Reihe

Wiltrud Schwetje (Hg.)
Goodbye Tanit? Ibiza – Zwischen Traum und Trauma
Vorwort von Dietmar Schönherr
430 Seiten · 13,5 x 21 cm · Gebunden · Webguide · Bibliografie · Karte
€ 26,- (D) · € 26,80 (A) · SFr 35,80 · ISBN 978-3-930378-72-2

»Ibiza: Nostradamus weissagt, dass du verschont bleibst, wenn die übrige Welt im Chaos versinkt. Gottes gnädige Hand beschütze dich.«/Aus dem Vorwort von Dietmar Schönherr

»Wahrscheinlich ist noch nie so viel Schönes und Wahres über Ibiza geschrieben worden, wie in diesem Buch. Toll!«/Berliner Morgenpost

»Ein Reisebuch der anderen Art.«/Rhein-Neckar-Zeitung

»Ein Standardwerk und Muss für alle wahren Freunde Ibizas.«/Ibiza Heute